50일동안 1,000개의 문법 문항 완벽 마스터

 Mobile & PC 동시 학습이 가능한

쎄듀런 온라인 문법 트레이닝 서비스

학생용

❶ 주관식 1

❷ 주관식 2

❸ 주관식 3

❹ 객관식

❺ 선택&주관식

천일문 GRAMMAR 2 온라인 학습 50% 할인 쿠폰

할인 쿠폰 번호	**LFX9R7QATS5D**
쿠폰 사용기간	**쿠폰 등록 후 90일 이내**

PC 쿠폰 등록 방법

1 쎄듀런에 학생 아이디로 회원가입 후 로그인해 주세요.
2 [결제내역→쿠폰내역]에서 쿠폰 번호를 등록하여 주세요.
3 쿠폰 등록 후 홈페이지 최상단의 [상품소개→(학생전용) 쎄듀캠퍼스]에서
   할인 쿠폰을 적용하여 상품을 결제해주세요.
4 [마이캠퍼스→쎄듀캠퍼스→천일문 GRAMMAR 2 클래스]에서 학습을
   시작해주세요.

유의사항

- 본 할인 쿠폰과 이용권은 학생 아이디로만 사용 가능합니다.
- 쎄듀캠퍼스 상품은 PC에서만 결제할 수 있습니다.
- 해당 서비스는 내부 사정으로 인해 조기 종료되거나 내용이 변경될 수 있습니다.

천일문 GRAMMAR 2 맛보기 클래스 무료 체험권 (챕터 1개)

무료 체험권 번호	**TGFNGTP9EVCQ**
클래스 이용기간	**~25.06.30**

Mobile 쿠폰 등록 방법

1 쎄듀런 앱을 다운로드해 주세요.
2 쎄듀런에 학생 아이디로 회원가입 후 로그인해 주세요.
3 마이캠퍼스에서 [쿠폰등록]을 클릭하여 번호를 입력해주세요.
4 쿠폰 등록 후 [마이캠퍼스→쎄듀캠퍼스→천일문 GRAMMAR 2 맛보기
   클래스]에서 학습을 바로 시작해주세요.

쎄듀런 모바일앱 설치

GET IT ON Google Play

Download on the App Store

PC 쿠폰 등록 방법

1 쎄듀런에 학생 아이디로 회원가입 후 로그인해 주세요.
2 [결제내역→쿠폰내역]에서 쿠폰 번호를 등록하여 주세요.
3 쿠폰 등록 후 [마이캠퍼스→쎄듀캠퍼스→천일문 GRAMMAR 2 맛보기
   클래스]에서 학습을 바로 시작해주세요.

쎄듀런 홈페이지
www.cedulearn.com

쎄듀런 카페
cafe.naver.com/cedulearnteacher

천일문
GRAMMAR

LEVEL
2

Grammar Study with **1001 Sentences**

저자

김기훈　現 ㈜쎄듀 대표이사
現 메가스터디 영어영역 대표강사
前 서울특별시 교육청 외국어 교육정책자문위원회 위원

저서　천일문 / 천일문 Training Book / 천일문 GRAMMAR
어법끝 / 어휘끝 / 첫단추 / 쎈쓰업 / 파워업 / 빈칸백서 / 오답백서
쎄듀 본영어 / 문법의 골든룰 101 / ALL 씀 서술형 / 수능실감
거침없이 Writing / Grammar Q / Reading Q / Listening Q
잘 풀리는 영문법 / GRAMMAR PIC 등

쎄듀 영어교육연구센터
쎄듀 영어교육센터는 영어 콘텐츠에 대한 전문지식과 경험을 바탕으로
최고의 교육 콘텐츠를 만들고자 최선의 노력을 다하는 전문가 집단입니다.

인지영 책임연구원　•　**한예희** 책임연구원　•　**조현미** 선임연구원

검토위원

김용진 선생님 (대성학원) / 이현수 선생님 (경남퍼스트) / 최송락 선생님 (이상영어수학학원) / 김진성 원장 (김진성 열정어학원)

마케팅	콘텐츠 마케팅 사업본부
영업	문병구
제작	정승호
인디자인 편집	올댓에디팅
디자인	홍단, 윤혜영
표지일러스트	김수정
내지일러스트	그림숲, 아몬드 초콜릿
영문교열	Eric Scheusner

펴낸이	김기훈 김진희
펴낸곳	㈜쎄듀/서울시 강남구 논현로 305 (역삼동)
발행일	2017년 10월 18일 초판 1쇄
내용 문의	www.cedubook.com
구입 문의	콘텐츠 마케팅 사업본부
	Tel. 02-6241-2007
	Fax. 02-2058-0209
등록번호	제22-2472호
ISBN	978-89-6806-101-1

Foreword

영어 문장이 학습의 주(主)가 되는 천일문 시리즈 〈입문·기본·핵심·완성〉은 영어 학습의 대표 베스트셀러 시리즈로서 지난 10여 년간 많은 사랑을 받아 왔습니다. 〈천일문 GRAMMAR〉는 천일문 시리즈를 통해 입증된, 문장을 통한 영어 학습의 효과를 문법 학습에 고스란히 적용한 것입니다.

많은 학생들이 문법을 공부해도 문제를 대하면 어떻게 접근해야 할지 모르겠다는 어려움을 호소합니다. 이를 해결하기 위해서는 **'예문에 중점을 두는 문법 학습'**을 해야 합니다. 즉, 규칙과 공식의 기계적인 암기보다는 예문을 기억하고, 학습 후에는 예문을 보면서 배운 사항을 떠올리는 방식으로 해야 합니다. 예문 학습을 소홀히 하고 문제풀이만 과도하게 하는 것은 별 효과를 보지 못합니다. 엄선된 예문이 풍부한 〈천일문 GRAMMAR〉로 학습하여 예문만 봐도 학습 내용이 떠오를 수 있도록 한다면 위와 같은 어려움은 사라지리라 확신합니다.

이 외에도 〈천일문 GRAMMAR〉는 다음과 같은 특징이 있습니다.

| 첫째, 복잡한 문법 사항을 간략한 요약 POINT로 제시

학습 사항이 복잡할수록 요약이 필요합니다. 문법처럼 한꺼번에 많은 내용을 받아들여야 하는 것은 더더욱 그렇습니다. 이 POINT를 계속 염두에 두고 학습해 나간다면 학습 효율이 훨씬 높아질 것입니다. 또한, 내신에 많이 등장하는 POINT에는 별도로 "빈출" 표시를 하여 특히 주목할 수 있도록 하였습니다.

| 둘째, 다양한 문제 유형과 양질의 문제

전국 중학교의 내신 문법 문제 총 1만 6천여 문제를 취합 및 분석하여 내신 문법에도 완벽하게 대비할 수 있도록 다양한 유형으로 양질의 문제를 수록하였습니다. 충분한 예문 학습을 통해 길러진 문법 적용력을 확인해보기 바랍니다.

| 셋째, 막강한 부가서비스

학습한 내용을 확실히 내 것으로 만들 수 있도록 어휘리스트, 어휘테스트, 예문 해석/영작 연습지, 예문 MP3 파일 등을 마련하였습니다. 특히 예문 영작 연습지에서는 단계별 영작을 제시하여 서술형 대비까지 가능합니다.

영어 문법이 앞으로의 영어 공부 여정에 있어 걸림돌이 되지 않도록 심혈을 기울였습니다. 문법 학습을 시작하는 모든 독자들의 중요한 순간에 이 교재가 함께 하여 학습에 큰 정진을 이룰 수 있기를 간절히 기원합니다.

저자 일동

Preview 천일문 GRAMMAR 미리 보기

1 본책

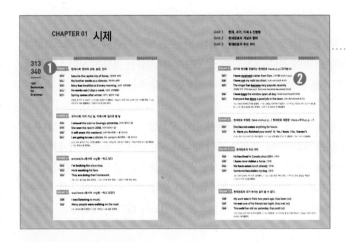

한눈에 정리하는 CHAPTER별 대표 예문

❶ 챕터에서 배우게 될 학습 POINT별 대표 예문과 해석
❷ 문장별 문법 사항의 간결한 설명

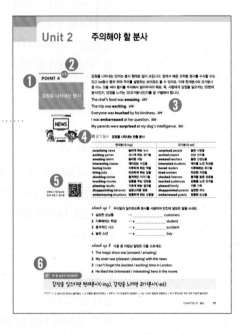

효과적인 POINT별 학습

❶ 복잡한 문법 사항을 간략한 요약 POINT로 제시
❷ 내신기출 빈도수에 따라 "빈출" 표시
❸ 실용적이고 자연스러운 예문
❹ 암기 필수: 반드시 외워야 하는 문법 사항
❺ 암기가 쉬워지는 MP3 바로 듣기
❻ 여러 POINT를 묶어 한 줄로 정리

단계적 학습을 위한 3단계 문제 구성 POINT별 check up → Unit Exercise → Chapter Test

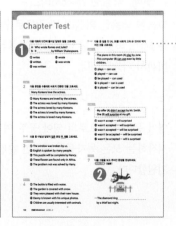

다양한 유형의 풍부한 연습 문제

서술형을 포함한 기출 유형 완벽 반영

❶ 복습이 쉬워지는 문제별 POINT 표시
❷ 서술형 REAL 기출 고난도 표시

2 WORKBOOK

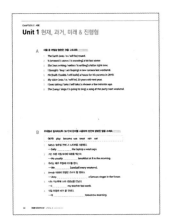

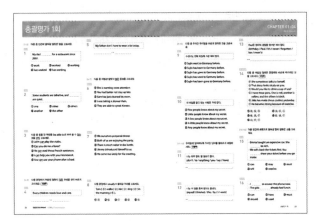

- Unit별 연습 문제
- 학교 내신 시험의 서술형 주관식 완벽 대비

- CHAPTER별 연습 문제
- 서술형 포함한 기출 유형 완벽 반영

- 총괄평가 총 3회분 수록
- 앞서 익힌 문법 사항의 누적 학습

3 무료 부가서비스

학습을 돕는 막강한 부가서비스로 완벽 학습!
모든 자료는 www.cedubook.com에서 다운로드 가능합니다

1. 어휘리스트　　2. 어휘테스트　　3. 예문 해석 연습지　　4. 예문 영작 연습지　　5. MP3 파일

수업용 PPT

교사용 추가 문제

교사용 부가서비스
교강사 여러분께는 위 부가서비스를 비롯하여,
문제 출제 활용을 위한 TEXT 파일, 수업용 PDF 및 PPT 파일,
CHAPTER별 추가 문제 등을 제공해드립니다.
파일 신청 및 문의는 book@ceduenglish.com

Contents 천일문 GRAMMAR LEVEL 2

천일문 GRAMMAR LEVEL 1

천일문 GRAMMAR LEVEL 3

CHAPTER 01 시제

POINT 1　현재시제: 현재의 상태, 습관, 진리

313　Seoul **is** the capital city of Korea. 〈현재의 상태〉

314　My brother **works** as a director. 〈현재의 상태〉

315　Mary **has** breakfast at 8 every morning. 〈습관, 반복행동〉

316　He **works out** 2 days a week. 〈습관, 반복행동〉

317　Spring **comes** after winter. 〈진리, 일반적 사실〉

서울은 한국의 수도**이다**. / 우리 형은 감독으로 **일한다**. / Mary는 매일 아침 8시에 아침 식사**를 한다**. / 그는 일주일에 이틀 **운동한다**. / 겨울이 지나면 봄이 **온다**.

POINT 2　과거시제: 이미 지난 일, 미래시제: 앞으로 할 일

318　I **missed** the train to Gwangju yesterday. 〈이미 일어난 일〉

319　She **won** the race in 2008. 〈이미 일어난 일〉

320　It **will snow** this weekend. 〈will+동사원형: ~할 것이다〉

321　I **am going to see** a doctor. 〈be going to+동사원형: ~할 것이다〉

나는 어제 광주로 가는 기차를 **놓쳤다**. / 그녀는 2008년에 경주에서 **이겼다**. / 이번 주말에 눈이 **올 것이다**. / 나는 병원에 **갈 것이다**.

POINT 3　am/are/is+동사의 -ing형: ~하고 있다

322　I**'m looking for** a bus stop.

323　He **is washing** his face.

324　They **are doing** their homework.

저는 버스 정류장을 **찾고 있어요**. / 그는 세수를 **하고 있다**. / 그들은 숙제를 **하고 있다**.

POINT 4　was/were+동사의 -ing형: ~하고 있었다

325　I **was listening** to music.

326　Many people **were walking** on the road.

나는 음악을 **듣고 있었다**. / 많은 사람들이 길을 **걷고 있었다**.

POINT 5   과거와 현재를 연결하는 현재완료 have+p.p.(과거분사)

327   I **have** <u>received</u> a letter from Tom. 〈과거형(-(e)d) = p.p.〉

328   I **have** <u>cut</u> my nails too short. 〈cut-cut-cut(A-A-A)〉

329   The singer **has** <u>become</u> very popular recently.
〈3인칭 단수 주어+has p.p.〉〈become-became-become(A-B-A)〉

330   I **have** <u>kept</u> the window open all day. 〈keep-kept-kept(A-B-B)〉

331   Everyone **has** <u>done</u> a good job in the team. 〈do-did-done(A-B-C)〉

나는 Tom으로부터 편지를 **받았다**. / 나는 손톱을 너무 짧게 **깎았다**. / 그 가수는 최근에 매우 인기가 많아**졌다**. / 나는 종일 창문을 열어 **두었다**. / 모두가 팀 안에서 잘 **해냈었다**.

POINT 6   현재완료 부정문: have+not+p.p., / 현재완료 의문문: Have+주어+p.p. ~?

332   She **has not eaten** anything for hours.

333   A: **Have** you **finished** your work? B: Yes, I **have**. / No, I **haven't**.

그녀는 몇 시간째 아무것도 **먹지 않았다**. / A: 너는 일을 **끝냈니**? B: 응, **끝냈어**. / 아니, 아직 못 **끝냈어**.

POINT 7~10   현재완료의 주요 의미

334   He **has lived** in Canada *since* 2001. 〈계속〉

335   I **have** *never* **ridden** a horse. 〈경험〉

336   We **have eaten** lunch *already*. 〈완료〉

337   Someone **has stolen** my bag. 〈결과〉

그는 2001년부터 캐나다에 **살아왔다**. / 나는 말을 타본 **적이 없다**. / 우리는 벌써 점심을 **먹었다**. / 누군가가 내 가방을 **훔쳤다**.

POINT 11   현재완료와 과거 부사는 같이 쓸 수 없다.

338   My aunt **was** in Paris two years *ago*. (has been (×))

339   He **met** one of his friends *last night*. (has met (×))

340   Tina **sold** her old car *yesterday*. (has sold (×))

나의 이모는 2년 전에 파리에 **있었다**. / 그는 어젯밤에 그의 친구들 중 한 명을 **만났다**. / Tina는 어제 자신의 오래된 차를 **팔았다**.

Unit 1 현재, 과거, 미래 & 진행형

POINT 1

**현재시제:
현재의 상태, 습관,
진리**

동사의 현재시제는 현재의 사실이나 상태, 반복되는 일이나 습관, 변함없는 일반적인 진리를 나타내요.

Seoul **is** the capital city of Korea. `313` 〈현재의 상태〉

My brother **works** as a director. `314`

Mary **has** breakfast at 8 every morning. `315` 〈습관, 반복행동〉

He **works out** 2 days a week. `316`

Spring **comes** after winter. `317` 〈진리, 일반적 사실〉

check up 주어진 동사를 알맞은 형태로 쓰세요.

1 I usually _____ a cup of tea in the morning. (drink)

2 The Earth _____ around the Sun. (move)

3 Water _____ at 0℃. (freeze)

POINT 2

**과거시제: 이미 지난 일
미래시제: 앞으로 할 일**

• 과거시제: 동사의 과거형을 사용해 이미 지난 일이나 상태를 나타내어, '~했다'를 의미합니다.
과거를 나타내는 표현(yesterday, last ~, ago)과 함께 자주 쓰입니다.

I **missed** the train to Gwangju yesterday. `318`

She **won** the race in 2008. `319`

• 미래표현: 「will+동사원형」, 「be going to+동사원형」으로 '~할 것이다'를 의미합니다.

It **will snow** this weekend. `320`

I **am going to see** a doctor. `321`

check up 다음 중 어법상 알맞은 것을 고르세요.

1 Sam [will visit / visited] the art museum last week.

2 I [will buy / bought] a new cell phone next month.

3 Jane [is going to be / was] a high school student 10 years ago.

4 My brother [went / is going to go] to the hospital tomorrow.

5 Kate [met / will meet] her friend next weekend.

POINT 1 서울은 한국의 수도이다. / 우리 형은 감독으로 일한다. / Mary는 매일 아침 8시에 아침 식사를 한다. / 그는 일주일에 이틀 운동한다. / 겨울이 지나면 봄이 온다.
POINT 2 나는 어제 광주로 가는 기차를 놓쳤다. / 그녀는 2008년에 경주에서 이겼다. / 이번 주말에 눈이 올 것이다. / 나는 병원에 갈 것이다.

POINT 3

**am/are/is
+동사의 -ing형:
~하고 있다**

현재진행: be동사의 현재형(am/are/is)+동사원형+-ing (~하고 있다/~하는 중이다)

I'm looking for a bus stop. `322`

He **is washing** his face. `323`

They **are doing** their homework. `324`

주의! 진행형을 쓸 수 없는 동사

진행형은 어떤 동작을 하고 있음을 나타내므로 동작을 나타내지 않는 동사는 진행형으로 쓰지 않아요.
I am liking you. (×) → I like you. (좋아하고 있는 상태)
• 감정: like, love, hate   • 감각: see(보이다), feel
• 소유: have(가지고 있다), belong to(~에 속하다)
• 상태: be, want   • 인식: know, think

check up 〈보기〉와 같이 주어진 현재시제 문장을 현재진행형으로 바꿔 쓰세요.

〈보기〉 She plays the piano. → She <u>is playing</u> the piano.

1 The cat looks at the window.   → The cat _____ at the window.
2 We take pictures at the park.   → We _____ pictures at the park.
3 My mom makes pizza for us.   → My mom _____ pizza for us.

POINT 4

**was/were
+동사의 -ing형:
~하고 있었다**

과거진행: be동사의 과거형(was/were)+동사원형+-ing (~하고 있었다/~하고 있는 중이었다)

I was listening to music. `325`

Many people **were walking** on the road. `326`

check up 우리말과 일치하도록 주어진 단어를 사용하여 빈칸에 알맞은 말을 쓰세요.

1 내 친구들은 벤치에 앉아 있었다. (sit)
  → My friends _____ on the bench.
2 그 아기는 침대에서 울고 있었다. (cry)
  → The baby _____ on the bed.
3 우리 아빠는 샤워를 하고 계셨다. (take)
  → My dad _____ a shower.

POINT 3 저는 버스 정류장을 찾고 있어요. / 그는 세수를 하고 있다. / 그들은 숙제를 하고 있다. / 나는 너를 좋아해.   POINT 4 나는 음악을 듣고 있었다.
/ 많은 사람들이 길을 걷고 있었다.

CHAPTER 01 시제   **11**

Unit Exercise

A 우리말과 일치하도록 주어진 단어를 사용하여 빈칸에 알맞은 말을 쓰세요. POINT 1·2

1 나는 어제 박물관을 방문했다. (visit)

→ I _____ the museum yesterday.

2 해는 서쪽으로 진다. (set)

→ The sun _____ in the west.

3 수진이는 두 달 전에 새로운 집으로 이사했다. (move)

→ Sujin _____ to her new house two months ago.

4 그는 여동생을 위해 쿠키를 만들 것이다. (make)

→ He _____ cookies for his little sister.

B 주어진 단어를 사용하여 현재진행형 또는 과거진행형으로 문장을 완성하세요. POINT 3·4

1 A: Sara, what is Junho doing?

B: He _____ his bike. (ride)

2 I _____ at home then. (sleep)

3 They _____ in the library yesterday. (study)

4 You _____ a lie now. (tell)

5 My brother _____ with toys last night. (play)

C 다음 중 어법상 알맞은 것을 고르세요. POINT 1·2·3·4

1 They [did / do / are doing] the survey last month.

2 A banana [was / is / will be] yellow.

3 She [was planting / is planting / plants] flowers yesterday morning.

4 I [was calling / call / will call] you tomorrow.

5 It [snowed / snows / is snowing] a lot here every year.

6 My sister [sang / sings / is singing] on the stage now.

7 Jenny [likes / is liking / liked] comic books so much. She reads them every day.

then 그때   survey 조사   plant (나무 등을) 심다

Unit 2 현재완료의 개념과 형태

POINT 5

과거와 현재를 연결하는 현재완료: have+p.p.(과거분사)

과거   현재   이래

반복해서 들어보세요.
쉽게 외울 수 있어요!

현재완료는 과거에 일어난 일이 현재까지 영향을 줄 때 사용합니다.

- 기본형태: have[has]+과거분사(p.p.)
- 동사의 과거분사(p.p.): 과거형과 같은 「동사원형+-(e)d」 형태지만 불규칙 변화하는 경우도 많아요.

I **have received** a letter from Tom. **327**

She **has studied** history all day.

I **have cut** my nails too short. **328**

The singer **has become** very popular recently. **329**

I **have kept** the window open all day. **330**

Everyone **has done** a good job in the team. **331**

암기 필수 동사의 불규칙 과거형 · 과거분사형(p.p.)

원형	과거형	과거분사형
A - A - A형		
cut	cut	cut
hurt	hurt	hurt
put	put	put
read [riːd]	read [red]	read [red]
A - B - A형		
become	became	become
come	came	come
run	ran	run

암기TIP 변화 형태별(A-A-A형/A-B-A형/A-B-B형/A-B-C형)로 묶어서 암기하세요!

A - B - B형		
bring	brought	brought
build	built	built
buy	bought	bought
catch	caught	caught
find	found	found
have	had	had
hear	heard	heard
hold	held	held
leave	left	left
lose	lost	lost
make	made	made
meet	met	met
keep	kept	kept
send	sent	sent
spend	spent	spent
teach	taught	taught
think	thought	thought
win	won	won

A - B - C형		
be	was/were	been
begin	began	begun
break	broke	broken
do	did	done
draw	drew	drawn
drive	drove	driven
eat	ate	eaten
fly	flew	flown
get	got	gotten/got
give	gave	given
go	went	gone
know	knew	known
ride	rode	ridden
see	saw	seen
sing	sang	sung
steal	stole	stolen
take	took	taken
write	wrote	written

check up 주어진 단어를 알맞은 형태로 바꿔 써서 현재완료 문장을 완성하세요.

1 We have _____ soccer for 2 hours. (play)

2 The farmers have _____ down the tree. (cut)

3 James has _____ a house for his parents. (build)

4 She has _____ this picture alone. (draw)

5 They have _____ good teachers. (become)

6 I have _____ John for 10 years. (know)

POINT 5 나는 Tom으로부터 편지를 받았다. / 그녀는 온종일 역사를 공부하고 있다. / 나는 손톱을 너무 짧게 깎았다. / 그 가수는 최근에 매우 인기가 많아졌다. / 나는 종일 창문을 열어 두었다. / 모두가 팀 안에서 잘 해내었다. *check up* cut down (나무 등을) 베다 alone 혼자

**현재완료 부정문:
have+not+p.p.,
현재완료 의문문:
Have+주어+p.p. ~?**

- 긍정문: have[has]+p.p. (줄임 표현: 've['s] p.p.)
- 부정문: have[has]+부정어(not/never 등)+p.p. (줄임 표현: haven't[hasn't] p.p.)

She **has not eaten** anything for hours. 332

I **have never read** such a novel.

They **haven't found** a solution.

- 의문문: Have[Has]+주어+p.p. ~ ? — Yes, 주어+have[has]. / No, 주어+haven't[hasn't].

A: **Have** you **finished** your work? 333

B: Yes, I **have**. / No, I **haven't**.

Have you ever **heard** of him?

Have you **watched** the TV show?

check up 다음 밑줄 친 부분이 맞으면 ○, 틀리면 ×하고 바르게 고치세요.

1 I haven't sent a letter to my sister. _____

2 Junho has finished not his homework yet. _____

3 She has eaten breakfast already. _____

4 Have Jane lost her shoes? _____

5 My friends not have cleaned their desks. _____

6 Have seen you this movie before? _____

7 We've read books for 3 hours. _____

8 Kate has never take a train since last year. _____

9 A: Has your brother learned to ski? _____

   B: Yes, he is. _____

10 Do you have ever heard his speech? _____

POINT 6 그녀는 몇 시간째 아무것도 먹지 않았다. / 나는 그런 소설을 전혀 읽어본 적이 없다. / 그들은 해결책을 찾아내지 못했다. / A: 너는 일을 끝냈니? B: 응, 끝냈어. / 아니, 아직 못 끝냈어. / 너는 그에 대해서 들어본 적이 있니? / 너는 그 TV쇼를 본 적이 있니? *check up* already 이미, 벌써 ever (의문문에서) 언제든, 한 번이라도 speech 연설

Unit Exercise

A 다음 중 어법상 알맞은 것을 고르세요. POINT 5·6

1 Susan [have done / has done] a lot of research for her project.

2 We [have met / have meeted] the president once.

3 [Have they had / Has they had] lunch already?

4 He [has droven / has driven] the car for 2 hours.

5 That man [has not ridden / not has ridden] a horse.

6 [Do you have cooked / Have you cooked] pasta before?

B 주어진 단어를 알맞은 형태로 바꿔 써서 현재완료 문장을 완성하세요. POINT 5

1 Jessica _____ to study Chinese this month. (begin)

2 She _____ money since 2013. (save)

3 I _____ already _____ that book. (read)

4 Their team _____ the game several times. (win)

5 Mr. Kim _____ at the post office for 10 years. (work)

C 빈칸에 알맞은 동사를 〈보기〉에서 골라 괄호 속 지시대로 바꿔 쓰세요. POINT 5·6

〈보기〉	attend	sing	buy

1 Amy _____ the meeting. (현재완료 긍정문)

Amy _____ the meeting. (현재완료 부정문)

_____ Amy _____ the meeting? (현재완료 의문문)

2 Peter _____ a new cell phone recently. (현재완료 긍정문)

Peter _____ a new cell phone recently. (현재완료 부정문)

_____ Peter _____ a new cell phone recently? (현재완료 의문문)

3 They _____ in a contest before. (현재완료 긍정문)

They _____ in a contest before. (현재완료 부정문)

_____ they _____ in a contest before? (현재완료 의문문)

research 조사 president 회장; 대통령 pasta 파스타 (요리) save 저축하다 several 몇몇의 attend 참석하다 recently 최근에

Key Understandings

현재? 과거? 현재완료?

현재완료의 의미를 좀 더 잘 이해하기 위해서 우선 다음 세 문장을 보고 의미 차이를 알아봅시다.

1 We **live** in a tiny house now. 우리는 지금 작은 집에 **살고 있다**.

2 We **lived** in a tiny house two years ago. 우리는 2년 전에 작은 집에 **살았다**.

3 We **have lived** in a tiny house for two years. 우리는 2년간 작은 집에 **살고 있다**.

✓ **1**은 현재 살고 있음을 나타내고 있지만, 얼마나 살아왔는지에 대해서는 알 수 없어요.

✓ **2**는 2년 전이라는 과거에 살았다는 것을 나타내는데, 현재는 그 집에 살고 있지 않다는 의미를 담고 있기도 하지요.

✓ **3**은 2년 전이라는 과거부터 지금 현재까지 그 집에 계속해서 살고 있다는 의미를 나타냅니다. 즉, **1**(현재)과 **2**(과거)의 의미를 다 포함하는 것이지요.

우리말에는 이런 의미를 정확히 담고 있는 동사 시제가 없기 때문에 현재완료의 이해는 쉽지 않아요.

현재완료는 과거의 의미를 담고 있기는 하지만, 그 과거의 일이 현재에 어떤 영향을 미치고 있는지, '현재'를 중심으로 나타내는 것이기 때문에 '현재'완료라 하는 것이고 '과거'를 뜻하는 어구와는 같이 쓰지 못해요.

현재완료는 '계속'의 의미 외에도 '경험, 완료, 결과'의 의미를 가지고 있어요. 학습해 나가면서 잘 구별할 수 있도록 합시다.

1. 계속	지금까지 쭉 ~해오다
2. 경험	지금까지 ~한 적이 있다
3. 완료	막 ~했다
4. 결과	~했다(그래서 지금 ~이다)

Unit 3 현재완료의 주요 의미

POINT 7
빈출!

(지금까지) 쭉 ~해오다(계속)

과거의 어떤 시점부터 현재까지 동작을 계속하고 있음을 나타냅니다. 같이 잘 쓰이는 어구로는 for+기간(~ 동안), since+시점(~ 이후로), how long(얼마나) 등이 있습니다.

She **has learned** tennis *for* two years.

He **has lived** in Canada *since* 2001. **334**

How long **have** you **waited** here?

주의!

for+기간	since+기준 시점
I *have stayed* in China **for** a month. (한 달 동안)	I *have stayed* in China **since** 2015. (2015년부터)

check up 주어진 두 문장을 괄호 안의 단어를 이용하여 현재완료 문장으로 다시 쓰세요.

1 Minho started to raise a dog in 2013. He is still raising it. (raise)

→ Minho ＿＿＿＿＿＿＿＿＿＿ a dog since 2013.

2 She began to be sick two days ago. She is still sick. (be)

→ She ＿＿＿＿＿＿＿＿＿＿ sick for two days.

POINT 8
빈출!

(지금까지) ~한 적이 있다(경험)

횟수나 빈도 등을 나타내는 표현과 쓰여 어떤 동작이나 행위를 지금까지 얼마나 했는지 나타내요. once(한 번), twice(두 번), ~ times(~ 번), never(절대 ~않다), ever(지금까지), before(이전에), so far(지금까지) 등의 표현이 쓰입니다.

I **have climbed** the mountain *once*.

I **have** *never* **ridden** a horse. **335**

Have you *ever* **seen** a UFO?

She **has been** to Spain *before*.

check up 우리말과 일치하도록 주어진 단어를 알맞은 형태로 바꿔 써서 문장을 완성하세요.

1 나는 전에 마술사를 본 적이 있다. (see)

→ I ＿＿＿＿＿＿＿＿＿＿ a magician before.

2 그 소년은 수업에 한 번도 늦은 적이 없다. (be)

→ The boy ＿＿＿＿＿＿ never ＿＿＿＿＿＿ late for class.

POINT 7 그녀는 2년 동안 테니스를 배워왔다. / 그는 2001년부터 캐나다에 살아왔다. / 너는 여기서 얼마나 기다렸니? / 나는 중국에 한 달 동안 머물렀다. / 나는 2015년부터 중국에 머물러 왔다.　POINT 8 나는 그 산에 한 번 올라가 봤다. / 나는 말을 타본 적이 없다. / 너는 UFO를 본 적이 있니? / 그녀는 전에 스페인에 가본 적이 있다.

CHAPTER 01 시제　**17**

POINT 9

막 ~했다(완료)

동작이 막 완료된 시점과 관련된 just(이제 막), already(벌써), yet(부정문: 아직) 등과 자주 쓰입니다. just, already는 대개 have와 과거분사(p.p.) 사이에, yet은 주로 문장 끝에 쓰이는데, already는 종종 강조를 위해 문장 끝에 쓰이기도 해요.

I**'ve** *just* **sent** an email to you.

We **have eaten** lunch *already*. 336

They **haven't come** back *yet*.

check up 우리말과 일치하도록 주어진 단어를 사용하여 현재완료 문장을 완성하세요.

1 우리 삼촌은 이미 공항에 도착했다. (arrive)

→ My uncle _____ already _____ at the airport.

2 그들은 방금 저녁 식사를 마쳤다. (finish)

→ They _____ just _____ dinner.

3 Jake는 아직 열쇠를 찾지 못했다. (yet, find)

→ Jake _____ _____ _____ his key _____.

POINT 10

~했다 (그래서 지금 …이다)(결과)

과거의 일이 현재까지 어떤 결과를 미친다는 의미를 담고 있어요. 함께 쓰이는 부사가 따로 없고, 앞뒤 문맥으로 현재에 벌어진 결과를 파악합니다.

Someone **has stolen** my bag. 337 (그 결과 지금 가방이 없다는 의미.)

He **has broken** his leg. (그 결과 지금도 부러진 상태라는 의미.)

주의! **have been (경험) vs. have gone (결과)**

He **has been** to her new house.

He **has gone** to Jeju Island. (지금 이곳에 없다.)

check up 우리말과 일치하도록 주어진 단어를 사용하여 현재완료 문장을 완성하세요.

1 나는 공원에서 내 지갑을 잃어버려서 지금 지갑을 가지고 있지 않다. (lose)

→ I _____ my wallet in the park.

2 그녀는 뉴욕으로 출장을 가서 지금 여기에 없다. (go)

→ She _____ to New York.

POINT 9 나는 방금 막 너에게 이메일을 한 통 보냈다. / 우리는 벌써 점심을 먹었다. / 그들은 아직 돌아오지 않았다.　**POINT 10** 누군가가 내 가방을 훔쳤다. / 그는 다리가 부러졌다. / 그는 그녀의 새로운 집에 가봤다. / 그는 제주도에 갔다.

POINT 11

현재완료와 과거 부사는 같이 쓸 수 없다.

현재완료는 과거와 연관이 있지만 '현재'의 개념에 더 가깝기 때문에 명백한 과거를 나타내는 부사(구)와 같이 쓸 수 없어요.

My aunt **was** in Paris two years *ago*. 338 (has been (×))

He **met** one of his friends *last night*. 339 (has met (×))

Tina **sold** her old car *yesterday*. 340 (has sold (×))

I **wrote** a book *in 2010*. (have written (×))

When **did** they arrive in LA? (When have they arrived (×))

✍ 암기 필수 현재완료와 함께 쓸 수 없는 부사(구)

> ago, last, yesterday, in+연도, When ~?, when+과거형 등

check up 1 주어진 단어를 사용하여 아래의 문장을 완성하세요.

1 (change) ① I ＿＿＿＿＿＿＿＿＿＿ my mind a few minutes ago.

② I ＿＿＿＿＿＿＿＿＿＿ my mind several times.

2 (teach) ① He ＿＿＿＿＿＿＿＿＿＿ us Korean in 2005.

② He ＿＿＿＿＿＿＿＿＿＿ us Korean for six months.

3 (rain) ① It ＿＿＿＿＿＿＿＿＿＿ since yesterday.

② It ＿＿＿＿＿＿＿＿＿＿ last night.

check up 2 다음 중 어법상 알맞은 것을 고르세요.

1 She [worked / has worked] in the library last year.

2 It [was / has been] sunny since two days ago.

3 I [told / have told] you about the party yesterday.

4 We [missed / have missed] the bus five minutes ago.

5 Sam [won / has won] the gold medal twice since 2005.

6 I [met / have met] Jimmy for the first time in 2015.

POINT 11 나의 이모는 2년 전에 파리에 있었다. / 그는 어젯밤에 그의 친구들 중 한 명을 만났다. / Tina는 어제 자신의 오래된 차를 팔았다. / 나는 2010년에 책 한 권을 썼다. / 그들은 언제 LA에 도착했니?

CHAPTER 01 시제   19

Unit Exercise

A 다음 밑줄 친 부분이 맞으면 ○, 틀리면 ×하고 바르게 고치세요. POINT 7·11

1 Nancy <u>didn't sleep</u> since yesterday. _____

2 The children <u>have eaten</u> pizza last weekend. _____

3 It <u>rained</u> a lot yesterday. _____

4 He <u>has bought</u> his car in 2009. _____

5 Sam <u>has played</u> the guitar since this morning. _____

6 I <u>called</u> Rachel two days ago. _____

7 <u>How long have</u> you worked in this company? _____

B 우리말과 일치하도록 주어진 단어를 사용하여 현재완료 문장을 완성하세요. POINT 7·8·9·10

1 나는 Tom의 주소를 잊어버렸다. (forget, Tom's address)

→ I _____.

2 그녀는 10년 동안 도쿄에서 살아왔다. (live, Tokyo, in)

→ She _____ 10 years.

3 Ben은 전에 유명한 배우를 인터뷰해본 적이 있다. (interview, a famous actor)

→ Ben _____ before.

4 그 소년은 아직 그 문제를 풀지 못했다. (solve, the problem)

→ The boy _____ yet.

C 다음 각 문장의 현재완료 의미를 〈보기〉에서 찾아 쓰세요. POINT 7·8·9·10

> 〈보기〉 ⓐ 계속 ⓑ 경험 ⓒ 완료 ⓓ 결과

1 Susan has traveled abroad three times. _____

2 They haven't washed their hands yet. _____

3 Jenny has studied Chinese for three years. _____

4 He has gone to Busan. I can't meet him right now. _____

5 Have you taken Taekwondo before? _____

6 Yumi has fixed the computer already. _____

abroad 해외로 take (수업을) 듣다

Chapter Test

[1-2] 다음 중 동사의 변화형이 바른 것을 고르세요.

POINT 5

1
① cut — cutted — cutted
② come — came — come
③ bring — bought — bought
④ lose — losed — lost
⑤ drive — drove — droven

POINT 5

2
① grow — grew — grewed
② fly — flown — flew
③ find — found — founded
④ make — made — maden
⑤ send — sent — sent

[3-4] 우리말과 일치하도록 빈칸에 들어갈 알맞은 말을 고르세요.

POINT 4

3
나는 10분 전에 선생님께 이야기하고 있었다.
→ I _____ to my teacher 10 minutes ago.

① talk   ② talked
③ am talking   ④ was talking
⑤ have talked

POINT 7

4
오늘 오후부터 쭉 눈이 내렸다.
→ It _____ since this afternoon.

① snowed   ② is snowing
③ has snowed   ④ has snowing
⑤ is going to snow

[5-6] 우리말과 일치하도록 주어진 단어를 올바르게 배열하세요. 서술형

POINT 4

5
Tim은 그때 파티를 준비하고 있었다.
(preparing / Tim / a party / was)

→ _____ then.

POINT 6

6
그는 최근에 운동하지 않았다.
(not / he / exercised / has)

→ _____ recently.

POINT 5

7 다음 중 어법상 알맞은 것을 고르세요.
① I borrowed a book from the library next Sunday.
② Two plus two was four.
③ Paul is finding a letter in the box last night.
④ She was taking care of her son now.
⑤ Kate will do yoga four hours later.

[8-9] 두 문장과 의미가 같도록 현재완료를 사용하여 빈칸에 알맞은 말을 쓰세요. 서술형

POINT 10

8
Peter went to New York. He is not here now.

→ Peter _____ _____ to New York.

POINT 7

9
The man started to work for a factory in 2010. He still works for the factory.

→ The man _____ _____ for the factory since 2010.

10 다음 질문에 대한 대답으로 가장 적절한 것을 고르세요.

> A: Have you ever made a Christmas card?
> B: _____ I made one for my best friend.

① Yes, I do.   ② Yes, I have.

③ Yes, I had.   ④ No, I haven't.

⑤ No, I didn't.

[11-12] 우리말과 일치하도록 주어진 단어를 사용하여 문장을 완성하세요. **서술형**

11
> 그는 전에 초밥을 한 번도 먹어본 적이 없다.
> (never, eat, sushi)

→ He _____ before.

12
> Nick은 그 매장에서 2년째 매니저를 해왔다.
> (be, a manager, two years)

→ Nick _____
at the store.

13 다음 두 문장을 한 문장으로 바르게 바꾼 것을 고르세요.

> He began to be sick from a headache yesterday. He is still sick.

① He was sick from a headache since yesterday.

② He is sick from a headache since yesterday.

③ He will be sick from a headache since yesterday.

④ He has been sick from a headache since yesterday.

⑤ He is going to be sick from a headache since yesterday.

[14-15] 다음 중 빈칸 (A), (B)에 들어갈 말이 바르게 짝지어진 것을 고르세요.

14
> · Alex ____(A)____ my cup this morning.
> · Someone ____(B)____ my money.

① broke — stealing

② broke — has stolen

③ breaks — stole

④ has broken — has stolen

⑤ has broken — is stealing

15
> · He ____(A)____ the secret between us since yesterday.
> · I ____(B)____ sick for 2 days. I should rest now.

① keeps — am

② kept — have been

③ has kept — have been

④ has kept — has been

⑤ is keeping — was

16 다음 중 두 문장의 의미가 서로 연결되는 것을 고르세요.

① My sister has gone to Germany.
> → Now I'm with my sister in Germany.

② His brother has worked at a bakery since last year.
> → Now his brother doesn't work at a bakery.

③ Her husband has lost his wedding ring.
> → Now he doesn't have his wedding ring.

④ I have just eaten dinner.
> → I'm hungry now.

⑤ I have already washed my hair.
> → Now my hair is dirty.

17 다음 중 주어진 우리말을 바르게 영작한 것을 고르세요.

> 그는 지난 5년간 런던에 가본 적이 없다.

① He has not been to London for the last five years.

② He has been not to London for the last five years.

③ He has been to not London for the last five years.

④ He has not gone to London for the last five years.

⑤ He has gone not to London for the last five years.

18 다음 표를 보고 질문에 대한 대답을 완성하세요.

REAL 기출 서술형

time	Tom	Emily
9 a.m.	swim	ride a bike
1 p.m.	read a book	take a nap

Q: What was Emily doing at 1 p.m.?

A: She _____ then.

[19-20] 다음 중 어법상 알맞지 <u>않은</u> 문장을 고르세요.

19 ① A dragonfly has six legs.

② She has written a diary last night.

③ My friends are going to come here soon.

④ Ben is cleaning the window now.

⑤ The teacher has ended the class already.

20 ① I lost my umbrella yesterday.

② He is eating dinner now.

③ I have been busy for two weeks.

④ He has just done his work an hour ago.

⑤ They have traveled the world for 5 years.

[21-22] 주어진 문장과 현재완료의 쓰임이 같은 문장을 고르세요.

21

> They have just finished the race.

① He has worked as an engineer for three years.

② My dad has fixed the radio twice.

③ Jim has used the smartphone since 2015.

④ She has already bought a concert ticket.

⑤ My friend has gone to France.

22

> I have practiced the piano for two hours.

① We have helped the poor since last year.

② They have just heard the news.

③ He has never worn sunglasses.

④ Ted has forgotten the appointment.

⑤ We have gone fishing five times.

23 어법상 알맞지 <u>않은</u> 부분을 찾아 바르게 고치세요.

고난도 서술형

(1) I have trained not my dog yet.

(2) Jinsu was following his sister right now.

(3) She worked at the cafe since 2013.

(4) I have eaten a piece of cake yesterday.

CHAPTER 02 조동사

341
368

1001
Sentences
for
Grammar

POINT 1   can: 능력, 허가, 요청

341   He **can solve** the math problem. 〈능력: ~할 수 있다〉

342   Turtles **cannot[can't] move** fast.

343   A: **Can I play** some music? 〈허가: ~해도 된다〉 B: Yes, you **can**. / No, you **can't**.

344   You **cannot[can't] talk** during the test. 〈금지: ~하면 안 된다〉

345   A: **Can** you **help** me? 〈요청: ~해 주시겠어요?〉 B: Sure. What is it?

346   A: **Could** you **say** that again? B: Sure. / All right. / No problem. / Okay.

그는 그 수학 문제를 풀 수 있다. / 거북이들은 빨리 움직일 수 없다. / A: 음악 좀 틀어도 될까요? B: 네, 그러세요. / 아니요, 안 돼요. / 시험 중에 말을 하면 안 된다. / A: 나 좀 **도와줄래**? B: 물론이야. 뭔데? / A: 다시 한번 **말씀해 주시겠어요**? B: 물론이죠.

POINT 2   can＝be able to+동사원형(~할 수 있다)

347   Students **can get[are able to get]** a 10% discount.

348   I **cannot help[I'm not able to help]** you now.

349   We **could watch[were able to watch]** the game for free.

학생들은 10퍼센트 할인을 **받을 수 있다**. / 나는 지금 너를 **도와줄 수 없어**. / 우리는 그 경기를 무료로 **볼 수 있었다**.

POINT 3   may: 허가, 추측

350   You **may keep** the change. 〈허가: ~해도 된다〉

351   Visitors **may not feed** the animals. 〈금지: ~하면 안 된다〉

352   He **may be** sick in bed. 〈추측: ~일지도[할지도] 모른다〉

거스름돈은 **가지셔도 됩니다**. / 방문객들은 동물들에게 **먹이를 주면 안 된다**. / 그는 아파서 **누워 있을지도 모른다**.

POINT 4   will: 미래의 일, 요청

353   I **will review** my lessons every day. 〈미래의 일: ~할[일] 것이다〉

354   We **will not[won't] go** to the restaurant again.

355   A: **Would** you **hold** the door for me? 〈요청: ~해 주시겠어요?〉

     B: Sure. / Of course. / No problem.

나는 수업을 매일 **복습할 것이다**. / 우리는 그 식당에 또 **가지 않을 것이다**. / A: 문 좀 **잡아 주시겠어요**? B: 물론이죠.

POINT 5~6   must: 의무, 강한 추측 / don't[doesn't] have to: ~할 필요가 없다(불필요)

356   All workers **must wear** safety helmets. 〈의무: ~해야 한다〉

= All workers **have to wear** safety helmets.

357   I **had to take** medicine every day.

358   You **must not throw** garbage on streets. 〈강한 금지: ~하면 안 된다〉

359   She is yawning. She **must be** sleepy. 〈강한 추측: ~임이 틀림없다〉

360   You **don't have to hurry**. We are not late.

모든 작업자들은 안전모를 **써야 한다**. / 나는 매일 약을 **먹어야 했다**. / 쓰레기를 길에 **버리면 안 된다**. / 그녀는 하품하고 있어. 그녀는 졸린 게 **틀림없어**. / **서두를 필요 없어**. 우린 늦지 않았어.

POINT 7   should: 의무·충고

361   We **should get** enough sleep.

362   You **should not[shouldn't] skip** breakfast.

우리는 충분한 잠을 **자야 한다**. / 너는 아침을 **거르지 말아야 한다**.

POINT 8~10   had better: 충고·권고 / would like to: 희망, 권유·제안 / used to: 과거의 습관이나 상태

363   You **had**[= You'd] **better take** an umbrella. 〈~하는 게 낫다[좋다]〉

364   You **had better not eat** fast food. 〈~하지 않는 게 낫다[좋다]〉

365   I **would**[= I'd] **like to keep** a cat. 〈희망: ~하고 싶다〉

366   A: **Would** you **like to leave** a message? 〈권유 · 제안: ~하시겠어요?〉

B: Yes, I **would**. / Sure. / Okay.

367   He **used to watch** TV a lot, but now he doesn't. 〈과거의 습관: ~하곤 했다〉

368   I **used to be** afraid of dogs. 〈과거의 상태: (예전에는) ~였다[했다]〉

너는 우산을 **가져가는 게 좋겠다**. / 너는 패스트푸드를 **먹지 않는 게 좋다**. / 나는 고양이 한 마리를 **기르고 싶다**. / A: 메시지를 **남기시겠어요**? B: 네, **그러겠습니다**. / 그는 TV를 많이 **보곤 했지만**, 지금은 그렇지 않다. / 나는 예전에는 개를 **무서워했다**.

Unit 1 can/may/will

POINT 1 ^{빈출!}

can: 능력, 허가, 요청

can은 '능력', '허가', '요청' 등의 다양한 의미로 쓰입니다. could는 can의 과거형으로서 과거의 능력 또는 좀 더 공손한 표현으로 쓰입니다.

• ~할 수 있다 (능력)

He **can solve** the math problem. **341**

Turtles **cannot[can't] move** fast. **342**

> **주의!**
>
> can이 '능력'을 의미할 때 과거형은 could와 couldn't[could not]으로 나타냅니다.
> My sister **could** play the guitar five years ago. But I **couldn't** play it at that time.

• ~해도 된다 (허가) / ~하면 안 된다 (금지)

A: **Can I play** some music? **343** 〈허가〉

B: Yes, you **can**. / No, you **can't**.

You **cannot[can't] talk** during the test. **344** 〈금지〉

• ~해 주시겠어요? (요청)

A: **Can** you **help** me? **345**

B: Sure. What is it?

A: **Could** you **say** that again? **346**

B: Sure. / All right. / No problem. / Okay.

check up 다음 밑줄 친 부분의 의미를 〈보기〉에서 골라 그 기호를 쓰세요.

〈보기〉 ⓐ 능력: ~할 수 있다 ⓑ 허가: ~해도 된다 ⓒ 요청: ~해 주시겠어요?

1 You <u>can</u> stay here a little longer. _____

2 Harry <u>can't</u> ride a bicycle. He didn't learn how. _____

3 The test is over. You <u>can</u> go out now. _____

4 <u>Could</u> you open the window? It's too hot. _____

5 Jack didn't study hard. He <u>couldn't</u> answer the question. _____

POINT 1 그는 그 수학 문제를 풀 수 있다. / 거북이들은 빨리 움직일 수 없다. / 내 여동생은 5년 전에 기타를 칠 수 있었어. 하지만 나는 그때 기타를 칠 수 없었어. / A: 음악 좀 들어도 될까요? B: 네, 그러세요. / 아니요, 안 돼요. / 시험 중에 말을 하면 안 된다. / A: 나 좀 도와줄래? B: 물론이야. 뭔데? / A: 다시 한번 말씀해 주시겠어요? B: 물론이죠.

can = be able to +동사원형 (~할 수 있다)

can이 '능력'을 나타낼 때, be able to로 바꿔 쓸 수 있어요. be동사를 주어의 인칭과 시제에 맞게 적절히 바꾸면 됩니다.

Students **can get** a 10% discount. **347**

= Students **are able to get** a 10% discount.

I **cannot help** you now. **348**

= I'**m not able to help** you now.

We **could watch** the game for free. **349**

= We **were able to watch** the game for free.

> **MORE +**
>
> 조동사 두 개를 연달아 쓸 수 없으므로 다른 조동사와 함께 쓰일 때는 can 대신 「조동사+be able to」를 씁니다.
>
> I ~~will can~~ finish it by tomorrow. (×)　　　　　I **will be able to** finish it by tomorrow. (○)

check up　두 문장의 의미가 일치하도록 빈칸에 알맞은 말을 쓰세요.

1 I can fix the copy machine.

　= I ＿＿＿＿＿ ＿＿＿＿＿ ＿＿＿＿＿ fix the copy machine.

2 Plants cannot grow without water.

　= Plants ＿＿＿＿＿ ＿＿＿＿＿ ＿＿＿＿＿ ＿＿＿＿＿ grow without water.

may: 허가, 추측

may는 '허가', '추측'의 의미로 쓰이며, '허가'를 나타낼 때는 can보다 더 정중한 표현이에요.

· 〜해도 된다 (허가) / 〜하면 안 된다 (금지)

You **may keep** the change. **350** 〈허가〉

Visitors **may not feed** the animals. **351** 〈금지〉

· 〜일지도[할지도] 모른다 (추측)

might는 may보다 더 가능성이 없을 것으로 추측할 때 쓰여요.

He **may be** sick in bed. **352**

You **may not believe** it, but it's true.

I **might go** abroad this winter.

check up　다음 〈보기〉의 밑줄 친 may와 같은 의미로 쓰인 것을 고르세요.

> 〈보기〉　It <u>may</u> be true.

ⓐ You <u>may</u> come in now.

ⓑ We <u>may</u> have some rain tomorrow.

ⓒ You <u>may</u> borrow my umbrella.

POINT 2 학생들은 10퍼센트 할인을 받을 수 있다. / 나는 지금 너를 도와줄 수 없어. / 우리는 그 경기를 무료로 볼 수 있었다. / 나는 그것을 내일까지 끝낼 수 있을 거야.
POINT 3 거스름돈은 가지셔도 됩니다. / 방문객들은 동물들에게 먹이를 주면 안 된다. / 그는 아파서 누워 있을지도 모른다. / 너는 믿지 않을지도 모르지만, 그것은 사실이야. / 나는 이번 겨울에 해외에 갈지도 모른다.　***check up*** copy machine 복사기

POINT 4

will: 미래의 일, 요청

will은 '미래의 일'이나 '요청'을 나타내며, would를 써서 더 정중함을 나타낼 수 있어요. will의 부정형은 will not[won't]으로 씁니다.

- ~할[일] 것이다 (미래의 일)

I **will review** my lessons every day. `353`

We **will not[won't] go** to the restaurant again. `354`

- ~해 주시겠어요? (요청)

A: **Will** you **do** the dishes?

B: All right, mom.

A: **Would** you **hold** the door for me? `355`

B: Sure. / Of course. / No problem.

check up 밑줄 친 부분에 유의하여 다음 해석을 완성하세요.

1 Jeremy <u>will</u> visit my house next weekend.

→ Jeremy는 다음 주말에 우리 집을 _____.

2 <u>Would</u> you do me a favor?

→ 부탁 하나만 _____?

3 I <u>won't</u> go out tomorrow.

→ 나는 내일 외출하지 _____.

4 We <u>will</u> go on a picnic this Sunday.

→ 우리는 이번 주 일요일에 소풍을 _____.

5 <u>Will</u> you turn down the volume, please?

→ 소리 좀 _____?

POINT 4 나는 수업을 매일 복습할 것이다. / 우리는 그 식당에 또 가지 않을 것이다. / A: 설거지 좀 해 주겠니? B: 알겠어요, 엄마. / A: 문 좀 잡아 주시겠어요? B: 물론이죠.

Unit Exercise

정답 및 해설 p.05

A 다음 밑줄 친 부분이 맞으면 ○, 틀리면 ×하고 바르게 고치세요. POINT 1·2

1 He <u>can</u> meet Nancy yesterday. _____

2 <u>Can</u> you come to my birthday party tonight? _____

3 Ted <u>are able to</u> drive a car. _____

4 Mary <u>couldn't</u> able to play the guitar long ago. _____

5 We <u>are able to</u> finish our homework this afternoon. _____

6 I <u>was able to</u> help you now. _____

B 〈보기〉에서 알맞은 말을 골라 문장을 완성하세요. (단, 한 번씩만 사용할 것) POINT 3·4

〈보기〉	may	would	will	will not	may not

1 I _____ plant trees tomorrow because it's sunny.

2 _____ you close the window?

3 You _____ go to the bathroom during the test.

4 It's raining. I _____ go outside.

5 I can't find my wallet. It _____ be in the car.

C 우리말과 일치하도록 조동사와 주어진 단어를 사용하여 문장을 완성하세요. POINT 1·2·3·4

1 John은 지금 집에 있을지도 모른다. (be)

→ John _____ _____ at home now.

2 나는 결승골을 넣을 수 있었다. (score)

→ I _____ _____ the winning goal.

3 Jennifer는 바다에서 수영할 수 있다. (swim)

→ Jennifer _____ _____ _____ _____ in the sea.

4 지호는 우리와 함께 여행을 가지 않을지도 모른다. (go)

→ Jiho _____ _____ _____ on a trip with us.

5 내 남동생과 나는 이번 주말에 우리 할머니를 방문할 것이다. (visit)

→ My brother and I _____ _____ our grandmother this weekend.

plant (나무 등을) 심다 wallet 지갑

Unit 2 　 must/have to/should

POINT 5 빈출!

must: 의무, 강한 추측

must는 '의무'와 '강한 추측'을 나타내요. '의무'를 나타낼 때 have[has] to로 바꿔 쓸 수 있으며 과거형은 had to를 씁니다.

• ~해야 한다 (의무) / ~하면 안 된다 (강한 금지)

All workers **must wear** safety helmets. **356** 〈의무〉

= All workers **have to wear** safety helmets.

I **had to take** medicine every day. **357**

You **must not throw** garbage on streets. **358** 〈강한 금지〉

주의!

다른 조동사와 함께 쓰일 때는 must가 아니라 have to를 써야 해요.
You ~~will must~~ wait for some time. (×)
You **will have to** wait for some time. (○)

• ~임이 틀림없다 (강한 추측)

She is yawning. She **must be** sleepy. **359**

check up 1 밑줄 친 부분에 유의하여 다음 해석을 완성하세요.

1 You <u>must not</u> miss your class.

→ 너는 수업에 _____.

2 He <u>must</u> be Sujin's brother.

→ 그는 수진이의 남동생_____.

3 We <u>had to</u> study hard for the final exam.

→ 우리는 기말고사 때문에 열심히 _____.

4 You <u>must</u> arrive on time here.

→ 너는 여기에 정시에 _____.

check up 2 두 문장의 의미가 일치하도록 빈칸에 알맞은 말을 쓰세요.

1 We must get to the airport by 7 o'clock.

= We _____ _____ get to the airport by 7 o'clock.

2 He must finish the report by tonight.

= He _____ _____ finish the report by tonight.

3 You must wear a life jacket on a boat.

= You _____ _____ wear a life jacket on a boat.

POINT 5 모든 작업자들은 안전모를 써야 한다. / 나는 매일 약을 먹어야 했다. / 쓰레기를 길에 버리면 안 된다. / 당신은 얼마간 기다리셔야 할 겁니다. / 그녀는 하품하고 있어. 그녀는 졸린 게 틀림없어. **check up** life jacket 구명조끼

POINT 6

빈출!

don't[doesn't] have to: ~할 필요가 없다(불필요)

must가 '의무'를 나타낼 때 have[has] to로 바꿔 쓸 수 있지만, 부정형의 의미는 서로 달라요.

• must not: ~하면 안 된다 (강한 금지)

We **must not touch** these paintings.

• don't[doesn't] have to: ~할 필요가 없다 (불필요)

You **don't have to hurry**. We are not late. **360**

A: **Must** I **do** my homework now?

B: Yes, you **must**. 〈의무〉 / No, you **don't have to**. 〈불필요〉

MORE +

don't[doesn't] have to(~할 필요가 없다)는 don't[doesn't] need to, need not으로 바꿔 쓸 수 있어요.

She **doesn't have to worry** about it.

= She **doesn't need to worry** about it. = She **need not worry** about it.

---

check up   우리말과 일치하도록 빈칸에 알맞은 말을 쓰세요.

1 연주회 중에는 휴대폰을 사용하면 안 된다.

→ You _____ use your cell phone during the concert.

2 우리는 오늘 교실 청소를 할 필요가 없다.

→ We _____ clean our classroom today.

3 그녀는 병원에 갈 필요가 없다.

→ She _____ go to the hospital.

POINT 7

should: 의무 · 충고

should는 must보다 가벼운 정도의 '의무'나 '충고'를 나타내요.

• ~해야 한다, ~하는 것이 좋다 (의무·충고)

We **should get** enough sleep. **361**

• ~하지 말아야 한다 (금지)

You **should not[shouldn't] skip** breakfast. **362**

check up   빈칸에 should 또는 shouldn't를 넣어 문장을 완성하세요.

1 We _____ be polite to older people.

2 You _____ be late for school.

3 You _____ make noise during the test.

POINT 6 우리는 이 그림들을 만지면 안 된다. / 서두를 필요 없어. 우린 늦지 않았어. / A: 숙제를 지금 해야 하나요? B: 그래, 해야 해. / 아니, 할 필요 없어. / 그녀는 그것에 대해 걱정할 필요가 없다.   POINT 7 우리는 충분한 잠을 자야 한다. / 너는 아침을 거르지 말아야 한다.

Unit Exercise

A 밑줄 친 must의 의미를 〈보기〉에서 골라 그 기호를 쓰세요. POINT 5

> 〈보기〉 ⓐ 의무: ~해야 한다 　　　 ⓑ 강한 금지: ~하면 안 된다
> 　　　 ⓒ 강한 추측: ~임이 틀림없다

1 You <u>must</u> read this book. _____

2 It <u>must</u> be hot. She's sweating. _____

3 You <u>must not</u> enter this room. _____

4 She <u>must</u> be thirsty. _____

5 I <u>must</u> go to the hospital. _____

B 주어진 단어와 must not 또는 don't have to를 사용하여 문장을 완성하세요. POINT 6

1 We _____ about tomorrow's quiz. We studied hard. (worry)

2 Time is gold. You _____ your time. (waste)

3 It's not raining. You _____ your umbrella. (bring)

4 It's my mother's birthday tomorrow. I _____ it. (forget)

5 The bus leaves in 10 minutes. I _____ late. (be)

6 We _____ a taxi. We can walk there. (take)

C 우리말과 일치하도록 〈보기〉에서 알맞은 말을 골라 쓰세요. (단, 한 번씩만 쓸 것) POINT 5·6·7

> 〈보기〉　don't have to　　　must　　　must not　　　have to　　　should

1 너는 매일 운동을 하는 것이 좋다.

　→ You _____ do exercise every day.

2 Susan은 나에게 화난 게 틀림없다.

　→ Susan _____ be angry with me.

3 우리는 새로운 컴퓨터를 살 필요가 없다.

　→ We _____ buy a new computer.

4 너는 휴지를 바닥에 버리면 안 된다.

　→ You _____ throw wastepaper on the floor.

5 너는 머지않아 결정을 내려야 할 것이다.

　→ You will _____ make a decision before long.

sweat 땀을 흘리다　　waste 낭비하다

Unit 3　had better/would like to/used to

POINT 8

had better: 충고·권고

had better는 '~하는 게 낫다[좋다]'라는 뜻으로 should보다 더 강한 '충고'나 '권고'를 나타내요. 줄여서 'd better로 쓰기도 해요. 부정형은 had better not으로 씁니다.

You **had better take** an umbrella. `363`

We're late. We**'d better hurry**.

You **had better not eat** fast food. `364`

check up　다음 밑줄 친 부분을 바르게 고치세요.

1 You <u>have better</u> go home now.　　→ _____

2 We <u>had not better</u> buy a new sofa.　→ _____

POINT 9

would like to: 희망, 권유·제안

would like to는 '희망'이나 '권유·제안'을 나타내요. 줄여서 'd like to로 나타내기도 합니다.

• ~하고 싶다 (희망)

I **would like to keep** a cat. `365`

I**'d like to change** my hairstyle.

• ~하시겠어요? (권유·제안)

A: **Would** you **like to leave** a message? `366`

B: Yes, I **would**. / Sure. / Okay.

A: **Would** you **like (to have)** some cake?

B: Yes, please. / No, thanks.

check up　다음 밑줄 친 부분을 바르게 고치세요.

1 I <u>would like take</u> a break.　　　　→ _____

2 <u>Would you to like</u> to go skiing next Sunday?　→ _____

POINT 8 너는 우산을 가져가는 게 좋겠다. / 우리는 늦었어. 서두르는 게 낫겠다. / 너는 패스트푸드를 먹지 않는 게 좋다.　POINT 9 나는 고양이 한 마리를 기르고 싶다. / 나는 내 머리 스타일을 바꾸고 싶다. / A: 메시지를 남기시겠어요? B: 네, 그러겠습니다. / A: 케이크 좀 드시겠어요? B: 네, 주세요. / 감사하지만, 괜찮습니다.

POINT 10

used to: 과거의 습관이나 상태

used to는 '과거의 습관'이나 '상태'를 나타내며, '전에는 ~했는데[였는데] 지금은 아니다'라는 의미를 가집니다.

• ~하곤 했다 (과거의 습관)

I **used to get up** early.

He **used to watch** TV a lot, but now he doesn't. **367**

• (예전에는) ~였다[했다] (과거의 상태)

I **used to be** afraid of dogs. **368**

MORE +

조동사 would도 used to와 같이 '과거의 습관'을 나타낼 수 있어요.

I **used to** climb a mountain on Saturdays.

＝I **would** climb a mountain on Saturdays. 〈would: (과거에) ~하곤 했다〉

---

check up   밑줄 친 부분에 유의하여 다음 해석을 완성하세요.

1 Emma <u>used to</u> go jogging every morning.

→ Emma는 매일 아침 조깅하러 _____.

2 Sumi often <u>used to</u> fight with her younger sister.

→ 수미는 여동생과 자주 _____.

3 I <u>used to</u> be very thin when I was a child.

→ 나는 어렸을 적에 매우 _____.

POINT 10 나는 일찍 일어나곤 했다. (지금은 그렇지 않다.) / 그는 TV를 많이 보곤 했지만, 지금은 그렇지 않다. / 나는 예전에는 개를 무서워했다. / 나는 토요일마다 등산을 하곤 했다.

Unit Exercise

A 다음 밑줄 친 부분을 바르게 고치세요. POINT 8-9

1 David <u>has better</u> leave now. → _____

2 I <u>would like eat</u> some cookies. → _____

3 You had better <u>to stop</u> watching TV. → _____

4 <u>Would you like drink</u> some coffee? → _____

5 Cindy had better <u>has</u> some healthy food. → _____

6 I would like <u>going</u> to Busan. → _____

7 You <u>had not better</u> waste your money. → _____

B 빈칸에 알맞은 말을 〈보기〉에서 골라 쓰세요. (단, 한 번씩만 쓸 것) POINT 8-9-10

〈보기〉 had better	would like to	had better not	used to

1 You _____ wear sunscreen. The sunlight is strong.

2 She _____ stay up all night before exams, but now she doesn't.

3 I'm sleepy. I _____ take a nap.

4 You _____ scratch your mosquito bite.

C 우리말과 일치하도록 주어진 단어를 사용하여 문장을 완성하세요. POINT 8-9-10

1 Smith 박사님과 만날 약속을 하고 싶습니다. (make)

→ I _____ _____ _____ _____ an appointment with Dr. Smith.

2 너는 저녁 식사 전에 손을 씻는 게 좋겠다. (wash)

→ You _____ _____ _____ your hands before dinner.

3 예전에는 역 근처에 빵집이 있었다. (be)

→ There _____ _____ _____ a bakery near the station.

4 마실 것을 주문하시겠습니까? (order)

→ _____ _____ _____ _____ _____ something to drink?

5 너는 밤에 피아노를 치지 않는 게 좋겠다. (play)

→ You _____ _____ _____ _____ the piano at night.

sunscreen 자외선 차단제   sunlight 햇빛   stay up all night 밤을 새우다   scratch 긁다   mosquito 모기   bite (곤충 등에) 물린[쏘인] 상처

Chapter Test

POINT 8

1 다음 대화의 빈칸에 들어갈 알맞은 말을 고르세요.

> A: I have a headache.
> B: That's too bad. You _____ see a doctor.

① must not   ② won't

③ had better   ④ would

⑤ can't

POINT 1

2 다음 밑줄 친 could의 의미가 나머지와 다른 하나를 고르세요.

① Thanks to your help, I could pass the exam.

② Lora could not find anything to eat.

③ Could you show me the way to the National Museum?

④ He was very sick, so he could not go to school yesterday.

⑤ I could not sleep last night.

POINT 1·3

3 다음 중 밑줄 친 부분을 may로 바꿔 쓸 수 있는 것을 고르세요.

① She can speak Japanese.

② Can I have some more?

③ I can carry the heavy boxes.

④ We can understand your feeling.

⑤ Can you run 100 meters in 12 seconds?

[4-5] 우리말과 일치하도록 주어진 단어를 사용하여 문장을 완성하세요. 서술형

POINT 3

4

> 너는 회복을 위해 더 많은 휴식이 필요할지도 모른다. (need, more rest)

→ _____

  for recovery.

POINT 8

5

> 너는 소란을 너무 피우지 않는 게 좋겠다. (make)

→ You _____

  too much noise.

[6-7] 다음 중 밑줄 친 부분의 쓰임이 다른 하나를 고르세요.

POINT 5

6 ① Tom must finish his homework by 10 o'clock.

② Susan must be tired after work.

③ She must get angry at his rude actions.

④ There must be something in the box.

⑤ The rumor must be true.

POINT 3

7 ① He may be her father.

② Jane may know the answer.

③ Bill may be late for the class.

④ There may be heavy rain tonight.

⑤ You may visit us at any time.

[8-9] 다음 중 빈칸에 공통으로 들어갈 말로 알맞은 것을 고르세요.

POINT 1

8

> · _____ you speak a little bit slowly?
> · The weather was fine, so we _____ play outside.

① Can[can]   ② Could[could]

③ May[may]   ④ Will[will]

⑤ Must[must]

POINT 5·8

9

· Mike _____ to take care of his little brother yesterday.
· You _____ better not go out at night.

① may   ② could   ③ have
④ should   ⑤ had

POINT 3

10 다음 주어진 문장에서 어법상 알맞지 <u>않은</u> 부분을 찾아 바르게 고치세요. **서술형**

The news may true.

_____ → _____

POINT 2

11 다음 두 문장의 의미가 같도록 빈칸에 들어갈 알맞은 말을 고르세요.

We couldn't see each other for a while.
= We _____ see each other for a while.

① isn't able to   ② aren't able to
③ wasn't able to   ④ weren't able to
⑤ were able to

POINT 8·9

12 다음 대화를 읽고 주어진 단어를 사용하여 밑줄 친 우리말을 조건에 맞게 쓰세요. **고난도** **REAL 기출** **서술형**

Sumi: Mom, can I have more rice?
Mom: Yes, but (1) <u>천천히 먹는 편이 낫겠어.</u>
            (better, eat slowly)
Sumi: Okay. I want something to drink.
Mom: (2) <u>물 좀 마실래?</u>
            (would, you, some water, drink)

〈조건〉
· 주어, 동사를 포함한 문장으로 쓸 것.
· 주어진 단어를 모두 활용해야 함. 필요한 경우 단어를 추가할 것.

(1) _____ .

(2) _____ ?

[13-14] 다음 중 어법상 알맞지 <u>않은</u> 문장을 <u>모두</u> 고르세요.

POINT 5·8·10

13 ① We had to eat vegetables for our health.
② I used to get up late during vacations.
③ You have to wash all the clothes.
④ You had not better play loud music at midnight.
⑤ You will must change trains at the next station.

POINT 1·4·5·6·10

14 ① We will not spend much money.
② You cannot touch these paintings.
③ He has to not eat dinner because he is full.
④ John used help his wife's work in the house.
⑤ You must not cheat on the exam.

POINT 8

15 다음 민수의 생활 습관 점검표에 체크한 것을 보고 〈보기〉처럼 충고하는 문장 두 개를 쓰세요. (필요시 단어를 추가할 것) **REAL 기출** **서술형**

	Yes	No
exercise regularly		√
(1) skip breakfast	√	
(2) play computer games too much	√	

〈보기〉 You had better exercise regularly.

(1) You _____ .

(2) You _____ .

CHAPTER 03 대명사

369
396
—
1001
Sentences
for
Grammar

POINT 1~3 재귀대명사: -self[복수형은 -selves]

369 *I* burned **myself** on a hot pan. 〈주어 = 목적어 → 생략 ×〉

370 *She* looked at **herself** in the mirror. 〈주어 = 목적어 → 생략 ×〉

371 *Kids* can express **themselves** through music or art. 〈주어 = 목적어 → 생략 ×〉

372 *He* **himself** made a dish for his mom. 〈주어 강조 → 생략 ○〉

373 I like *the song* **itself**, not the singer. 〈목적어 강조 → 생략 ○〉

나는 뜨거운 냄비에 데었다. / 그녀는 거울에 비친 **자기 자신**을 보았다. / 아이들은 음악이나 미술을 통해 **자신들**을 표현할 수 있다. / 그가 **직접** 엄마를 위해 요리를 했다. / 나는 그 가수가 아니라 그 노래 **자체**를 좋아한다.

POINT 4 재귀대명사를 포함한 여러 표현

374 I sometimes **talk to myself**.

375 We **enjoyed ourselves** at the school festival.

376 I climbed to the top of a mountain **by myself**.

377 **Help yourself to** some cake.

나는 가끔 **혼잣말을 한다**. / 우리는 학교 축제에서 **즐거운 시간을 보냈다**. / 나는 **혼자서** 산 정상에 올랐다. / 케이크를 **마음껏 드세요**.

POINT 5 one: (정해지지 않은 단수명사) 하나

378 I don't have a pen. Can you lend me **one**? = a pen

379 My computer is old and slow. I'll buy <u>a new **one**</u>. = a new computer

380 Give me two red roses and three white **ones**. = roses

나는 펜이 없어. **펜 하나**만 빌려줄래? / 내 컴퓨터는 오래돼서 느리다. 나는 새것을 **하나** 살 것이다. / 빨간 장미 두 송이와 흰 **것** 세 송이를 주세요.

POINT 6 여러 개를 나열할 땐 one/another/other

381 I have two brothers. **One** is nine years old, and **the other** is eleven years old.

382 I have three dogs. **One** is big, and **the others** are small.

383 I bought three balls. **One** is red, **another** is blue, and **the other** is green.

384 **Some** like warm weather, and **others** like cold weather.

나는 두 명의 형제가 있다. **한 명**은 아홉 살이고 **나머지 한 명**은 열한 살이다. / 나는 세 마리의 개를 키운다. **한 마리**는 크고, **나머지 개들**은 작다. / 나는 세 개의 공을 샀다. **하나**는 빨간색이고, **또 다른 하나**는 파란색이며, **나머지 하나**는 초록색이다. / **몇몇**은 따뜻한 날씨를 좋아하고 **다른 몇몇**은 추운 날씨를 좋아한다.

POINT 7 some, any: 정확하지 않은 수량

385 We don't have to buy milk. We have **some**.

386 Do you have **some** time for lunch?

387 A: Are there **any** problems? B: No, I *don't* have **any**.

388 I *don't* have **any** plans for this weekend.

우리는 우유를 살 필요가 없다. 우리는 **조금** 있다. / 점심 먹을 시간 **좀** 있니? / A: **어떤** 문제라도 있니?
B: 아니, **전혀 없어**. / 나는 이번 주말을 위한 계획이 **하나도 없다**.

POINT 8 all: 모든 (사람, 것), both: 둘 다

389 **All** *were* happy with the exam results.

390 **All** (of) *the seats were* empty. 〈All (of)+복수명사+복수동사〉

391 **All** (of) *your advice was* helpful. 〈All (of)+단수명사/셀 수 없는 명사+단수동사〉

392 **Both** of us *like* Indian food. 〈both는 항상 복수 취급〉

393 There are trees on **both** *sides* of the street. 〈both+복수명사〉

모두가 시험 결과에 행복했다. / **모든** 좌석이 비어 있었다. / 네 조언이 **모두** 도움이 되었다. / 우리 **둘 다** 인도
음식을 좋아한다. / 길 **양쪽** 편에 나무들이 있다.

POINT 9 each/every+단수명사+단수동사

394 **Each** *has* his own habit. 〈주어 each+단수동사〉

395 **Each** *child* in the team *is* wearing a cap. 〈each+단수명사+단수동사〉

396 **Every** *man makes* mistakes. 〈every+단수명사+단수동사〉

각자 자신만의 습관을 지니고 있다. / 팀에 있는 **각각의** 아이들이 모자를 쓰고 있다. / **모든** 사람은 실수를 한다.

Unit 1 재귀대명사

POINT 1

재귀대명사: -self [복수형은 -selves]

반복해서 들어보세요.
쉽게 외울 수 있어요!

재귀대명사는 1, 2인칭의 소유격, 3인칭의 목적격에 -self[복수형은 -selves]를 붙인 형태로 '(~들) 자신'이라는 의미예요.

🖊 암기 필수

재귀대명사(~(들) 자신)		
	단수	복수
1인칭	myself	ourselves
2인칭	yourself	yourselves
3인칭	himself/herself/itself	themselves

check up 각 주어에 맞는 재귀대명사를 쓰세요.

1 Mr. Kim   _____

2 you and I   _____

3 a cat   _____

4 John and Ann   _____

5 you and Dan   _____

6 My mom   _____

POINT 2 빈출!

주어 = 목적어일 때, 목적어는 -self[selves]

주어와 목적어가 같을 경우 목적어 자리에 재귀대명사를 쓰는데, 이를 재귀 용법이라고 합니다. 문장에서 목적어를 생략할 수 없듯이 재귀대명사도 생략할 수 없어요.

I burned **myself** on a hot pan. `369`

She looked at **herself** in the mirror. `370`

Kids can express **themselves** through music or art. `371`

Jenny taught **herself** Korean.

check up 굵게 표시한 부분에 유의하여 빈칸에 알맞은 재귀대명사를 쓰세요.

1 나는 꿈속에서 나 자신을 보았다.
→ **I** saw _____ in a dream.

2 우리는 자기 자신을 사랑해야 한다.
→ **We** have to love _____.

3 내 여동생은 스케치북에 자기 자신을 그렸다.
→ **My sister** drew _____ in the sketchbook.

4 너는 너 자신을 믿어야 한다.
→ **You** have to believe in _____.

5 우리 할아버지는 자신에 대한 책을 쓰셨다.
→ **My grandfather** wrote a book about _____.

POINT 2 나는 뜨거운 냄비에 데었다. / 그녀는 거울에 비친 자기 자신을 보았다. / 아이들은 음악이나 미술을 통해 자신들을 표현할 수 있다. / Jenny는 한국어를 독학했다.

POINT 3

(대)명사를 강조하는 -self[selves]

주어/목적어가 되는 (대)명사를 강조하기 위해 재귀대명사를 덧붙이기도 해요. 강조하려는 (대)명사 바로 뒤나 문장 맨 끝에 둡니다. 덧붙인 것이므로 당연히 생략해도 말이 돼요.

He made a dish for his mom.

→ *He* **himself** made a dish for his mom. `372` 〈주어 강조〉

→ *He* made a dish for his mom **himself**.

I finished the work **myself**. 〈주어 강조〉

I like *the song* **itself**, not the singer. `373` 〈목적어 강조〉

주의! 재귀대명사 쓰임의 구분

동사의 목적어로 쓰인 재귀대명사	주어/목적어를 강조하는 재귀대명사
생략 ×	생략 ○
Jenny loves **herself**.	You should do it (**yourself**).

check up 다음 〈보기〉의 밑줄 친 부분과 쓰임이 <u>다른</u> 것을 고르세요.

> 〈보기〉 I <u>myself</u> made these cookies for you.

ⓐ Betty liked the movie <u>itself</u>, not the actors in it.

ⓑ She took a picture of <u>herself</u>.

ⓒ You should clean your room <u>yourself</u>.

POINT 4

재귀대명사를 포함한 여러 표현

I sometimes **talk to myself**. `374`

We **enjoyed ourselves** at the school festival. `375`

I climbed to the top of a mountain **by myself**. `376`

Help yourself to some cake. `377`

📝 **암기 필수** 재귀대명사의 관용 표현

talk[say] to oneself	혼잣말하다	by oneself	홀로; 혼자 힘으로
enjoy oneself	즐거운 시간을 보내다	help oneself (to)	(~을) 마음껏 먹다
introduce oneself	자기소개를 하다	make oneself at home	(집에 있는 것처럼) 편안히 있다
cut oneself	베이다	between ourselves	우리끼리 얘긴데

반복해서 들어보세요.
쉽게 외울 수 있어요!

check up 다음 중 어법상 알맞은 것을 고르세요.

1 You should do your homework [by / in] yourself.

2 Help [you / yourself] to these snacks.

3 Sujin said to [itself / herself], "I can do it!"

POINT 3 그는 엄마를 위해 요리를 했다. / 그가 직접 엄마를 위해 요리를 했다. / 내가 직접 그 일을 끝냈다. / 나는 그 가수가 아니라 그 노래 자체를 좋아한다. / Jenny는 자기 자신을 사랑한다. / 너는 직접 그것을 하는 것이 낫다. **POINT 4** 나는 가끔 혼잣말을 한다. / 우리는 학교 축제에서 즐거운 시간을 보냈다. / 나는 혼자서 산 정상에 올랐다. / 케이크를 마음껏 드세요.

Unit Exercise

A 다음 빈칸에 알맞은 재귀대명사를 쓰세요. `POINT 1·2·4`

1 Great leaders don't think of _____ first.

2 Could you introduce _____?

3 My friend and I enjoyed _____ at Tim's birthday party.

4 I said to _____, "Don't be angry."

5 My brother cut _____ while he was cooking.

6 The old woman wanted to live by _____.

B 밑줄 친 부분을 생략할 수 있으면 ○, 생략할 수 없으면 ×표 하세요. `POINT 2·3`

1 You don't have to blame <u>yourselves</u>. _____

2 They watched <u>themselves</u> on the TV screen. _____

3 The boy wrote a letter <u>himself</u>. _____

4 Mom <u>herself</u> made these sandwiches. _____

5 Let's imagine <u>ourselves</u> in ten years. _____

6 I have to go now because I should clean the car <u>myself</u>. _____

7 The artist expresses <u>herself</u> through her unique paintings. _____

C 우리말과 일치하도록 〈보기〉에서 알맞은 표현을 골라 빈칸에 쓰세요. (필요시 형태를 변형할 것)
`POINT 1·4`

| 〈보기〉 | by oneself | talk to oneself |
| | make oneself at home | help oneself |

1 음식을 마음껏 드세요.

→ _____ to the food.

2 나 혼자 이 일을 다 하지는 못한다.

→ I can't do these things all _____.

3 코트를 벗고 편히 쉬세요.

→ Take off your coat and _____.

4 Lisa는 혼자 있을 때 종종 혼잣말을 한다.

→ Lisa often _____ when she is alone.

---

leader 지도자   blame 비난하다   screen 화면   imagine 상상하다   express 표현하다   unique 고유의; 독특한

Unit 2 부정대명사 Ⅰ

부정대명사란 대표적으로 one, some 등이 있어요. 대명사이긴 하지만 앞에 나온 바로 그 명사를 대신하지 않고 그 명사와 같은 종류의 아무거나를 뜻하거나 막연한 어떤 것(들)을 뜻해요.

I lost **my umbrella**. I have to find **it**. (나는 내 우산을 잃어버렸다. 나는 그것을 찾아야 한다.)
└──── = ────┘

I lost **my umbrella**. I have to buy **one**. (나는 내 우산을 잃어버렸다. 나는 하나 사야 한다.)
└──── ≠ ────┘

POINT 5

one: (정해지지 않은 단수명사) 하나

one은 「a(n)+명사」를 뜻하며, 앞에 이미 언급한 사람·사물과 '같은 종류의 것 하나'를 말할 때 씁니다. 복수명사는 ones로 대신해요.

I don't have a pen. Can you lend me **one**? **378**
　　　　　　　　　　　　　　　= a pen

My computer is old and slow. I'll buy a new **one**. **379** 〈a+형용사+one〉
　　　　　　　　　　　　　　= a new computer

Give me two red roses and three white **ones**. **380** 〈형용사+ones〉
　　　　　　　　　　　　　　　= roses

POINT 6 빈출!

여러 개를 나열할 땐 one/another/other

● one (둘 중) 하나는 ~	● the other 나머지 하나는 …		I have two brothers. **One** is nine years old, and **the other** is eleven years old. **381**
● one 하나는 ~,	⬚⬚⬚ the others 나머지 모두는 …		I have three dogs. **One** is big, and **the others** are small. **382**
● one (셋 중) 하나는 ~,	● another 또 다른 하나는 …,	● the other 나머지 하나는 ~	I bought three balls. **One** is red, **another** is blue, and **the other** is green. **383**
● one 하나는 ~,	● another 또 다른 하나는 …,	⬚⬚⬚ the others 나머지 모두는 ~	I bought seven cookies. **One** is circular, **another** is star-shaped, and **the others** are square.
⬚⬚⬚ some (여럿 중) 몇몇은 ~,	⬚⬚⬚ others 다른 몇몇은 …	●●●	**Some** like warm weather, and **others** like cold weather. **384**
⬚⬚⬚ some (여럿 중) 몇몇은 ~[몇몇 ~은],		⬚⬚⬚ the others 나머지 모두는 …	There are 20 students. **Some** students wear glasses, but **the others** don't.

주의!

'나머지'라는 의미에는 앞에 the를 붙여야 해요.

POINT 5 나는 펜이 없어. 펜 하나만 빌려줄래? / 내 컴퓨터는 오래돼서 느리다. 나는 새것을 하나 살 것이다. / 빨간 장미 두 송이와 흰 것 세 송이를 주세요　POINT 6 나는 두 명의 형제가 있다. 한 명은 아홉 살이고 나머지 한 명은 열한 살이다. / 나는 세 마리의 개를 키운다. 한 마리는 크고, 나머지 개들은 작다. / 나는 세 개의 공을 샀다. 하나는 빨간색이고, 또 다른 하나는 파란색이며, 나머지 하나는 초록색이다. / 나는 일곱 개의 쿠키를 샀다. 하나는 동그랗고, 또 다른 하나는 별 모양이며, 나머지 쿠키들은 모두 네모 모양이다. / 몇몇은 따뜻한 날씨를 좋아하고 다른 몇몇은 추운 날씨를 좋아한다. / 20명의 학생이 있다. 몇몇 학생들은 안경을 쓰지만, 나머지 모두는 안경을 쓰지 않는다.

another vs. other/the other

another는 「an+other」의 의미로, 뒤에 복수명사가 올 수 없어요.

Do you want to play **another** *game*? 〈another+단수명사: 또 다른 하나의 ～〉

I have **other** *things* to do. 〈other+복수명사: 다른 ～〉

---

check up 다음 빈칸에 들어갈 알맞은 말을 고르세요.

1 Dave has two pets. One is a dog, and _____ is a cat.
　① another　　② the other

2 I have three aunts. One is a doctor, _____ is a photographer, and the other is a teacher.
　① another　　② one

3 There are 30 people in the hall. _____ are reading books, and the others are drawing pictures.
　① Others　　② Some

POINT 7

some, any: 정확하지 않은 수량

some과 any는 대명사와 형용사로 모두 쓰일 수 있으며, 형용사로 쓰일 때는 셀 수 있는 명사의 복수형과 셀 수 없는 명사 앞에 모두 쓰입니다.

We don't have to buy milk. We have **some**. 385

Do you have **some** time for lunch? 386

A: Are there **any** problems?

B: No, I *don't* have **any**. 387

I *don't* have **any** plans for this weekend. 388

some	any
긍정문/긍정의 대답을 기대하는 의문문	의문문/부정문
((긍정문)) 약간(의), 몇몇(의)	((의문문)) 몇몇의, 약간의
	((부정문)) 조금도 ~하지 않는, 전혀[하나도] ~없는

---

check up 다음 빈칸에 some과 any 중 알맞은 것을 쓰세요.

1 Will you have _____ coffee?

2 You don't have to buy _____ snacks. We have _____.

너는 다른 게임을 해보고 싶니? / 나는 다른 할 일들이 있다.　POINT 7 우리는 우유를 살 필요가 없다. 우리는 조금 있다. / 점심 먹을 시간 좀 있니? / A: 어떤 문제라도 있니? B: 아니, 전혀 없어. / 나는 이번 주말을 위한 계획이 하나도 없다.

Unit Exercise

A 빈칸에 알맞은 단어를 〈보기〉에서 골라 쓰세요. POINT 5·7

〈보기〉 one   ones   some   any

1 My friend has red sneakers. I bought the same _____.

2 Let's eat _____ peaches.

3 We won't buy _____, because we didn't bring money.

4 There are many books. _____ are funny.

5 He has three balls: a large _____, and two small ones.

6 Do they have _____ homework?

B 우리말과 일치하도록 빈칸에 알맞은 말을 쓰세요. POINT 6

1 나는 고양이 두 마리가 있다. 한 마리는 검은색이고 나머지 한 마리는 흰색이다.

→ I have two cats. _____ is black; _____ is white.

2 몇몇은 바닐라 아이스크림을 좋아하고, 다른 몇몇은 초콜릿 아이스크림을 좋아한다.

→ _____ like vanilla ice cream; _____ like chocolate ice cream.

3 10명의 학생이 있다. 몇몇 학생들은 걸어서 학교에 가지만, 나머지 모두는 지하철을 탄다.

→ There are 10 students. _____ students walk to school, but _____ take the subway.

4 사진 속에는 세 명이 있다. 한 분은 우리 아버지시고, 또 다른 한 분은 우리 할머니시며, 나머지 한 명은 나다.

→ There are three people in the photo. One is my father, _____ is my grandmother, and _____ is me.

C 다음 밑줄 친 부분을 바르게 고치세요. POINT 5·6·7

1 Julia has a white blouse. She wants to buy a yellow <u>ones</u>. → _____

2 I bought three pens. One is black, <u>the other</u> is red, and the other is blue.

→ _____

3 I didn't use my cell phone. I left <u>one</u> at home. → _____

4 He has two uncles. One lives in China, and <u>another</u> lives in Japan. → _____

5 There is <u>any</u> water in the bottle. → _____

sneakers 운동화   peach 복숭아   blouse 블라우스

Unit 3 부정대명사 II

POINT 8

**all: 모든 (사람, 것),
both: 둘 다**

- all은 '모든 (사람, 것)'의 의미로, 셀 수 있는 명사의 복수형이나 셀 수 없는 명사를 꾸며주거나 대신할 수 있어요. 「all (of)+명사」의 형태로도 자주 쓰이는데, all (of) 뒤에 오는 명사의 수에 동사를 일치시킵니다.

All *were* happy with the exam results. **389**

All (of) *the seats were* empty. **390** 〈All (of)+복수명사+복수동사〉

All (of) *your advice was* helpful. **391** 〈All (of)+단수명사/셀 수 없는 명사+단수동사〉

- both는 '둘 다(의), 양쪽(의)'의 의미로 항상 복수 취급하며, 복수명사 앞에서 형용사로 쓰이기도 해요.

Both of us *like* Indian food. **392**

There are trees on **both** *sides* of the street. **393** 〈both+복수명사〉

POINT 9 빈출!

**each/every
+단수명사+단수동사**

- each는 '각각(의), 각자'라는 뜻의 대명사나 형용사로 쓰일 수 있으며, 항상 단수 취급해요. 「each of +명사」의 형태로도 자주 쓰입니다.

Each *has* his own habit. **394**

Each of us *has* our own opinion.

Each *child* in the team *is* wearing a cap. **395**

- every는 '모든'이라는 뜻의 형용사로만 쓰이며 「every+셀 수 있는 명사의 단수형」의 형태입니다. 동사도 단수형을 취해요.

Every *man makes* mistakes. **396**

주의!

each와 every가 형용사로 쓰일 때, 「each/every+셀 수 있는 명사의 단수형+단수동사」의 형태로 씁니다.
Each country *has* its own culture.   **Every class** *is* 40 minutes long.

MORE +

every가 '~마다'란 뜻으로 쓰일 때는 뒤에 복수명사가 올 수 있습니다.
e.g. **every** four *years*(4년마다)

check up 주어진 우리말과 일치하도록 빈칸에 each나 every 중 알맞은 말을 쓰세요.

1 모든 교실은 깨끗했다.   → _____ classroom was clean.

2 각자 한 가지 품목을 고를 수 있다.   → _____ can choose one item.

POINT 8 모두가 시험 결과에 행복했다. / 모든 좌석이 비어 있었다. / 네 조언이 모두 도움이 되었다. / 우리 둘 다 인도 음식을 좋아한다. / 길 양쪽 편에 나무들이 있다.   POINT 9 각자 자신만의 습관을 지니고 있다. / 우리 각각은 자기만의 의견을 갖고 있다. / 팀에 있는 각각의 아이들은 모자를 쓰고 있다. / 모든 사람은 실수를 한다. / 각각의 나라는 그 나라만의 문화를 가지고 있다. / 모든 수업은 40분이다.

Unit Exercise

A 빈칸에 알맞은 단어를 〈보기〉에서 골라 쓰세요. (단, 한 번씩만 쓸 것) `POINT 8-9`

> 〈보기〉 each　　every　　both　　all

1 They go to the hospital for volunteer work _____ Sunday.

2 Mom cooked many dishes. _____ was very delicious.

3 Yuri has two sisters. _____ of them are beautiful.

4 Some students missed the bus. _____ of them were late for the last class.

B 다음 밑줄 친 부분을 바르게 고치세요. `POINT 8-9`

1 Every student in this school <u>have</u> a locker.　→ _____

2 Hold tightly onto the rope with both <u>hand</u>.　→ _____

3 Each restaurant <u>have</u> its manager.　→ _____

4 All of my money <u>are</u> in the bank.　→ _____

5 Both <u>girl plays</u> the piano.　→ _____

6 Every <u>babies need</u> a mother.　→ _____

C 우리말과 일치하도록 주어진 단어를 사용하여 문장을 완성하세요. `POINT 8-9`

1 우리 팀은 이번 시즌에 모든 경기를 이길 것이다. (game, every)

→ Our team will win _____ this season.

2 두 여자 모두 중국 사람이다. (be, both, the woman, of)

→ _____ Chinese.

3 각각의 선수는 네 장의 카드를 갖는다. (player, get, each)

→ _____ four cards.

4 내 친구들은 모두 나보다 키가 크다. (be, of, all, my friend)

→ _____ taller than me.

5 모든 서랍이 물건들로 가득 차 있다. (be, drawer, every)

→ _____ full of things.

---

volunteer work 봉사활동　　locker 사물함　　tightly 단단히　　rope 밧줄　　manager 관리자

Chapter Test

POINT 5

1 다음 대화의 빈칸에 들어갈 알맞은 말을 고르세요.

> A: Is there a bank near here?
> B: Yes, there's _____ at the end of this street.

① one   ② it   ③ some

④ any   ⑤ ones

[2-3] 다음 중 〈보기〉의 밑줄 친 부분과 어법상 쓰임이 같은 것을 고르세요.

POINT 2·3

2

> 〈보기〉 We need to believe in ourselves.

① We have to finish the work ourselves.
② I myself made this dessert for you.
③ She sold the book herself.
④ You shouldn't hate yourself.
⑤ The mountain itself is very high.

POINT 2·3

3

> 〈보기〉 My sister made the pizza herself.

① You should be proud of yourselves.
② The cook burned himself on an oven.
③ I myself will talk to him.
④ She climbed the mountain by herself.
⑤ They should be honest with themselves.

[4-5] 다음 밑줄 친 부분을 바르게 고쳐 쓰세요. 서술형

POINT 1

4

> The books itself are very interesting.

→ _____

POINT 9

5

> Every visitors can have breakfast for free in this hotel.

→ _____

[6-8] 다음 중 (A), (B)에 들어갈 말이 바르게 짝지어진 것을 고르세요.

POINT 5

6

> · I put my photo on the table. You can see __(A)__.
> · The pants are too long. I'm looking for short __(B)__.

① one — it   ② it — one

③ it — ones   ④ ones — one

⑤ one — ones

POINT 6

7

> · Some people look happy, and __(A)__ look sad.
> · There are two computers; one is a laptop, and __(B)__ is a desktop.

① other — the others
② others — the others
③ another — the other
④ others — the other
⑤ others — another

POINT 9

8

> · Each postcard __(A)__ one thousand won.
> · Every student __(B)__ short hair in this school.

① is — have   ② are — have

③ is — has   ④ are — has

⑤ be — has

POINT 2·3

9 다음 중 〈보기〉의 밑줄 친 부분과 어법상 쓰임이 같지 <u>않</u>은 것을 고르세요.

> 〈보기〉 Jane <u>herself</u> finished the cleaning yesterday.

① They didn't tell me the story <u>themselves</u>.
② Ann likes to talk about <u>herself</u>.
③ Did you make this tower <u>yourself</u>?
④ The boy <u>himself</u> fixed the computer.
⑤ She <u>herself</u> helped her uncle.

POINT 1·2·4·5·7

10 다음 중 어법상 알맞지 <u>않은</u> 문장을 고르세요.

① She lives in a big house by herself.
② There aren't any cups in the kitchen.
③ I dressed myself for school.
④ I didn't bring a pencil. Could you lend me one?
⑤ My brother is drawing herself on the paper.

POINT 6

11 다음 그림을 보고 빈칸에 알맞은 말을 넣어 문장을 완성하세요. REAL 기출 서술형

→ I have three colors of paint. One is red, _____ is blue, and _____ is yellow.

POINT 1·2·4·8·9

12 다음 중 어법상 옳은 것으로 바르게 짝지어진 것을 고르세요. 고난도

> ⓐ We looked at myself in the mirror.
> ⓑ Every parent loves their children.
> ⓒ Both of the window are open.
> ⓓ Will you introduce yourself?
> ⓔ I want to visit every country in Europe.

① ⓐ, ⓒ　　　　　② ⓐ, ⓑ, ⓓ
③ ⓑ, ⓒ, ⓓ　　　④ ⓑ, ⓒ, ⓔ
⑤ ⓑ, ⓓ, ⓔ

POINT 6

13 다음 글을 읽고 문맥상 빈칸에 들어갈 알맞은 말을 고르세요.

> People have different styles of learning English. Some people learn English by writing words and sentences. _____ practice it by talking with friends in English.

① The other　　② Another　　③ Others
④ One another　⑤ Other

POINT 9

14 우리말과 일치하도록 주어진 단어를 올바르게 배열하세요. (필요시 단어의 형태를 변형할 것) 서술형

> 모든 마을에는 학교가 있다.
> (a school / have / every / town)

→ _____.

POINT 6

15 〈보기〉의 내용과 의미가 같도록 빈칸에 네 단어를 써넣어 문장을 완성하세요. REAL 기출 서술형

> 〈보기〉 There are three caps in the box. One is yellow, and two are blue.

→ There are three caps in the box. One is yellow, and _____ _____ _____.

CHAPTER 04 형용사와 부사

397
428

1001
Sentences
for
Grammar

POINT 1 명사를 설명해주는 형용사

397 I heard an **interesting** *story*.

398 I'll tell you *something* **important**.

399 *The story* was **interesting**. 〈주어 설명〉

400 We found *the story* **interesting**. 〈목적어 설명〉

나는 **재미있는** 이야기 하나를 들었다. / 내가 너에게 **중요한** 무언가를 얘기해 줄게. / 그 이야기는 **재미있었다.** / 우리는 그 이야기가 **재밌다는** 걸 알게 되었다.

POINT 2 many vs. much / (a) few vs. (a) little

401 There are **many** *bridges* over the Han River.

402 I don't spend **much** *time* with my family.

403 There are **a lot of** *trees* in the forest.

404 There were **a few** *stars* in the night sky.

405 There were **few** *stars* in the night sky.

406 I have **a little** *money* now.

407 I have **little** *money* now.

한강 위에 **많은** 다리가 있다. / 나는 우리 가족과 **많은** 시간을 보내지 못한다. / 그 숲에는 **많은** 나무가 있다. / 밤하늘에 별이 **조금 있었다.** / 밤하늘에 별이 **거의 없었다.** / 나는 지금 돈이 **조금 있다.** / 나는 지금 돈이 **거의 없다.**

POINT 3 기타 주의해야 할 형용사 표현

408 He is a fourteen-**year**-old *student*. 〈「숫자-단수명사(-형용사)」+명사〉

409 **A number of** *students* **were** absent with colds. 〈a number of(많은)+복수명사〉
     복수 취급

410 **The rich *are*** not always happy. 〈the+형용사: ~한 사람들〉
     복수 취급

그는 **열네 살의** 학생이다. / **많은** 학생들이 감기 때문에 결석했다. / **부자들이** 항상 행복한 것은 아니다.

POINT 4   동사, 형용사, 부사, 문장 전체를 꾸며주는 부사

411   Spring vacation *goes* **quickly**. 〈동사 수식〉

412   This restaurant is **very** *famous* in our town. 〈형용사 수식〉

413   My brother learns everything **very** *quickly*. 〈부사 수식〉

414   **Honestly**, *it's all my fault*. 〈문장 전체 수식〉

봄방학은 **빠르게** 지나간다. / 이 음식점은 우리 마을에서 **매우** 유명하다. / 우리 오빠는 모든 것을 **매우** 빠르게 배운다. / **솔직히**, 그건 모두 내 잘못이야.

POINT 5   빈도부사+일반동사 / be동사·조동사+빈도부사

415   I **sometimes** *forget* my e-mail password. 〈일반동사 앞〉

416   I *am* **hardly** late for school. 〈be동사 뒤〉

417   You *should* **always** wash your hands before meals. 〈조동사 뒤〉

나는 내 이메일 비밀번호를 **가끔** 잊어버린다. / 나는 학교에 **거의** 늦지 **않는다**. / 너는 식사 전에 네 손을 **항상** 씻어야 한다.

POINT 6   형용사와 형태가 같은 부사

418   This test was **hard** for me. 〈형 어려운〉

419   I studied **hard** for the exam. 〈부 열심히〉

420   It's raining **hard** outside. 〈부 몹시, 심하게〉

421   I'm sorry. I'm **late**. 〈형 늦은〉

422   The train arrived ten minutes **late**. 〈부 늦게〉

423   The mountain is very **high**. 〈형 높은〉

424   Balloons flew away **high** into the sky. 〈부 높이〉

425   The park is very **near**. 〈형 가까운〉

426   Christmas is now coming **near**. 〈부 가까이〉

427   I have **enough** money. 〈형 충분한〉

428   These pants are large **enough**. 〈부 충분히〉

이 시험은 나에게 **어려웠다**. / 나는 시험을 위해 **열심히** 공부했다. / 밖에 비가 **몹시** 내리고 있다. / 죄송합니다. 제가 **늦었습니다**. / 열차가 십 분 **늦게** 도착했다. / 그 산은 매우 **높다**. / 풍선들이 하늘 **높이** 날아갔다. / 공원은 아주 **가깝다**. / 크리스마스가 이제 **가까이** 다가오고 있다. / 나는 **충분한** 돈을 가지고 있다. / 이 바지는 **충분히** 크다.

Unit 1 형용사

POINT 1

POINT 1

명사를 설명해주는 형용사

• 형용사는 대부분 명사 앞에 쓰여 명사에 대해 더 자세히 설명을 해주는데, 이를 명사를 수식한다고 해요. -thing, -body, -one으로 끝나는 단어는 형용사가 뒤에서 꾸며줍니다.

I heard an **interesting** *story*. **397**

I'll tell you *something* **important**. **398**

• be동사와 같은 동사 뒤, 또는 목적어 뒤에 보어로 쓰여 명사인 주어나 목적어를 설명해주기도 합니다. (목적격보어가 형용사 ☞ Ch 08)

The story was **interesting**. **399** 〈주어 설명〉

We found *the story* **interesting**. **400** 〈목적어 설명〉

check up 1 주어진 단어를 적절한 위치에 넣어 문장을 다시 쓰세요.

1 There'll be a storm next week. (huge)

→ _____

2 I heard something from Robin. (funny)

→ _____

check up 2 다음 중 어법상 알맞은 것을 고르세요.

1 Mike was [quiet / quietly] during the meeting.

2 Your plan is [good / well].

3 The dessert was [taste / tasty].

4 This coat is very [warm / warmly].

5 It was a [difficult / difficulty] question.

6 The news made me [angry / angrily].

POINT 1 나는 재미있는 이야기 하나를 들었다. / 내가 너에게 중요한 무언가를 얘기해 줄게. / 그 이야기는 재미있었다. / 우리는 그 이야기가 재밌다는 걸 알게 되었다.
check up huge 거대한

many vs. much / (a) few vs. (a) little

명사의 수나 양을 나타내는 형용사는 명사를 셀 수 있느냐 없느냐에 따라 구별해서 사용해야 합니다. 또한, few와 little은 관사 'a'가 있고 없고에 따라 뜻이 달라지므로 주의해야 해요.

There are **many** *bridges* over the Han River. `401`

I don't spend **much** *time* with my family. `402`

There are **a lot of** *trees* in the forest. `403`

There were **a few** *stars* in the night sky. `404`

There were **few** *stars* in the night sky. `405`

I have **a little** *money* now. `406`

I have **little** *money* now. `407`

✔️ 암기 필수

반복해서 들어보세요.
쉽게 외울 수 있어요!

	많은		조금 있는	거의 없는
셀 수 있는 명사의 복수형 앞	**many** students	**a lot of, lots of, plenty of** students/time	**a few** students	**few** students
셀 수 없는 명사 앞	**much** time		**a little** time	**little** time

👉 **암기TIP** 관사 a의 유무와 관계없이 (a) few는 셀 수 있는 명사, (a) little은 셀 수 없는 명사를 꾸며줘요.

check up 1 다음 중 어법상 알맞은 것을 <u>모두</u> 고르세요.

1 Nami has [lots of / much / plenty of] friends.

2 We had [a few / many / a lot of] rain last summer.

3 There is [a little / many / few] soup in the bowl.

4 Are there [many / much / a little] people in the swimming pool?

5 I drink [a lot of / little / many] water every day.

check up 2 우리말과 일치하도록 빈칸에 알맞은 말을 쓰세요.

1 나는 외국어를 몇 개 할 수 있다.

→ I can speak _____ foreign languages.

2 다행히도, 나는 그 시험에서 실수를 거의 하지 않았다.

→ Fortunately, I made _____ mistakes in the exam.

3 이 꽃은 향기가 거의 없다.

→ This flower has _____ smell.

4 그 복사기는 소음을 조금 냈다.

→ The copy machine made _____ noise.

POINT 2 한강에는 많은 다리가 있다. / 나는 우리 가족과 많은 시간을 보내지 못한다. / 그 숲에는 많은 나무가 있다. / 밤하늘에 별이 조금 있었다. / 밤하늘에 별이 거의 없었다. / 나는 지금 돈이 조금 있다. / 나는 지금 돈이 거의 없다.

CHAPTER 04 형용사와 부사　**53**

POINT 3

기타 주의해야 할 형용사 표현

• 「숫자-단수명사(-형용사)」+명사

「숫자+명사(+ 형용사)」가 뒤에 있는 명사를 꾸며줄 때는 하이픈(-)으로 연결해요. 이때 주의할 점은 숫자 뒤의 명사를 항상 단수형으로 쓴다는 점이에요.

He is a fourteen-**year**-old *student*. **408**

(*The student* is fourteen **years** old.)

• a number of vs. the number of

a number of는 '많은'이라는 의미로, 셀 수 있는 명사의 복수형 앞에 쓰여 복수 취급하지만, 형태가 비슷한 the number of(~의 수)는 단수 취급해요.

A number of *students* ***were*** absent with colds. **409**

(**The number of** *students* in my class ***is*** twenty-four.)

• the+형용사: ~한 사람들 (= 형용사+people)

의미가 복수이므로, 주어로 쓰이면 동사도 복수형을 써야 합니다.

The rich *are* not always happy. **410**
= Rich people

check up 다음 중 어법상 알맞은 것을 고르세요.

1 John is a [fifteen-year-old / fifteen-years-old] boy.

2 On weekends, [the number of / a number of] people go to the movies.

3 This tree is [thirty meter tall / thirty meters tall].

4 In Korea, the elderly [is / are] able to ride the subway for free.

POINT 3 그는 열네 살의 학생이다. / 그 학생은 열네 살이다. / 많은 학생들이 감기 때문에 결석했다. / 우리 반 학생들의 수는 24명이다. / 부자들이 항상 행복한 것은 아니다.

54   천일문 GRAMMAR LEVEL 2

Unit Exercise

A 다음 밑줄 친 부분이 맞으면 ○, 틀리면 ×하고 바르게 고치세요. POINT 1·3

1 You look <u>nice</u> in your new skirt. _____

2 The <u>24-years-old</u> player won the award three times. _____

3 You need to drink <u>hot something</u>. _____

4 This book has <u>useful</u> information. _____

5 The dinner was so <u>tasty</u>. _____

6 The old <u>has</u> a lot of health problems. _____

7 <u>The number of</u> people visit this museum every year. _____

B 빈칸에 알맞은 단어를 〈보기〉에서 골라 쓰세요. (단, 한 번씩만 쓸 것) POINT 2

〈보기〉 few a few little a little many much

1 There is _____ milk in the bottle. It's almost empty.

2 I bought these earphones just _____ days ago.

3 Just put _____ salt in it. You don't need much.

4 The museum was crowded. There were _____ people.

5 The actress is not famous. _____ people recognize her.

6 We cannot go home early today. We have _____ work to do.

C 우리말과 일치하도록 주어진 단어를 사용하여 문장을 완성하세요. POINT 2·3

1 어제는 바람이 거의 없었다. (wind)

→ There was _____ yesterday.

2 5미터 깊이의 구덩이가 있다. (meter, deep, five)

→ There is a _____ hole.

3 그녀는 몇 분 내로 돌아올 것이다. (minute, in)

→ She will come back _____.

4 매년 많은 관광객들이 이 공원을 방문한다. (number, tourist)

→ Every year _____ visit this park.

5 오늘날에는 많은 사람들이 혼자 산다. (people, live, lots)

→ _____ alone nowadays.

award 상, 상금   empty 빈, 비어 있는   earphones 이어폰   crowded (사람들이) 붐비는   recognize 알아보다

Unit 2 부사

POINT 4

동사, 형용사, 부사, 문장 전체를 꾸며주는 부사

부사는 문장 곳곳에서 동사, 형용사, 또 다른 부사, 또는 문장 전체를 더 자세히 설명해주는 역할을 합니다. 즉, 명사가 아닌 다른 것은 모두 부사가 수식해요. 대부분의 형용사에 -ly를 붙이면 부사가 됩니다.

Spring vacation *goes* **quickly**. **411** 〈동사 수식〉

This restaurant is **very** *famous* in our town. **412** 〈형용사 수식〉

My brother learns everything **very** *quickly*. **413** 〈부사 수식〉

Honestly, *it's all my fault*. **414** 〈문장 전체 수식〉

> **주의!**
> 명사에 -ly가 붙은 형태(friendly, lovely, weekly 등)는 부사가 아닌 형용사에요.
> a **lovely** girl(사랑스러운 소녀), **friendly** people(친절한 사람들), **lively** music(경쾌한 음악),
> a **weekly** meeting(주간 회의), a **monthly** report(월간 보고서), an **elderly** woman(나이 든 여성)

check up 다음 문장에서 부사를 <u>모두</u> 찾아 밑줄을 그으세요.

1 Laura is a very friendly girl.

2 Suddenly, it started raining heavily.

3 My brother reads the weekly newspaper so quickly.

POINT 5

빈도부사+일반동사 be동사·조동사+빈도부사

어떤 일이 얼마나 자주 일어나는지를 나타내는 부사인 '빈도부사'는 정해진 위치에 쓰는 것이 중요해요. 일반동사가 쓰인 문장에서는 일반동사 바로 앞에, be동사나 조동사가 쓰인 문장에서는 be동사/조동사 뒤에 쓰입니다.

I **sometimes** *forget* my e-mail password. **415** 〈일반동사 앞〉

I *am* **hardly** late for school. **416** 〈be동사 뒤〉

You *should* **always** wash your hands before meals. **417** 〈조동사 뒤〉

0%					100%
never <	hardly, rarely, seldom, scarcely, barely <	sometimes <	often <	usually <	always
(전혀 ~않다)	(거의 ~않다)	(때때로, 가끔)	(자주, 종종)	(대개, 보통)	(항상, 늘)

check up 주어진 빈도부사가 들어갈 위치를 고르세요.

1 (hardly) My mother ① buys ② expensive clothes.

2 (sometimes) Mistakes ① can ② lead to new inventions.

3 (always) I ① am ② interested in learning history.

POINT 4 봄방학은 빠르게 지나간다. / 이 음식점은 우리 마을에서 매우 유명하다. / 우리 오빠는 모든 것을 매우 빠르게 배운다. / 솔직히, 그건 모두 내 잘못이야. **POINT 5** 나는 내 이메일 비밀번호를 가끔 잊어버린다. / 나는 학교에 거의 늦지 않는다. / 너는 식사 전에 네 손을 항상 씻어야 한다. ***check up*** lead 이어지다; 이끌다 invention 발명품; 발명

POINT 6

형용사와 형태가 같은 부사

아래와 같이 형용사와 형태가 같아서 혼동되는 부사들이 있어요. 우선 형용사인지 부사인지를 잘 구분하고, 특히 hard, pretty 등 의미가 달라지는 것들에 유의해야 합니다.

📝 암기 필수

hard	Diamond is very **hard**. (형 단단한)
	This test was **hard** for me. (형 어려운) **418**
	I studied **hard** for the exam. (부 열심히) **419**
	It's raining **hard** outside. (부 몹시, 심하게) **420**
late	I'm sorry. I'm **late**. (형 늦은) **421**
	The train arrived ten minutes **late**. (부 늦게) **422**
high	The mountain is very **high**. (형 높은) **423**
	Balloons flew away **high** into the sky. (부 높이) **424**
fast	She's a very **fast** runner. (형 빠른)
	Don't talk too **fast**. (부 빨리)
long	She has **long** hair. (형 긴; 오랜)
	We won't stay **long**. (부 오래; 길게)
early	I exercise in the **early** morning. (형 이른)
	You should come home **early**. (부 일찍)
near	The park is very **near**. (형 가까운) **425**
	Christmas is now coming **near**. (부 가까이) **426**
enough	I have **enough** money. (형 충분한) **427**
	These pants are large **enough**. (부 충분히) **428**
pretty	You look **pretty** today. (형 예쁜)
	I'm **pretty** sure. (부 꽤, 상당히)

반복해서 들어보세요.
쉽게 외울 수 있어요!

주의!

- -ly가 붙어서 의미가 달라지는 부사들을 주의하세요.
  I could **hardly** believe the rumor. (hardly: 거의 ~않다)
  We have never seen Yuri **lately**. (lately: 최근에)
  The movie was **highly** successful in Korea. (highly: 매우)
  The bottle is **nearly** empty. (nearly: 거의)
- enough가 형용사로 쓰일 때는 대개 명사 앞에서, 부사로 쓰일 때는 형용사나 동사 뒤에서 꾸며줍니다.

check up 다음 밑줄 친 부분의 알맞은 의미를 고르세요.

1 Why did you take so <u>long</u>? ① 오랜 ② 오래

2 Tim stretched his arms up <u>high</u>. ① 높은 ② 높이 ③ 매우

3 Don't sit too <u>near</u> to the TV screen. ① 가까운 ②가까이 ③ 거의

4 I haven't heard from him <u>lately</u>. ① 늦은 ② 늦게 ③ 최근에

5 My parents always work <u>hard</u>. ① 어려운 ② 열심히 ③ 거의 ~않다

POINT 6 다이아몬드는 매우 단단하다. / 이 시험은 나에게 어려웠다. / 나는 시험을 위해 열심히 공부했다. / 밖에 비가 몹시 내리고 있다. / 죄송합니다. 제가 늦었습니다. / 열차가 십 분 늦게 도착했다. / 그 산은 매우 높다. / 풍선들이 하늘 높이 날아갔다. / 그녀는 매우 빠른 달리기 선수이다. / 너무 빨리 말하지 마라. / 그녀는 긴 머리카락을 가지고 있다. / 우리는 오래 머물지 않을 것이다. / 나는 이른 아침에 운동한다. / 너는 집에 일찍 와야 한다. / 공원은 아주 가깝다. / 크리스마스가 이제 가까이 다가오고 있다. / 나는 충분한 돈을 가지고 있다. / 이 바지는 충분히 크다. / 너는 오늘 예뻐 보인다. / 나는 꽤 확신한다. / 나는 그 소문을 거의 믿을 수 없었다. / 우리는 유리를 최근에 본 적이 없다. / 그 영화는 한국에서 매우 성공적이었다. / 그 병은 거의 비어 있다. *check up* stretch 뻗다; 늘이다

Unit Exercise

정답 및 해설 p.10

A 〈보기〉와 같이 부사에 밑줄을 긋고 그것이 꾸미는 말을 찾아 표시하세요. (두 개 이상일 수도 있음)

POINT 4

> 〈보기〉 Time passes really fast.

1 The pianist played the piano beautifully.

2 Kelly speaks Japanese quite well.

3 Andy solved the math quiz very easily.

4 A lot of people live happily in this village.

B 주어진 단어를 올바른 순서로 배열하여 문장을 완성하세요. POINT 5

1 Jenny _____ fast food these days. (eats / rarely)

2 Sam _____ at home on weekends. (is / usually)

3 We _____ the traffic rules. (follow / always / must)

4 My dad _____ with me. (hardly / angry / is)

5 It _____ in summer in our country. (rains / often)

6 I _____ this moment. (forget / will / never)

C 빈칸에 알맞은 단어를 〈보기〉에서 골라 쓰세요. POINT 6

> 〈보기〉 near   nearly

1 The airport is quite _____ from here.

2 _____ half of my class caught a cold.

3 My birthday is coming _____.

> 〈보기〉 hard   hardly

4 The chair was so _____. It was not comfortable.

5 Sally can _____ read books without her glasses.

6 He exercised very _____ to lose weight.

---

solve (문제 등을) 풀다, 해결하다   village 마을   traffic rule 교통 규칙   half 절반   comfortable 편안한   without ~없이   lose weight 살을 빼다

Chapter Test

[1-2] 다음 중 빈칸에 들어갈 말로 알맞지 <u>않은</u> 것을 고르세요.

POINT 1

1

The fruit is _____.

① bad　　　② delicious
③ sweet　　④ well
⑤ good

POINT 4

2

Emma is walking _____.

① fast　　　② slowly
③ carefully　④ quickly
⑤ lonely

[3-4] 다음 중 밑줄 친 부분이 어법상 알맞지 <u>않은</u> 것을 고르세요.

POINT 2

3　① My sister made me <u>a lot of</u> cookies.
　② <u>Many</u> animals are in the zoo.
　③ She went outside <u>a little</u> hours ago.
　④ There are <u>few</u> plants in the desert.
　⑤ My mom drinks too <u>much</u> coffee every day.

POINT 1·2·3·5·6

4　① My brother <u>never lets</u> me play his games.
　② Dad caught a <u>fifty-centimeters</u> fish.
　③ My mom has a <u>beautiful</u> voice.
　④ Tim climbs very <u>high</u> mountains.
　⑤ Danny has <u>lots of</u> homework today.

POINT 2

5 다음 중 빈칸에 들어갈 말로 알맞은 것을 고르세요.

I go to the library every day because there are _____ books in my room.

① many　　② few
③ a lot of　④ a little
⑤ little

[6-7] 우리말과 일치하도록 빈칸에 들어갈 알맞은 말을 고르세요.

POINT 2

6

몇 명의 아이들이 과자를 먹고 있다.
→ _____ children are eating snacks.

① Much　　② A little
③ Many　　④ A few
⑤ Few

POINT 2

7

그 나라에는 물이 거의 없다.
→ There is _____ water in the country.

① few　　　② little
③ a few　　④ a little
⑤ lots of

[8-9] 다음 문장에서 어법상 알맞지 <u>않은</u> 부분을 찾아 바르게 고쳐 쓰세요. 서술형

POINT 4

8

Dad walked slow into my room.

_____ → _____

POINT 5

9

Jisu tells never a lie to her parents.

_____ → _____

[10-11] 다음 중 (A), (B)에 들어갈 말이 바르게 짝지어진 것을 고르세요.

10

· There is ___(A)___ juice in the bottle. Do you want some more?
· ___(B)___ people visited a new shopping mall.

① a few — Many
② a little — Many
③ a little — Much
④ little — Much
⑤ little — A little

11

· Jinho ___(A)___ takes the subway to school.
· My uncle works ___(B)___ every day. He is always tired.

① hard — hard
② hardly — hardly
③ hard — hardly
④ hardly — hard
⑤ hardly — hards

12 주어진 단어를 어법에 맞게 쓰세요. REAL 기출 서술형

(1) _____, the test was over. (final)

(2) Fire is _____ dangerous, especially for young kids. (high)

13 다음 대화의 밑줄 친 부분이 어법상 알맞지 <u>않은</u> 것을 <u>모두</u> 고르세요. REAL 기출

Gary: Many students don't get ① <u>sleep enough</u>. It's becoming a big problem. What happens when they don't sleep ② <u>well</u>?
Megan: They can't focus in class.
Gary: Do you have any ③ <u>useful</u> advice for students?
Megan: They should go to bed ④ <u>early</u> and get ⑤ <u>deeply</u> sleep.

14 다음 중 어법상 알맞지 <u>않은</u> 문장의 개수를 고르세요. 고난도

ⓐ Few kids play in the playground on a rainy day.
ⓑ He found strange something in the book.
ⓒ Much students didn't attend the class yesterday.
ⓓ A number of students has bad eyesight.
ⓔ The young usually has interest in fashion.

① 1개
② 2개
③ 3개
④ 4개
⑤ 없음

15 다음 중 밑줄 친 부분이 어법상 알맞은 것을 고르세요.

① He was sick <u>late</u>.
② The theater has <u>seats enough</u> for us.
③ The Chinese class was very <u>hard</u>.
④ Jane spent <u>near</u> all day in the library.
⑤ There are many <u>highly</u> buildings in the city.

16 다음 중 〈보기〉의 밑줄 친 부분과 쓰임이 <u>다른</u> 것을 고르세요.

> 〈보기〉 People looked active and <u>lively</u> in the festival.

① My friend felt very <u>lonely</u>.
② He sat on a chair <u>comfortably</u>.
③ My sister has many <u>lovely</u> dolls.
④ They are very <u>friendly</u> with each other.
⑤ My class has a <u>weekly</u> meeting every Friday.

17 다음 대화 중 어법상 알맞지 <u>않은</u> 부분 두 군데를 찾아 바르게 고치세요. 고난도 서술형

> A: I moved here a few days ago. I have little friends.
> B: You can join our club. We usually read a weekly magazine on Sundays. After reading, we go often on a picnic.

(1) _____ → _____
(2) _____ → _____

18 다음 중 어법상 알맞은 문장을 <u>모두</u> 고르세요.

① I skip always breakfast.
② She will never leave her family.
③ I rarely listen to the radio.
④ He is hardly late for any classes.
⑤ Paul and I eat sometimes out for dinner.

19 다음 Kate의 일과표를 보고 〈조건〉에 맞게 문장을 완성하세요. REAL 기출 서술형

 (1)   (2)

	(1)	(2)
Mon	×	○
Tue	×	×
Wed	×	○
Thur	×	×
Fri	○	○

> 〈조건〉
> · 반드시 빈도부사 often, rarely 중 하나를 포함하여 문장을 만들 것
> · 괄호 안의 표현을 활용할 것

(1) She _____.
(watch a movie)

(2) She _____.
(clean the room)

CHAPTER 05 to부정사

429
455

1001
Sentences
for
Grammar

POINT 1 to부정사 주어는 가주어 It으로 대신

429 <u>**To become** a pilot</u> is difficult. = **It** is difficult <u>**to become** a pilot</u>.
　　　　　　　　　　　　　　　　　　가주어　　　　　　　　진주어

430 **It** is fun **to go** camping with family members.

431 **It** is always interesting **to learn** new subjects.

조종사가 **되는 것은** 어렵다. / 가족들과 캠핑 **가는 것은** 재미있다. / 새로운 과목을 **배우는 것은** 항상 흥미롭다.

POINT 2~3 to부정사 = 목적어(~하는 것을)/보어(~하는 것이다)

432 He *wants* **to read** comic books on the train. 〈to부정사 = 목적어〉

433 We *decided* **to go** on a picnic in Olympic Park next Sunday.

434 They *planned* **to visit** the palace by car.

435 The boy *promised* **not to tell** a lie to his mom again.

436 His job is **to do** research on wild animals in the forest. 〈to부정사 = 보어〉

그는 기차 안에서 만화책을 **읽고** 싶어 한다. / 우리는 다음 주 일요일에 올림픽 공원으로 소풍을 **가기로** 결정했다. / 그들은 차를 타고 그 궁전을 **방문하기로** 계획했다. / 그 남자아이는 엄마에게 거짓말을 다시는 **하지 않기로** 약속했다. / 그의 직업은 숲속의 야생 동물에 관한 연구를 **하는 것이다**.

POINT 4 의문사+to부정사 = 주어/보어/목적어

437 I don't know **what to do[what I should do]** on Christmas Eve. 〈목적어〉

438 She teaches us **how to play** badminton every Sunday. 〈목적어〉

439 The problem is **when to visit** my friend in the hospital. 〈보어〉

440 Because the park is small, **where to meet** is not important. 〈주어〉

나는 크리스마스이브에 **무엇을 할지** 모르겠다. / 그녀는 일요일마다 우리에게 배드민턴 **치는 법을** 가르쳐 준다. / 문제는 병원에 있는 내 친구를 **언제 방문할지이다**. / 공원이 작기 때문에 **어디서 만날지는** 중요하지 않다.

POINT 5 (대)명사+to부정사: ~할, ~하는

441 My mom made *sandwiches* **to eat** for lunch.

442 They don't have *time* **to take** a break.

443 We have to find *a way* **to protect** our planet.

444 We have to find *someone* **to help** us.

우리 엄마는 점심으로 **먹을** 샌드위치를 만드셨다. / 그들은 휴식을 **취할** 시간이 없다. / 우리는 우리의 행성을 **지킬** 방법을 찾아야만 한다. / 우리는 우리를 **도와줄** 누군가를 찾아야 한다.

POINT 6 명사+to부정사+전치사

445 He doesn't have *friends* **to talk to**. (← talk *to* friends)

446 I don't have *a pen* **to write with**. (← write *with* a pen)

447 My family is looking for *a hotel* **to stay in**. (← stay *in* a hotel)

그는 **이야기할** 친구들이 없다. / 나는 **갖고 쓸** 펜이 없다. / 우리 가족은 **머무를** 호텔을 찾고 있다.

POINT 7~9 목적(~하기 위해)/감정의 원인(~해서)/형용사 수식(~하기에 …인[한])

448 The man came here **to see** his daughter. 〈목적: ~하기 위해〉

449 They entered the house **(in order) to find** the thief. 〈목적: ~하기 위해〉

450 She was *sad* **to lose** one of her favorite bags. 〈감정의 원인: ~해서〉

451 The question is *easy* **to explain**. 〈형용사 수식: ~하기에 …인[한]〉

그 남자는 자신의 딸을 **보러** 이곳에 왔다. / 그들은 도둑을 **찾기 위해** 그 집에 들어갔다. / 그녀는 자신이 가장 좋아하는 가방들 중 하나를 **잃어버려서** 슬펐다. / 그 질문은 **설명하기가** 쉽다.

POINT 10~12 to부정사를 포함한 주요 구문

452 She is **too** young **to drive** a car. 〈너무나 ~해서 …하지 못하다〉

→ She is **so** young **that** she **can't drive** a car.

453 He was **too** sick **to go** to school on Monday.

→ He was **so** sick **that** he **couldn't go** to school on Monday.

454 She is *clever* **enough to solve** the question. 〈~할 만큼 충분히 …하다〉

→ She is **so** *clever* **that** she **can solve** the question.

455 They **seem to know** everything about baseball. 〈~하는 것 같다〉

→ **It seems that** they know everything about baseball.

그녀는 **너무 어려서** 차를 운전할 수 없다. / 그는 월요일에 **너무 아파서** 학교에 갈 수 없었다. / 그녀는 그 문제를 **풀 만큼 충분히** 영리하다. / 그들은 야구에 관해 모든 것을 **알고 있는 것** 같다.

Unit 1 to부정사의 명사적 쓰임

POINT 1 빈출!

POINT 1

to부정사 주어는 가주어 It으로 대신

형식적 주어
(해석하지 않음)
(It) 동사 ~ to 부정사
가주어   진주어

to부정사는 문장의 주어 자리에 올 수 있어요. (~하는 것은, ~하기는)

이때 주어 자리에 가주어 It을 쓰고, to부정사는 문장 뒤로 보낸 형태가 훨씬 더 잘 쓰입니다.

To become a pilot is difficult. **429**
         주어

= **It** is difficult **to become** a pilot.
  가주어   진주어

It is fun **to go** camping with family members. **430**

It is always interesting **to learn** new subjects. **431**

주의!

> to부정사의 부정형: not이나 never를 **to** 바로 앞에 씁니다.
> It is important **not to give up** your dream.

MORE +

to부정사의 동작이나 상태를 행하는 주어는 「for + 목적격」으로 나타냅니다. 문장의 주어와 구분하기 위해 이를 to부정사의 의미상의 주어라 해요. (☞ Level 3 Ch 05)

It is difficult **for you** to understand the book. (understand를 하는 주어는 you)

단, 앞에 사람의 성격을 나타내는 형용사(kind, nice, brave 등)가 있으면 for 대신 of를 씁니다.

It is *kind* **of you** to say so.

---

check up 1 우리말과 일치하도록 주어진 단어를 사용하여 빈칸에 알맞은 말을 쓰세요.

1 밤에 혼자 돌아다니는 것은 위험하다. (walk)

→ _____ is dangerous _____ _____ around alone at night.

2 다른 사람들을 존중하는 것은 중요하다. (respect)

→ _____ is important _____ _____ other people.

check up 2 다음 중 어법상 알맞은 것을 고르세요.

1 [It / That] is unhealthy to eat fast food too often.

2 It is silly [waste / to waste] your free time.

3 It is not good [to drink / to drinking] too much soda.

4 It was exciting [to watch / watch to] the baseball game.

5 It took two hours [finish / to finish] the homework.

POINT 1 조종사가 되는 것은 어렵다. / 가족들과 캠핑 가는 것은 재미있다. / 새로운 과목을 배우는 것은 항상 흥미롭다. / 너의 꿈을 포기하지 않는 것이 중요하다. / 네가 그 책을 이해하기는 어렵다. / 그렇게 말해주니 너는 참 친절하구나.   *check up* silly 어리석은, 바보 같은   waste 낭비하다

POINT 2

**to부정사 = 목적어
(~하는 것을)**

to부정사를 목적어로 가질 수 있는 동사들이 특별히 있으므로 잘 알아둬야 합니다.

He *wants* **to read** comic books on the train. `432`
　　　　　 목적어(~하는 것을, ~하기를)

We *decided* **to go** on a picnic in Olympic Park next Sunday. `433`

They *planned* **to visit** the palace by car. `434`

The boy *promised* **not to tell** a lie to his mom again. `435`

✏️ 암기 필수　to부정사를 목적어로 쓰는 동사

want to do	~하는 것을 원하다	**expect** to do	~하기를 기대하다
decide to do	~하기로 결정하다	**agree** to do	~하기로 동의하다
plan to do	~하는 것을 계획하다	**promise** to do	~하기로 약속하다
hope to do	~하는 것을 희망하다[바라다]	**choose** to do	~하기로 선택하다
wish to do	~하는 것을 바라다	**fail** to do	~하는 것을 실패하다
like[love] to do	~하는 것을 [아주] 좋아하다	**hesitate** to do	~하는 것을 망설이다
need to do	~할 필요가 있다	**start[begin]** to do	~하는 것을 시작하다

반복해서 들어보세요.
쉽게 외울 수 있어요!

🖐 암기TIP 주로 '미래'와 관련된 행동이라는 공통점이 있어요.

MORE +

begin, like, love, hate 등은 to부정사와 동명사를 모두 목적어로 가질 수 있어요. (동명사의 목적어 ☞ Ch 06)

I **love** **to sing**. / I **love** *singing*.

We **began** **to cook** dinner. / We **began** *cooking* dinner.

---

check up　우리말과 일치하도록 주어진 단어를 사용하여 빈칸에 알맞은 말을 쓰세요.

1 Susan은 좋은 의사가 되길 원한다. (want, be)

　→ Susan ＿＿＿＿＿＿＿ ＿＿＿＿＿＿＿ ＿＿＿＿＿＿＿ a good doctor.

2 그들은 다음 달에 부산으로 이사하기로 결정했다. (decide, move)

　→ They ＿＿＿＿＿＿＿ ＿＿＿＿＿＿＿ ＿＿＿＿＿＿＿ to Busan next month.

3 그는 시내에 서점을 개업할 것을 계획했다. (plan, open)

　→ He ＿＿＿＿＿＿＿ ＿＿＿＿＿＿＿ ＿＿＿＿＿＿＿ a bookstore downtown.

4 우리 아빠는 나와 함께 테니스 치는 것을 좋아하신다. (like, play)

　→ My dad ＿＿＿＿＿＿＿ ＿＿＿＿＿＿＿ ＿＿＿＿＿＿＿ tennis with me.

POINT 3

**to부정사 = 보어
(~하는 것이다)**

to부정사는 보어 자리에 쓰여 주어의 성질, 상태를 나타낼 수 있어요. 주어가 무엇인지를 설명해요.

His job is **to do** research on wild animals in the forest. `436`
　　　　　　보어(~하는 것, ~하기)

Our plan is **to make** a new product before next year.

POINT 2 그는 기차 안에서 만화책을 읽고 싶어 한다. / 우리는 다음 주 일요일에 올림픽 공원으로 소풍을 가기로 결정했다. / 그들은 차를 타고 그 궁전을 방문하기로 계획했다. / 그 남자 아이는 엄마에게 거짓말을 다시는 하지 않기로 약속했다. / 나는 노래하는 것을 아주 좋아한다. / 우리는 저녁 식사를 요리하기 시작했다.　　POINT 3 그의 직업은 숲속의 야생 동물에 관한 연구를 하는 것이다. / 우리의 계획은 내년 전까지 새로운 상품을 만드는 것이다.

POINT 4

의문사 + to부정사 = 주어/보어/목적어

「의문사+to부정사」는 문장에서 주어, 보어, 목적어 역할을 할 수 있어요.
「의문사+to부정사」는 「의문사+주어+should+동사원형」으로 바꿔 쓸 수 있습니다.

I don't know **what to do** on Christmas Eve. `437` 〈목적어〉
　= I don't know **what I should do** on Christmas Eve.
She teaches us **how to play** badminton every Sunday. `438` 〈목적어〉
The problem is **when to visit** my friend in the hospital. `439` 〈보어〉
Because the park is small, **where to meet** is not important. `440` 〈주어〉

what to do how to make	무엇을 할지 어떻게 만들지	where to go when to start	어디로 갈지 언제 시작할지

check up 1 다음 우리말과 일치하도록 알맞은 것을 고르세요.

1 나는 John의 생일을 위해 무엇을 사야 할지 모르겠다.

→ I don't know [how to buy / what to buy / where to buy] for John's birthday.

2 내게 자전거 타는 법을 알려 줘.

→ Teach me [when to ride / where to ride / how to ride] a bike.

3 그는 내게 언제 회의가 시작하는지 말해 주지 않았다.

→ He didn't tell me [where to start / when to start / how to start] the meeting.

4 너는 어디에서 표를 사야 하는지 아니?

→ Do you know [where to buy / how to buy / what to buy] a ticket?

5 Nick은 어떻게 노트북을 사용하는지 배웠다.

→ Nick learned [when to use / what to use / how to use] a laptop.

check up 2 우리말과 일치하도록 주어진 단어를 사용하여 빈칸에 알맞은 말을 쓰세요.

1 그는 내게 극장에서 어디에 앉아야 할지 말해 주었다. (sit)

→ He told me ＿＿＿＿＿＿ ＿＿＿＿＿＿ ＿＿＿＿＿＿ in the theater.

2 너는 어떻게 물속으로 다이빙하는지 아니? (dive)

→ Do you know ＿＿＿＿＿＿ ＿＿＿＿＿＿ ＿＿＿＿＿＿ into the water?

3 우리는 언제 공항으로 떠나야 할지에 대해 이야기했다. (leave)

→ We talked about ＿＿＿＿＿＿ ＿＿＿＿＿＿ ＿＿＿＿＿＿ for the airport.

4 나는 아직 무엇을 먹을지 결정하지 못했다. (eat)

→ I haven't decided ＿＿＿＿＿＿ ＿＿＿＿＿＿ ＿＿＿＿＿＿ yet.

POINT 4 나는 크리스마스이브에 무엇을 할지 모르겠다. / 그녀는 일요일마다 우리에게 배드민턴 치는 법을 가르쳐 준다. / 문제는 병원에 있는 내 친구를 언제 방문할지이다. / 공원이 작기 때문에 어디서 만날지는 중요하지 않다.

Unit Exercise

A 〈보기〉에서 밑줄 친 to부정사의 역할을 골라 그 기호를 쓰세요. `POINT 1·2·3`

〈보기〉	ⓐ 주어	ⓑ 목적어	ⓒ 보어

1 Amy hopes <u>to join</u> the school orchestra as a violinist. _____

2 Jacob's goal is <u>to become</u> a photographer. _____

3 It is important <u>to get</u> enough sleep and rest for health. _____

4 My next plan is <u>to build</u> schools and playgrounds in Africa. _____

5 It is always fun <u>to spend</u> some time with my dog. _____

6 I need <u>to buy</u> shampoo and soap at the supermarket. _____

B 다음 밑줄 친 부분이 맞으면 ○, 틀리면 ×하고 바르게 고치세요. `POINT 1·2·3·4`

1 My parents <u>wish move</u> to the countryside in the near future. _____

2 It is necessary <u>not to be</u> late for school as a student. _____

3 <u>That</u> is very rude to call someone late at night. _____

4 I will teach you <u>how to play</u> the guitar this weekend. _____

5 It was really boring <u>listen to</u> the professor's lecture. _____

6 <u>To do what</u> in the future is an important question for me. _____

7 The best thing in life is <u>to have</u> good friends around you. _____

8 It is a courtesy <u>to not ask</u> someone's age. _____

C 우리말과 일치하도록 주어진 단어를 사용하여 빈칸에 알맞은 말을 쓰세요. `POINT 1·4`

1 온라인 사전을 사용하는 것은 편리하다. (convenient, use)

   → _____ online dictionaries.

2 대형 스크린으로 그 영화를 보는 것이 더 낫다. (better, watch)

   → _____ the movie on the big screen.

3 6개월 만에 하나의 언어를 완전히 익히는 것은 가능하지 않다. (possible, master)

   → _____ a language in six months.

4 이 가방들을 어디에 두어야 할지 알려 주세요. (where, put)

   → Please let me know _____ these bags.

orchestra 오케스트라 photographer 사진작가 countryside 시골 necessary 필수적인 boring 지루한 professor 교수
lecture 강의, 강연 courtesy 예의 (바름)

Unit 2 to부정사의 형용사적 쓰임

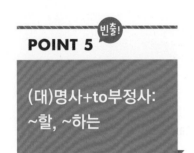

POINT 5 빈출!

(대)명사+to부정사:
~할, ~하는

• to부정사는 형용사처럼 (대)명사를 뒤에서 꾸며줄 수 있고 '~할, ~하는'으로 해석합니다.

My mom made *sandwiches* **to eat** for lunch. 441

They don't have *time* **to take** a break. 442
We have to find *a way* **to protect** our planet. 443

• to부정사는 -thing, -one, -body 등으로 끝나는 대명사를 자주 수식합니다.

We have to find *someone* **to help** us. 444

something **to read** somebody **to meet**	읽을 것 만날 어떤 사람	nothing **to eat** many things **to do**	먹을 것이 아무것도 없는 할 많은 것들

주의!

-thing, -one, -body 등으로 끝나는 대명사 뒤에 형용사가 있을 때는 to부정사가 형용사 뒤에 와요.
He bought *something hot* **to drink**. ⟨something+형용사+to부정사⟩

check up 1 to부정사를 사용하여 우리말과 일치하도록 빈칸에 알맞은 말을 쓰세요.

1 마실 것 → something _____ _____
2 해야 하는 숙제 → homework _____ _____
3 읽어야 하는 책 → a book _____ _____
4 입을 드레스 → a dress _____ _____
5 탈 자전거 → a bike _____ _____
6 보호해야 할 자연 → nature _____ _____

check up 2 밑줄 친 to부정사구가 꾸며주는 말에 동그라미 하세요.

1 I know the password <u>to open the door</u>.
2 Kate needs some time <u>to take a rest</u>.
3 Do you have any books <u>to lend me</u>?
4 I found a few drawings <u>to show you</u>.
5 She has nothing <u>to eat for lunch</u>.
6 There are many clothes <u>to wash</u>.

POINT 5 우리 엄마는 점심으로 먹을 샌드위치를 만드셨다. / 그들은 휴식을 취할 시간이 없다. / 우리는 우리의 행성을 지킬 방법을 찾아야만 한다. / 우리는 우리를 도와줄 누군가를 찾아야 한다. / 그는 뜨거운 마실 것을 샀다.

POINT 6

명사+to부정사
+전치사

to부정사의 형용사적 쓰임에서 to부정사 뒤에 전치사가 오는 경우가 있어요. 수식을 받는 명사가 의미적으로 to부정사구 안의 전치사의 목적어가 되기 때문이에요. (*cf.* I have a lot of *homework* **to do**.)

He doesn't have *friends* **to talk to**. (← talk **to** friends) `445`

(→ He doesn't have friends **to talk**. (×))

I don't have *a pen* **to write with**. (← write **with** a pen) `446`

My family is looking for *a hotel* **to stay in**. (← stay **in** a hotel) `447`

반복해서 들어보세요.
쉽게 외울 수 있어요!

📓 **암기 필수** 「명사＋to부정사＋전치사」 표현

a chair **to sit on**	(위에) 앉을 의자	someone **to talk to**	말을 걸 누군가
cats **to take care of**	돌볼 고양이들	a hotel **to stay in**	(안에) 머무를 호텔
a pen **to write with**	가지고 쓸 펜	a room **to sleep in**	(안에) 잘 방
paper **to write on**	(위에) 쓸 종이	a house **to live in**	(안에) 살 집
friends **to play with**	함께 놀 친구들	a bed **to sleep on**	(위에) 잘 침대

check up 1 다음 빈칸에 알맞은 말을 고르세요.

1 There are many benches _____ at the park.

  ⓐ to sit   ⓑ to sit on

2 There is nothing _____ in this room.

  ⓐ to read   ⓑ to read on

3 Jake invited some friends _____ to his house.

  ⓐ to play with   ⓑ to play

check up 2 다음 밑줄 친 부분이 맞으면 ○, 틀리면 ×하고 바르게 고치세요.

1 I really have no time to waste with.   _____

2 There is a piece of paper to write on.   _____

3 In Korea, there are a lot of beautiful places to visit in.   _____

POINT 6 그는 이야기할 친구들이 없다. / 나는 갖고 쓸 펜이 없다. / 우리 가족은 머무를 호텔을 찾고 있다.

Unit Exercise

A   주어진 두 문장을 to부정사를 사용하여 한 문장으로 다시 쓰세요. POINT 5

1 I have homework. I have to finish it tonight.

→ I have _____.

2 I bought some flowers. I will give them to you tomorrow.

→ I bought _____.

3 Rachel has a book. She will read it on the subway.

→ Rachel has _____.

4 Daniel bought a suit. He will wear it to a job interview.

→ Daniel bought _____.

5 I am looking for a teacher. The teacher should teach me English.

→ I am looking for _____.

B   다음 중 어법상 알맞은 것을 고르세요. POINT 5·6

1 I have something [tell / to tell] you.

2 Susan has no one [to talk / to talk to].

3 It's time [to decide / deciding] what to do.

4 There is [nothing to worry / to worry nothing] about.

5 The couple has two sons [to take care / to take care of].

6 The store sells comfortable beds [to sleep / to sleep on].

C   우리말과 일치하도록 주어진 단어를 사용하여 문장을 완성하세요. POINT 5·6

1 파리에는 방문할 멋진 곳들이 있다. (nice, visit, places)

→ There are _____ in Paris.

2 반 친구들에게 물어볼 어떤 질문들이 있나요? (ask, questions, any)

→ Do you have _____ your classmates?

3 그녀는 차에 쓸 많은 돈을 갖고 있지 않다. (money, spend, much)

→ She doesn't have _____ on a car.

4 우리는 파티에서 서로 이야기할 기회가 없었다. (talk to, chance, no)

→ We had _____ each other at the party.

5 대기실에는 앉을 수 있는 몇 개의 소파가 있었다. (sofas, several, sit on)

→ There were _____ in the waiting room.

suit 정장   job interview 면접   comfortable 편안한

Unit 3 to부정사의 부사적 쓰임

POINT 7 빈출!

목적: ~하기 위해서

to부정사가 가장 많이 나타내는 의미로, '목적'의 의미를 더 확실하게 나타내기 위해 to부정사 앞에 in order를 붙이기도 합니다.

The man came here **to see** his daughter. 448

They entered the house **(in order) to find** the thief. 449

check up 우리말과 일치하도록 주어진 단어를 올바르게 배열하세요.

1 우리는 Henry를 만나기 위해 체육관에 갈 것이다. (meet / to / Henry)

→ We will go to the gym _____.

2 그녀는 건강을 유지하기 위해 매일 운동한다. (order / healthy / in / stay / to)

→ She exercises every day _____.

3 그는 시험에 통과하기 위해 열심히 공부했다. (the / to / pass / test)

→ He studied hard _____.

4 그는 기차를 타기 위해 역으로 달려갔다. (catch / to / in / order / the train)

→ He ran to the station _____.

POINT 8 빈출!

감정의 원인: ~해서 …하다

「감정을 나타내는 형용사＋to부정사」의 형태로, to부정사는 그러한 감정을 느끼게 된 원인을 설명합니다.

I am *glad* **to see** you again.

They were *happy* **to be** able to help their teachers.

She was *sad* **to lose** one of her favorite bags. 450

📓 암기 필수 **주요 감정 형용사＋to부정사**

be glad to do	~해서 기쁘다	be sorry to do	~해서 미안하다
be happy to do	~해서 행복하다	be sad to do	~해서 슬프다
be pleased to do	~해서 즐겁다	be surprised to do	~해서 놀라다
be excited to do	~해서 신이 나다	be disappointed to do	~해서 실망하다

반복해서 들어보세요.
쉽게 외울 수 있어요!

POINT 7 그 남자는 자신의 딸을 보러 이곳에 왔다. / 그들은 도둑을 찾기 위해 그 집에 들어갔다.　POINT 8 너를 다시 보게 되어 기뻐. / 그들은 선생님들을 도와드릴 수 있어서 행복했다. / 그녀는 자신이 가장 좋아하는 가방들 중 하나를 잃어버려서 슬펐다.

1 Natalie was sad to leave here suddenly.

→ Natalie는 갑작스럽게 여기를 _____.

2 He was surprised to see his father at the hospital.

→ 그는 아버지를 병원에서 _____.

3 I'm pleased to win the game for the first time.

→ 나는 처음으로 그 게임에 _____.

4 Mr. Brown was disappointed to miss the last train.

→ Brown 씨는 마지막 기차를 _____.

check up 2 우리말과 일치하도록 주어진 단어를 사용하여 빈칸에 알맞은 말을 쓰세요.

1 Sally는 파티에서 Peter를 봐서 놀랐다. (surprised, see)

→ Sally was _____ _____ _____ Peter at the party.

2 나의 여동생은 생일 선물을 받아서 기뻤다. (get, glad)

→ My sister was _____ _____ _____ a birthday present.

3 오늘 아침 그의 사고에 대해 듣게 되어 유감이다. (hear, sorry)

→ I am _____ _____ _____ about his accident this morning.

4 우리는 콘서트에 가게 되어서 신이 났다. (go, excited)

→ We were _____ _____ _____ to the concert.

5 그녀는 공원에서 자신의 개를 잃어버려서 슬펐다. (lose, sad)

→ She was _____ _____ _____ her dog in the park.

POINT 9

형용사+to부정사: ~하기에 …인[한]

to부정사는 형용사를 뒤에서 수식할 수 있어요.

These black pants are *comfortable* **to wear**.

The question is *easy* **to explain**. `451`

MORE +

to부정사는 '~하다니(판단의 근거)'라는 의미나 '…해서 (결국) ~하다(결과)'라는 의미로도 쓰여요.

He must be stupid **to waste** all his money. (~하다니)

She grew up **to be** a famous singer. (…해서 (결국) ~하다)

check up 밑줄 친 to부정사가 꾸며주는 말에 동그라미 하세요.

1 The math problem on this page is difficult to solve.

2 The new computer from the company is expensive to buy.

3 The chocolate ice cream is soft to eat.

4 This washing machine is easy to use.

5 The water in this cup is hot to drink.

POINT 9 이 검은색 바지는 입기에 편하다. / 그 질문은 설명하기가 쉽다. / 그는 자신의 돈을 모두 써 버리다니 어리석은 게 틀림없다. / 그녀는 자라서 유명한 가수가 되었다.

72 천일문 GRAMMAR LEVEL 2

Unit Exercise

A 〈보기〉와 같이 주어진 두 문장을 to부정사를 사용하여 한 문장으로 다시 쓰세요. `POINT 7·8`

> 〈보기〉 I wanted to drink coffee. I went to the cafe.
> → I went to the cafe _____ to drink coffee _____ .

1 I want to save money. I usually buy used books.
→ I usually buy used books _____ .

2 Sue wanted to bake some cookies. She needed some eggs.
→ Sue needed some eggs _____ .

3 Kevin helped his brother. He was really happy.
→ Kevin was really happy _____ .

4 Everybody in the room heard the news. They were sad.
→ Everybody in the room was sad _____ .

B 다음 〈보기〉에서 밑줄 친 to부정사의 쓰임을 골라 그 기호를 쓰세요. `POINT 7·8·9`

> 〈보기〉 ⓐ 목적   ⓑ 감정의 원인   ⓒ 형용사 수식

1 My new smartphone is simple and easy <u>to use</u>. _____
2 I was disappointed <u>to see</u> my grade in science. _____
3 Sam is studying hard <u>to become</u> a robot scientist. _____
4 The singer's song is difficult <u>to sing along with</u>. _____
5 Mina goes to the park every day <u>to walk</u> her dog. _____

C 다음 밑줄 친 부분이 맞으면 ○, 틀리면 ×하고 바르게 고치세요. `POINT 7·8·9`

1 I'm very glad <u>to receiving</u> an invitation to your wedding. _____
2 All tap water in Norway is <u>to drink safe</u>. _____
3 Tom was excited <u>joining</u> the soccer club as a captain. _____
4 My grandma's old recipes are not difficult <u>to follow</u>. _____
5 The actor came to Korea <u>in order promote</u> his movie. _____
6 She turned on her computer <u>to book</u> a concert ticket. _____

used book 중고 책   walk (동물을) 산책시키다   tap water 수돗물   recipe 요리법   promote 홍보하다; 촉진하다   book 예약하다

Unit 4 — to부정사를 포함한 주요 구문

POINT 10 빈출!

too ~ to부정사:
너무 ~해서 …하지
못하다

「too+형용사/부사+to부정사」는 '너무 …해서 ~하지 못하다'라는 의미로 「so+형용사/
부사+that+주어+cannot[can't]+동사원형」으로 바꿔 쓸 수 있습니다. 이때 과거의 내용을
나타낼 경우 couldn't를 써야 해요.

She is **too** young **to drive** a car. **452**

→ She is **so** young **that** she **can't drive** a car.

He was **too** sick **to go** to school on Monday. **453**

→ He was **so** sick **that** he **couldn't go** to school on Monday.

MORE +

문장의 주어와 to부정사의 주어가 다를 경우, to부정사 앞에는 의미상 주어 「for+목적격」이 필요해요.

The sneakers are **so** big **that** he **can't wear** them.

≠

→ The sneakers are **too** big *for him* to wear.

---

check up 우리말과 일치하도록 주어진 단어를 올바르게 배열하세요.

1 나는 너무 졸려서 밤을 새울 수 없었다. (stay up / sleepy / to / too)

→ I was _____ all night.

2 그녀는 너무 수줍어서 그 소년에게 말을 걸 수 없다. (can't / talk / so / she / that / shy)

→ She is _____ to the boy.

3 민호는 너무 바빠서 고양이를 돌볼 수 없었다. (to / take care of / busy / too)

→ Minho was _____ his cat.

4 그들은 너무 어려서 그 상황을 다룰 수 없었다.

(couldn't / so / they / young / that / handle)

→ They were _____ the situation.

POINT 10 그녀는 너무 어려서 차를 운전할 수 없다. / 그는 월요일에 너무 아파서 학교에 갈 수 없었다. / 운동화가 너무 커서 그는 그것들을 신을 수 없다.

POINT 11

**enough to부정사:
~할 만큼 충분히
…하다**

「형용사/부사+enough+to부정사」는 '~할 만큼 충분히 …하다'라는 의미로, 「so+형용사/부사+that+주어+can+동사원형」으로 바꿔 쓸 수 있습니다.

She is *clever* **enough to solve** the question. **454**

→ She is **so** *clever* **that** she **can solve** the question.

check up 두 문장의 의미가 같도록 빈칸에 알맞은 말을 쓰세요.

1 My brother is so strong that he can lift this stone.

→ My brother is strong _____ _____ lift this stone.

2 She is so smart that she can get high grades.

→ She is smart _____ _____ _____ high grades.

3 I am so rich that I can buy a car.

→ I am _____ _____ _____ _____ a car.

4 The ball is light enough to float on the water.

→ The ball is _____ _____ _____ it can float on the water.

POINT 12

**seem to부정사:
~하는 것 같다**

「주어+seem to부정사」는 '~하는 것 같다'라는 의미로, 「It seems that ~」으로도 사용할 수 있습니다.

They **seem to know** everything about baseball. **455**

→ **It seems that** they know everything about baseball.

My brother **seems to be** upset because of me.

→ **It seems that** my brother is upset because of me.

MORE + 기타 to부정사 표현들

be supposed to부정사: ~하기로 되어 있다	You **were supposed to come** here by six.
be about to부정사: 막 ~하려는 참이다	I **was about to call** you.
be sure to부정사: 확실히 ~하다	**Be sure to turn off** the light when you leave.
be likely to부정사: ~할 것 같다	He **is likely to win** the game.
be willing to부정사: 기꺼이 ~하다	I'm **willing to answer** your question.

check up 우리말과 일치하도록 주어진 단어를 사용하여 빈칸에 알맞은 말을 쓰세요.

1 그녀는 매우 진지한 것 같다. (seem, be)

→ She _____ _____ _____ very serious.

2 그는 내 비밀을 알고 있는 것 같다. (seem, know)

→ It _____ _____ _____ _____ my secret.

POINT 11 그녀는 그 문제를 풀 만큼 충분히 영리하다. POINT 12 그들은 야구에 관해 모든 것을 알고 있는 것 같다. / 우리 형은 나 때문에 속상한 것 같다. / 너는 여기에 여섯시까지 오기로 되어 있었다. / 나는 막 너에게 전화하려던 참이었다. / 나갈 때 불을 껐는지 확실히 해라. / 그는 경기에서 이길 것 같다. / 나는 너의 질문에 기꺼이 대답할게.

Unit Exercise

정답 및 해설 p.13

A 다음 중 어법상 알맞은 것을 고르세요. POINT 10·11·12

1 These black jeans seem [being / to be] too tight for me.

2 [It / He] seems that the old man needs someone's help.

3 You are not [old enough / enough old] to drive.

4 The test was [enough / too] difficult to get a perfect score.

5 Ben is funny [enough / too] to make everyone laugh.

6 This room is [too large / large enough] to put a grand piano.

7 It is [too cold / cold enough] to swim in the pool today.

B 우리말과 일치하도록 주어진 단어를 사용하여 빈칸에 알맞은 말을 쓰세요. POINT 10·11

1 이 젤리는 너무 딱딱해서 씹을 수가 없다. (hard, chew)

→ These jellies are _____ _____ _____ _____ .

2 Jim은 혼자 가구를 옮길 만큼 힘이 세다. (strong, move)

→ Jim is _____ _____ _____ _____ the furniture by himself.

3 이 치킨 수프는 너무 맛있어서 먹는 것을 멈출 수가 없다. (delicious, stop)

→ This chicken soup is _____ _____ _____ _____ eating.

4 개는 사람의 언어를 이해할 만큼 충분히 똑똑하다. (smart, understand)

→ Dogs are _____ _____ _____ _____ the human language.

C 두 문장의 의미가 같도록 빈칸에 알맞은 말을 쓰세요. POINT 10·11·12

1 She seems to be happy with her new job.

→ It seems _____ with her new job.

2 My sister runs fast enough to win the race.

→ My sister runs _____ the race.

3 The man is too kind to refuse her offer.

→ The man is _____ her offer.

4 Bill was too busy to attend his friend's wedding.

→ Bill was _____ his friend's wedding.

jeans 청바지　perfect score 만점　grand piano 그랜드 피아노(연주회용 대형 피아노)　attend 참석하다

Chapter Test

정답 및 해설 p.13

POINT 1

1 다음 중 〈보기〉의 밑줄 친 부분과 어법상 쓰임이 같은 것을 고르세요.

> 〈보기〉 It is nice to have many sisters and brothers in a family.

① It is my favorite singer's album.
② It is very far from my school.
③ It is not your fault at all.
④ It is 9 o'clock right now.
⑤ It is easy to remember his name.

[2-3] 다음 중 밑줄 친 부분의 쓰임이 <u>다른</u> 하나를 고르세요.

POINT 2·3

2 ① I want to play computer games for an hour.
② She needs to drink some water instead of soda.
③ My dream is to become a pilot like my father.
④ He decided to buy a new car instead of a new motorcycle.
⑤ Kelly chose to study abroad with her older sister.

POINT 7·8

3 ① I'm sorry to be late for our meeting again.
② The actors were happy to become famous from their new movie.
③ My aunt was sad to quit her job recently.
④ She went to the library to return the books.
⑤ He was disappointed to miss the chance.

[4-5] 다음 중 (A), (B)에 들어갈 말이 바르게 짝지어진 것을 고르세요.

POINT 1

4
> To learn foreign languages is interesting.
> = _____(A)_____ is interesting _____(B)_____ foreign languages.

① It — learning   ② It — to learn
③ It — to learning   ④ That — learning
⑤ That — to learn

POINT 6

5
> · He has no friends to play _____(A)_____ near his home.
> · Do you have one more chair to sit _____(B)_____ ?

① with — at   ② with — on
③ for — to   ④ for — in
⑤ on — in

[6-7] 우리말과 일치하도록 주어진 단어를 올바르게 배열하세요. REAL 기출 서술형

POINT 4

6
> Amy는 우리에게 배드민턴 치는 방법을 가르쳐 주었다.
> (taught / badminton / to / how / Amy / us / play)

→ _____ .

POINT 9

7
> 그 뱀은 만지기에 위험하다.
> (is / touch / dangerous / to / snake / the)

→ _____ .

8 다음 대화의 빈칸에 들어갈 알맞은 말을 고르세요.

> A: Let's decide _____ to meet tomorrow.
> B: Why don't we meet at COEX? It's close from your school.

① what   ② where   ③ how
④ when   ⑤ which

[9-10] 주어진 두 문장을 〈보기〉와 같이 한 문장으로 쓰세요.

서술형

> 〈보기〉 Goeun has a lot of work.
> She has to do it today.
> → Goeun has a lot of work to do today.

POINT 5

9

> Jack has two pairs of running shoes.
> He has to wash them.

→ _____ .

POINT 6

10

> The nurse has 10 patients.
> She has to take care of them.

→ _____ .

POINT 7·8·9·10

11 다음 중 밑줄 친 to를 in order to로 바꿔 쓸 수 있는 것을 고르세요.

① The water in the well is too dirty to drink.
② I was very surprised to see Nick here.
③ He bought a cake to celebrate your birthday.
④ Katie was happy to find her wallet at the restaurant.
⑤ Your explanation is easy to understand.

POINT 5·6

12 다음 중 어법상 알맞지 <u>않은</u> 문장을 고르세요.

① She needs something to eat right now.
② I bought a magazine to read at the bookstore.
③ Kate really needs someone to talk to.
④ It's time to do your math homework.
⑤ It's the best way deal with a problem.

[13-14] 대화의 흐름이 자연스럽도록 「의문사+to부정사」와 주어진 단어를 사용하여 빈칸에 알맞은 말을 쓰세요.

서술형

POINT 4

13

> A: Do you know _____
> this coffee machine? (use)
> B: Just press the red button.

POINT 4

14

> A: I don't know _____
> this vacation. (go)
> B: How about Italy? The cities are beautiful in Italy.

POINT 7·8·9

15 〈보기〉의 밑줄 친 ⓐ와 쓰임이 같은 것을 <u>모두</u> 고르세요.

> 〈보기〉 I am planning to travel to Europe this summer. So I borrowed a guidebook ⓐto get some information.

① They were glad to see him again.
② I was sad to read the news article.
③ Jake went to the kitchen in order to help his mother.
④ He entered the store to buy a bottle of water.
⑤ The writer's new novel was difficult to understand.

16 다음 두 문장을 to부정사를 사용하여 한 문장으로 완성하세요. 서술형

> Laura wanted to borrow some books.
> She went to the library.

→ Laura went _____.

17 다음 주어진 문장과 같은 의미의 문장을 고르세요.

> It seems that Rachel has a severe cold.

① It seems to have a severe cold.

② That seems Rachel have a severe cold.

③ That seems Rachel to have a severe cold.

④ Rachel has a severe cold to seem.

⑤ Rachel seems to have a severe cold.

18 다음 중 주어진 우리말을 바르게 영작한 것을 고르세요.

> 나는 너무 바빠서 체육관에서 운동할 수가 없다.

① I am too busy to exercise at the gym.

② I am so busy to exercise at the gym.

③ I am very busy to exercise at the gym.

④ I am busy enough to exercise at the gym.

⑤ I am busy in order to exercise at the gym.

[19-20] 두 문장의 의미가 같도록 빈칸에 알맞은 말을 쓰세요. 서술형

19

> Julie is confident enough to give a speech in public.

→ Julie is _____ _____ _____

she _____ give a speech in public.

20

> Richard was too tired to drive home.

→ Richard was _____ _____

_____ he _____ drive home.

21 다음 중 밑줄 친 부분이 어법상 알맞지 않은 것을 고르세요.

① I will bring you something to drink in a minute.

② You need to be polite to others like your brother.

③ He promised never to repeat the act.

④ The man has no house to live in.

⑤ I need a piece of paper to write.

22 Amy의 일과표를 보고 to부정사를 사용하여 다음 문장을 완성하세요. REAL 기출 서술형

Time	Schedule
6 a.m.	go jogging
1 p.m.	bake fresh bread
7 p.m.	meet a club member

(1) It's 6 a.m. It's time _____

_____.

(2) It's 1 p.m. It's _____

_____.

(3) It's 7 p.m. _____

_____.

CHAPTER 06 　동명사

456
482
―――
1001
Sentences
for
Grammar

POINT 1 　동명사 = 주어(~하는 것은)

456 　**Taking** a walk *is* good for our health. 〈동명사 주어+단수동사〉

457 　**Studying** a foreign language *takes* a lot of time.

458 　**Not closing** the window *was* a mistake. 〈부정형: not[never]+동명사〉

산책하는 것은 우리의 건강에 좋다. / 외국어를 공부하는 것은 많은 시간이 걸린다. / 창문을 닫지 않은 것은
실수였다.

POINT 2 　동명사 = 목적어(~하는 것을)

459 　We *enjoy* **playing** baseball together.

460 　He *kept* **waiting** for his brother.

우리는 함께 야구를 하는 것을 즐긴다. / 그는 계속 자신의 형을 기다렸다.

POINT 3 　동명사 = 보어(~하는 것이다)

461 　His job is **writing** a novel.

462 　Our wish is **having** our own house.

그의 직업은 소설을 쓰는 것이다. / 우리의 소원은 우리의 집을 갖는 것이다.

POINT 4 　전치사+동명사

463 　This is a recipe *for* **making** a chocolate cake.

464 　He could win the gold medal *by* **practicing** a lot.

465 　She took a rest *after* **finishing** her homework.

이것이 초콜릿 케이크를 만드는 요리법이다. / 그는 연습을 많이 함으로써 금메달을 딸 수 있었다.
/ 그녀는 자신의 숙제를 끝낸 뒤에 휴식을 취했다.

Unit 1   명사로 쓰이는 동명사
Unit 2   동명사 vs. to부정사

POINT 5   동명사 주요 표현

466   We **look forward to seeing** you soon. 〈~하기를 기대하다〉
467   David **spent a lot of money buying** clothes. 〈~하는 데 시간[돈]을 쓰다〉
468   Andrew **is good at taking** pictures. 〈~하는 것을 잘하다〉
469   **How about going** shopping with me? 〈~하는 게 어때?〉
470   He **is used to living** in this town. 〈~하는 것에 익숙하다〉

우리는 곧 당신을 **보기를 기대합니다**. / David는 옷을 **사는 데 많은 돈을 썼다**. / Andrew는 사진 **찍는 것을 잘한다**. / 나랑 **쇼핑하는 게 어때**? / 그는 이 마을에 **사는 것에 익숙하다**.

POINT 6   동명사만/to부정사만 목적어로 쓰는 동사

471   Paul *finished* **cleaning** his room. (to clean ✕)
472   You *need* **to answer** the question. (answering ✕)

Paul은 방을 **청소하는 것을** 끝냈다. / 너는 그 질문에 **대답할** 필요가 있다.

POINT 7   동명사/to부정사 둘 다 목적어로 쓰는 동사

473   We *began* **crying[to cry]** after saying goodbye.
474   Amy *loves* **trying[to try]** new foods.

우리는 작별 인사를 한 후에 **울기 시작했다**. / Amy는 새로운 음식을 **맛보는 것을** 아주 좋아한다.

POINT 8   동명사/to부정사 목적어 의미가 다른 동사

475   I *remembered* **meeting** him last year. 〈~했던 것을 기억하다〉
476   I *remembered* **to meet** him today. 〈~할 것을 기억하다〉
477   Linda *forgot* **buying** some milk. 〈~했던 것을 잊어버리다〉
478   Linda *forgot* **to buy** some milk. 〈~할 것을 잊어버리다〉
479   She *tried* **learning** Chinese. 〈시험 삼아 ~해 보다〉
480   She *tried* **to learn** Chinese. 〈~하려고 노력하다〉
481   Brian *stopped* **chatting** on the phone. 〈~하는 것을 멈추다〉
482   Brian *stopped* **to chat** on the phone. 〈stop+to부정사(목적): ~하기 위해 멈추다〉

나는 그를 작년에 **만난 것을 기억했다**. / 나는 오늘 그를 **만날 것을 기억했다**. / Linda는 우유를 **샀던 것을 잊어버렸다**. / Linda는 우유를 **살 것을 잊어버렸다**. / 그녀는 중국어를 **시험 삼아 배워 보았다**. / 그녀는 중국어를 **배우려고 노력했다**. / Brian은 전화로 **이야기 나누는 것을 멈췄다**. / Brian은 전화로 **이야기 나누기 위해서 멈췄다**.

Unit 1 명사로 쓰이는 동명사

POINT 1 빈출!

동명사 = 주어
(~하는 것은)

Reading comic books is fun.
주어(한 덩어리) 동사 단수형

동명사(동사원형+-ing)는 동사를 명사 자리에 활용하기 위한 형태로, 문장의 주어 자리에 올 수 있어요. 이때 동명사는 단수 취급하므로 동사는 단수형이 이어집니다.

Taking a walk *is* good for our health. **456**
　　　　주어

Studying a foreign language *takes* a lot of time. **457**

Not closing the window *was* a mistake. **458** 〈부정형: not[never]+동명사〉

> **주의!**
>
> 동사 바로 앞에 동명사에 딸린 복수명사가 있을 경우, 동사도 복수형이 되어야 하는 것으로 착각하기 쉬워요.
> Taking good *pictures* **makes** you happy.

check up 다음 중 어법상 알맞은 것을 고르세요.

1 [Drink / Drinking] too much coffee is not good.

2 [Not waste / Not wasting] money is a good habit.

3 Giving dreams to children [is / are] important.

POINT 2 빈출!

동명사 = 목적어
(~하는 것을)

동명사를 목적어로 사용하는 동사들을 잘 알아두세요.

We *enjoy* **playing** baseball together. **459**
　　　　　　 목적어

He *kept* **waiting** for his brother. **460**

📖 **암기 필수** **동명사를 목적어로 쓰는 동사**

enjoy swimming	수영하기를 즐기다	**finish** eating	먹는 것을 끝내다
keep talking	말하기를 계속하다	**give up** driving	운전하는 것을 포기하다
practice dancing	춤추기를 연습하다	**avoid** meeting	만나는 것을 피하다
consider buying	사는 것을 고려하다	**mind** wasting time	시간 낭비를 꺼리다
suggest studying	공부하기를 제안하다		

반복해서 들어보세요.
쉽게 외울 수 있어요!

check up 주어진 표현을 어법에 맞게 쓰세요.

1 Do you mind _____ a few minutes? (wait for)

2 Many people avoid _____ for their health. (eat fast food)

3 My doctor suggested _____. (do more exercise)

4 Mark practiced _____ for the contest. (sing a song)

POINT 1 산책하는 것은 우리의 건강에 좋다. / 외국어를 공부하는 것은 많은 시간이 걸린다. / 창문을 닫지 않은 것은 실수였다. / 멋진 사진을 찍는 것은 당신을 행복하게 만든다.
POINT 2 우리는 함께 야구를 하는 것을 즐긴다. / 그는 계속 자신의 형을 기다렸다.

POINT 3

동명사 = 보어
(~하는 것이다)

보어 자리에 쓰인 동명사는 주어가 무엇인지를 설명해요.

His job is <u>**writing**</u> a novel. `461`
        보어

Our wish is <u>**having**</u> our own house. `462`

check up   우리말과 일치하도록 주어진 단어를 사용하여 동명사가 들어간 문장을 쓰세요.

1 Tom의 일은 동물을 보호하는 것이다. (Tom's work, protect animals, is)

    → _____.

2 나의 취미는 스티커를 모으는 것이다. (is, my hobby, collect stickers)

    → _____.

3 내 꿈은 세계를 여행하는 것이다. (travel, is, my dream, around the world)

    → _____.

POINT 4

전치사+동명사

전치사는 주로 「전치사+(대)명사」 형태로 쓰이는데, 전치사 뒤에 나오는 (대)명사를 '전치사의 목적어'라고 해요. 동사가 전치사의 목적어로 쓰일 때는 동명사로 바꾸어야 합니다.

This is a recipe *for* **making** a chocolate cake. `463`

He could win the gold medal *by* **practicing** a lot. `464`

She took a rest *after* **finishing** her homework. `465`

> **주의!**
>
> 동사나 to부정사는 전치사의 목적어로 쓰일 수 없어요.
> He walked silently *without* **say**(→ **saying**) anything.

check up   주어진 단어를 어법에 맞게 쓰세요.

1 Laura is happy about _____ at the bookstore. (work)

2 He went away without _____ anything to me. (say)

3 Don't touch your face before _____ your hands. (wash)

4 I need advice on _____ a good hotel. (find)

POINT 3 그의 직업은 소설을 쓰는 것이다. / 우리의 소원은 우리의 집을 갖는 것이다.   POINT 4 이것이 초콜릿 케이크를 만드는 요리법이다. / 그는 연습을 많이 함으로써 금메달을 딸 수 있었다. / 그녀는 자신의 숙제를 끝낸 뒤에 휴식을 취했다. / 그는 아무 말도 하지 않고 조용히 걸었다.

POINT 5

동명사 주요 표현

동명사가 숙어처럼 사용되는 표현들을 잘 기억하세요.

특히 전치사 to가 들어가는 「look forward to -ing」와 「be used to -ing」 표현에 주의하세요.

We **look forward to seeing** you soon. 466

David **spent a lot of money buying** clothes. 467

Andrew **is good at taking** pictures. 468

How about going shopping with me? 469

I **am busy preparing** dinner.

He **is used to living** in this town. 470

📝 **암기 필수**　동명사 주요 표현

look forward to see**ing** **spend** 시간 play**ing** **spend** 돈 buy**ing** **be good at** sing**ing** **How about** meet**ing**?	보기를 기대하다 노는 데 시간을 보내다 사는 데 돈을 쓰다 노래하는 것을 잘하다 만나는 게 어때?	**be busy** cook**ing** **feel like** sleep**ing** **go** swimm**ing** **be used to** us**ing** **be afraid of** los**ing**	요리하느라 바쁘다 자고 싶다 수영하러 가다 사용하는 것에 익숙하다 지는 것을 두려워하다

MORE + be used to -ing와 헷갈리기 쉬운 표현

· used to+동사원형: (과거에) ~하곤 했다 (☞ Ch 02)

　I **used to visit** my grandmother every Saturday.

· be used to+동사원형: ~하는 데 사용되다 (☞ Ch 09)

　The cacao plant **is used to make** chocolate.

반복해서 들어보세요.
쉽게 외울 수 있어요!

check up 1　다음 중 어법상 알맞은 것을 고르세요.

1　My father is good at [fixing / fix] things.

2　I am looking forward [to see / to seeing] you again.

3　He is busy [to answer / answering] the questions.

4　Emma spent too much money [bought / buying] a car.

5　Jenny and I went [shopping / to shopping] last Saturday.

check up 2　우리말과 일치하도록 주어진 단어를 사용하여 빈칸을 완성하세요.

1　그녀는 언니와 이야기하느라 바빴다. (busy, talk)

　→ She _____ _____ _____ with her sister.

2　우리는 당신과 함께 일하게 되길 기대합니다. (look, forward, work)

　→ We _____ _____ _____ _____ with you.

3　Sally는 사람들의 이름을 기억하는 것을 잘한다. (good, remember)

　→ Sally _____ _____ _____ _____ people's
　　names.

POINT 5 우리는 곧 당신을 보기를 기대합니다. / David는 옷을 사는 데 많은 돈을 썼다. / Andrew는 사진 찍는 것을 잘한다. / 나랑 쇼핑하는 게 어때? / 나는 저녁 식사를 준비하느라
바쁘다. / 그는 이 마을에 사는 것에 익숙하다. / 나는 토요일마다 할머니를 뵈러 가곤 했다. / 카카오 식물은 초콜릿을 만드는 데 사용된다.

Unit Exercise

A 다음 밑줄 친 부분이 맞으면 ○, 틀리면 ×하고 바르게 고치세요. `POINT 1·2·3`

1 Her plan is <u>starting</u> a new career. _____

2 Megan kept <u>to wait</u> for his call. _____

3 <u>To setting</u> goals is a key to success. _____

4 Do you mind <u>to lend</u> me your cell phone? _____

5 <u>Worrying</u> about the future is a waste of time. _____

6 Collecting colorful leaves <u>are</u> my hobby. _____

B 우리말과 일치하도록 주어진 단어를 올바르게 배열하세요. `POINT 1·2·5`

1 새 친구를 사귀는 것은 내게 어렵다. (new / making / friends)

→ _____ is difficult for me.

2 그녀는 딸기 아이스크림이 먹고 싶었다. (like / eating / felt)

→ She _____ strawberry ice cream.

3 Eric은 일요일마다 낮잠 자는 것을 즐긴다. (taking / enjoys / a nap)

→ Eric _____ on Sundays.

4 그들은 행사를 준비하느라 바쁘다. (preparing / are / busy)

→ They _____ for the event.

5 나는 종이 위에 만화를 그리는 데 몇 시간을 보냈다. (hours / drawing / spent)

→ I _____ cartoons on the paper.

6 Tony는 어머니와 함께 숫자 세는 것을 연습했다. (counting / practiced / numbers)

→ Tony _____ with his mother.

C 밑줄 친 동명사의 쓰임을 〈보기〉에서 골라 그 기호를 쓰세요. `POINT 1·2·3·4`

〈보기〉 ⓐ 주어 ⓑ 보어 ⓒ 동사의 목적어 ⓓ 전치사의 목적어

1 Their aim is <u>making</u> a better world. _____

2 The city map will be helpful for <u>finding</u> your way. _____

3 <u>Dancing</u> is great exercise. _____

4 He suggested <u>having</u> time to read. _____

5 Protect your eyes by <u>wearing</u> sunglasses. _____

6 I finished <u>working</u> with the company. _____

7 <u>Sleeping</u> too much makes you tired. _____

career 직업; 직장 생활   success 성공   waste of time 시간 낭비   aim 목표, 목적   protect 보호하다

Unit 2 동명사 vs. to부정사

POINT 6

동명사만/to부정사만 목적어로 쓰는 동사

동사에 따라 목적어로 to부정사가 오는 경우도 있고 동명사가 오는 경우도 있어요.
그러므로 동사를 확인하고 적절한 목적어 형태를 사용해야 해요.

Paul *finished* **cleaning** his room. (to clean ×) 471

You *need* **to answer** the question. (answering ×) 472

동명사만 목적어로 쓰는 동사	to부정사만 목적어로 쓰는 동사
enjoy, finish, keep, give up, practice, avoid, mind 등	want, decide, plan, hope, need, agree, choose, expect, learn, promise 등

check up 다음 중 어법상 알맞은 것을 고르세요.

1 They decided [selling / to sell] their house.

2 She finished [eating / to eat] the salad.

3 We practiced [playing / to play] the piano.

4 Kelly wanted [leaving / to leave] the hospital.

5 He gave up [arriving / to arrive] there early.

6 They kept [crying / to cry] after the movie.

POINT 7

동명사/to부정사 둘 다 목적어로 쓰는 동사

동사 begin, start, like, love, hate, continue 등은 to부정사와 동명사 둘 다 목적어로 쓸 수 있어요.

We *began* **crying[to cry]** after saying goodbye. 473

Amy *loves* **trying[to try]** new foods. 474

check up 우리말과 일치하도록 주어진 단어를 사용하여 빈칸을 완성하세요.

1 Jane은 잡지 읽는 것을 싫어한다. (read, hate)

→ Jane _____ _____ magazines.

2 그는 체육관에서 운동하기 시작했다. (exercise, start)

→ He _____ _____ at the gym.

POINT 6 Paul은 방을 청소하는 것을 끝냈다. / 너는 그 질문에 대답할 필요가 있다. POINT 7 우리는 작별 인사를 한 후에 울기 시작했다. / Amy는 새로운 음식을 맛보는 것을 아주 좋아한다.

POINT 8 빈출!

동명사/to부정사 목적어 의미가 다른 동사

• 동명사와 to부정사 둘 다 목적어로 가질 수 있지만 의미가 달라지는 동사가 있어요. 대개 동명사 목적어는 과거/현재의 행동, to부정사 목적어는 미래에 할 행동을 의미해요.

📝 암기 필수

remember -ing remember+to부정사	~했던 것을 기억하다 ~할 것을 기억하다	I *remembered* **meeting** him last year. 475 I *remembered* **to meet** him today. 476
forget -ing forget+to부정사	~했던 것을 잊어버리다 ~할 것을 잊어버리다	Linda *forgot* **buying** some milk. 477 Linda *forgot* **to buy** some milk. 478
try -ing try+to부정사	시험 삼아 ~해 보다 ~하려고 노력하다	She *tried* **learning** Chinese. 479 She *tried* **to learn** Chinese. 480

• 동사 stop은 동명사를 목적어로 쓰며, 뒤에 '~하기 위해(목적)'를 의미하는 to부정사가 오는 경우와 구분하세요.

반복해서 들어보세요.
쉽게 외울 수 있어요!

stop -ing stop+to부정사	~하는 것을 멈추다 ~하기 위해 멈추다	Brian *stopped* **chatting** on the phone. 481 <u>동사</u> <u>목적어</u> Brian *stopped* / **to chat** on the phone. 482 ~하기 위해(목적) (☞ Ch 05)

check up 우리말과 일치하도록 주어진 단어를 알맞게 바꿔 쓰세요.

1 (call)   너는 어젯밤에 나한테 전화했던 것을 기억하니?
     → Do you remember ＿＿＿＿＿＿＿ me last night?
     저에게 5시에 전화하는 것을 기억해 주세요.
     → Please remember ＿＿＿＿＿＿＿ me at five.

2 (lock)   그녀는 방에서 나올 때 문 잠그는 것을 잊어버렸다.
     → She forgot ＿＿＿＿＿＿＿ the door when she left the room.
     그녀는 몇 분 전에 문을 잠갔던 것을 잊어버렸다.
     → She forgot ＿＿＿＿＿＿＿ the door a few minutes ago.

3 (learn)   Sam은 드럼 연주하는 것을 배우려고 노력했다.
     → Sam tried ＿＿＿＿＿＿＿ to play the drum.
     Sam은 시험 삼아 드럼 연주하는 것을 배워 보았다.
     → Sam tried ＿＿＿＿＿＿＿ to play the drum.

4 (watch)   그들은 돌고래를 보는 것을 멈추고 돌아왔다.
     → They stopped ＿＿＿＿＿＿＿ the dolphins and came back.
     그들은 돌고래를 보기 위해 5분간 멈췄다.
     → They stopped ＿＿＿＿＿＿＿ the dolphins for 5 minutes.

P 한 줄 KEY POINT

동명사 목적어는 주로 과거/현재의 행동, to부정사 목적어는 미래의 행동

POINT 8 나는 그를 작년에 만난 것을 기억했다. / 나는 오늘 그를 만날 것을 기억했다. / Linda는 우유를 샀던 것을 잊어버렸다. / Linda는 우유를 살 것을 잊어버렸다. / 그녀는 중국어를 시험 삼아 배워 보았다. / 그녀는 중국어를 배우려고 노력했다. / Brian은 전화로 이야기 나누는 것을 멈췄다. / Brian은 전화로 이야기 나누기 위해서 멈췄다.

Unit Exercise

정답 및 해설 p.16

A 주어진 단어를 어법에 맞게 쓰세요. `POINT 6·7`

1 Jack finished _____ the bathroom. (clean)

2 When did you begin _____ Japanese? (learn)

3 She gave up _____ her own business. (start)

4 We agreed _____ next Wednesday. (meet)

5 My brother hates _____ in the morning. (exercise)

B 우리말과 일치하도록 주어진 단어를 사용하여 문장을 완성하세요. `POINT 8`

1 전등을 전부 끄는 것을 잊지 마라. (turn off, forget)

→ Don't _____ all the lights.

2 나는 저 책들을 반납하는 것을 기억해야 한다. (remember, return)

→ I should _____ those books.

3 수의사는 그 개를 살리려고 노력했다. (save, try)

→ The vet _____ the dog.

4 그녀는 며칠 전에 그곳을 방문했던 것을 잊었다. (forget, visit)

→ She _____ there a few days ago.

5 그는 할머니를 위한 꽃 몇 송이를 사기 위해 멈췄다. (buy, stop)

→ He _____ some flowers for his grandmother.

6 나는 그 레스토랑의 특별한 요리를 시험 삼아 먹어 보았다. (try, eat)

→ I _____ the restaurant's special dish.

C 다음 밑줄 친 부분이 맞으면 ○, 틀리면 ×하고 바르게 고치세요. `POINT 6·7·8`

1 My computer stopped <u>to work</u> suddenly. _____

2 I wanted <u>to sleep</u> longer this morning. _____

3 Do you remember <u>to see</u> the movie last year? _____

4 Her nephew likes <u>drawing</u> superheroes. _____

5 We need <u>leaving</u> for the airport right now. _____

6 I will expect <u>hearing</u> good news from you. _____

nephew 조카

Chapter Test

POINT 1

1 다음 중 빈칸에 들어갈 알맞은 말을 고르세요.

> _____ pictures of flowers is my favorite activity.

① Take ② Takes ③ Taking

④ Took ⑤ To taking

[2-3] 다음 문장에서 어법상 알맞지 <u>않은</u> 곳을 찾아 바르게 고치세요. **서술형**

POINT 1

2

> Eating vegetables make you healthy.

_____ → _____

POINT 4

3

> You can get sick by eat too much.

_____ → _____

POINT 6

4 다음 중 밑줄 친 부분의 올바른 형태를 고르세요.

> Would you mind <u>turn on</u> the air conditioner?

① turn on ② turned on

③ turning on ④ to turn on

⑤ to turning on

POINT 1·2·3

5 다음 중 〈보기〉의 밑줄 친 부분과 어법상 쓰임이 같은 것을 고르세요.

> 〈보기〉 His job is <u>selling</u> used cars.

① I love <u>taking</u> a walk in the park.

② The foreigner started <u>talking</u> to me in Spanish.

③ <u>Joining</u> the school band was a good decision.

④ Her hobby is <u>playing</u> computer games.

⑤ <u>Spending</u> time with my family is my favorite thing.

POINT 5

6 다음 중 밑줄 친 부분의 우리말 해석이 바르지 <u>않은</u> 것을 고르세요.

① He <u>is good at dancing</u>.
   (춤을 잘 춘다)

② I <u>feel like eating</u> something delicious.
   (먹고 있는 것처럼 느끼다)

③ She <u>spent a few hours writing</u> letters.
   (쓰면서 몇 시간을 보냈다)

④ I <u>am busy cleaning</u> my house.
   (청소하느라 바쁘다)

⑤ The man <u>was afraid of losing</u> his job.
   (잃는 것이 두려웠다)

POINT 6

7 다음 중 밑줄 친 부분이 어법상 알맞은 것을 고르세요.

① She <u>practices to play</u> golf every day.

② You <u>need answer</u> the phone.

③ My father <u>finished to change</u> the tires.

④ We <u>decided living</u> in a small town.

⑤ They <u>chose to stay</u> in Italy for 5 more days.

8 다음 중 빈칸에 들어갈 말로 알맞지 <u>않은</u> 것을 고르세요.

> Emma and her sister _____ walking along the river.

① loved   ② started   ③ hated

④ agreed   ⑤ kept

9 다음 중 어법상 알맞지 <u>않은</u> 문장을 <u>모두</u> 골라 바르게 고쳐 문장을 다시 쓰세요. 고난도 서술형

> ⓐ He keeps to eat fast food too much.
> ⓑ It started raining in the afternoon.
> ⓒ The boy is good by playing golf.
> ⓓ How about going to the festival?
> ⓔ Studying many subjects is not easy.

_____

_____

[10-11] 주어진 두 문장을 한 문장으로 다시 쓰세요. 서술형

10

> I watched the action movie. I remember it.

→ I remember _____.

11

> You have to turn off the TV. You shouldn't forget it.

→ You shouldn't forget _____.

12 다음 (A), (B)에 들어갈 말이 바르게 짝지어진 것을 고르세요.

> Lena decided ____(A)____ French lessons.
> She won't give up ____(B)____ French.

① taking — learning

② taking — to learn

③ to take — learning

④ to take — to learn

⑤ to taking — learning

[13-15] 우리말과 일치하도록 주어진 단어를 사용하여 빈칸에 알맞은 말을 쓰세요. 서술형

13

> Jimmy는 자신의 컴퓨터를 고치려고 애썼지만 고칠 수 없었다. (fix)

→ Jimmy tried _____ his computer, but he couldn't.

14

> 그들은 James의 농담에 계속 웃었다. (laugh)

→ They kept _____ at James's joke.

15

너는 오늘 많은 사람들 앞에서 말해야 할 필요가 있다. (speak)

→ You need _____ in front of many people today.

[18-19] 다음 중 어법상 알맞지 <u>않은</u> 문장을 고르세요.

POINT 5·6·8

18 ① They hoped to win the game.

② I forgot borrowing the book last month.

③ He stopped working and took a rest.

④ I finished to clean my room an hour ago.

⑤ We spent a lot of money building the house.

[16-17] 다음 중 주어진 우리말을 바르게 영작한 것을 고르세요.

POINT 5

16

나는 그들을 다시 보기를 기대한다.

① I look forward to see them again

② I look forward seeing them again.

③ I look forward to seeing them again.

④ I look forward not seeing them again.

⑤ I look forward not to see them again.

POINT 1·4·6

19 ① Watching action movies is fun.

② Take this medicine before go to bed tonight.

③ Understanding my sister's mind was hard.

④ Jim and I agreed to go to the museum by taxi.

⑤ I don't mind sleeping on the sofa instead of the bed.

POINT 1

17

아침을 먹지 않는 것은 당신의 건강에 좋지 않다.

① Not eat breakfast is bad for your health.

② Eating not breakfast is bad for your health.

③ Eating breakfast is not bad for your health.

④ Eat not breakfast is bad for your health.

⑤ Not eating breakfast is bad for your health.

POINT 3·6

20 다음은 지환이가 자신을 소개하는 글입니다. 주어진 단어를 사용하여 글을 완성하세요. REAL 기출 서술형

My name is Jihwan. I enjoy _____ (take) photos. I am planning _____ (participate) in a photo contest next month. My dream is _____ (become) a photographer.

CHAPTER 07 분사

483
509

1001
Sentences
for
Grammar

POINT 1   -ing+명사

483 Those **flying** *birds* are all white. 〈능동, 진행〉
└──→ 명사 수식

484 I heard the sound of **falling** *rain*.

485 My family had a **relaxing** *time* after dinner.

486 The **smiling** *girl* is my sister.

저 **날아가는** 새들은 모두 하얗다. / 나는 비 **내리는** 소리를 들었다. / 우리 가족은 저녁 식사 후에 **편안한** 시간을 보냈다. / 그 **미소짓고 있는** 소녀는 내 여동생이다.

POINT 2   p.p.+명사

487 The **stolen** *necklace* was mine. 〈수동, 완료〉
└──→ 명사 수식

488 He will bring the **fixed** *computer* today.

489 The **burnt** *house* is very old.

490 The **fallen** *leaves* are spread all over the ground.

그 **도난당한** 목걸이는 내 것이었다. / 그는 오늘 **수리된** 컴퓨터를 가져올 것이다. / 그 **불에 탄** 집은 아주 오래되었다. / **떨어진** 잎들(낙엽들)이 땅 위에 널려 있다.

POINT 3   명사+-ing[p.p.] ~

491 *The boy* **lying** on the grass is my brother.

492 Do you know *the girl* **reading** a book behind us?

493 Look at *the people* **standing** in line in this hot weather.

494 He likes *the picture* **drawn** by me.

495 Will you go to *the music festival* **held** in Seoul?

496 *The food* **cooked** by my mom is always delicious.

잔디 위에 **누워 있는** 그 소년은 나의 남동생이다. / 너는 우리 뒤에서 책을 **읽고 있는** 소녀를 아니? / 이 더운 날씨에 줄 **서 있는** 사람들을 봐. / 그는 나에 의해 **그려진** 그 그림을 좋아한다. / 너는 서울에서 **열리는** 음악축제에 갈 거니? / 우리 엄마에 의해 **요리된** 음식은 항상 맛있다.

POINT 4 감정을 나타내는 분사

497 The chef's food was **amazing**. 〈-ing: 감정을 일으킴〉

498 The trip was **exciting**.

499 Everyone was **touched** by his kindness. 〈p.p.: 감정을 느낌〉

500 I was **embarrassed** at her question.

501 My parents were **surprised** at my dog's intelligence.

그 요리사의 요리는 **놀라웠다**. / 그 여행은 **흥미진진했다**. / 모두가 그의 친절함에 **감동했다**. / 나는 그녀의 질문에 **당황했다**. / 우리 부모님은 우리 개의 지능에 **놀라셨다**.

POINT 5 현재분사 vs. 동명사

502 The **crying** *child* is my son. 〈현재분사: 명사 수식〉

503 We saw *a helicopter* **flying** in the sky.

504 *The musical* was **interesting**. 〈현재분사: 보어〉

505 *The road signs* were **confusing** in the city.

506 **Riding** a horse is not easy. 〈동명사: 주어〉

507 He enjoyed **watching** a TV show. 〈동명사: 목적어〉

508 Her job is **making** toys. 〈보어〉

509 Design is important *in* **making** clothes. 〈동명사: 전치사의 목적어〉

울고 있는 그 아이는 내 아들이다. / 우리는 하늘을 **날아가는** 헬리콥터를 봤다. / 그 뮤지컬은 **재미있었다**. / 그 도시의 도로 표지판들은 **혼란스러웠다**. / 말 **타는** 것은 쉽지 않다. / 그는 TV쇼 **보는** 것을 즐겼다. / 그녀의 직업은 장난감을 **만드는** 것이다. / 디자인은 옷을 **만드는** 데 있어서 중요하다.

Unit 1 명사를 수식하는 분사

분사는 앞에서 학습한 to부정사, 동명사와 마찬가지로 동사에서 온 것인데, 형용사처럼 사용해요. 의미에 따라 현재분사(-ing)와 과거분사(p.p.) 두 종류를 사용합니다. '현재'와 '과거'라는 말이 붙었지만 시제와는 관련이 없어요.

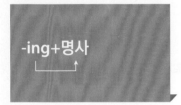

POINT 1

-ing+명사

현재분사는 동사원형에 -ing를 붙여 만드는 것으로 동명사와 같은 형태입니다. 형용사처럼 쓰여 명사를 수식할 수 있으며 '~하는(능동), ~하는 중인(진행)'의 의미를 나타냅니다. 즉, 수식을 받는 명사가 현재분사의 동작을 직접 하거나 하고 있는 것이에요.

Those **flying** *birds* are all white. `483`

I heard the sound of **falling** *rain*. `484`

My family had a **relaxing** *time* after dinner. `485`

The **smiling** *girl* is my sister. `486`

check up   우리말과 일치하도록 현재분사를 사용하여 빈칸에 알맞은 말을 쓰세요.

1 울고 있는 소녀 (cry)   → a _____ girl

2 서 있는 남자 (stand)   → a _____ man

3 미소 짓고 있는 아기 (smile)   → a _____ baby

4 끓고 있는 물 (boil)   → the _____ water

5 빛나는 달 (shine)   → the _____ moon

POINT 2

p.p.+명사

과거분사는 주로 동사원형에 -ed를 붙여 만듭니다. (동사의 과거분사형(p.p.) ☞ Ch 01) 명사를 수식할 때 '~된(수동, 완료)'의 의미를 나타냅니다. 즉, 수식을 받는 명사가 과거분사의 동작을 직접 하는 것이 아니라 다른 무언가의 동작을 받는 것이에요.

The **stolen** *necklace* was mine. `487`

He will bring the **fixed** *computer* today. `488`

The **burnt** *house* is very old. `489`

The **fallen** *leaves* are spread all over the ground. `490`

check up   우리말과 일치하도록 과거분사를 사용하여 빈칸에 알맞은 말을 쓰세요.

1 깨진 유리 (break)   → _____ glass

2 구운 닭고기 (bake)   → a _____ chicken

3 숨겨진 상자들 (hide)   → _____ boxes

4 얼어붙은 호수 (freeze)   → a _____ lake

5 닫힌 문 (close)   → a _____ door

POINT 1 저 날아가는 새들은 모두 하얗다. / 나는 비 내리는 소리를 들었다. / 우리 가족은 저녁 식사 후에 편안한 시간을 보냈다. / 그 미소짓고 있는 소녀는 내 여동생이다.
POINT 2 그 도난당한 목걸이는 내 것이었다. / 그는 오늘 수리된 컴퓨터를 가져올 것이다. / 그 불에 탄 집은 아주 오래되었다. / 떨어진 잎들(낙엽들)이 땅 위에 널려 있다.

POINT 3

명사+-ing[p.p.] ~

분사가 혼자서 명사를 수식하는 것이 아니라 뒤에 딸린 어구가 있어 분사구(분사+어구)의 형태일 때는 명사 뒤에서 수식해요.

The boy **lying** on the grass is my brother. 491

Do you know *the girl* **reading** a book behind us? 492

Look at *the people* **standing** in line in this hot weather. 493

He likes *the picture* **drawn** by me. 494

Will you go to *the music festival* **held** in Seoul? 495

The food **cooked** by my mom is always delicious. 496

MORE +

이렇게 뒤에서 명사를 수식하는 형용사구로는 '전치사+명사'나 to부정사도 배웠어요.

The man **in this picture** is my dad.

I have a lot of *homework* **to do** today.

---

check up 1 각 문장의 분사구에 밑줄을 긋고, 분사구가 꾸미는 말에 동그라미 하세요.

1 I can't find the shirts washed yesterday.

2 Amy read a book written in English.

3 He visited the old house built in 1960.

4 The children playing together are close friends.

5 The singer dancing on the stage is handsome.

6 We saw an airplane flying in the sky.

check up 2 우리말과 일치하도록 주어진 단어를 사용하여 빈칸에 알맞은 말을 쓰세요.

1 노래를 부르고 있는 한 소녀가 있다. (a girl, sing)

→ There is ＿＿＿＿＿ ＿＿＿＿＿ ＿＿＿＿＿ a song.

2 우리 엄마에게 이야기하고 있는 남자는 우리 선생님이다. (the man, talk)

→ ＿＿＿＿＿ ＿＿＿＿＿ ＿＿＿＿＿ to my mom is my teacher.

3 Peter는 학교에서 열린 파티에 갔다. (the party, hold)

→ Peter went to ＿＿＿＿＿ ＿＿＿＿＿ ＿＿＿＿＿ at school.

4 민수는 강남으로 가는 버스를 탔다. (the bus, go)

→ Minsu took ＿＿＿＿＿ ＿＿＿＿＿ ＿＿＿＿＿ to Gangnam.

POINT 3 잔디 위에 누워 있는 그 소년은 나의 남동생이다. / 너는 우리 뒤에서 책을 읽고 있는 소녀를 아니? / 이 더운 날씨에 줄 서 있는 사람들을 봐. / 그는 나에 의해 그려진 그 그림을 좋아한다. / 너는 서울에서 열리는 음악 축제에 갈 거니? / 우리 엄마에 의해 요리된 음식은 항상 맛있다. / 이 사진 속의 남자는 우리 아빠이시다. / 나는 오늘 해야 할 많은 숙제가 있다.

Unit Exercise

A 다음 중 어법상 알맞은 것을 고르세요. POINT 1·2

1 Those [dancing / danced] people look happy.

2 You should be quiet for the [studying / studied] students here.

3 He can't write because of his [breaking / broken] arm.

4 We got up at 5 a.m. to see the [rising / risen] sun.

5 The [polluting / polluted] water can make people sick.

6 The woman put the [returning / returned] books on the shelf.

B 주어진 단어를 어법에 맞게 쓰세요. POINT 1·3

1 Can you turn off the _____ alarm? (ring)

2 The girls _____ Hanbok are my sisters. (wear)

3 He showed me a photo _____ with his cell phone. (take)

4 Did you see the _____ ducks? (swim)

5 The house _____ blue is Mr. Webster's. (paint)

C 〈보기〉와 같이 주어진 두 문장을 분사를 이용하여 한 문장으로 다시 쓰세요. POINT 3

> 〈보기〉 The girl is my cousin. She is standing at the bus stop.
> → The girl <u>standing at the bus stop</u> is my cousin.

1 The man is a famous actor. He is sitting on the bench.

 → The man _____ is a famous actor.

2 Tony knows the girl. She is looking out the window.

 → Tony knows the girl _____.

3 This is a novel. It was written by my favorite writer.

 → This is a novel _____.

4 Dolphins are smart animals. They are living in the ocean.

 → Dolphins are smart animals _____.

5 All of the staff were invited to the event. They had to wear a suit.

 → All of the staff _____ had to wear a suit.

rise(-rose-risen) 떠오르다   pollute 오염시키다   Hanbok 한복   ocean 대양, 바다   suit 정장

Unit 2 주의해야 할 분사

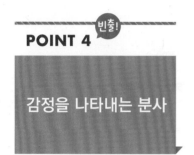

감정을 나타내는 분사

Surprising news

NEWS

Surprised people

감정을 나타내는 단어는 분사 형태로 많이 쓰입니다. 앞에서 배운 것처럼 명사를 수식할 수도 있고 be동사 등의 뒤에 주어를 설명하는 보어로도 올 수 있어요. 이때 현재분사와 과거분사 중 어느 것을 써야 할지를 주의해서 알아두어야 해요. 즉, 사람에게 감정을 일으키는 것(현재분사)인지, 감정을 느끼는 것(과거분사)인지를 잘 구별해야 합니다.

The chef's food was **amazing**. 497

The trip was **exciting**. 498

Everyone was **touched** by his kindness. 499

I was **embarrassed** at her question. 500

My parents were **surprised** at my dog's intelligence. 501

📝 암기 필수 감정을 나타내는 빈출 분사

현재분사(-ing)		과거분사(p.p.)	
surprising news	놀라게 하는 뉴스	**surprised** people	놀란 사람들
exciting games	신나게 하는 경기들	**excited** players	신난 선수들
amazing talent	놀라운 재능	**amazed** teachers	놀란 선생님들
interesting classes	재미있는 수업들	**interested** students	재미를 느낀 학생들
boring books	지루하게 하는 책들	**bored** readers	지루해하는 독자들
tiring jobs	피곤하게 하는 일들	**tired** workers	피곤한 직원들
shocking stories	충격적인 이야기들	**shocked** listeners	충격을 받은 청중들
touching movies	감동을 주는 영화들	**touched** audiences	감동을 느낀 관객들
pleasing results	기쁘게 하는 결과들	**pleased** family	기쁜 가족
disappointing behavior	실망스러운 행동	**disappointed** parents	실망한 부모
embarrassing situations	당황하게 하는 상황들	**embarrassed** guests	당황한 손님들

반복해서 들어보세요.
쉽게 외울 수 있어요!

check up 1 우리말과 일치하도록 분사를 사용하여 빈칸에 알맞은 말을 쓰세요.

1 실망한 손님들 → _____ customers

2 지루해하는 학생 → a _____ student

3 충격적인 사고 → a _____ accident

4 놀란 소년 → a _____ boy

check up 2 다음 중 어법상 알맞은 것을 고르세요.

1 The magic show was [amazed / amazing].

2 My sister was [pleased / pleasing] with the news.

3 I can't forget the [excited / exciting] time in London.

4 He liked the [interested / interesting] hero in the movie.

P 한줄 KEY POINT

감정을 일으키면 현재분사(-ing), 감정을 느끼면 과거분사(p.p.)

POINT 4 그 요리사의 요리는 놀라웠다. / 그 여행은 흥미진진했다. / 모두가 그의 친절함에 감동했다. / 나는 그녀의 질문에 당황했다. / 우리 부모님은 우리 개의 지능에 놀라셨다.

POINT 5

현재분사 vs. 동명사

현재분사와 동명사는 둘 다 「동사원형+-ing」로 형태가 같지만 아래 표에서처럼 문장에서 쓰임이 다릅니다. (☞ Ch 06)

현재분사 (형용사 역할)	The **crying** *child* is my son. **502** 〈명사 수식〉 We saw *a helicopter* **flying** in the sky. **503** *The musical* was **interesting**. **504** 〈보어〉 *The road signs* were **confusing** in the city. **505**
동명사 (명사 역할)	**Riding** a horse is not easy. **506** 〈주어〉 He enjoyed **watching** a TV show. **507** 〈목적어〉 Her job is **making** toys. **508** 〈보어〉 Design is important *in* **making** clothes. **509** 〈전치사의 목적어〉

MORE + 목적어를 설명하는 목적격보어 자리의 현재분사

'목적어가 ~하고 있는 중임을 …하다'는 의미입니다. (☞ Ch 08)

I saw *the boy* **running** in the playground.

---

check up 〈보기〉에서 밑줄 친 단어의 쓰임을 찾아 그 기호를 쓰세요.

> 〈보기〉 ⓐ 현재분사　　　ⓑ 동명사

1 Those people enjoy <u>working</u> hard. _____

2 A doctor's role is <u>saving</u> the lives of sick people. _____

3 The woman <u>laughing</u> loudly is my neighbor. _____

4 There are many students <u>studying</u> in the library. _____

5 <u>Drinking</u> hot tea is good for your neck. _____

6 Who is the <u>shouting</u> man over there? _____

7 This movie is about <u>making</u> a better world. _____

P 한 줄 **KEY POINT**

현재분사는 형용사 역할 vs. 동명사는 명사 역할

POINT 5 울고 있는 그 아이는 내 아들이다. / 우리는 하늘을 날아가는 헬리콥터를 봤다. / 그 뮤지컬은 재미있었다. / 그 도시의 도로 표지판들은 혼란스러웠다. / 말 타는 것은 쉽지 않다. / 그는 TV쇼 보는 것을 즐겼다. / 그녀의 직업은 장난감을 만드는 것이다. / 디자인은 옷을 만드는 데 있어서 중요하다. / 나는 그 소년이 운동장에서 뛰고 있는 것을 보았다.

Unit Exercise

A 주어진 단어를 각각 어법에 맞게 쓰세요. POINT 4

1 (tire)   Working in the garden was very _____ for me.

               I was very _____ after I worked in the garden.

2 (touch)   Many people were _____ by his help.

               His help was _____ to many people.

3 (disappoint) The game's result was so _____ to me.

               I was so _____ with the game's result.

4 (shock)   The ending of the drama was very _____ to people.

               People were _____ by the ending of the drama.

B 다음 밑줄 친 부분이 맞으면 ○, 틀리면 ×하고 바르게 고치세요. POINT 4

1 It was an <u>interesting</u> story.   _____

2 The scary movie was not <u>disappointed</u>.   _____

3 We are <u>exciting</u> about going to Spain.   _____

4 They were <u>surprised</u> at his ability.   _____

5 The result of the survey was <u>amazed</u>.   _____

C 다음 두 문장 중에서 밑줄 친 부분의 쓰임이 〈보기〉와 같은 문장을 고르세요. POINT 5

1 〈보기〉 He is an <u>amazing</u> genius in science.

   ⓐ <u>Speaking</u> other languages is not easy.   ⓑ Look at the <u>singing</u> children.

2 〈보기〉 Her dream is <u>becoming</u> a teacher.

   ⓐ The <u>floating</u> iceberg melted very fast.

   ⓑ She finished <u>doing</u> the dishes after lunch.

3 〈보기〉 The girl's courage was <u>surprising</u>.

   ⓐ The huge damage from the typhoon was <u>shocking</u> to us.

   ⓑ I don't like <u>taking</u> a bus.

ability 능력   genius 천재   float (물에) 뜨다   iceberg 빙산   melt 녹다   damage 피해   typhoon 태풍

Chapter Test

[1-2] 다음 중 빈칸에 들어갈 알맞은 말을 고르세요.

POINT 1

1

> The mother ran to the _____ baby.

① cry ② crying ③ cried

④ to cry ⑤ to crying

POINT 2

2

> Jack was trying to repair the _____ chairs.

① break ② breaks ③ broke

④ broken ⑤ to break

POINT 2·3

3 다음 중 밑줄 친 부분이 어법상 알맞지 <u>않은</u> 것을 고르세요.

① I eat a <u>boiling</u> egg every morning.

② Who is the man <u>carrying</u> a suitcase?

③ She lives in a house <u>built</u> in the 1970s.

④ You can't pass here because of the <u>fallen</u> tree.

⑤ This is a picture <u>taken</u> in India.

POINT 5

4 다음 중 밑줄 친 부분의 쓰임이 <u>다른</u> 하나를 고르세요.

① I had a <u>boring</u> day today.

② He pointed at the birds <u>flying</u> over the tree.

③ There was a boy <u>dancing</u> on the street.

④ I can't study because of the <u>barking</u> dog.

⑤ His hobby is <u>watching</u> comedy shows.

POINT 3·4

5 다음 중 어법상 알맞은 문장을 <u>모두</u> 고르세요.

> ⓐ The TV show was amazing.
> ⓑ Judy was surprising by our birthday event.
> ⓒ This is a poem written in French.
> ⓓ The two men talk to each other are so noisy.

① ⓐ, ⓑ ② ⓑ, ⓓ

③ ⓐ, ⓒ ④ ⓐ, ⓑ, ⓓ

⑤ ⓑ, ⓒ, ⓓ

POINT 4

6 다음 빈칸에 공통으로 들어갈 말로 옳은 것을 고르세요.

> A: Are you _____ today?
> B: Yeah, I feel very _____. I didn't sleep well last night.

① pleasing ② pleased ③ tiring

④ tired ⑤ touched

POINT 1·2·4

7 다음 중 빈칸에 들어갈 말로 알맞지 <u>않은</u> 것을 고르세요.

> The _____ child is so cute.

① singing ② laughing ③ sleeping

④ excited ⑤ danced

POINT 4

8 우리말과 일치하도록 주어진 단어를 사용하여 빈칸에 알맞은 말을 쓰세요. 서술형

> 너희 부모님은 결코 네 선물에 실망하지 않으실 거야. (disappoint)

→ Your parents will never be _____ with your gift.

POINT 3

9 다음 중 주어진 우리말을 바르게 영작한 것을 고르세요.

> 그 마을을 둘러싼 산들은 높지 않다.

① The mountains surround the town are not high.

② The mountains surrounded by the town are high.

③ The mountains surrounding the town are not high.

④ The town surrounded by the mountains is not high.

⑤ The town surrounding the mountains is not high.

POINT 4

10 다음 중 빈칸 (A), (B)에 들어갈 말이 바르게 짝지어진 것을 고르세요.

> · We were _____(A)_____ by the accident.
> · His musical talent was _____(B)_____.

① shock — surprised

② shocked — surprised

③ shocking — surprising

④ shocked — surprising

⑤ shocking — surprised

POINT 3

[11-12] 다음 두 문장을 현재분사 또는 과거분사를 이용하여 한 문장으로 다시 쓰세요. 서술형

11

> The boy is my cousin Paul. He is wearing a baseball cap.

→ The boy _____
_____.

12

> Those pictures are beautiful. My friend drew them.

→ Those pictures _____
_____.

POINT 5

13 다음 글의 밑줄 친 부분 중 쓰임이 다른 하나를 고르세요.

> Gina's plan is ⓐentering the university next year. ⓑStudying hard is not ⓒtiring to her. Her dream is ⓓmaking medicines for ⓔtreating patients in the future.

① ⓐ   ② ⓑ   ③ ⓒ

④ ⓓ   ⑤ ⓔ

POINT 4

14 다음 그림을 보고 〈보기〉에서 알맞은 단어를 골라 어법에 맞게 쓰세요. REAL 기출 서술형

(1)   (2)

> 〈보기〉 amaze   excite   touch   embarrass

(1) They are _____ to go to the amusement park.

(2) The movie was very _____, so I cried.

POINT 1·2·3

15 다음 글에서 어법상 알맞지 않은 부분을 찾아 바르게 고치세요. 고난도 서술형

> I am taking a rest in the park now. There are running dogs with their owners. Also, there are some people lie down on the grass. The fallen leaves on the ground are beautiful. It's a pleasant day.

_____ → _____

CHAPTER 08 문장의 주요 형식

510
536

1001
Sentences
for
Grammar

POINT 1   SVC = 주어+감각동사+형용사 보어

510   The painting on the wall **looks** *great*. 〈~하게 보이다〉

511   The little girl's story **sounds** *strange*. 〈~하게 들리다〉

512   The potato pizza **tastes** really *good*. 〈~한 맛이 나다〉

513   The blanket **feels** *soft* like silk. 〈~한 느낌이 들다〉

514   The soup on the table **smells** *bad*. 〈~한 냄새가 나다〉

벽에 걸린 그 그림은 훌륭해 **보인다**. / 그 어린 소녀의 이야기는 이상하게 **들린다**. / 그 포테이토 피자는 정말 **맛이 좋다**. / 그 담요는 실크처럼 부드럽게 **느껴진다**. / 식탁 위의 수프는 안 좋은 **냄새가 난다**.

POINT 2   SVOO = 주어+수여동사+A+B → 주어+수여동사+B+to/for+A

515   I **sent** <u>him</u> <u>a text message</u> two days ago.

516   I **sent** <u>a text message</u> ***to*** <u>him</u> two days ago.

517   Mina **bought** <u>her son</u> <u>a new bicycle</u> on Christmas.

518   Mina **bought** <u>a new bicycle</u> ***for*** <u>her son</u> on Christmas.

나는 이틀 전에 그에게 문자메시지 하나를 **보냈다**. / 미나는 크리스마스에 아들에게 새 자전거를 **사 주었다**.

POINT 3   목적격보어가 명사

519   A lot of hit songs **made** <u>the young man</u> *a superstar*.
                                         목적어   목적격보어(명사)

520   The children behind me **called** the old lady *teacher*.

많은 히트곡들은 그 젊은 남자를 슈퍼스타로 **만들었다**. / 내 뒤의 아이들이 그 나이 든 여인을 선생님이라고 **불렀다**.

POINT 4   목적격보어가 형용사

521   The hard training **made** him *strong* in the end.
                                   목적어 목적격보어(형용사)

522   We **kept** the cake *fresh* in the refrigerator.

523   She **found** the boy *kind* after talking with him.

그 힘든 훈련은 결국 그를 강하게 **만들었다**. / 우리는 그 케이크를 냉장고에 신선하게 **유지했다**. / 그녀는 그 소년과 이야기한 후에 그가 친절하다는 것을 **알게 되었다**.

POINT 5   목적격보어가 to부정사

524   My parents **want** me *to live* happily with my sisters.
          목적어 목적격보어(to부정사)

525   Sarah **asked** her friends *to come* to her house early.

526   I didn't **expect** my uncle's family *to come* so early.

527   My teacher **advised** me *to do* my best all the time.

우리 부모님은 내가 자매들과 행복하게 살기를 **원하신다.** / Sarah는 친구들에게 자신의 집에 일찍 와달라고
부탁했다. / 나는 삼촌네 가족이 이렇게 일찍 올 거라고 **기대하지** 않았다. / 선생님은 나에게 항상 최선을 다
하라고 **조언하셨다.**

POINT 6   목적격보어가 동사원형

528   My mom **made** me *clean* my room for an hour. 〈목적어를 ~하게 하다/시키다〉
          사역동사 목적어 목적격보어(동사원형)

529   I **had** my dog *sit down* when I ate lunch.

530   The teacher **let** his students *play outside*.

531   Can you **help** me *(to) find* my car key in the living room?
          help는 to부정사도 가능

우리 엄마는 내가 한 시간 동안 내 방을 치우도록 **하셨다.** / 나는 점심을 먹을 때 내 개가 앉도록 **시켰다.**
/ 그 선생님은 자신의 학생들이 밖에서 놀게 **해주셨다.** / 거실에서 내 자동차 열쇠를 찾는 것 좀 **도와줄래?**

POINT 7   see/hear/feel...+목적어+동사원형[-ing형]

532   I **saw** a man *cry* sadly in the dark room. 〈목적어가 ~하는 것을 보다〉
          지각동사 목적어 목적격보어(동사원형)

533   She **heard** her brother *laugh* loudly on the sofa. 〈목적어가 ~하는 것을 듣다〉

534   I **felt** someone *touch* my hair behind me. 〈목적어가 ~하는 것을 느끼다〉

535   Yumi **saw** me *running* slowly with my little sister. 〈목적어가 ~하고 있는 것을 보다〉
          목적격보어(-ing형): 진행 중임을 강조

536   He **heard** us *talking* about him in the classroom.

나는 한 남자가 어두운 방에서 슬프게 우는 것을 **보았다.** / 그녀는 자신의 남동생이 소파에서 시끄럽게
웃는 것을 **들었다.** / 나는 누군가 내 뒤에서 내 머리카락을 만지는 것을 **느꼈다.** / 유미는 내가 여동생
과 천천히 달리고 있는 것을 **보았다.** / 그는 교실에서 우리가 그에 관해 이야기하고 있는 것을 **들었다.**

Unit 1 SVC/SVOO

POINT 1

SVC = 주어+감각동사
+형용사 보어

감각을 표현하는 동사인 look, sound, taste, feel, smell 뒤에 형용사 보어가 쓰여 '~하게 보이다/들리다/맛이 나다' 등의 의미가 됩니다.

The painting on the wall **looks** *great*. 510

The little girl's story **sounds** *strange*. 511

The potato pizza **tastes** really *good*. 512

The blanket **feels** *soft* like silk. 513

The soup on the table **smells** *bad*. 514

📝 암기 필수   감각동사+형용사 보어

look pretty 예뻐 보이다	**sound** great 멋지게 들리다	**taste** sour 신맛이 나다
feel happy 행복하게 느끼다	**smell** nice 좋은 냄새가 나다	

주의!

'~하게'라는 우리말 해석 때문에 혼동하여 보어 자리에 부사를 쓰지 않도록 주의하세요.
The painting on the wall **looks** *greatly*. (×)   The little girl's story **sounds** *strangely*. (×)

check up 1   다음 중 어법상 알맞은 것을 고르세요.

1 I feel a little [hungry / hungrily] now.

2 Susan's voice sometimes [smells / sounds] loud.

3 The singer sang [beautiful / beautifully] at the concert.

4 The apple pie tastes [sweet / sweetly] like sugar.

5 The rumor spread [quick / quickly] among people.

6 The old house [smells / looks] scary, like a ghost house.

check up 2   우리말과 일치하도록 주어진 단어를 사용하여 문장을 완성하세요.

1 그 아이는 동물원 호랑이들 앞에서 용감해 보였다. (brave)

  → The child _____ in front of tigers at the zoo.

2 라디오에서 나오는 음악은 아름답게 들렸다. (beautiful)

  → The music from the radio _____ _____.

3 그녀는 시험이 끝난 뒤 행복하다고 느꼈다. (happy)

  → She _____ _____ after the exam.

4 그 레스토랑의 오렌지 에이드는 신맛이 났다. (sour)

  → The restaurant's orange ade _____ _____.

POINT 1 벽에 걸린 그 그림은 훌륭해 보인다. / 그 어린 소녀의 이야기는 이상하게 들린다. / 그 포테이토 피자는 정말 맛이 좋다. / 그 담요는 실크처럼 부드럽게 느껴진다. / 식탁 위의 수프는 안 좋은 냄새가 난다.   *check up* rumor 소문 spread 퍼지다

SVOO = 주어
+수여동사+A+B
→ 주어+수여동사
+B+to/for+A

• give, send 등 '~을 …(해)주다'라는 의미의 동사는 '~에게'에 해당하는 목적어를 바로 뒤에 써서 '~에게(간접목적어) ~을(직접목적어) …(해)주다'란 의미를 나타낼 수 있어요.

I **sent** him a text message two days ago. 515
<u>간접목적어   직접목적어</u>

• '~에게'에 해당하는 간접목적어는 전치사 to나 for와 함께 직접목적어 뒤에 쓸 수도 있어요.

I sent him a text message two days ago.

→ I **sent** a text message **to** him two days ago. 516

Show me your passport, please.

→ **Show** your passport **to** me, please.

Mina **bought** her son a new bicycle on Christmas. 517

→ Mina **bought** a new bicycle **for** her son on Christmas. 518

📝 암기 필수   간접목적어를 뒤로 보낼 때 to/for를 쓰는 동사

to	give, send(보내다), show(보여 주다), tell(말해 주다), teach(가르쳐 주다), write, lend(빌려주다), pass(건네주다) 등
for	buy(사 주다), make(만들어 주다), cook(요리해 주다), get(가져다주다) 등

check up 1   우리말과 일치하도록 주어진 어구를 올바르게 배열하세요.

1 우리 선생님은 지난주에 우리에게 많은 숙제를 내주셨다. (us / homework / gave / a lot of)
→ Our teacher _____ last week.

2 엄마와 나는 고양이에게 겨울옷을 만들어 주었다. (cat / clothes / made / winter / our)
→ Mom and I _____.

3 제게 당신의 이름과 나이를 말해 줄 수 있나요? (and / me / name / tell / your / age)
→ Could you _____ ?

4 Han 씨는 비 오는 날에 아이들에게 우산을 사 주었다.
(his / umbrellas / bought / children)
→ Mr. Han _____ on a rainy day.

check up 2   〈보기〉에서 알맞은 전치사를 골라 빈칸에 쓰세요.

〈보기〉	to	for

1 My dad made a funny game _____ me and my sister.

2 The singer showed her beautiful smile _____ everyone.

3 Please send your interesting story _____ our talk show!

4 Mr. Lee bought snacks _____ his son after work.

POINT 2 나는 이틀 전에 그에게 문자메시지 하나를 보냈다. / 당신의 여권을 저에게 보여 주세요. / 미나는 크리스마스에 아들에게 새 자전거를 사 주었다.

CHAPTER 08 문장의 주요 형식   105

Unit Exercise

A 우리말과 일치하도록 주어진 단어를 올바르게 배열하세요. `POINT 1`

1 왜 이 녹차는 그렇게 쓴맛이 날까? (bitter / so / taste)

→ Why does this green tea _____?

2 너의 방학 계획은 내게 멋지게 들린다. (wonderful / sounds)

→ Your vacation plan _____ to me.

3 바닥이 왁스 때문에 아주 매끄럽게 느껴진다. (smooth / feels / very)

→ The floor _____ because of the wax.

4 선반 위의 그 시계는 정말 비싸 보인다. (looks / expensive / really)

→ The watch on the shelf _____.

5 케이크 위의 이 치즈는 냄새가 너무 강하다. (strong / smells / too)

→ This cheese on the cake _____.

B 다음 중 목적어가 2개인 문장은 전치사를 활용하여 목적어 1개로, 목적어가 1개인 문장은 목적어 2개로 바꿔 쓰세요. `POINT 2`

1 Please pass the person next to you the box.

→ _____

2 Why don't you show your talent to your classmates?

→ _____

3 My grandma used to cook me healthy meals.

→ _____

4 Cindy made a pretty eco bag for me last month.

→ _____

5 Please give me your e-mail address by tomorrow.

→ _____

C 다음 밑줄 친 부분이 맞으면 ○, 틀리면 ×하고 바르게 고치세요. `POINT 1·2`

1 Why do you look so <u>nervously</u> today? _____

2 Oscar sent <u>me</u> his opinions by e-mail. _____

3 Visiting London sounds <u>interesting</u> to me. _____

4 I think you should tell your problem <u>for your parents</u>. _____

5 The watermelon tasted <u>good</u> after swimming. _____

talent 재능   eco bag 에코백(친환경 가방)   nervously 초조하게   opinion 의견

Unit 2 SVOC – 목적격보어의 종류

목적어 뒤에 그 목적어를 설명해주는 말(목적격보어)이 필요한 동사들이 있어요. 이런 동사가 취하는 문장 형식이 SVOC예요. 목적격보어로는 다음과 같이 여러 종류가 올 수 있습니다.

POINT 3

목적격보어가 명사

make(~을 …로 만들다), call(~을 …라고 부르다), name(~을 …라고 부르다) 등의 동사는 목적격보어 자리에 명사를 쓸 수 있는데, 이때 '목적어＝목적격보어'의 관계가 됩니다.

A lot of hit songs **made** the young man *a superstar*. 519
                                  목적어   목적격보어(명사)

The children behind me **called** the old lady *teacher*. 520

check up 다음 각 문장의 우리말 해석을 완성하세요.

1 When she came in, the man called her a genius.

→ 그녀가 들어왔을 때, 그 남자는 _____.

2 My parents named me Rose because they like roses.

→ 우리 부모님은 장미를 좋아하셔서 _____.

3 Our team made Jack a leader after voting.

→ 우리 팀은 투표 후에 _____.

POINT 4

목적격보어가 형용사

make(~을 …(상태)로 만들다), keep(~을 …(상태)에 두다, 유지하다), find(~가 …하다는 것을 알다) 등의 동사는 목적격보어 자리에 형용사가 와서 목적어의 상태나 성질을 나타낼 수 있어요.

The hard training **made** him *strong* in the end. 521
                           목적어 목적격보어(형용사)

We **kept** the cake *fresh* in the refrigerator. 522

She **found** the boy *kind* after talking with him. 523

> **주의!**
>
> SVC 문장 형식과 마찬가지로 목적격보어 자리에도 부사를 쓰지 않도록 주의하세요.
> The hard training **made** him *strongly* in the end. (×) She **found** the boy *kindly* after talking with him. (×)

check up 우리말과 일치하도록 주어진 단어를 사용하여 문장을 완성하세요.

1 콘서트에서 그 음악은 나를 정말 졸리게 만들었다. (sleep)

→ The music made me really _____ at the concert.

2 긍정적으로 생각하는 것은 우리의 마음을 건강하게 해준다. (health)

→ Thinking positively keeps our mind _____.

3 우리 모두는 그 남자가 정직하다는 것을 알게 되었다. (honesty)

→ All of us found the man _____.

POINT 3 많은 히트곡들은 그 젊은 남자를 슈퍼스타로 만들었다. / 내 뒤의 아이들이 그 나이 든 여인을 선생님이라고 불렀다.   POINT 4 그 힘든 훈련은 결국 그를 강하게 만들었다. / 우리는 그 케이크를 냉장고에 신선하게 유지했다. / 그녀는 그 소년과 이야기한 후에 그가 친절하다는 것을 알게 되었다.

POINT 5 ^{빈출!}

목적격보어가 to부정사

다음 두 가지 예문의 차이를 비교해 볼게요.

I want to buy it. (나는 그것을 사기를 원한다.)
　　　　목적어

I want you to buy it. (나는 네가 그것을 사기를 원한다.)
　　　目的어 to부정사구

to buy it을 하는 사람이 첫 번째 문장에서는 I이고 두 번째 문장은 you예요.

이렇게 목적어 뒤에 목적어의 동작이나 상태를 설명하는 말(목적격보어)로 to부정사를 쓸 수 있는 동사는 want 외에도 tell, ask, expect 등이 있어요.

My parents **want** me *to live* happily with my sisters. `524`
　　　　　　목적어 목적격 보어(to부정사)

Sarah **asked** her friends *to come* to her house early. `525`

John **told** me *to try* Mexican food instead of a hamburger.

I didn't **expect** my uncle's family *to come* so early. `526`

My teacher **advised** me *to do* my best all the time. `527`

I didn't **allow** you *to use* paper cups in the kitchen.

반복해서 들어보세요.
쉽게 외울 수 있어요!

📝 암기 필수　목적격보어 자리에 to부정사가 오는 동사

want you *to leave*	네가 떠나기를 원하다	**advise** me *to stop*	내게 멈추라고 조언하다
ask me *to bring*	내게 가져오라고 부탁하다	**get** him *to finish*	그에게 끝내라고 시키다
tell me *to eat*	내게 먹으라고 말하다	**allow** you *to play*	네가 노는 것을 허락하다
expect him *to start*	그가 시작하기를 기대하다	**order** me *to wait*	내게 기다리라고 명령하다

check up 1　우리말과 일치하도록 빈칸에 알맞은 말을 쓰세요.

1 그녀가 도와주길 원하다　　　　　→ want her ＿＿＿＿＿ ＿＿＿＿＿

2 네가 가는 것을 허락하다　　　　　→ allow ＿＿＿＿＿ ＿＿＿＿＿ ＿＿＿＿＿

3 그에게 오라고 부탁하다　　　　　→ ask ＿＿＿＿＿ ＿＿＿＿＿ ＿＿＿＿＿

4 우리가 공부하길 기대하다　　　　→ expect ＿＿＿＿＿ ＿＿＿＿＿ ＿＿＿＿＿

5 그녀에게 운동하라고 조언하다　　→ advise ＿＿＿＿＿ ＿＿＿＿＿ ＿＿＿＿＿

check up 2　우리말과 일치하도록 주어진 단어를 올바르게 배열하세요.

1 우리 부모님은 나에게 오후 8시 전까지 숙제를 끝내라고 말씀하셨다.

(to finish / my homework / me / told)

→ My parents ＿＿＿＿＿＿＿＿＿＿＿＿＿＿＿＿＿＿＿＿＿＿ before 8 p.m.

2 한 소녀가 내가 그 건물을 찾기를 원했다.

(me / the building / to find / wanted)

→ A girl ＿＿＿＿＿＿＿＿＿＿＿＿＿＿＿＿＿＿＿＿＿＿＿.

POINT 5 우리 부모님은 내가 자매들과 함께 행복하게 살기를 원하신다. / Sarah는 친구들에게 자신의 집에 일찍 와달라고 부탁했다. / John은 나에게 햄버거 대신에 멕시코 음식을 먹어 보라고 말했다. / 나는 삼촌네 가족이 이렇게 일찍 올 거라고 기대하지 않았다. / 선생님은 나에게 항상 최선을 다하라고 조언하셨다. / 나는 네가 주방에 있는 종이컵을 사용하는 것을 허락하지 않았다.

POINT 6 빈출!

목적격보어가 동사원형

make/have/let my dog sit
(시키다) (목적어) (목적격보어)

- 동사 make, have, let 다음에 「목적어+목적격보어」가 오면 '상대(목적어)에게 어떤 행동을 하도록(목적격보어) 하다/시키다'라는 뜻이에요. 이 의미로 쓰이는 make, have, let을 사역동사라고 하며 목적격보어로 동사원형이 쓰입니다.

My mom **made** me *clean* my room for an hour. **528**
      사역동사 목적어 목적격보어(동사원형)

I **had** my dog *sit down* when I ate lunch. **529**

The teacher **let** his students *play outside*. **530**

- 동사 help는 목적격보어로 to부정사와 동사원형이 둘 다 가능해요.

Can you **help** me *(to) find* my car key in the living room? **531**

---

check up 1　〈보기〉와 같이 목적어를 찾아 동그라미 하고 목적격보어에 밑줄을 그으세요.

> 〈보기〉　Watching sad movies makes (me) cry so much.

1 Jim let her leave without asking anything.

2 They had him work for a long time.

3 I made my friend hold the hat for a moment.

4 Yesterday, he had his son study English and math.

5 She helped her mom do the dishes.

---

check up 2　우리말과 일치하도록 주어진 단어를 사용하여 문장을 완성하세요.

1 우리 엄마는 내가 체육관에서 태권도를 배우도록 해주셨다. (let, learn)

　→ My mom ＿＿＿＿＿＿＿＿＿＿＿＿ Taekwondo at the gym.

2 그녀는 그들이 산에 오르도록 시켰다. (had, climb)

　→ She ＿＿＿＿＿＿＿＿＿＿＿＿ the mountain.

3 그는 Jennifer가 평소보다 더 일찍 집으로 돌아가게 했다. (made, go)

　→ He ＿＿＿＿＿＿＿＿＿＿＿＿ back home earlier than usual.

4 우리 언니는 하루 동안 내가 자신의 자전거를 타게 해주었다. (let, ride)

　→ My sister ＿＿＿＿＿＿＿＿＿＿＿＿ her bike for one day.

5 선생님은 우리가 금요일을 제외하고는 교복을 입게 하셨다. (made, wear)

　→ Our teacher ＿＿＿＿＿＿＿＿＿＿＿＿ the school uniforms except on
　　Fridays.

POINT 6 우리 엄마는 내가 한 시간 동안 내 방을 치우도록 하셨다. / 나는 점심을 먹을 때 내 개가 앉도록 시켰다. / 그 선생님은 자신의 학생들이 밖에서 놀게 해주셨다. / 거실에서 내 자동차 열쇠를 찾는 것 좀 도와줄래?

POINT 7

see/hear/feel...+ 목적어+동사원형 [-ing형]

- 동사 see, watch, hear, smell, feel 등은 뒤에 「목적어+목적격보어」가 오면 '목적어가 ~하는 것을 보다[듣다, 냄새 맡다, 느끼다]'라는 의미예요. 이때 목적격보어로 동사원형을 씁니다.

I **saw** a man *cry* sadly in the dark room. **532**
<u>지각동사</u> <u>목적어</u> <u>목적격보어</u>

Paul **watched** his baby *sleep* in bed for a long time.

She **heard** her brother *laugh* loudly on the sofa. **533**

I **felt** someone *touch* my hair behind me. **534**

- 동작이 진행 중이라는 것을 강조할 때는 목적격보어 자리에 현재분사(-ing) 형태도 자주 씁니다.

Yumi **saw** me *running* slowly with my little sister. **535**

He **heard** us *talking* about him in the classroom. **536**

Suddenly, I **smelled** something *burning* in the kitchen.

check up 1　다음 중 어법상 알맞은 것을 고르세요.

1 I saw Judy [study / to study] really hard in her room.

2 Did you hear the baby [crying / cries] from the next room?

3 We heard someone [to scream / scream] at midnight.

4 When Jane sat down, she felt her cat [sit / sits] beside her.

5 She saw some planes [flying / to fly] high in the sky.

check up 2　다음 각 문장의 우리말 해석을 완성하세요.

1 Sam heard the dog bark loudly in front of the store.

→ Sam은 그 개가 가게 앞에서 시끄럽게 _____.

2 When Jason entered the room, he saw her eating alone.

→ Jason이 방에 들어갔을 때, 그는 _____.

3 After I finished my homework, I watched my brother cook.

→ 숙제를 끝마친 뒤, 나는 _____.

4 He felt the building shake because of the earthquake.

→ 그는 지진 때문에 _____.

POINT 7 나는 한 남자가 어두운 방에서 슬프게 우는 것을 보았다. / Paul은 자신의 아기가 침대에서 자는 것을 오랫동안 지켜보았다. / 그녀는 자신의 남동생이 소파에서 시끄럽게 웃는 것을 들었다. / 나는 누군가 내 뒤에서 내 머리카락을 만지는 것을 느꼈다. / 유미는 내가 여동생과 천천히 달리고 있는 것을 보았다. / 그는 교실에서 우리가 그에 관해 이야기하고 있는 것을 들었다. / 갑자기, 나는 주방에서 무언가 타고 있는 냄새를 맡았다.

Unit Exercise

A 우리말과 일치하도록 주어진 단어를 올바르게 배열하세요. POINT 3·4·5

1 내 친구들은 내가 독서를 많이 하기 때문에 나를 책벌레라고 부른다.

(a bookworm / call / me)

→ My friends _____ because I read a lot.

2 따뜻한 차를 마신 후에, 나는 그것이 잠자는 데 매우 도움이 된다는 것을 알게 되었다.

(helpful / it / found / very)

→ After drinking hot tea, I _____ in sleeping.

3 Alice는 나에게 일주일에 한 번 꽃에 물을 주라고 말했다.

(me / the flowers / told / to / water)

→ Alice _____ once a week.

4 Tailor 선생님께서는 나에게 많은 물을 마시라고 충고하셨다.

(me / a lot of water / to / advised / drink)

→ Dr. Tailor _____ .

B 주어진 단어를 빈칸에 어법상 알맞은 형태로 쓰세요. POINT 5·6·7

1 Ms. Collins told us _____ down during the lesson. (sit)

2 Janet let her sister _____ her computer for two hours. (use)

3 We saw some dolphins _____ in the sea. (swim)

4 My parents don't allow me _____ out at night. (go)

5 Would you help me _____ these boxes? (move)

6 Did you hear someone _____ on the door? (knock)

C 다음 밑줄 친 부분이 맞으면 ○, 틀리면 ×하고 바르게 고치세요. POINT 3·4·5·6·7

1 His great curiosity made <u>the man a great inventor</u>. _____

2 My parents want me <u>becoming</u> a policeman in the future. _____

3 I heard someone <u>to read</u> aloud outside. _____

4 Tommy's jokes always make <u>me to laugh</u> when I'm sad. _____

5 We should keep <u>our teeth clean</u> for our health. _____

6 We all expect you <u>get</u> a perfect score on the English test. _____

curiosity 호기심   inventor 발명가   aloud 소리 내어   perfect score 만점

Chapter Test

Unit Exercise

[1-2] 다음 중 빈칸에 들어갈 말로 어법상 알맞지 <u>않은</u> 것을 고르세요.

POINT 2

1

Marvin _____ a postcard to me last Friday.

① gave   ② showed   ③ sent

④ wrote   ⑤ bought

POINT 5

2

Olivia _____ me to eat less fast food to become healthier.

① told   ② wanted   ③ made

④ ordered   ⑤ advised

[3-4] 다음 중 어법상 알맞은 문장을 고르세요.

POINT 1·2

3

① Why does his voice sound strangely today?

② The air after a shower smells freshly.

③ Mom got a box of colored paper for me.

④ She decided to buy a new desk to her daughter.

⑤ You should tell your test score for your teacher.

POINT 5·6·7

4

① Dad made me to practice the piano for an hour.

② Yesterday, she told me stop reading comic books.

③ We heard someone to clap his hands from across the street.

④ Don't order me be quiet when I watch sports games.

⑤ My mom helped me make sandwiches for tomorrow's picnic.

[5-6] 우리말과 일치하도록 주어진 단어를 올바르게 배열하세요. **서술형**

POINT 2

5

나는 나의 중국인 친구들에게 나의 한복을 보여주었다. (my / Hanbok / Chinese friends / showed / to / my / I)

→ _____.

POINT 5

6

여행 가이드는 우리에게 여기에 5시까지는 돌아오라고 말했다. (come back / us / told / here / to / the tour guide)

→ _____

by 5 o'clock.

POINT 6

7 다음 중 〈보기〉의 밑줄 친 have와 같은 의미로 쓰인 것을 고르세요.

〈보기〉 Dad will <u>have</u> him repair the car tomorrow morning.

① I <u>have</u> lunch at twelve thirty every day.

② They <u>have</u> to go to the airport right now.

③ We <u>have</u> a house with a small garden and a swimming pool.

④ I <u>have</u> one sister and two brothers.

⑤ My parents always <u>have</u> me get up early.

[8-9] 다음 중 빈칸 (A), (B)에 들어갈 말이 바르게 짝지어진 것을 고르세요.

POINT 1·4

8

· Your sister looks _____(A)_____ when she plays with her puppy.

· Rules and laws will keep us _____(B)_____.

① happy — safe   ② happy — safely

③ happily — safe   ④ happily — safely

⑤ happiness — safe

POINT 5·6

9
· My dad got me ____(A)____ at home because I was sick.
· Mr. Woods let us ____(B)____ the TV show.

① stay — watch
② stay — watching
③ to stay — watch
④ to stay — to watch
⑤ staying — watching

POINT 6

10 다음은 Jim이 주말에 어머니를 도와서 해야 하는 일을 나타낸 표입니다. 표를 보고 〈보기〉와 같이 문장을 완성하세요. REAL 기출 서술형

| on Saturdays | washing the dishes |
| on Sundays | taking out the trash |

〈보기〉 Jim's mom has Jim wash the dishes on Saturdays.

_____
on Sundays.

[11-12] 다음 주어진 문장에서 틀린 부분을 찾아 바르게 고치세요. 서술형

POINT 2

11
My grandmother sometimes made sweet jam to our family.

_____ → _____

POINT 4

12
Fresh fruits and vegetables will make you health.

_____ → _____

POINT 1·2·3·5·7

13 다음 중 어법상 알맞은 문장의 개수를 고르세요.
고난도

ⓐ The pasta in this restaurant tastes yummy.
ⓑ She named her favorite doll Willie.
ⓒ On Saturday evening, Peter asked her wife eating out.
ⓓ Can you pass the pillow to me?
ⓔ I felt someone to hold my hand.

① 1개
② 2개
③ 3개
④ 4개
⑤ 5개

POINT 5·6·7

14 다음 중 빈칸에 to를 쓸 수 있는 것을 고르세요.
① I saw him _____ sing cheerfully in his room.
② When Sally came home, she heard her baby _____ cry.
③ We want you _____ help us with our project.
④ Dad made me _____ take a music lesson during the summer vacation.
⑤ Mr. Parker had the boys _____ keep silent for a while.

POINT 7

15 다음 그림을 보고 주어진 단어를 사용하여 질문에 알맞은 대답을 완성하세요. REAL 기출 서술형

A: What is Ms. Willis doing now?
B: She's watching _____
   on the stage. (sing, the girls)

537
564

———

1001
Sentences
for
Grammar

POINT 1 수동태 = be동사+과거분사(p.p.)

537 The flowers **are grown** by my mom.

538 Children's books **are sold** by the bookstore.

539 Our house **is cleaned** by us every weekend.

540 English **is used** by many people in the world.

그 꽃들은 우리 엄마에 의해 **키워진다.** / 아이들의 책은 그 서점에 의해서 **판매된다.** / 우리 집은 주말마다 우리에 의해 **청소된다.** / 영어는 전 세계에서 많은 사람들에 의해 **사용된다.**

POINT 2 수동태 과거 = was/were+과거분사(p.p.)

541 The picture of us **was taken** by Jeff.

542 Post-it Notes **were invented** by the 3M Company in the 1970s.

543 These movies **were loved** by critics.

우리의 사진은 Jeff에 의해 **찍혔다.** / 포스트잇 노트는 1970년대에 3M 회사에 의해 **발명되었다.** / 이 영화들은 비평가들에 의해 **사랑받았다.**

POINT 3 수동태 미래 = will be+과거분사(p.p.)

544 The printer **will be fixed** by my dad tomorrow.

545 Our lives **will be changed** by this book.

546 The thief **will be caught** by the police soon.

그 프린터는 내일 우리 아빠에 의해 **고쳐질 것이다.** / 우리의 삶은 이 책에 의해 **변화될 것이다.** / 그 도둑은 경찰에 의해 곧 **잡힐 것이다.**

POINT 4 수동태 부정문 = be동사+not+과거분사(p.p.)

547 The snack **is not sold** by convenience stores.

548 The suitcase **was not moved** by us.

549 The buildings **weren't destroyed** by the fire.

그 간식은 편의점에서 **판매되지 않는다.** / 그 여행 가방은 우리에 의해 **옮겨지지 않았다.** / 그 건물들은 화재에 의해 **소실되지 않았다.**

POINT 5   수동태 의문문 = (의문사+)be동사+주어+과거분사(p.p.) ~?

550   **Was** this building **designed** by Mr. Bell? 〈be동사+주어+p.p.(+by) ~?〉

551   **Are** you **given** an allowance by your parents?

552   *Where* **was** your cell phone **found**? 〈의문사+be동사+주어+p.p. ~?〉

553   *What* **was written** in the letter? 〈의문사 주어+be동사+p.p. ~?〉

이 빌딩은 Bell 씨에 의해 **설계되었나요**? / 너는 너희 부모님에 의해 용돈을 **받니**? / 네 휴대전화는 어디서 **발견되었니**? / 그 편지에는 무엇이 **쓰여 있었니**?

POINT 6   조동사가 있는 문장의 수동태 = 조동사+be p.p.

554   The promise **should be kept**.

555   The product **cannot be delivered** until Tuesday. 〈수동태 부정문〉

556   **Should** the report **be finished** by Friday? 〈수동태 의문문〉

그 약속은 **지켜져야 한다**. / 그 상품은 화요일까지 **배송될 수 없습니다**. / 그 보고서는 금요일까지 **완료돼야 하나요**?

POINT 7   by 이외의 전치사를 쓰는 수동태 표현

557   Robert **was interested in** playing basketball.

558   Minho **was satisfied with** his test score.

559   His shoes **were covered with[in]** dirt.

560   The sky **is filled with** clouds.

561   The actor's talent **is known to** many people. 〈be known to (대상)〉

562   New Zealand **is known for** its natural scenery. 〈be known for (이유)〉

563   The vase **was made of** glass. 〈be made of (재료의 성질이 변하지 않음)〉

564   This snack **is made from** rice. 〈be made from (재료의 성질이 변함)〉

Robert는 농구를 하는 것에 **관심이 있었다**. / 민호는 자신의 시험 점수**에 만족했다**. / 그의 신발은 먼지**로 덮여 있었다**. / 하늘이 구름**으로 가득 차 있다**. / 그 배우의 재능은 많은 사람들**에게 알려져 있다**. / 뉴질랜드는 자연경관**으로 유명하다**. / 그 꽃병은 유리**로 만들어졌다**. / 이 과자는 쌀**로 만들어진다**.

Unit 1 수동태의 기본 이해

지금까지 우리가 학습한 문장들은 **주어가 동사의 동작을 하는 것**(능동태)이었어요. 그런데, '건물이 파괴되었다.'와 같이 **주어가 동작을 받을** 경우에는 수동태로 나타냅니다.

POINT 1

수동태
= be동사+과거분사
(p.p.)

수동태 문장은 「주어+be동사+과거분사(p.p.)~」의 형태예요. 이때의 주어는 동작을 받는 것이고, 누가 동작을 하는지를 밝히려면 by 뒤에 쓰면 됩니다.

주어 ｜ 동사 ｜ 목적어
My mom **grows** the flowers. 〈능동태〉

→ The flowers **are grown** *by* my mom. 537 〈수동태〉
　　　　　　　be p.p.　　by+행위자

The bookstore **sells** children's books.
→ Children's books **are sold** *by* the bookstore. 538

We **clean** our house every weekend.
→ Our house **is cleaned** *by* us every weekend. 539

Many people **use** English in the world.
→ English **is used** *by* many people in the world. 540

주의!

「**by**+행위자」의 생략: 동작을 누가 했는지가 그리 중요한 내용이 아닐 때는 생략하는 경우가 많아요.
My left arm **was broken**.
The festival **is held** at the Han River Park every year.

check up 주어진 문장과 의미가 같도록 빈칸에 알맞은 말을 쓰세요.

1 Everyone loves Sujin.
　→ Sujin ＿＿＿＿＿＿＿＿＿＿＿ by everyone.

2 Many people visit the beach.
　→ The beach ＿＿＿＿＿＿＿＿＿＿＿ by many people.

3 My parents use this room.
　→ This room ＿＿＿＿＿＿＿＿＿＿＿ by my parents.

4 Dangerous driving causes many accidents.
　→ Many accidents ＿＿＿＿＿＿＿＿＿＿＿ by dangerous driving.

P 한 줄 KEY POINT

동작을 하는 사람[사물]이 주어면 능동태, 동작의 대상이 주어면 수동태

POINT 1 우리 엄마는 그 꽃들을 키우신다. / 그 꽃들은 우리 엄마에 의해 키워진다. / 그 서점은 아이들의 책을 판매한다. / 아이들의 책은 그 서점에 의해서 판매된다. / 우리는 주말마다 우리 집을 청소한다. / 우리 집은 주말마다 우리에 의해 청소된다. / 전 세계에서 많은 사람들이 영어를 사용한다. / 영어는 전 세계에서 많은 사람들에 의해 사용된다. / 내 왼팔이 부러졌다. / 그 축제는 매년 한강 공원에서 열린다.

POINT 2 빈출!

수동태 과거
= was/were+과거
분사(p.p.)

수동태의 기본 형태는 「be동사+과거분사(p.p.)」이므로 과거일 때는 be동사의 과거형 was/were로 나타내요.

The picture of us **was taken** by Jeff. 541

(← Jeff **took** the picture of us.)

Post-it Notes **were invented** by the 3M Company in the 1970s. 542

(←The 3M Company **invented** Post-it Notes in the 1970s.)

These movies **were loved** by critics. 543

(← Critics **loved** these movies.)

check up 주어진 문장과 의미가 같도록 빈칸에 알맞은 말을 쓰세요.

1 My uncle repaired my bike.

→ My bike _____ by my uncle.

2 The police caught the thieves.

→ The thieves _____ by the police.

3 Someone stole my wallet on the subway.

→ My wallet _____ on the subway.

4 He hung the paintings on the wall.

→ The paintings _____ on the wall by him.

POINT 3

수동태 미래
= will be+과거분사
(p.p.)

수동태의 미래 표현은 will(~할 것이다) 다음에 「be+과거분사(p.p.)」가 이어집니다.

The printer **will be fixed** by my dad tomorrow. 544

(← My dad **will fix** the printer tomorrow.)

Our lives **will be changed** by this book. 545

(←This book **will change** our lives.)

The thief **will be caught** by the police soon. 546

(←The police **will catch** the thief soon.)

check up 주어진 문장과 의미가 같도록 빈칸에 알맞은 말을 쓰세요.

1 Sally will paint the chair.

→ The chair _____ by Sally.

2 Many people will see the movie.

→ The movie _____ by many people.

POINT 2 우리의 사진은 Jeff에 의해 찍혔다. / Jeff가 우리 사진을 찍었다. / 포스트잇 노트는 1970년대에 3M 회사에 의해 발명되었다. / 3M 회사는 1970년대에 포스트잇 노트를 발명했다. / 이 영화들은 비평가들에 의해 사랑받았다. / 비평가들은 이 영화들을 사랑했다. POINT 3 그 프린터는 내일 우리 아빠에 의해 고쳐질 것이다. / 우리 아빠가 내일 그 프린터를 고칠 것이다. / 우리의 삶은 이 책에 의해 변화될 것이다. / 이 책은 우리의 삶을 변화시킬 것이다. / 그 도둑은 경찰에 의해 곧 잡힐 것이다. / 경찰은 곧 그 도둑을 잡을 것이다.

Unit Exercise

A 우리말과 일치하도록 주어진 단어를 사용하여 빈칸을 완성하세요. POINT 2·3

1 그 방은 내 여동생에 의해 청소되었다. (clean)

→ The room _____ by my sister.

2 세 점의 그림이 그 미술관에 팔렸다. (sell)

→ Three paintings _____ to the gallery.

3 그 프로젝트는 우리 팀에 의해 마무리될 것이다. (finish)

→ The project _____ by my team.

4 전화기는 Bell에 의해 발명되었다. (invent)

→ The telephone _____ by Bell.

5 내 다섯 번째 소설은 다음 달에 출판될 것이다. (publish)

→ My fifth novel _____ next month.

B 다음 밑줄 친 부분이 맞으면 ○, 틀리면 ×하고 바르게 고치세요. POINT 1·2·3

1 My brother is studied science hard these days. _____

2 His book is read by many people. _____

3 The flowers were bought by they. _____

4 The wall was painted by Jake. _____

5 The party will be hold by my mother. _____

6 Four languages are spoken in Switzerland. _____

C 주어진 문장을 수동태 문장으로 바꿔 쓸 때, 빈칸에 알맞은 말을 쓰세요. POINT 1·2·3

1 Most people use smartphones these days.

→ _____ these days.

2 Mr. Brown will teach English in our class from next month.

→ English _____ in our class from next month.

3 We planted trees on April 5th.

→ _____ on April 5th.

4 Millions of people visit the Eiffel Tower every year.

→ _____ every year.

hold (모임 등을) 열다, 개최하다   Switzerland 스위스   plant (나무 등을) 심다   million 100만

Unit 2 수동태 부정문/의문문/관용표현

POINT 4

수동태 부정문
= be동사+not
+과거분사(p.p.)

수동태의 부정문은 be동사의 부정문과 마찬가지로 be동사 뒤에 not을 붙여 만듭니다.

The snack **is not sold** by convenience stores. `547`

The suitcase **was not moved** by us. `548`

The buildings **weren't destroyed** by the fire. `549`

check up 우리말과 일치하도록 주어진 단어를 사용하여 빈칸에 알맞은 말을 쓰세요.

1 이 휴대전화들은 한국에서 생산되지 않았다. (produce)

→ These cell phones ＿＿＿＿ ＿＿＿＿ ＿＿＿＿ in Korea.

2 디저트는 이 레스토랑에서 제공되지 않는다. (serve)

→ Desserts ＿＿＿＿ ＿＿＿＿ ＿＿＿＿ in this restaurant.

POINT 5

수동태 의문문
= (의문사+)be동사
+주어+과거분사
(p.p.) ~?

수동태의 의문문에서는 be동사를 주어 앞에 쓰며, 의문사가 있으면 문장 맨 앞에 의문사를 넣습니다.

Did Mr. Bell **design** this building? 〈**Do/Does/Did**+주어+동사원형 ~?〉

→ **Was** this building **designed** by Mr. Bell? `550`

〈**Am/Are/Is/Was/Were**+주어+p.p.(+by) ~?〉

Are you **given** an allowance by your parents? `551`

Where **was** your cell phone **found**? `552` 〈의문사+be동사+주어+p.p. ~?〉

What **was written** in the letter? `553` 〈의문사 주어+be동사+p.p. ~?〉

check up 주어진 의문문을 수동태로 바꿔 쓸 때, 빈칸에 알맞은 말을 쓰세요.

1 Did Mr. Smith deliver the letter?

→ ＿＿＿＿ the letter delivered by Mr. Smith?

2 Did you make these cookies?

→ ＿＿＿＿ these cookies ＿＿＿＿ ＿＿＿＿ you?

3 When did Lily borrow the book?

→ When ＿＿＿＿ the book ＿＿＿＿ ＿＿＿＿ Lily?

POINT 4 그 간식은 편의점에서 판매되지 않는다. / 그 여행 가방은 우리에 의해 옮겨지지 않았다. / 그 건물들은 화재로 소실되지 않았다. POINT 5 Bell 씨가 이 건물을 설계했나요? / 이 건물은 Bell 씨에 의해 설계되었나요? / 너는 너희 부모님에 의해 용돈을 받니? / 네 휴대전화는 어디서 발견되었니? / 그 편지에는 무엇이 쓰여 있었니?

POINT 6

조동사가 있는 문장의 수동태
= 조동사+be p.p.

수동태 문장에 조동사가 있으면 「조동사+be p.p.」 형태로 씁니다.

The promise **should be kept**. `554` (← You **should keep** the promise.)

The product **cannot be delivered** until Tuesday. `555` 〈부정문: 조동사+not+be p.p.〉

Should the report **be finished** by Friday? `556` 〈의문문: 조동사+주어+be p.p. ~?〉

check up 주어진 단어를 어법에 맞게 빈칸에 쓰세요.

1 Milk _____ _____ _____ in a refrigerator. (should, keep)

2 _____ these cans _____ ? (can, recycle)

3 Using a phone during class _____ _____ _____ _____ .
   (should, not, allow)

POINT 7

by 이외의 전치사를 쓰는 수동태 표현

수동태에서 행위자는 by로 나타내는 것이 일반적이지만, 다음과 같이 by 이외의 전치사로 표현하는 경우도 있어요.

• **행위자를 by 이외의 전치사로 표현하는 수동태**

Robert **was interested in** playing basketball. `557`

Minho **was satisfied with** his test score. `558`

His shoes **were covered with[in]** dirt. `559`

The sky **is filled with** clouds. `560`

📝 **암기 필수**

be interested **in**	~에 관심[흥미]이 있다	be surprised **at[by]**	~에 놀라다
be pleased **with**	~에 기뻐하다	be covered **with[in]**	~으로 덮여 있다
be satisfied **with**	~에 만족하다	be filled **with**	~으로 가득 차 있다

반복해서 들어보세요.
쉽게 외울 수 있어요!

• **전치사에 따라 의미가 다른 수동태 표현**

The actor's talent **is known to** many people. `561`

New Zealand **is known for** its natural scenery. `562`

The vase **was made of** glass. `563`

This snack **is made from** rice. `564`

📝 **암기 필수**

be known **to**	~에게 알려지다 (대상)	be made **of**	~으로 만들어지다 (재료의 성질이 변하지 않음)
be known **for**	~으로 유명하다 (이유)		
be known **as**	~으로 알려져 있다	be made **from**	~으로 만들어지다 (재료의 성질이 변함)

반복해서 들어보세요.
쉽게 외울 수 있어요!

POINT 6 그 약속은 지켜져야 한다. / 너는 그 약속을 지켜야 한다. / 그 상품은 화요일까지 배송될 수 없습니다. / 그 보고서는 금요일까지 완료돼야 하나요?   POINT 7 Robert는 농구를 하는 것에 관심이 있었다. / 민호는 자신의 시험 점수에 만족했다. / 그의 신발은 먼지로 덮여 있었다. / 하늘이 구름으로 가득 차 있다. / 그 배우의 재능은 많은 사람들에게 알려져 있다. / 뉴질랜드는 자연경관으로 유명하다. / 그 꽃병은 유리로 만들어졌다. / 이 과자는 쌀로 만들어진다.

Unit Exercise

A 우리말과 일치하도록 주어진 단어를 올바르게 배열하세요. **POINT 4·6**

1 당신의 우편은 비행기로 보내질 수 있습니다. (sent / can / be)

→ Your mail _____ by plane.

2 그 책은 젊은이들에게 사랑받지 못한다. (not / by / loved / is)

→ The book _____ young people.

3 이 재킷은 세탁기로 세탁되어서는 안 된다. (be / should / washed / not)

→ This jacket _____ in the washing machine.

4 그 규칙들은 모든 학생들에 의해 따라져야 한다. (followed / by / be / must)

→ The rules _____ all the students.

B 자연스러운 대화가 되도록 수동태를 사용하여 빈칸에 알맞은 말을 쓰세요. **POINT 5**

1 A: _____ you _____ _____ Mr. Collins?

B: Yes, I was. I was invited by him last week.

2 A: _____ your car _____ in the U.S.?

B: No, it wasn't. It was made in Germany.

3 A: _____ _____ these photos _____?

B: They were taken last October.

C 〈보기〉에서 알맞은 전치사를 골라 주어진 단어를 사용하여 현재형 수동태로 바꿔 쓰세요. (단, 한 번씩만 쓸 것) **POINT 7**

〈보기〉	with	at	in	from	for

1 The basket _____ eggs. (fill)

2 The volunteers _____ helping others. (interest)

3 Linda _____ her love of chocolate. (know)

4 Paper _____ trees. (make)

5 Everyone _____ Julie's singing. (surprise)

volunteer 자원봉사자

Chapter Test

POINT 2

1 다음 대화의 빈칸에 들어갈 알맞은 말을 고르세요.

> A: Who wrote *Romeo and Juliet*?
> B: It _____ by William Shakespeare.

① writes   ② wrote
③ written   ④ was wrote
⑤ was written

POINT 1

2 다음 문장을 수동태로 바르게 전환한 것을 고르세요.

> Many Koreans love the actress.

① Many Koreans are loved by the actress.
② The actress was loved by many Koreans.
③ The actress loved by many Koreans.
④ The actress is loved by many Koreans.
⑤ The actress is loved many Koreans.

[3-4] 다음 중 어법상 알맞지 <u>않은</u> 문장 <u>두 개</u>를 고르세요.

POINT 1·2·3·4

3 ① The window was broken by us.
② English is spoken by many people.
③ This puzzle will be complete by Nancy.
④ These flowers are found only in Africa.
⑤ The problem not was solved by Harry.

POINT 7

4 ① The bottle is filled with water.
② The garden is covered with snow.
③ They were pleased with their new house.
④ Danny is known with his unique photos.
⑤ Children are usually interested with animals.

[5-6] 다음 중 밑줄 친 (A), (B)를 바르게 고쳐 쓴 것끼리 짝지어진 것을 고르세요.

POINT 1·6

5
> · The piano in this room (A) <u>play</u> by Jane.
> · This computer (B) <u>can use</u> even by little children.

① plays — can use
② played — can use
③ be played — can used
④ is played — can is used
⑤ is played — can be used

POINT 3·4

6
> · My offer (A) <u>didn't accept</u> by Mr. Smith.
> · She (B) <u>will surprise</u> at my gift.

① wasn't accept — will surprised
② wasn't accepted — will surprised
③ wasn't accepted — will be surprised
④ wasn't be accepted — will be surprised
⑤ wasn't be accepted — will is surprised

POINT 2

7 다음 그림을 보고 주어진 문장을 완성하세요.
`REAL 기출` `서술형`

→ The diamond ring _____ _____ by a thief last night.

POINT 2·3·5

8 다음 중 문장의 수동태 전환이 바르게 된 것을 고르세요.

① Mike locks the main gate every night.

→ The main gate was locked by Mike every night.

② Did David cook this soup?

→ Was this soup cooked by David?

③ We'll start the new project next month.

→ The new project will started by us next month.

④ King Sejong made Hangeul.

→ Hangeul was make by King Sejong.

⑤ A car hit the tree yesterday.

→ The tree was hit from a car yesterday.

[9-10] 다음 문장에서 밑줄 친 부분을 바르게 고쳐 쓰세요.
서술형

POINT 3

9

Our school festival will hold next March.

→ _____

POINT 7

10

This fence is made from wood.

→ _____

POINT 1·2·3·6·7

11 다음 중 어법상 알맞은 문장의 개수를 고르세요.
고난도

ⓐ They're satisfied to their lives.
ⓑ Drinks will be provide at the party.
ⓒ The window was opened by the wind.
ⓓ The president is respected by many people.
ⓔ The game shouldn't be canceled.

① 1개   ② 2개   ③ 3개

④ 4개   ⑤ 5개

POINT 3

12 다음 〈보기〉와 같이 주어진 문장을 바꿔 쓰세요.
서술형

〈보기〉　The firefighter saved a baby.
→ A baby was saved by the firefighter.

His invention will change our lives in the future.

→ _____

_____ in the future.

POINT 6

13 다음 중 주어진 우리말을 바르게 영작한 것을 고르세요.

배드민턴은 두 명 또는 네 명에 의해 경기될 수 있다.

① Badminton can play by two or four people.

② Badminton can played by two or four people.

③ Badminton can be play by two or four people.

④ Badminton can be played by two or four people.

⑤ Badminton can is played by two or four people.

POINT 5

14 다음 우리말을 〈조건〉에 맞도록 영작하세요.
REAL 기출　서술형

그 노래는 언제 그에 의해 쓰였습니까?

〈조건〉
· when, write라는 단어가 들어가게 쓸 것
· 수동태를 이용하여 쓸 것
· 필요한 경우 제시된 단어를 변형하여 쓸 것

→ _____ _____ _____

_____ by him?

CHAPTER 10 접속사

565
591
───
1001
Sentences
for
Grammar

POINT 1 — 짝을 이루는 and, but, or

565 Exercise is good for **both** body **and** mind.

566 Please answer with **either** "Yes" **or** "No."

567 **Neither** the taste **nor** the price was good.

568 She is **not** my friend **but** my sister.

569 It was **not only** hot **but (also)** humid.

= It was humid **as well as** hot.

운동은 몸과 마음 **둘 다**에 좋다. / '네'**와** '아니오' **둘 중 하나**로 대답해주세요. / 맛**과** 가격 **둘 다** 좋지 않았다. / 그녀는 내 친구가 **아니라** 내 여동생**이다**. / 날씨가 **더울 뿐만 아니라** 습했다.

POINT 2 — 명령문, and[or] ~

570 Make a wish, **and** it will come true.

571 Leave now, **or** you will miss the bus.

소원을 빌어라, **그러면** 그것이 이루어질 것이다. / 지금 떠나라, **그렇지 않으면** 너는 버스를 놓칠 것이다.

POINT 3 — 시간을 나타내는 접속사

572 **When** I saw her, she waved at me.

573 **While** I'm in class, I always take notes.

574 Let's wait **until[till]** the rain stops.

내가 그녀를 보았을 **때**, 그녀는 나에게 손을 흔들었다. / 나는 수업을 듣는 **동안에** 항상 필기한다. / 비가 그칠 **때까지** 기다리자.

POINT 4 — 이유[원인], 결과를 나타내는 접속사

575 **Because** it is Sunday, banks don't open.

576 He is **so** wise **that** everybody respects him.

오늘은 일요일이기 **때문에** 은행이 열지 않는다. / 그는 **매우** 현명**해서** 모두가 그를 존경한다.

POINT 5 — 조건, 양보를 나타내는 접속사

577 **If** you have time, please help me.

578 **Unless** you try hard, you'll get nothing.

= **If** you **don't** try hard, you'll get nothing.

579   **Though[Although]** he is young, he's very smart.

만약 네가 시간이 있다**면**, 나를 도와줘. / 열심히 노력하지 **않으면**, 너는 아무것도 얻지 못할 것이다. / **비록** 그는 어리긴 **하지만**, 매우 영리하다.

POINT 6   다양한 의미를 지닌 접속사

580   It began to rain **as** I got home. 〈~할 때, ~하면서〉

581   **As** time passed, things got worse. 〈~ 할수록, ~함에 따라〉

582   You can trust her **as** she's honest. 〈~하기 때문에〉

583   Do **as** I say. 〈~처럼, ~ 대로〉

내가 집에 도착했을 **때**, 비가 내리기 시작했다. / 시간이 지날**수록**, 상황이 나빠졌다. / 그녀는 정직하기 **때문에** 너는 그녀를 믿어도 된다. / 내가 말**하는 대로** 하라.

POINT 7~8   that+주어+동사: 목적어 역할 / that+주어+동사: 주어, 보어 역할

584   We don't think **(that)** you are wrong. 〈목적어: 생략 가능〉

585   People believed **(that)** the Earth was flat. 〈목적어〉

586   *That the Winter Olympics will be in our city* is great. 〈주어〉

= **It** is great *that the Winter Olympics will be in our city*.
   가주어   진주어

587   The problem is *that we don't have much time*. 〈보어〉

우리는 네가 틀렸다고 생각하지 않는다. / 사람들은 지구가 평평하다고 생각했다. / 동계 올림픽이 우리 도시에서 열린다는 것은 대단하다. / 문제는 우리가 시간이 많지 않다는 것이다.

POINT 9~10   간접의문문의 어순: ~ 의문사(+주어)+동사
간접의문문의 어순: ~ if[whether]+주어+동사

588   Do you remember **what her name is**? 〈의문사+주어+동사〉

589   Do you know **who called me**?

의문사가 주어일 때는 의문사 바로 뒤에 동사가 온다.

590   Do you know **if[whether] he locked the door**?

591   I'm not sure **if[whether] this is the right answer**. 〈if[whether]+주어+동사〉

너는 **그녀의 이름이 무엇인지** 기억나니? / 너는 **누가 나를 불렀는지** 아니? / 너는 **그가 문을 잠갔는지 아닌지** 아니? / 나는 **이것이 정답인지 아닌지** 잘 모르겠다.

Unit 1 and, or, but의 주의할 쓰임

and, but, or 등이 다른 단어들과 짝을 이루어 쓰일 때가 있으니 의미를 잘 알아두어야 해요. 이때도 and, but, or 앞뒤의 말은 명사 and 명사, 형용사 and 형용사의 식으로, 문법적으로 같은 성격의 것이어야 해요. (☞ 1권 Ch 12)

POINT 1

짝을 이루는
and, but, or

반복해서 들어보세요.
쉽게 외울 수 있어요!

📝암기 필수　짝을 이루는 and, but, or

both A and B	A와 B 둘 다	Exercise is good for **both** body **and** mind. 565
either A or B	A와 B 둘 중 하나	Please answer with **either** "Yes" **or** "No." 566
neither A nor B	A와 B 둘 다 아닌	**Neither** the taste **nor** the price was good. 567
not A but B	A가 아니라 B인	She is **not** my friend **but** my sister. 568
not only A but (also) B = B as well as A	A뿐만 아니라 B도	It was **not only** hot **but (also)** humid. 569 = It was humid **as well as** hot.

주의!

짝을 이룬 표현이 주어일 때, 문장의 동사는 주로 동사와 가까운 B의 인칭과 수에 일치시켜요.
단, both A and B가 주어일 때는 항상 복수동사를 씁니다.
Not only I but also *my friend* **has** the same problem.
(= *My friend* as well as I **has** the same problem.)
Both Jenny and her sister **are** tall.

check up　다음 중 어법상 알맞은 것을 고르세요.

1 Games are fun for [both / either / not] children and adults.

2 [Both / Neither / Not only] I but also Mina was late for school.

POINT 2

명령문, and[or] ~

명령문 뒤에 and나 or가 이끄는 절이 따라오면 각각 다른 의미를 나타내므로 유의해야 해요.

• 명령문, and ~: …해라, **그러면** ~할 것이다.

Make a wish, **and** it will come true. 570

• 명령문, or ~: …해라, **그렇지 않으면** ~할 것이다.

Leave now, **or** you will miss the bus. 571

check up　다음 빈칸에 알맞은 접속사를 쓰세요.

1 Take an umbrella, _____ you will get wet.

2 Recycle paper, _____ you will save many trees.

POINT 1 운동은 몸과 마음 둘 다에 좋다. / '네'와 '아니오' 둘 중 하나로 대답해주세요. / 맛과 가격 둘 다 좋지 않았다. / 그녀는 내 친구가 아니라 내 여동생이다. / 날씨가 더울 뿐만 아니라 습했다. / 나뿐만 아니라 내 친구도 똑같은 문제를 갖고 있다. / Jenny와 그녀의 여동생은 둘 다 키가 크다.　**POINT 2** 소원을 빌어라, 그러면 그것이 이루어질 것이다. / 지금 떠나라, 그렇지 않으면 너는 버스를 놓칠 것이다.

126　천일문 GRAMMAR LEVEL 2

Unit Exercise

A 두 문장의 의미가 같도록 빈칸에 알맞은 접속사를 〈보기〉에서 골라 쓰세요. (단, 한 번씩만 쓸 것)

POINT 1

> 〈보기〉 both ~ and   either ~ or   neither ~ nor   not only ~ but (also)

1 I can walk to the school. Or I can take a bus.

= I can _____ walk to the school _____ take a bus.

2 The store sells shoes. It also sells swimsuits.

= The store sells _____ shoes _____ also swimsuits.

3 My mom wears glasses. My dad wears glasses, too.

= _____ my mom _____ my dad wear glasses.

4 This apple is not sweet, and it is not sour.

= This apple is _____ sweet _____ sour.

B 문맥상 자연스러운 문장이 되도록 알맞은 것을 골라 연결하세요. POINT 2

1 Sleep enough,   •   • ⓐ and I'll send you a Christmas card.

2 Let me know your address, •   • ⓑ or you'll be cold.

3 Push the button,   •   • ⓒ and they'll be nice to you, too.

4 Be nice to your friends, •   • ⓓ and the bus will stop at the station.

5 Put the jacket on,   •   • ⓔ or you'll be tired.

C 주어진 단어를 어법상 알맞은 형태로 빈칸에 쓰세요. (단, 현재형으로 쓸 것) POINT 1

1 Not only you but also Cindy _____ to come early. (have)

2 Both fruits and vegetables _____ healthy for your body. (be)

3 Either you or Tim _____ to clean the toilet. (have)

4 Everyone as well as you _____ the fact. (know)

5 Not money but love _____ us happy. (make)

6 Neither Mike nor I _____ spicy food. (like)

swimsuit 수영복   spicy 매운

Unit 2   부사절을 이끄는 접속사

'시간, 이유, 결과, 조건, 양보, 대조' 등 '부사'에 해당하는 의미를 나타내는 접속사가 이끄는 절은 문장에서도 부사 역할을 하므로 부사절이라 합니다.

POINT 3

시간을 나타내는 접속사

시간을 나타내는 다양한 접속사들이 있으므로 문맥에 따라 알맞은 접속사를 쓸 줄 알아야 합니다.

when[as] (~할 때)	**When** I saw her, she waved at me. 572 **As** I was leaving home, the phone rang.
while (~하는 동안에)	**While** I'm in class, I always take notes. 573
until[till] (~할 때까지 (죽))	Let's wait **until[till]** the rain stops. 574
before (~하기 전에)	I write in my diary **before** I go to bed.
after (~한 후에)	**After** I got enough sleep, I felt great.

> **주의!**
> 시간을 나타내는 접속사가 이끄는 문장은 미래를 나타내더라도 현재시제를 써요.
> I have to finish my homework before mom ~~will come~~(→ **comes**) home.

check up 다음 중 문맥상 알맞은 접속사를 고르세요.

1 Don't make sounds [while / until] you are eating food.

2 Put things back [before / after] you use them.

POINT 4 빈출!

이유[원인], 결과를 나타내는 접속사

문장을 이루는 절과 절의 의미가 이유[원인]인지 결과인지를 잘 파악해서 알맞은 위치에 접속사를 사용해야 합니다.

because[since, as] (~하기 때문에)	<u>**Because** it is Sunday,</u> <u>banks don't open.</u> 575 　　　이유, 원인　　　　　결과 <u>I went to bed early</u> **since[as]** <u>I was tired.</u> 　　　결과　　　　　　이유, 원인
so 형용사[부사] that (너무[매우] ~해서 …하다)	He is **so** wise <u>**that** everybody respects him.</u> 576 　　　이유, 원인　　　　결과

MORE +

so (that)은 '~하기 위하여'라는 뜻의 목적을 나타내는 접속사입니다.
He studied hard **so (that)** he could pass the exam.

check up 다음 중 문맥상 알맞은 접속사를 고르세요.

1 The suitcase was so heavy [since / that] I couldn't carry it.

2 I closed the window [since / that] the room was cold.

POINT 3 내가 그녀를 보았을 때, 그녀는 나에게 손을 흔들었다. / 내가 집을 나서고 있었을 때, 전화가 울렸다. / 나는 수업을 듣는 동안에 항상 필기한다. / 비가 그칠 때까지 기다리자. / 나는 자기 전에 일기를 쓴다. / 나는 충분한 잠을 잔 후에, 기분이 좋았다. / 나는 엄마가 돌아오시기 전에 내 숙제를 끝내야 한다.　　**POINT 4** 일요일이기 때문에 은행이 열지 않는다. / 나는 피곤했기 때문에 일찍 잤다. / 그는 매우 현명해서 모두가 그를 존경한다. / 그는 그 시험을 통과하기 위해 열심히 공부했다.

POINT 5

조건, 양보를 나타내는 접속사

Tip 양보: 기대되는 상황과 반대되는 상황을 나타내는 것

접속사 if와 unless는 조건을, though[although]는 양보를 나타내는 접속사입니다.

if (만약 ~한다면[라면])	**If** you have time, please help me. **577** Don't rub your eyes **if** something gets inside.
unless (만약 ~하지 않으면)	**Unless** you try hard, you'll get nothing. **578** =If you don't try hard, you'll get nothing.
though[although] (비록 ~이긴 하지만)	**Though[Although]** he is young, he's very smart. **579**

주의!

조건을 나타내는 접속사가 이끄는 문장은 미래를 나타내더라도 현재시제를 써요.
If it **will rain**(→ **rains**) tomorrow, I won't go out.

check up 다음 중 문맥상 알맞은 접속사를 고르세요.

1 You'll miss the bus [if / unless] you walk more quickly.

2 He finished first [if / though] he began last.

POINT 6

다양한 의미를 지닌 접속사

하나의 접속사가 다양한 의미로 쓰이는 경우가 있어요. 우선 각 접속사의 여러 가지 의미를 알아두고 문맥을 통해 어느 의미로 쓰인 것인지를 파악하세요.

as	It began to rain **as** I got home. **580** ~할 때, ~하면서(=when) **As** time passed, things got worse. **581** ~할수록, ~함에 따라 You can trust her **as** she's honest. **582** ~하기 때문에(=because[since]) Do **as** I say. **583** ~처럼, ~ 대로
since	Mom was angry **since** I lied to her. ~하기 때문에(=because[as]) We've been friends **since** we met at school. ~한 이래로
while	Someone called **while** you were out. ~ 하는 동안에 I read only twenty pages, **while** he read fifty. ~하는 반면

MORE +

as와 since는 전치사로도 쓰여요.

He is famous **as** an author. (~로서[로써])

Everything has changed a lot **since** last spring. (~ 이후에, ~ 이래로)

check up 밑줄 친 부분의 의미로 알맞을 것을 고르세요.

1 <u>As</u> we go up the mountain, it gets colder.

    ① ~할수록   ② ~ 때문에

2 The desert is hot during the day, <u>while</u> it's cold at night.

    ① ~하는 동안에   ② ~ 하는 반면

POINT 5 만약 네가 시간이 있다면, 나를 도와줘. / 만약 무언가가 눈에 들어가면 비비지 마라. / 열심히 노력하지 않으면, 너는 아무것도 얻지 못할 것이다. / 비록 그는 어리긴 하지만, 매우 영리하다. / 만약 내일 비가 오면, 나는 밖에 나가지 않을 것이다.　**POINT 6** 내가 집에 도착했을 때, 비가 내리기 시작했다. / 시간이 지날수록, 상황이 나빠졌다. / 그녀는 정직하기 때문에 너는 그녀를 믿어도 된다. / 내가 말하는 대로 하라. / 엄마는 내가 거짓말을 해서 화가 나셨다. / 우리는 학교에서 만난 이래로 친구였다. / 네가 밖에 있는 동안에 누군가가 전화했다. / 나는 20페이지만 읽었는데, 반면에 그는 50페이지를 읽었다. / 그는 작가로서 유명하다. / 지난 봄 이래로 모든 것이 많이 변했다.

Unit Exercise

정답 및 해설 p.23

A 빈칸에 알맞은 말을 〈보기〉에서 골라 쓰세요. (단, 한 번씩만 쓸 것) POINT 3·4

| 〈보기〉 when | until | because |

1 I watch a movie _____ I have free time.

2 A mom read her baby a story _____ he fell asleep.

3 _____ the food is very tasty, the restaurant is popular.

| 〈보기〉 since | while | that |

4 _____ my laptop was broken, I couldn't finish my homework.

5 My brother had his dinner _____ he was watching TV.

6 The soup was so hot _____ I could not eat it.

B 밑줄 친 부분의 의미를 〈보기〉에서 골라 그 기호를 쓰세요. POINT 6

| 〈보기〉 ⓐ ~할 때, ~하면서 | ⓑ ~하기 때문에 | ⓒ ~한 이래로 |
| ⓓ ~처럼, ~ 대로 | ⓔ ~할수록, ~함에 따라 | ⓕ ~하는 반면 |

1 As Lily grew up, she became more interested in history. _____

2 Since Alex was born, he has lived in Busan. _____

3 Ann arrived on time, while her sister was late. _____

4 Suho listens to some music as he studies. _____

5 Since he felt sick, he stayed in bed all day. _____

6 My mom bought me a cell phone as she promised. _____

C 우리말과 일치하도록 주어진 단어를 사용하여 문장을 완성하세요. POINT 4·5

1 만약 네가 미술을 좋아한다면, 우리는 함께 미술관에 갈 수 있다. (art, like)

→ _____ _____ _____ _____, we can go to the gallery together.

2 그 피자는 매우 커서 여덟 명이 함께 먹었다. (eight people, eat, big)

→ The pizza was _____ _____ _____ _____ _____ it together.

3 만약 오랫동안 비가 오지 않으면, 농작물이 죽을 것이다. (rain, it)

→ _____ _____ _____ for a long time, crops will die.

4 비록 그 나라는 작긴 하지만 긴 역사를 가지고 있다. (it, small)

→ The country has a long history _____ _____ _____ _____.

laptop 노트북 컴퓨터

Unit 3 명사절을 이끄는 접속사

명사절이란 문장에서 주어, 목적어, 보어와 같은 명사 역할을 하는 절을 뜻합니다.

POINT 7

that+주어+동사: 목적어 역할

접속사 that이 이끄는 명사절은 동사 뒤에 쓰여서 목적어 역할을 할 수 있어요. 이때의 that은 생략이 가능합니다.

We don't think **(that)** you are wrong. **584**

People believed **(that)** the Earth was flat. **585**

He knew **(that)** something bad had happened.

I heard **(that)** there was a fire yesterday.

암기 필수   that절을 목적어로 취하는 동사

I **think** that	나는 ~하다고 생각하다	I **know** that	나는 ~하다는 것을 알고 있다
I **believe** that	나는 ~하다고 믿다	I **say** that	나는 ~하다고 말하다
I **hope** that	나는 ~하길 바라다	I **hear** that	나는 ~하다고 듣다
I **feel** that	나는 ~하다고 느끼다	I **mean** that	나는 ~하다는 것을 의미하다
I **notice** that	나는 ~하다는 것을 알아차리다	I **make sure** that	나는 ~임을 확인하다
I **promise** that	나는 ~할 것을 약속하다	I **am sure** that	나는 ~하다고 확신하다

반복해서 들어보세요.
쉽게 외울 수 있어요!

주의! that의 다양한 쓰임

That is a letter from my friend. (지시대명사: 저것)
Do you see **that** tall building? (지시형용사: 저[그] ~)
I hope **(that)** you get well soon. (접속사)

---

check up 1 우리말과 일치하도록 빈칸에 알맞은 말을 쓰세요.

1 나는 네가 모두에게 항상 친절하다고 생각해.

→ I _____ _____ you are always kind to everyone.

2 너는 우리가 내일 수업이 없다는 것을 알고 있니?

→ Do you _____ _____ we don't have class tomorrow?

3 사람들은 친구가 중요하다고 말한다.

→ People _____ _____ friends are important.

4 나는 네가 좋은 시간을 보내길 바라.

→ I _____ _____ you have a great time.

check up 2 다음 밑줄 친 that의 쓰임을 고르세요.

1 Why did you do <u>that</u>?   ① 지시대명사 ② 지시형용사 ③ 접속사

2 I heard <u>that</u> you were sick yesterday.   ① 지시대명사 ② 지시형용사 ③ 접속사

3 I've never heard <u>that</u> story.   ① 지시대명사 ② 지시형용사 ③ 접속사

POINT 7 우리는 네가 틀렸다고 생각하지 않는다. / 사람들은 지구가 평평하다고 생각했다. / 그는 뭔가 나쁜 일이 일어났다는 것을 알았다. / 나는 어제 불이 났다고 들었다. / 저것은 내 친구로부터 온 편지이다. / 너는 저 높은 건물이 보이니? / 나는 네가 곧 좋아지길 바란다.

POINT 8

**that+주어+동사:
주어, 보어 역할**

접속사 that이 이끄는 명사절은 문장에서 주어나 보어 역할을 하기도 해요.

- that절이 주어로 쓰인 경우 주어가 너무 길어지기 때문에, 주어 자리에 가짜 주어, 즉 가주어 it을 두고 that절은 문장 뒤로 보냅니다.

***That** the Winter Olympics will be in our city* is great. **586** 〈주어〉

= **It** is great ***that** the Winter Olympics will be in our city*.
　　가주어　　　　　　　　　　　　　진주어

- 보어로 쓰인 that절은 주어를 보충 설명하며, '~하는 것이다'로 해석해요.

The problem is ***that** we don't have much time*. **587** 〈보어〉

check up 밑줄 친 that절의 역할이 무엇인지 고르세요.

1 That she can play the flute is surprising. ① 주어 ② 보어

2 It is true that a pet can be a good friend. ① 주어 ② 보어

3 The result was that I passed the test. ① 주어 ② 보어

POINT 9 빈출!

**간접의문문의 어순:
~ 의문사(+주어)
+동사**

의문문이 절의 형태로 다른 문장의 일부가 될 때가 있어요. 이런 형태의 문장을 간접의문문이라고 하는데, 어순에 유의해야 해요.

- 의문사가 이끄는 절의 어순은 「의문사+주어+동사」로 쓰는 것에 유의하세요.

Do you remember? + What is her name?

→ A: Do you remember **what her name is**? **588**

　B: Yes, I do. / No, I don't.

- 의문사가 주어일 때는 의문사 뒤에 바로 동사가 와요.

Do you know? + **Who called me**?

→ A: Do you know **who called me**? **589**

　B: Yes, I do. / No, I don't.

주의!

의문사가 이끄는 절이 think, believe, guess, suppose 등 생각이나 추측을 나타내는 동사의 목적어로 쓰일 때는 의문사를 문장 맨 앞에 씁니다.

Do you *think*? + **What is this**?

Do you *think* **what this is**? (×)

→ A: **What** do you *think* **this is**? (○)

　B: I think it's just a rock.

POINT 8 동계 올림픽이 우리 도시에서 열린다는 것은 대단하다. / 문제는 우리가 시간이 많지 않다는 것이다.　POINT 9 A: 너는 그녀의 이름이 무엇인지 기억하니? B: 응, 기억나. / 아니, 기억나지 않아. / A: 너는 누가 나를 불렀는지 아니? B: 응, 알아. / 아니, 몰라. / A: 너는 이것이 무엇이라고 생각하니? B: 내 생각에 그건 그냥 바위인 것 같아.

132　천일문 GRAMMAR LEVEL 2

check up 다음 두 문장을 한 문장으로 만들 때, 빈칸에 알맞은 말을 쓰세요.

1 Could you tell me? + Where is the toilet?

→ Could you tell me _____ ?

2 I want to know. + When is your birthday?

→ I want to know _____ .

3 Do you know? + What time is it?

→ Do you know _____ ?

POINT 10

간접의문문의 어순:
~if[whether]+주어
+동사

의문사가 없는 의문문이 간접의문문에 쓰인 경우, '~인지 아닌지'라는 뜻의 접속사 if[whether]를 써서 나타냅니다. 이때 「if[whether]+주어+동사」의 어순이 되는 것에 유의하세요.

Do you know? + Did he lock the door?

→ Do you know **if[whether] he locked the door**? 590

I'm not sure. + Is this the right answer?

→ I'm not sure **if[whether] this is the right answer**. 591

MORE +

접속사 whether는 문장에서 주어, 보어, 목적어가 되는 명사절을 이끌고 if는 목적어가 되는 명사절을 이끕니다.

Whether *he'll come tomorrow* is not sure. (주어 역할)

The problem is **whether** *he will come tomorrow*. (보어 역할)

I want to know **if[whether]** *he will come tomorrow*. (목적어 역할)

---

check up 다음 두 문장을 한 문장으로 만들 때, 빈칸에 알맞은 말을 쓰세요.

1 Do you know? + Does she like flowers?

→ Do you know _____ ?

2 I'm not sure. + Is he our teacher?

→ I'm not sure _____ .

3 I'd like to know. + Will he join us?

→ I'd like to know _____ .

POINT 10 너는 그가 문을 잠갔는지 아닌지 아니? / 나는 이것이 정답인지 아닌지 잘 모르겠다. / 그가 내일 올 것인지 아닌지는 확실하지 않다. / 문제는 그가 내일 올 것인지 아닌지이다. / 나는 그가 내일 올 것인지 알고 싶다.

Unit Exercise

정답 및 해설 p.24

A 다음 문장에서 접속사 that이 들어갈 자리에 ∨표 하세요. POINT 7·8

1 James saw his friend stood at the bus stop.

2 Yuri moved to another city is very sad.

3 My little sister hopes Santa Clause will give her a present.

4 It is exciting we will go skiing this winter.

5 Nick heard a new English teacher would come to his school.

6 The teacher said the test would be easy.

B 빈칸에 들어갈 알맞은 말을 〈보기〉에서 골라 쓰세요. POINT 7·9·10

〈보기〉 that	if[whether]	where	when	how

1 Could you tell me _____ the science books are?

2 Please tell me _____ you improved your English.

3 I heard _____ someone knocked on the door.

4 I want to know _____ you will arrive here.

5 Do you know _____ Nick likes Korean food?

C 우리말과 일치하도록 주어진 단어를 올바르게 배열하세요. POINT 9·10

1 이 단어가 무엇을 의미하는지 설명해주시겠어요? (this word / what / means)
  → Could you explain _____?

2 Chris는 내가 어디에서 그 필통을 샀는지 내게 물어봤다. (bought / the pencil case / where / I)
  → Chris asked me _____.

3 나는 Anna가 왜 수업에 늦었는지 궁금했다. (late / Anna / why / to the class / was)
  → I wondered _____.

4 우리 선생님께서는 누가 그 유리창을 깼는지 우리에게 물어보셨다. (broke / the window / who)
  → Our teacher asked us _____.

5 엄마는 내게 여자 친구가 있는지 물어보셨다. (a girlfriend / had / I / whether)
  → My mom asked me _____.

improve 향상시키다   knock (문 등을) 두드리다

Chapter Test

정답 및 해설 p.24

[1-3] 다음 중 빈칸에 들어갈 알맞은 말을 고르세요.

POINT 3

1

> My dog went outside _____ I was talking on the phone.

① before   ② while   ③ until
④ because   ⑤ since

POINT 3

2

> Penny took a rest _____ she felt better.

① before   ② after   ③ when
④ until   ⑤ while

POINT 4

3

> These days, birds are losing their homes _____ people are cutting down trees.

① so   ② because   ③ after
④ while   ⑤ unless

POINT 1

4 다음 중 어법상 알맞지 <u>않은</u> 문장을 고르세요.

① Both my sister and her friend were in the living room.

② Not only Brian but also his parents remember my name.

③ Not you but I were wrong.

④ Either the teacher or Sora knows his phone number.

⑤ Sue is not only a dancer but also a writer.

POINT 7·8

5 다음 밑줄 친 that의 쓰임이 나머지와 <u>다른</u> 하나를 고르세요.

① <u>That</u> Dorothy didn't get hurt in the car accident is very lucky.

② It is natural <u>that</u> my sister and I look similar.

③ Mr. Kim works in <u>that</u> building.

④ The problem is <u>that</u> Sammy always puts off her homework.

⑤ He said <u>that</u> math is a useful subject.

POINT 1

6 두 문장의 의미가 일치하도록 빈칸에 알맞은 말을 쓰세요. **서술형**

> I skipped lunch as well as breakfast.
> = I skipped _____ breakfast _____ lunch.

[7-8] 우리말과 일치하도록 주어진 단어를 올바르게 배열하세요. (필요시 단어의 형태를 변형할 것) **서술형**

POINT 4

7

> Eva는 너무 바빠서 자신의 생일도 잊어버렸다.
> (so / forget / she / busy / that)

→ Eva was _____

    her own birthday.

POINT 9

8

> 영화가 언제 시작하는지 아세요?
> (the movie / when / start)

→ Do you know _____ ?

9 다음 빈칸에 공통으로 들어갈 말로 알맞은 것을 고르세요.

> · _____ I didn't check my phone, I missed his call.
> · I've never seen her _____ she moved here.

① If[if]　　　　② Since[since]

③ While[while]　④ Though[though]

⑤ Until[until]

10 두 문장의 의미가 일치하도록 빈칸에 들어갈 알맞은 말을 고르세요.

> If you touch that dog, it will bite you.
> = Don't touch that dog, _____ it will bite you.

① unless　　② that　　③ or

④ and　　　⑤ so

[11-12] 다음 중 (A), (B)에 들어갈 말이 바르게 짝지어진 것을 고르세요.

11

> · Stay calm, _____(A)_____ you will make mistakes.
> · Don't give up, _____(B)_____ your dream will come true.

① and — and　　　② or — that

③ or — and　　　④ when — or

⑤ that — and

12

> · Let me know _____(A)_____ you don't know the way.
> · _____(B)_____ you take some rest, you will get sick.

① and — Unless　② and — If

③ if — When　　④ if — Unless

⑤ if — If

[13-14] 밑줄 친 부분을 바르게 고쳐 쓰세요. 서술형

13

> If you will stay at home on the weekend, I will visit you.

→ _____

14

> You can't travel abroad unless you don't have a passport.

→ _____

15 다음 중 〈보기〉의 밑줄 친 부분과 의미가 같은 것을 고르세요.

> 〈보기〉　As my younger sister grew up, she started to look like our mom.

① As the movie was very sad, Ian cried.

② Diana took some medicine, as the doctor told her to.

③ As I didn't visit my grandparents last Chuseok, they miss me.

④ As it was too noisy, I couldn't hear his voice.

⑤ As we get older, our looks change.

16 다음 대화를 읽고 주어진 표현을 사용하여 문장을 완성하세요. REAL 기출 서술형

> Clair: Why did you look so tired this morning?
> Eric:　I woke up too late. So I had to run to school.

→ Eric woke up _____

to school. (so ~ that)

[17-18] 다음 중 어법상 알맞지 <u>않은</u> 문장을 고르세요.

POINT 3·4·5

17 ① When Mike called me, I was sleeping.

② Because Jina's eyesight is bad, her mom bought her glasses.

③ If you will exercise hard, you will be healthy.

④ My mom boiled the potato until its color changed to light brown.

⑤ You should not call 119 unless it is an emergency.

POINT 3·5

18 ① While Gloria watched the drama, she started to fall asleep.

② Unless you don't leave now, you'll be late.

③ Let's play baseball until it gets dark.

④ If you miss the last bus, you will need to take a taxi.

⑤ I went to the Eiffel Tower when I visited Paris.

[19-20] 우리말과 일치하도록 주어진 단어를 사용하여 문장을 완성하세요. 서술형

POINT 1

19

해변뿐만 아니라 산도 우리 마을 근처에 있다.
(mountains, be, near my town)

→ Not only beaches _____

_____ .

POINT 9

20

나는 그녀가 지금 어디에 사는지 알고 있다.
(she, live, now)

→ I know _____ .

21 다음 중 밑줄 친 부분이 어법상 알맞지 <u>않은</u> 문장을 모두 고르세요.

① Show me <u>what is the best pictures in the gallery</u>.

② We aren't sure <u>if it'll snow on Sunday</u>.

③ Do you know <u>when Ms. Park comes back</u>?

④ Emma didn't tell me <u>why did she skip the class</u>.

⑤ I can't decide <u>whether I will sell the sofa</u>.

POINT 4·5

22 다음 중 어법상 옳은 것으로 바르게 짝지어진 것을 고르세요. 고난도

ⓐ Don't go swimming if you have a cold.
ⓑ Unless she tells us the truth, we won't see her.
ⓒ The pants were so dirty that he couldn't wear them.
ⓓ Though Chris is very thin, he can't eat a lot.
ⓔ The kids don't know the songs because they are so young.

① ⓒ, ⓓ, ⓔ   ② ⓑ, ⓓ, ⓔ

③ ⓐ, ⓑ, ⓒ, ⓔ   ④ ⓐ, ⓓ, ⓔ

⑤ ⓐ, ⓒ, ⓓ, ⓔ

POINT 5

23 그림의 내용과 일치하도록 주어진 단어를 사용하여 문장을 완성하세요. REAL 기출 서술형

→ _____ , _____

camping tomorrow. (my family, if, the weather, go, be, good)

CHAPTER 11 비교 표현

592
619
—
1001
Sentences
for
Grammar

POINT 1   as+형용사[부사]의 원급+as: ~만큼 …한[하게]

592   The process is **as important as** the result.

593   Time always flies **as rapidly as** an arrow.

594   Japanese is **not so difficult as** Chinese to me.

595   My test results are **not as good as** my last results.

596   I don't watch TV **as much as** you.

(= You watch TV more than I (do).)

과정은 결과**만큼 중요하다**. / 시간은 항상 화살**만큼 빠르게** 흘러간다. / 나에게 일본어는 중국어**만큼 어렵지 않다**. / 내 시험 성적은 지난 성적**만큼 좋지 않다**. / 나는 너**만큼** TV를 **많이** 보지 않는다.

POINT 2   비교급 = 형용사/부사+-er
최상급 = 형용사/부사+-est

597   I am **younger** than my brother.

598   I am the **youngest** in my family.

나는 우리 형보다 **더 어리다**. / 나는 우리 가족 중에서 **가장 어리다**.

POINT 3   비교급+than ~: ~보다 더 …한[하게]

599   Cold air is **heavier than** hot air.

600   Sound travels **more slowly than** light.

601   The sun is **larger than** the moon.

차가운 공기는 따뜻한 공기**보다 더 무겁다**. / 소리는 빛보다 **더 느리게** 이동한다. / 태양은 달**보다 더 크다**.

POINT 4   the+최상급(+명사)+in[of] ~: ~ 중에서 가장 …한[하게]

602   Christmas is **the most popular holiday** in the world.

603   This is **the biggest bag** of the three.

604   The beginning is **the most important part** of the work.

605   She played the piano **the best** in the contest.

크리스마스는 세계에서 **가장 인기 있는 휴일**이다. / 이것이 세 개 중 **가장 큰 가방**이다. / 시작이 일의 **가장 중요한 부분**이다. / 그녀는 대회에서 피아노를 **가장 잘** 쳤다.

Unit 1   원급, 비교급, 최상급
Unit 2   원급, 비교급, 최상급을 이용한 표현

POINT 5   as+원급+as possible: 가능한 한 ~

606   You should exercise **as often as possible**.
(= You should exercise **as often as you can**.)

607   I taught my brother math **as simply as possible**.
(= I taught my brother math **as simply as I could**.)

608   I want to stay here **as long as possible**.
(= I want to stay here **as long as I can**.)

너는 **가능한 한 자주** 운동해야 한다. / 나는 내 남동생에게 **가능한 한 쉽게** 수학을 가르쳤다. / 나는 **가능한 한 오래** 여기에 머무르고 싶다.

POINT 6   The 비교급 ~, the 비교급 ~ / 비교급 and 비교급

609   **The warmer** the weather is, **the better** I feel.
610   **The more** we have, **the more** we want.
611   **The higher** we climb, **the fresher** the air is.
612   My English is getting **better and better**.
613   The wind blew **harder and harder**.
614   The baseball match became **more and more exciting**.
615   The artist is becoming **more and more creative**.

날씨가 **더 따뜻할수록** 나는 기분이 **더 좋다**. / 우리는 **더 많이** 가질수록 **더 많이** 원한다. / 우리가 **더 높이** 오를수록 공기는 **더 신선하다**. / 내 영어는 **점점 더 나아지고** 있다. / 바람이 **점점 더 세게** 불었다. / 그 야구 경기는 **점점 더 재미있어졌다**. / 그 화가는 **점점 더 창의적이** 되어간다.

POINT 7   one of the+최상급+복수명사: 가장 ~한 … 중 하나

616   Water is **one of the most important things** in our life.
617   A wheel is **one of the greatest inventions** in history.
618   Junho is **one of the funniest students** in my class.
619   **One of the most delicious dishes** in this restaurant is pasta.

물은 우리 삶에서 **가장 중요한 것들 중 하나**이다. / 바퀴는 역사상 **가장 위대한 발명품 중 하나**이다. / 준호는 우리 반에서 **가장 재미있는 학생들 중 한 명**이다. / 이 식당에서 **가장 맛있는 요리들 중 하나**는 파스타이다.

Unit 1 원급, 비교급, 최상급

대부분의 형용사나 부사는 비교 표현을 사용해서 의미를 좀 더 확실히 나타낼 수 있어요.
'그 소년은 키가 크다.'라고 하면 어느 정도나 키가 큰지 알 수 없지요. very나 too같은 말을
덧붙일 수도 있지만, 아래처럼 원급, 비교급, 최상급을 사용하면 의미가 좀 더 확실해집니다.

The boy is **tall**. (그 소년은 키가 크다.)
The boy is *as* **tall** *as grown-ups*. (원급: 그 소년은 어른들만큼 키가 크다.)
The boy is **taller** *than grown-ups*. (비교급: 그 소년은 어른들보다 키가 더 크다.)
The boy is **the tallest** *among his family*. (최상급: 그 소년은 가족들 중에서 키가 가장 크다.)

그럼 원급 표현부터 차례대로 살펴보기로 할게요.

POINT 1

as+형용사[부사]의 원급+as: ~만큼 …한[하게]

- 서로 정도가 비슷하거나 같은 것을 내세워 어느 정도인지를 설명하는 것이에요.
「as+형용사[부사]의 원급+as」로 표현하며, '~만큼 …한[하게]'라고 해석합니다. 원급이란
형용사나 부사의 원래 형태를 그대로 쓰는 것을 말해요.

The process is **as important as** the result. `592`
Time always flies **as rapidly as** an arrow. `593`

- 서로 정도가 같지 않은 것을 내세워 어느 정도인지를 설명하는 것이에요.
「not as[so]+형용사[부사]의 원급+as」를 쓰며, '~만큼 …하지 않은[하지 않게]'라고 해석
합니다.

Japanese is **not so difficult as** Chinese to me. `594`
My test results are **not as good as** my last results. `595`
I **don't** watch TV **as[so] much as** you. `596` (= You watch TV more than I (do).)

> **주의!**
> 동사를 수식하는 부사의 원급 자리에는 many가 아니라 much를 써야 해요.
> I want to *exercise* as **many**(→ **much**) as you do. (많이 운동하다)

MORE +

as 뒤에는 「주어+동사」 형태가 원칙이나 구어에서는 목적어 형태를 사용하는 경우가 많아요.
특히 as 뒤가 「주어+do동사/be동사/조동사」로 끝나는 경우, 동사를 쓰지 않아도 문맥상 내용이 명확한 경우가 많아 자주
생략됩니다.
He runs as fast as **I (do)**.

---

check up 우리말과 일치하도록 주어진 단어를 사용하여 문장을 완성하세요.

1 진호는 자신의 아버지만큼 키가 크다. (tall)

→ Jinho is _____ _____ _____ his father.

2 수지는 민우만큼 높이 점프할 수 있다. (high)

→ Suji can jump _____ _____ _____ Minwoo.

3 일본은 중국만큼 크지 않다. (large)

→ Japan is not _____ _____ _____ China.

POINT 1 과정은 결과만큼 중요하다. / 시간은 항상 화살만큼 빠르게 흘러간다. / 나에게 일본어는 중국어만큼 어렵지 않다. / 내 시험 성적은 지난 성적만큼 좋지 않다. / 나는 너만큼 TV를
많이 보지 않는다. / 나는 너만큼 많이 운동을 하고 싶다. / 그는 나만큼 빨리 달린다.

POINT 2

비교급
= 형용사/부사+-er
최상급
= 형용사/부사+-est

형용사와 부사의 형태를 변화시켜서 '더 ~한[하게]', '가장 ~한[하게]'처럼 어떤 대상들을 비교할 수 있어요. 주로 형용사나 부사 뒤에 -er/-est를 붙이며, 일정한 규칙을 따르지 않고 변하는 형태들은 반드시 암기해두어야 합니다.

I am **young**.

I am **younger** than my brother. 597

I am the **youngest** in my family. 598

✍️ 암기 필수   비교급과 최상급의 형태

대부분의 형용사/부사	+-er/-est	tall – tall**er** – tall**est**
e로 끝나는 형용사/부사	+-r/-st	nice – nice**r** – nice**st**
「자음+y」로 끝나는 형용사/부사	-y를 i로 고치고 +-er/-est	heav**y** – heav**ier** – heav**iest**
「모음 1개+자음 1개」로 끝나는 형용사/부사	마지막 자음을 한 번 더 쓰고 +-er/-est	big – big**ger** – big**gest**
2음절 이상의 형용사/부사	more/most +	careful – **more** careful – **most** careful difficult – **more** difficult – **most** difficult
불규칙 변화	good/well – **better** – **best** bad – **worse** – **worst** many/much – **more** – **most** little – **less** – **least** far(거리가 먼) – **farther/further** – **farthest/furthest** far(정도가 더한) – **further** – **furthest**	

check up   다음 단어의 비교급과 최상급을 쓰세요.

1 long _____ _____
2 high _____ _____
3 healthy _____ _____
4 fast _____ _____
5 good _____ _____
6 old _____ _____
7 famous _____ _____
8 big _____ _____
9 strong _____ _____
10 easy _____ _____
11 young _____ _____
12 bad _____ _____
13 dirty _____ _____

14 useful _____ _____
15 early _____ _____
16 hot _____ _____
17 cold _____ _____
18 much _____ _____
19 cheap _____ _____
20 thin _____ _____
21 warm _____ _____
22 light _____ _____
23 heavy _____ _____
24 great _____ _____
25 little _____ _____
26 handsome _____ _____

POINT 2 나는 어리다. / 나는 우리 형보다 더 어리다. / 나는 우리 가족 중에서 가장 어리다.   *check up* useful 유용한

POINT 3 빈출!

비교급+than ~: ~보다 더 …한[하게]

- 어떤 비교 대상을 내세워 '그것보다 더 ~하다'고 설명하는 것이에요.
「형용사[부사]의 비교급+than」의 형태로 쓰며, '~보다 더 …한[하게]'라고 해석합니다.

Cold air is **heavier than** hot air. 599

Sound travels **more slowly than** light. 600

The sun is **larger than** the moon. 601

- 비교급을 강조하거나 수식할 때 비교급 앞에 '훨씬'이라는 의미의 much, even, still, a lot, (a) little(조금), far 등을 쓸 수 있어요. very, too는 원급을 강조하는 부사로, 비교급 앞에 쓸 수 없습니다.

He is **very** *taller* than his father. (×)

He is **much** *taller* than his father. (○)

> **주의!**
>
> 비교의 대상은 서로 그 정도의 차이를 비교할 수 있는 것이어야 하며, 그렇지 않은 것은 쓸 수 없어요.
>
> **Everyone's story** is more interesting than **him(→ his)**.
>   A   B (= his story)

check up 주어진 단어를 사용하여 비교급 문장을 완성하세요.

1 Steve's score was _____ Peter's. (bad)

2 This book is _____ that one. (useful)

3 This country is _____ my country. (much, hot)

POINT 4 빈출!

the+최상급(+명사) +in[of] ~: ~ 중에서 가장 …한[하게]

최상급 뒤에 범위를 나타내는 'in[of]~'를 사용해서 셋 이상의 대상 중에서 정도가 가장 심하거나 가장 덜한 것을 나타낼 수 있어요. 「the+최상급(+명사)+in[of] ~」의 형태로 쓰며, '~ 중에서 가장 …한[하게]'이라고 해석합니다.

Christmas is **the most popular holiday** *in the world*. 602

This is **the biggest bag** *of the three*. 603

The beginning is **the most important part** *of the work*. 604

She played the piano **the best** *in the contest*. 605

> **MORE +**
>
> 부사의 최상급 앞 the는 생략할 수 있습니다.
>
> I get up **(the) earliest** in my family.

check up 주어진 단어를 사용하여 최상급 문장을 완성하세요.

1 Jeju Island is _____ in Korea. (large, island)

2 Today was _____ of my life. (bad, day)

3 What is _____ in the world? (dangerous, animal)

POINT 3 차가운 공기는 따뜻한 공기보다 더 무겁다. / 소리는 빛보다 더 느리게 이동한다. / 태양은 달보다 더 크다. / 그는 자신의 아버지보다 키가 훨씬 더 크다. / 모든 사람의 이야기가 그의 것(이야기)보다 더 재미있다.　**POINT 4** 크리스마스는 세계에서 가장 인기 있는 휴일이다. / 이것이 세 개 중 가장 큰 가방이다. / 시작이 일의 가장 중요한 부분이다. / 그녀는 대회에서 피아노를 가장 잘 쳤다. / 나는 우리 가족 중에서 가장 일찍 일어난다.　*check up* island 섬

Unit Exercise

A 다음 중 어법상 알맞은 것을 고르세요. POINT 1·2·3·4

1 Ted is as [smart / smarter] as Jane.

2 He is [more famous / the most famous] singer of the three.

3 My little brother eats as [much / more] as my dad.

4 Kevin is not as [diligent / more diligent] as you.

5 Jimin is [older / the oldest] than Yuna.

6 January is [colder / the coldest] month in our country.

7 She can dance [well / better] than Somi.

B 주어진 단어를 사용하여 두 문장을 한 문장으로 바꿔 쓰세요. POINT 1·2·3·4

1 I am 50kg. My brother is 50kg, too. (heavy)

→ My brother is ＿＿＿＿＿＿＿＿＿＿＿＿＿＿＿ I am.

2 This scarf is 15,000 won. That scarf is 20,000 won. (expensive)

→ That scarf is ＿＿＿＿＿＿＿＿＿＿＿＿ this scarf.

3 I'm 170cm tall. My dad is 175cm tall. My mom is 165cm. (short)

→ My mom is ＿＿＿＿＿＿＿＿＿＿＿ of my family.

4 The tennis club is popular. The swimming club is popular, too. (popular)

→ The swimming club is ＿＿＿＿＿＿＿＿＿＿ the tennis club.

5 Yesterday was 29 degrees. Today is 32 degrees. (hot)

→ Today is ＿＿＿＿＿＿＿＿＿＿＿ yesterday.

C 우리말과 일치하도록 주어진 단어를 사용하여 문장을 완성하세요. POINT 2·3·4

1 우리 언니의 용돈은 내 것보다 훨씬 더 많다. (far, mine, much)

→ My sister's allowance is ＿＿＿＿＿＿＿＿＿＿＿＿＿＿.

2 작년에 그는 팀에서 최악의 선수였다. (bad, player)

→ Last year, he was ＿＿＿＿＿＿＿＿＿＿＿＿＿ in his team.

3 Diana의 눈동자가 너의 것보다 훨씬 더 어둡다. (much, dark, yours)

→ Diana's eyes are ＿＿＿＿＿＿＿＿＿＿＿＿＿.

4 그것은 이 미술관에서 가장 아름다운 그림이다. (beautiful, painting)

→ It is ＿＿＿＿＿＿＿＿＿＿＿＿＿＿＿＿ in this gallery.

diligent 부지런한　degree (온도, 각도의 단위인) 도

Unit 2　원급, 비교급, 최상급을 이용한 표현

POINT 5

as+원급+as possible:
가능한 한 ~

「as+원급+as possible」은 '가능한 한 ~'이라는 의미의 원급을 포함한 표현이며, 「as+원급+as 주어+can[could]」로 바꿔 쓸 수 있습니다.

You should exercise **as often as possible**. `606`
(= You should exercise **as often as you can**.)
I taught my brother math **as simply as possible**. `607`
(= I taught my brother math **as simply as I could**.)
I want to stay here **as long as possible**. `608`
(= I want to stay here **as long as I can**.)

check up　두 문장이 같은 뜻이 되도록 빈칸에 알맞은 말을 쓰세요.

1 Frank hit the ball as hard as he could.
= Frank hit the ball _____ _____ _____ _____.

2 Please call me as soon as possible.
= Please call me _____ _____ _____ _____.

POINT 6

The 비교급 ~, the 비교급 ~ / 비교급 and 비교급

비교급을 포함한 주요 관용표현을 알아두세요.

• 「The 비교급 (주어+동사 ~), the 비교급 (주어+동사 ⋯)」은 '더 ~할수록, 더 ⋯하다'라는 의미예요.

The warmer the weather is, **the better** I feel. `609`
The more we have, **the more** we want. `610`
The higher we climb, **the fresher** the air is. `611`

• 「비교급 and 비교급」은 '점점 더 ~한[하게]'라는 의미예요. 비교급이 「more+원급」 형태인 경우, 「more and more+원급」으로 나타냅니다.

My English is getting **better and better**. `612`
The wind blew **harder and harder**. `613`
The baseball match became **more and more exciting**. `614`
The artist is becoming **more and more creative**. `615`

MORE +

문맥이 명확하여 의미적으로 혼동이 없을 경우, 「The 비교급 (주어+동사 ~), the 비교급 (주어+동사 ⋯)」의 '주어+동사'는 생략되기도 해요.
The sooner, the better.

POINT 5 너는 가능한 한 자주 운동해야 한다. / 나는 내 남동생에게 가능한 한 쉽게 수학을 가르쳤다. / 나는 가능한 한 오래 여기에 머무르고 싶다.　**POINT 6** 날씨가 더 따뜻할수록 나는 기분이 더 좋다. / 우리는 더 많이 가질수록 더 많이 원한다. / 우리가 더 높이 오를수록 공기는 더 신선하다. / 내 영어는 점점 더 나아지고 있다. / 바람이 점점 더 세게 불었다. / 그 야구 경기는 점점 더 재미있어졌다. / 그 화가는 점점 더 창의적이 되어간다. / 더 빠를수록 더 좋다.

check up 1 주어진 단어를 사용하여 문장을 완성하세요.

1 The earlier you leave, _____ you will arrive. (soon)

2 The lower the price is, _____ people buy. (much)

3 The longer he waited, _____ he became. (nervous)

4 The more free time I have, _____ I feel. (happy)

check up 2 우리말과 일치하도록 주어진 단어를 사용하여 문장을 완성하세요.

1 하늘이 점점 더 어두워졌다. (dark)

  → The sky became _____ .

2 바람이 점점 더 강해지고 있다. (strong)

  → The wind is getting _____ .

3 그 차는 점점 더 빨리 달렸다. (fast)

  → The car drove _____ .

POINT 7

one of the+최상급 +복수명사: 가장 ~한 … 중 하나

「one of the+최상급+복수명사」는 최상급을 이용해 자주 쓰이는 표현으로, '가장 ~한 … 중 하나'라고 해석해요. 여러 대상 중에서 하나를 가리키는 것이므로 항상 복수명사와 쓰이는 것에 주의하세요.

Water is **one of the most important things** in our life. 616

A wheel is **one of the greatest inventions** in history. 617

Junho is **one of the funniest students** in my class. 618

One of the most delicious dishes in this restaurant is pasta. 619

check up 우리말과 일치하도록 주어진 단어를 사용하여 문장을 완성하세요.

1 Newton은 세상에서 가장 위대한 과학자 중 한 명이었다. (great, scientist)

  → Newton was one of _____ in the world.

2 이것은 한국에서 가장 인기 있는 노래 중 하나이다. (song, popular)

  → This is one of _____ in Korea.

3 뉴욕은 세계에서 가장 붐비는 도시 중 하나이다. (city, crowded)

  → New York is one of _____ in the world.

POINT 7 물은 우리 삶에서 가장 중요한 것들 중 하나이다. / 바퀴는 역사상 가장 위대한 발명품 중 하나이다. / 준호는 우리 반에서 가장 재미있는 학생들 중 한명이다. / 이 식당에서 가장 맛있는 요리들 중 하나는 파스타이다.

Unit Exercise

A 다음 중 어법상 알맞은 것을 고르세요. POINT 5·6·7

1 The harder you study, [the smarter / the smartest] you become.

2 Mozart was one of [greater / the greatest] musicians in the world.

3 She walked as [fast / faster] as possible.

4 The [much / more] you exercise, the healthier you become.

5 The storm grew stronger and [stronger / the stronger].

6 You should provide as [much / more] information as possible.

7 Brian is one of the cleverest [boy / boys] in his class.

B 주어진 단어를 빈칸에 어법상 알맞은 형태로 바꿔 쓰세요. POINT 5·6·7

1 Wood is one of _____. (old, building material)

2 The _____ the weather becomes, the _____ we sweat. (hot, much)

3 Wash your hands _____ possible. (often)

4 The _____ the sunlight is, the _____ the fruit grows. (strong, well)

5 It is one of _____ of this year. (interesting, movie)

6 The field is getting _____ and _____. (dry)

C 우리말과 일치하도록 주어진 단어를 사용하여 문장을 완성하세요. POINT 5·6·7

1 그들은 나이가 더 들수록 더 현명해졌다. (old, wise)

→ _____ they grew, _____ they became.

2 나는 그것을 가능한 한 빨리 끝낼 것이다. (quickly, possible)

→ I will finish it _____.

3 그 연은 점점 더 높이 날아갔다. (high)

→ The kite flew away _____.

4 대영 박물관은 세계에서 가장 큰 박물관 중 하나이다. (large, museum)

→ The British Museum is _____ in the world.

5 그는 더 화가 날수록 더 크게 소리친다. (angry, loudly)

→ _____ he gets, _____ he shouts.

musician 음악가   storm 폭풍   building material 건축 재료   sweat 땀을 흘리다

Chapter Test

정답 및 해설 p.27

[1-2] 다음 중 빈칸에 들어갈 알맞은 말을 고르세요.

POINT 1

1

| Johnson is as _____ as your brother. |

① old   ② older   ③ oldest

④ more old   ⑤ most old

POINT 2·3

2

| This machine is _____ than that one. |

① cheap   ② cheaper

③ cheapest   ④ more cheap

⑤ most cheap

POINT 1

3 다음 두 문장을 한 문장으로 만들 때, 빈칸에 들어갈 알맞은 말을 고르세요.

| Sera is 150cm tall. Mijin is 150cm tall, too. = Sera is _____ Mijin. |

① not as tall as   ② taller than

③ as tall as   ④ the tallest

⑤ shorter than

POINT 5

4 우리말과 일치하도록 주어진 단어를 올바르게 배열할 때, 다섯 번째로 오는 단어를 고르세요.

| 너는 가능한 한 규칙적으로 식사를 해야 한다. (should / as / you / eat / regularly / possible / as / meals) |

① possible   ② as

③ eat   ④ regularly

⑤ should

[5-6] 우리말과 일치하도록 주어진 단어를 사용하여 문장을 완성하세요. **서술형**

POINT 5

5

| 가능한 한 많이 걸으려고 노력하라. (much) |

→ Try to walk _____.

POINT 3

6

| 한쪽이 나머지 한쪽보다 더 무겁다. (heavy) |

→ One is _____ the other.

[7-8] 다음 중 빈칸에 들어갈 말로 어법상 알맞지 <u>않은</u> 것을 고르세요.

POINT 4

7

| Jimin is _____ Dohee. |

① smarter than   ② not as heavy as

③ busier than   ④ more diligent than

⑤ the most popular

POINT 3

8

| Mt. Everest is _____ higher than Mt. Baekdu. |

① even   ② much   ③ very

④ still   ⑤ a lot

POINT 1·3

9 다음 표를 보고 주어진 단어를 사용하여 Mary와 Tom을 비교하는 문장을 완성하세요. REAL 기출 서술형

	Mary	Tom
height	165cm	165cm
weight	49kg	59kg
age	14	16

(1) Mary is _____ _____ _____ Tom.
(tall)

(2) Mary is _____ _____ _____
_____ Tom. (heavy)

(3) Tom is _____ _____ Mary. (old)

[10-11] 다음 중 주어진 문장과 같은 의미의 문장을 고르세요.

POINT 1·3

10

Nancy is not as kind as Kate.

① Nancy is as kind as Kate.
② Nancy is kinder than Kate.
③ Kate is as kind as Nancy.
④ Kate is not as kind as Nancy.
⑤ Kate is kinder than Nancy.

POINT 6

11

We felt more nervous as our final exam came closer.

① The closer our final exam came, more we felt nervous.
② The close our final exam came, the more we felt nervous.
③ The closer our final exam came, the much we felt nervous.
④ The closer our final exam came, the more nervous we felt.
⑤ The closest our final exam came, the more we felt nervous.

[12-14] 우리말과 일치하도록 주어진 단어를 올바르게 배열하세요. (필요시 단어의 형태를 변형할 것) 서술형

POINT 3

12

너의 아이디어가 내 것보다 훨씬 더 좋다.
(mine / good / is / idea / than / your / much)

→ _____

_____ .

POINT 6

13

숙제가 더 적을수록, 우리는 더 행복하다.
(we / feel / the / little / homework / the / we / happy / have)

→ _____

_____ .

POINT 7

14

그는 한국에서 가장 인기 있는 소설가 중 한 명이다.
(one / he / popular / in Korea / novelist / the / is / of)

→ _____

_____ .

POINT 3·4

15 다음 중 밑줄 친 부분이 어법상 알맞게 쓰인 문장의 개수를 고르세요. 고난도

ⓐ This is <u>even</u> more helpful advice.
ⓑ Jinsu is <u>very</u> smarter than Sora.
ⓒ Your brother is <u>far</u> stronger than you.
ⓓ Steve is the <u>most</u> famous person in our school.
ⓔ Who lives <u>the farthest</u> in this class?

① 2개　　　② 3개　　　③ 4개
④ 5개　　　⑤ 없음

[16-17] 다음 중 어법상 알맞은 문장을 고르세요.

POINT 6

16
① The cooler the weather is, the good I feel.
② The many she eats, the fatter she gets.
③ The more people move in, the more big the city becomes.
④ The funnier the movie is, the more people laugh.
⑤ The more it rains, the fastest the river flows.

POINT 2·3·4

17
① Tony came home late than Garry.
② His shoes are more cheap than mine.
③ This exam was easiest than the last one.
④ She was the most amazing artist in the world.
⑤ He is the handsomest actor in the movie.

POINT 7

18 다음 중 주어진 우리말을 바르게 영작한 것을 고르세요.

그것은 세상에서 가장 재미있는 이야기 중 하나이다.

① It's one of interesting stories in the world.
② It's one of most interesting story in the world.
③ It's one of most interesting stories in the world.
④ It's one of the most interesting story in the world.
⑤ It's one of the most interesting stories in the world.

POINT 4·7

19 다음 중 밑줄 친 부분이 어법상 알맞지 <u>않은</u> 것을 고르세요.

① Today is <u>the coldest day</u> of this year.
② Helen is one of <u>the thinnest girls</u> in my class.
③ He is <u>the fastest swimmer</u> in Asia.
④ He is one of <u>the greatest man</u> in Korea.
⑤ Health is <u>the most precious</u> thing.

POINT 4·7

20 다음 중 어법상 알맞지 <u>않은</u> 부분 두 군데를 찾아 바르게 고쳐 쓰세요. 고난도 서술형

The Antarctic Ice Marathon is one of the toughest marathon in the world. The runners race 42.195 kilometers in coldest place on the earth. They run on snow and ice.

(1) _____ → _____
(2) _____ → _____

CHAPTER 12 관계대명사

620
643

1001
Sentences
for
Grammar

POINT 1 관계대명사와 선행사

620 She has *a friend* **who** can speak French.
　　　　선행사　관계대명사

621 Henry drank *wine* **which** was made in Italy.
　　　　선행사 관계대명사

그녀는 프랑스어를 할 수 있는 친구가 있다. / Henry는 이탈리아에서 만들어진 와인을 마셨다.

POINT 2 who/that: 사람 which/that: 사물, 동물

622 James helped *the old man* **who** carried a heavy bag. 〈사람 선행사〉

623 I saw *a girl* **that** looks like my friend. 〈사람 선행사〉

624 Look at *the mountains* **which** are covered in fog. 〈사물 선행사〉
　　　　선행사 복수 → 관계대명사절 동사 복수형

625 Mr. Brown works at *a bank* **that** is near his house. 〈모두 가능〉
　　　　　　　　선행사 단수 → 관계대명사절 동사 단수형

James는 무거운 짐을 든 노인을 도왔다. / 나는 내 친구를 닮은 한 여자아이를 보았다. / 안개로 덮인 저 산들을 봐. / Brown 씨는 자신의 집과 가까운 은행에서 근무한다.

POINT 3 who(m)/that: 사람 which/that: 사물, 동물

626 You are *the only one* **who(m)** I believe ●. 〈사람 선행사〉

627 Scott is *a famous singer* **who** everyone knows ●. 〈사람 선행사〉

628 I lost *the necklace* **which** Tom gave ● to me. 〈사물 선행사〉

629 I like *the restaurant* **that** we went to ● yesterday. 〈모두 가능〉

너는 내가 믿는 유일한 사람이다. / Scott은 모든 사람들이 아는 유명한 가수이다. / 나는 Tom이 내게 준 목걸이를 잃어버렸다. / 나는 우리가 어제 갔던 그 식당을 좋아한다.

POINT 4 목적격 관계대명사의 생략

630 *The boy* **(whom)** she likes ● is my brother.

631 *The city* **(which)** we visited ● last month was beautiful.

632 She ate *the salad* **(that)** she made ● this morning.

그녀가 좋아하는 그 소년은 우리 형이다. / 우리가 지난달에 방문했던 그 도시는 아름다웠다. / 그녀는 그녀가 아침에 만든 샐러드를 먹었다.

POINT 5	that의 쓰임 정리

633 Do you know *the girl* **that** has long black hair? 〈주격 관계대명사〉

634 I don't like *the noise* **that** people make ● in the library. 〈목적격 관계대명사〉

635 **That**'s my bag. Don't take it away. 〈지시대명사(저것, 그것)〉

636 **That** letter on the shelf is from Claire. 〈지시형용사(제[그] ~)〉

637 We believe **that** our dreams will come true. 〈명사절 접속사〉

너는 길고 검은 머리카락을 가진 소녀를 아니? / 나는 도서관에서 사람들이 내는 소음을 좋아하지 않는다. / **그건** 내 가방이야. 가져가지 마. / 선반 위의 **저** 편지는 Claire에게서 온 것이다. / 우리는 우리의 꿈이 이루어질 것이라고 믿는다.

POINT 6	소유격 관계대명사 whose+명사

638 Paul is *a student* **whose** dream is becoming a lawyer.

639 *The book* **whose** cover is pink is mine.

640 I know *the girl* **whose** sister is a singer.

Paul은 변호사가 되는 것이 꿈인 학생이다. / 표지가 분홍색인 그 책은 내 것이다. / 나는 언니가 가수인 그 여자아이를 안다.

POINT 7	what = the thing(s) which[that]

641 **What** Amelia wrote was her phone number. 〈what절 주어〉
(= The thing which[that] Amelia wrote)

642 Don't forget **what** you have to do. 〈what절 목적어〉
(= the thing(s) which[that] you have to do)

643 This is **what** I wanted to have. 〈what절 보어〉
(= the thing which[that] I wanted to have)

Amelia가 적은 **것**은 그녀의 전화번호였다. / 네가 해야 할 **것**을 잊지 마. / 이것은 내가 가지고 싶어 했던 **것**이다.

Key Understandings

관계대명사란?

지금까지 명사를 꾸며주는 역할을 하는 여러 어구들을 배웠어요.

어린 소년 → the **little** boy (형용사)

빨간 재킷을 입은 소년 → the boy **in a red jacket** (전치사+명사)

나를 도와줄 소년 → the boy **to help me** (to부정사)

그런데, 우리말로 '**내가 어제 길거리에서 만난** 그 소년'을 영어로 표현하려면 어떻게 할까요?

'그 소년(the boy)'이라는 명사를 꾸며주는 어구에 '내가(I)'라는 주어와 '만난(met)'이라는 동사가 포함되어 있어서 형용사를 비롯한 위의 어구들로는 꾸며줄 수 없어요. 이때 사용하는 것이 아래의 관계대명사 who랍니다.

the boy **who** I met yesterday in the street

즉, 관계대명사가 이끄는 절은 마치 형용사와도 같은 역할을 해요. 명사는 문장에서 주어, 목적어, 보어가 될 수 있기 때문에, '명사+관계대명사'도 마찬가지입니다.

The **little** boy is my neighbor.　그 어린 소년은 나의 이웃이다.
　　주어

The boy **who I met yesterday in the street** is my neighbor.　내가 어제 길거리에서 만난 그 소년은 나의 이웃이다.
　　　　주어

I don't know the **little** boy.　나는 그 어린 소년을 모른다.
　　　　　목적어

I don't know the boy **who I met yesterday in the street**.　나는 어제 길거리에서 만난 그 소년을 모른다.
　　　　　　　목적어

This is the **little** boy.　이 아이는 어린 소년이다.
　　　　보어

This is the boy **who I met yesterday in the street**.　이 아이는 내가 어제 길거리에서 만난 그 소년이다.
　　　　　보어

지금까지 배운 여러 어구들에 비해 길고 복잡해 보이죠?
이번 챕터에서는 이런 관계대명사의 여러 종류와 그 쓰임에 대해 학습해볼게요.

Unit 1　who, which, that

POINT 1

관계대명사와 선행사

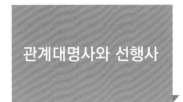

관계대명사

• '그녀는 친구 한 명이 있다. 그는 프랑스어를 할 수 있다.'란 말을 영작한다고 해봅시다.

She has a friend. He can speak French.

그런데 이를 '그녀는 프랑스어를 할 수 있는 친구 한 명이 있다.'란 식으로 표현할 수 있듯이 영어로도 한 문장으로 표현할 수 있어요.

She has **a friend**. + **He** can speak French.

→ She has *a friend* who can speak French. **620**
　　　　　　선행사　관계대명사

• who는 두 문장을 연결해주면서 대명사인 He를 대신하고 있어요. 이렇듯, 관계대명사 who, which, that은 접속사+대명사의 역할을 하는 것이고, 꾸밈을 받는 명사를 '선행사'라고 해요.

Henry drank **wine**. + **It** was made in Italy.

→ Henry drank *wine* which was made in Italy. **621**

check up　다음 각 문장의 관계대명사에 동그라미하고, 선행사에 밑줄을 그으세요.

1 The boy who sits next to me is Tom.

2 This is an old building which was built 100 years ago.

3 We found the man who stole our money.

4 The computer which was broken yesterday is mine.

POINT 1 그녀는 친구가 있다. 그는 프랑스어를 할 수 있다. / 그녀는 프랑스어를 할 수 있는 친구가 있다. / Henry는 와인을 마셨다. 그것은 이탈리아에서 만들어졌다. / Henry는 이탈리아에서 만들어진 와인을 마셨다.

POINT 2 빈출!

who/that: 사람
which/that:
사물, 동물

관계대명사절에서 관계대명사가 주어인 경우 '주격 관계대명사'라고 해요. 이때 선행사의 종류에 따라 관계대명사를 구별해서 씁니다.

James helped *the old man* **who** carried a heavy bag. **622**
　　　　　　　선행사　　　주격　절의 동사

I saw *a girl* **that** looks like my friend. **623**

Look at *the mountains* **which** are covered in fog. **624**

Mr. Brown works at *a bank* **that** is near his house. **625**

선행사	사람	사물, 동물	모두 가능
주격	**who**	**which**	**that**

주의!

주격 관계대명사절 내에서 동사는 선행사의 수에 맞춰 씁니다.
He took *my pencil* **which** <u>was</u> on the desk.　　I met *some students* **who** <u>are</u> from China.

---

check up 1　주어진 우리말을 보고 「선행사+관계대명사절」로 바꿀 수 있는 부분에 밑줄을 그으세요.

1 나는 치즈를 매우 좋아하는 친구 한 명이 있다.
2 나는 공원에서 작고 얇은 공책을 잃어버렸다.
3 멕시코 음식을 파는 그 식당은 아주 인기 있다.
4 너는 문 옆에 서 있는 저 남자를 아니?
5 나는 아이들에게 중국어를 가르치는 그 선생님께 전화했다.
6 Sam이 어제 이 차를 고친 그 사람이다.

check up 2　다음 중 어법상 알맞은 것을 고르세요.

1 He bought a camera [who / which] was very expensive.
2 A doctor is a person [which / that] takes care of patients.
3 Kate is the dancer [which / who] dances the best in her team.
4 Spring is the season [that / who] starts a new year.

check up 3　다음 문장에서 관계대명사가 들어갈 곳을 표시하고, who와 which 중에 알맞은 것을 쓰세요.

1 The woman ⓐ lives ⓑ on the fifth floor ⓒ is ⓓ very kind.　＿＿＿＿＿
2 I ⓐ met ⓑ a boy ⓒ is very good at ⓓ singing.　＿＿＿＿＿
3 Ms. Gordon ⓐ bought ⓑ a house ⓒ has ⓓ a swimming pool.　＿＿＿＿＿
4 Do ⓐ you ⓑ know ⓒ the man ⓓ is making a speech?　＿＿＿＿＿

POINT 2 James는 무거운 짐을 든 노인을 도왔다. / 나는 내 친구와 닮은 한 여자아이를 보았다. / 안개로 덮인 저 산들을 봐. / Brown 씨는 자신의 집과 가까운 은행에서 근무한다. / 그는 책상 위에 있던 내 연필을 가져갔다. / 나는 중국에서 온 몇몇 학생들을 만났다.　*check up* make a speech 연설하다

Unit Exercise

A 다음 두 문장을 관계대명사를 사용하여 한 문장으로 바꿔 쓸 때, 빈칸에 알맞은 말을 쓰세요. (단, that은 제외) POINT 1·2

1 This is the man. He called you yesterday.

→ This is the man _____ yesterday.

2 The apples are for you. They are in the basket.

→ The apples _____ are for you.

3 The earth is a planet. It goes around the sun.

→ The earth is a planet _____.

4 The man is very polite. He is serving guests.

→ The man _____ is very polite.

B 다음 밑줄 친 부분이 맞으면 ○, 틀리면 ×하고 바르게 고치세요. POINT 2

1 I have a doll <u>which</u> has long hair. _____

2 Anyone <u>which</u> cheats on exams will be punished. _____

3 Eric collects postcards which <u>has</u> pictures of birds. _____

4 Do you know the woman <u>that</u> is standing over there? _____

5 The boy who <u>is</u> waving at me is my son. _____

C 우리말과 일치하도록 주어진 단어를 올바르게 배열하세요. POINT 1·2

1 그녀는 영어로 쓰인 소설을 읽는 것을 좋아한다.

(in English / likes / she / to / are / novels / written / read / that)

→ _____.

2 나는 청바지를 입고 있는 그 소녀를 모른다.

(don't / is / blue jeans / who / know / the girl / I / wearing)

→ _____.

3 선생님은 나에게 아주 어려운 숙제를 주신다.

(me / which / very / my teacher / gives / difficult / homework / is)

→ _____.

4 유리는 서울에 사는 내 사촌이다.

(is / Seoul / lives / my cousin / that / in / Yuri)

→ _____.

5 가수가 되고 싶어 하는 그 소녀는 나의 가장 친한 친구 Amy이다.

(my best friend / is / a singer / the girl / wants / be / Amy / who / to)

→ _____.

planet 행성   cheat (시험, 경기 등에서) 부정행위를 하다   punish 처벌하다   wave (손을) 흔들다

Unit 2　who(m), which, that

목적격 관계대명사는 관계대명사가 이끄는 절에서 목적어 역할을 해요. 목적격 관계대명사도 선행사의 종류에 따라 구별하여 써요. 선행사가 사람일 때 whom을 쓰지만 말할 때는 보통 who를 써요.

You are **the only one**. + I believe **you**.

→ You are *the only one* **who(m)** I believe ●. 626
　　　　　　　선행사　　　　목적격　　　　　↑목적어가 있던 자리

Scott is *a famous singer* **who** everyone knows ●. 627

I lost *the necklace* **which** Tom gave ● to me. 628

I like *the restaurant* **that** we went to ● yesterday. 629

선행사	사람	사물, 동물	모두 가능
목적격	who/whom	which	that

> **주의!**
> 목적격 관계대명사절 안에서 목적어는 관계대명사가 대신하고 있으므로 원래 목적어를 중복해서 쓰지 않도록 해야 해요.
> We invited our friends who(m) we love ~~them~~. (×)

check up 1　다음 중 어법상 알맞은 것을 모두 고르세요.

1　I lost the ring [who / which / that] I bought yesterday.

2　You ate the pie [who / whom / which] we made this morning.

3　Jackson is the man [who / whom / which] you met in your office.

4　Mina invited the boys [which / whom / that] she taught last year.

5　This is the tree [whom / which / that] my grandmother really likes.

check up 2　다음 두 문장을 주어진 관계대명사를 사용하여 한 문장으로 쓸 때 빈칸에 알맞은 말을 쓰세요.

1　Junho is a student. + Every teacher praises him. (who)

　　→ Junho is a student _____ _____ _____ _____.

2　He saw a movie yesterday. + It was boring. (which)

　　→ The movie _____ _____ _____ yesterday was boring.

3　We met a soccer player. + We love him. (whom)

　　→ We met a soccer player _____ _____ _____.

POINT 3　너는 내가 믿는 유일한 사람이다. / Scott은 모든 사람들이 아는 유명한 가수이다. / 나는 Tom이 내게 준 목걸이를 잃어버렸다. / 나는 우리가 어제 갔던 그 식당을 좋아한다. / 우리는 사랑하는 친구들을 초대했다.

POINT 4
빈출!

목적격 관계대명사의 생략

목적격 관계대명사는 생략할 수 있습니다. 따라서 나머지 요소(목적격 관계사절의 주어+동사 이후)만 남아서 선행사를 수식할 수 있어요.

The boy (**whom**) she likes ● is my brother. **630**

The city (**which**) we visited ● last month was beautiful. **631**

She ate *the salad* (**that**) she made ● this morning. **632**

check up 1 다음 밑줄 친 부분을 생략할 수 있으면 ○, 없으면 ×하세요.

1 This is the cake <u>that</u> Jake made. _____

2 She brought an umbrella <u>which</u> I lent to her. _____

3 This is the photo <u>that</u> was taken by my dad. _____

4 He liked the present <u>which</u> Emma gave to him. _____

5 Tom is a friend <u>who</u> helps me a lot. _____

check up 2 우리말과 일치하도록 주어진 단어를 올바르게 배열하세요.

1 나는 오늘 아침에 세탁한 신발을 찾을 수 없다.

(can't / washed / find / the shoes / I / this morning / I)

→ _____.

2 그녀는 네가 사고 싶어 했던 차를 가지고 있다.

(you / buy / she / the car / has / to / wanted)

→ _____.

3 David는 내가 지난여름에 방문했던 그 도시에서 왔다.

(from / visited / David / last summer / I / came / the city)

→ _____.

4 우리는 그가 지하철에서 잃어버린 가방을 찾고 있다.

(for / he / the subway / we / the bag / lost / are / on / looking)

→ _____.

POINT 4 그녀가 좋아하는 그 소년은 우리 형이다. / 우리가 지난달에 방문했던 그 도시는 아름다웠다. / 그녀는 그녀가 아침에 만든 샐러드를 먹었다.

POINT 5

that의 쓰임 정리

관계대명사 that은 선행사의 종류에 상관없이 주격/목적격으로 쓸 수 있어요. 또한 that은 관계대명사 외에도 지시대명사, 지시형용사, 접속사 등 다양하게 사용되므로 각각의 쓰임을 구분해야 해요.

Do you know *the girl* **that** has long black hair? **633** 〈주격 관계대명사〉

I don't like *the noise* **that** people make ● in the library. **634** 〈목적격 관계대명사〉

That's my bag. Don't take it away. **635** 〈지시대명사(저것, 그것)〉

That letter on the shelf is from Claire. **636** 〈지시형용사(제[그] ~)〉

We believe **that** our dreams will come true. **637** 〈접속사 that ☞ Ch 10〉

주의!

• 주격 관계대명사 **that** vs. 목적격 관계대명사 **that**

주격 관계대명사 **that**	목적격 관계대명사 **that**
선행사+_____+동사	선행사+_____+주어+동사+●
주어 역할 → 주격 관계대명사	목적어 ● 역할 → 목적격 관계대명사

• 관계대명사 **that** vs. 접속사 **that**

관계대명사 **that**	접속사 **that**
that+불완전한 구조	that+완전한 구조

This is *the book* **that** he bought ● for me.
                    S   V
	I know **that** she is right.
	             S V C

→ 동사 bought의 목적어가 없음.	

check up 다음 〈보기〉의 밑줄 친 부분과 어법상 쓰임이 같은 것을 고르세요.

1

〈보기〉 Tim told me his secret <u>that</u> everybody wanted to know.

ⓐ Lily always says <u>that</u> she is smart.

ⓑ The pizza <u>that</u> she cooked for us was delicious.

2

〈보기〉 What did you say? I didn't hear <u>that</u>.

ⓐ <u>That</u> is my friend, Sumi. Let me introduce her to you.

ⓑ I have a dog <u>that</u> makes me happy.

3

〈보기〉 I can't believe <u>that</u> she is 40 years old.

ⓐ Some people think <u>that</u> beauty is everything.

ⓑ Don't throw it away. <u>That</u> paper cup is mine.

POINT 5 너는 길고 검은 머리카락을 가진 소녀를 아니? / 나는 도서관에서 사람들이 내는 소음을 좋아하지 않는다. / 그건 내 가방이야. 가져가지 마. / 선반 위의 저 편지는 Claire에게서 온 것이다. / 우리는 우리의 꿈이 이루어질 것이라고 믿는다. / 이것은 그가 나에게 사준 책이다. / 나는 그녀가 옳다는 것을 안다.

Unit Exercise

A 다음 밑줄 친 부분이 맞으면 ○, 틀리면 ×하고 바르게 고치세요. POINT 3

1 The car racer <u>which</u> people are cheering for is my uncle. _____

2 He is the baseball player <u>whom</u> I like most. _____

3 The dog <u>who</u> Emily is feeding is a bulldog. _____

4 Do you remember the boy <u>that</u> I introduced to you before? _____

5 The lady <u>who</u> we invited to the party was late. _____

B 밑줄 친 that의 쓰임을 〈보기〉에서 골라 그 기호를 쓰세요. POINT 5

〈보기〉	ⓐ 주격 관계대명사	ⓑ 목적격 관계대명사	ⓒ 지시대명사
	ⓓ 지시형용사	ⓔ 접속사	

1 I have a friend <u>that</u> lives in London. _____

2 He decided <u>that</u> he wouldn't enter the competition. _____

3 The girl <u>that</u> I met last Christmas moved to my town. _____

4 Where did you find <u>that</u> book? _____

5 Ms. Nolan has two dogs <u>that</u> are very wild. _____

6 I didn't know <u>that</u> was a lie. _____

7 This is the picture <u>that</u> my little brother drew. _____

8 Olivia told me <u>that</u> she had to leave. _____

C 다음 주어진 두 문장을 주어진 관계대명사 조건을 사용하여 한 문장으로 쓰세요. POINT 3·4

1 Mr. Holland is a writer. Many readers like him. (who)

→ Mr. Holland is _____.

2 The song was really beautiful. I heard it on the radio. (which)

→ _____ was really beautiful.

3 That lady is an artist. I respect her very much. (관계사 생략)

→ That lady is _____.

4 Do you like my present? I gave it to you. (관계사 생략)

→ Do you like _____?

5 The boy was friendly. I met him at the playground. (who)

→ _____ was friendly.

car racer 카레이서   bulldog ((동물)) 불도그   enter (경기 등에) 출전하다   competition 대회

Unit 3   whose, what

선행사의 소유를 표현할 때는 소유격을 사용해요. 즉 his, her, its 등의 소유격 대명사를 대신해서 쓰이지요. 선행사의 종류에 상관없이 모두 whose를 쓰며, 뒤에는 반드시 명사가 뒤따릅니다.

POINT 6

**소유격 관계대명사
whose+명사**

Paul is *a student*. + **His** dream is becoming a lawyer.
→ Paul is *a student* **whose** dream is becoming a lawyer. **638**
The book is mine. + **Its** cover is pink.
→ *The book* **whose** cover is pink is mine. **639**
I know *the girl*. + **Her** sister is a singer.
→ I know *the girl* **whose** sister is a singer. **640**

check up 1   다음 두 문장을 한 문장으로 바꿔 쓸 때, 빈칸에 알맞은 말을 쓰세요.

1 She is a writer. I often enjoy reading her books.
   → She is a writer _____ _____ I often enjoy reading.

2 The boy is Fred. His desk is next to mine.
   → The boy _____ _____ is next to mine is Fred.

3 He bought a tie. Its color is blue.
   → He bought a tie _____ _____ is blue.

4 Suji likes cats. Their tails are long.
   → Suji likes cats _____ _____ are long.

check up 2   우리말과 일치하도록 주어진 단어를 올바르게 배열하세요.

1 나는 이름이 Peter인 한 학생을 만날 것이다. (whose / a boy / name)
   → I will meet _____ is Peter.

2 우리는 맛이 달콤한 머핀을 만들었다. (whose / muffins / taste)
   → We made _____ is sweet.

3 Jane은 결말이 흥미로운 책 한 권을 읽었다. (whose / a book / end)
   → Jane read _____ is interesting.

4 그는 안경이 부러진 한 학생을 보았다. (whose / a student / glasses)
   → He saw _____ were broken.

POINT 6 Paul은 변호사가 되는 것이 꿈인 학생이다. / 표지가 분홍색인 그 책은 내 것이다. / 나는 언니가 가수인 그 여자아이를 안다.

160   천일문 GRAMMAR LEVEL 2

POINT 7

what = the thing(s) which[that]

관계대명사 what은 다른 관계대명사와 다르게 선행사를 포함한다는 특징이 있어요. 즉, 앞에 선행사가 따로 없으며 what 자체를 the thing(s) which[that]의 의미로 볼 수 있습니다. '~한 것'의 의미이며, 명사절이므로 문장에서 주어, 목적어, 보어가 됩니다.

- 주어: **What** Amelia wrote was her phone number. `641`
  (=The thing which[that] Amelia wrote)
- 목적어: Don't forget **what** you have to do. `642`
  (=the thing(s) which[that] you have to do)
- 보어: This is **what** I wanted to have. `643`
  (=the thing which[that] I wanted to have)

주의!

- 관계대명사 **what** vs. 접속사 **that**

관계대명사 **what**	접속사 **that**
what+불완전한 구조	that+완전한 구조
You can choose **what** you want ●.	I know **that** she is right.
S V	S V C
→ 동사 want의 목적어가 없음.	

check up 1 다음 밑줄 친 부분을 관계대명사 what을 사용해 다시 쓰세요.

1 Tell me <u>the thing that you need</u> now.

→Tell me ＿＿＿＿＿ ＿＿＿＿＿ ＿＿＿＿＿ now.

2 Did you hear <u>the thing that Mike said</u> yesterday?

→Did you hear ＿＿＿＿＿ ＿＿＿＿＿ ＿＿＿＿＿ yesterday?

3 <u>The thing which you are wearing</u> is beautiful.

→ ＿＿＿＿＿ ＿＿＿＿＿ ＿＿＿＿＿ ＿＿＿＿＿ is beautiful.

check up 2 우리말과 일치하도록 주어진 단어를 올바르게 배열하세요.

1 가장 중요한 것은 건강이다. (is / important / what / the most)

→＿＿＿＿＿＿＿＿＿＿＿＿＿＿＿ is health.

2 그가 내게 준 것은 편지였다. (to / gave / me / he / what)

→＿＿＿＿＿＿＿＿＿＿＿＿＿＿＿ was a letter.

3 우리는 그가 회의에서 제안한 것을 받아들였다. (he / offered / at the meeting / what)

→We accepted ＿＿＿＿＿＿＿＿＿＿＿＿＿＿＿.

POINT 7 Amelia가 적은 것은 그녀의 전화번호였다. / 네가 해야 할 것을 잊지 마. / 이것은 내가 가지고 싶어 했던 것이다. / 너는 네가 원하는 것을 선택할 수 있다. / 나는 그녀가 옳다는 것을 안다.

CHAPTER 12 관계대명사 **161**

Unit Exercise

정답 및 해설 p.29

A 다음 중 어법상 알맞은 것을 고르세요. `POINT 6·7`

1 I have a cat [whom / whose] hair is long.

2 Mom gave me [which / what] I wanted for my birthday.

3 This is the ring [what / that] my grandma left to me.

4 Look at the boy [who / whose] left leg is broken.

B 우리말과 일치하도록 주어진 단어와 소유격 관계대명사를 사용하여 문장을 완성하세요. `POINT 6`

1 나는 지붕이 초록색인 저 집을 사고 싶다. (that house, roof, green)

→ I want to buy _____.

2 아들이 유명한 배우인 여자분이 우리 옆집에 사신다. (a woman, son, a famous actor)

→ _____ lives next door to us.

3 너 털이 검은색인 강아지를 봤니? (a puppy, fur, black)

→ Have you seen _____?

4 나는 취미가 사진 찍기인 친구 한 명이 있다. (a friend, hobby, taking pictures)

→ I have _____.

C 〈보기〉와 같이 주어진 두 문장을 관계대명사 what을 이용해 한 문장으로 바꿔 쓰세요. `POINT 7`

> 〈보기〉 I can't believe the thing. + He said the thing.
> → I can't believe what he said.

1 Mom always knows the thing. + I want the thing.

→ _____

2 Sometimes he asks me the thing. + I don't know the thing.

→ _____

3 I told Becky the thing. + She should know the thing.

→ _____

4 He showed me the thing. + He found the thing in the yard.

→ _____

Chapter Test

정답 및 해설 p.30

[1-2] 다음 중 밑줄 친 부분이 어법상 알맞지 <u>않은</u> 것을 고르세요.

POINT 2·3·6

1
① I have a cat <u>which</u> tail is long.
② This is a robot <u>which</u> he made.
③ I have a friend <u>who</u> came from France.
④ This is the piano <u>that</u> I bought for my son.
⑤ We visited a temple <u>which</u> is in Busan.

POINT 2·3·6·7

2
① <u>What</u> he told me was not true.
② I like the new bag <u>who</u> my mom bought.
③ Mary is a student <u>who</u> is good at math.
④ She knows a girl <u>whose</u> dream is to become a designer.
⑤ This musical is <u>what</u> I wanted to see.

[3-4] 다음 중 빈칸 (A), (B)에 들어갈 말이 바르게 짝지어진 것을 고르세요.

POINT 2·3

3
· I have a brother ____(A)____ is studying in Japan.
· Someday, I'll write a book ____(B)____ many people will love.

① who — which
② whom — which
③ who — whose
④ whom — that
⑤ whose — that

POINT 6·7

4
· The parrot repeated ____(A)____ I said.
· I like movies ____(B)____ ending is touching.

① that — which
② that — whose
③ what — which
④ what — whose
⑤ which — whose

POINT 2·3·6

5 다음 〈보기〉의 밑줄 친 부분과 역할이 같은 것을 <u>모두</u> 고르세요.

〈보기〉 Don't forget the promise <u>that</u> you and I made.

① I like cats <u>which</u> have big eyes.
② The baby <u>whose</u> face is round is cute.
③ That's the chair <u>that</u> was made by David.
④ He is the actor <u>whom</u> I met at the party.
⑤ The car <u>which</u> he had repaired broke down again.

[6-9] 다음 두 문장을 관계대명사를 사용하여 한 문장으로 쓰세요. **서술형**

POINT 2

6
I found a child. He hid behind a tree.

→ _____

POINT 3

7
I want to sell the bike. I bought it five years ago.

→ _____

_____

POINT 3

8
I had breakfast. My sister made it.

→ _____

_____

POINT 6

9
Dan saw an old man. His hair is gray.

→ _____

_____

10 다음 중 밑줄 친 that의 쓰임이 같은 것끼리 짝지어진 것을 고르세요.

ⓐ She said <u>that</u> she didn't tell a lie.
ⓑ Do you know who <u>that</u> girl is?
ⓒ This is the best dress <u>that</u> I have.
ⓓ <u>That</u>'s the only thing that I can give you.
ⓔ I want to go to places <u>that</u> have a nice view.

① ⓐ, ⓓ   ② ⓑ, ⓒ   ③ ⓑ, ⓓ
④ ⓒ, ⓓ   ⑤ ⓒ, ⓔ

[11-13] 밑줄 친 부분을 바르게 고쳐 쓰세요. 서술형

11

Look at the girls <u>who is</u> eating ice cream.

→ _____

12

That's the picture <u>that I painted it</u> yesterday.

→ _____

13

Do you know the girl <u>that father</u> is a pilot?

→ _____

14 다음 중 두 문장을 한 문장으로 <u>잘못</u> 연결한 것을 고르세요.

① She didn't understand the thing. I said the thing.
  → She didn't understand which I said.
② Cheetahs are animals. They can run so fast.
  → Cheetahs are animals that can run so fast.
③ I met a man. His voice was very low.
  → I met a man whose voice was very low.
④ Did you read the book? I lent it to you.
  → Did you read the book which I lent to you?
⑤ Look at the cat. It's running after a mouse.
  → Look at the cat which is running after a mouse.

15 다음 그림을 보고 문장을 완성하세요.
REAL 기출 서술형

→ A boy is sitting next to a woman _____
_____ _____ a book.

[16-17] 다음 중 빈칸에 공통으로 들어갈 말로 옳은 것을 고르세요.

16

· Amundsen was the first man _____ arrived at the South Pole.
· My grandma used to say _____ the early bird catches the worm.

① who   ② whom   ③ which
④ that   ⑤ what

POINT 2·3

17

· I know that lady _____ has just come into the room.

· She is a movie director _____ I want to meet.

① who   ② what   ③ whom

④ whose   ⑤ which

POINT 1·2·3·6·7

18 다음 중 밑줄 친 부분에 대한 설명으로 알맞지 <u>않은</u> 것을 고르세요. 고난도

ⓐ I ate some pizza <u>which</u> Dad made.

ⓑ Look at <u>the girl</u> that is playing soccer.

ⓒ She is wearing the dress <u>which</u> is made of silk.

ⓓ <u>What</u> comes after summer is fall.

ⓔ I'll take that shirt <u>whose</u> color is white.

① ⓐ that으로 바꾸어 쓸 수 있다.

② ⓑ 관계대명사 that의 선행사이다.

③ ⓒ 생략할 수 있다.

④ ⓓ 선행사를 포함하고 있다.

⑤ ⓔ 소유격 관계대명사이다.

[19-21] 우리말과 일치하도록 주어진 단어를 올바르게 배열하세요. 서술형

POINT 6

19

나는 이름이 내 것과 비슷한 소녀를 알고 있다.

(similar with / a girl / name / whose / is / mine)

→ I know _____

_____ .

POINT 4

20

이것이 Tom이 나에게 준 반지이다.

(is / Tom / this / the / me / to / gave / ring)

→ _____ .

POINT 7

21

그 대답은 내가 듣길 원한 것이 아니었다.

(what / the / not / was / answer / I / hear / to / wanted)

→ _____

_____ .

POINT 4

22 다음 문장에서 생략할 수 있는 것을 고르세요.

I remember ① the song ② which ③ she ④ taught to ⑤ me.

POINT 7

23 다음 메모를 보고 〈보기〉와 같이 문장을 완성하세요. REAL 기출 서술형

배우고 싶은 것	Taekwondo
빌리고 싶은 것	Tom's camera
갖고 싶은 것	a soccer ball
먹고 싶은 것	cream pasta

〈보기〉 A: What do you want to learn?

B: What I want to learn is Taekwondo.

(1) A: What do you want to have?

B: _____

(2) A: What do you want to borrow?

B: _____

(3) A: What do you want to eat?

B: _____

Memo

READING RELAY 한 권으로
영어를 공부하며 국·수·사·과까지 5과목 정복!

리딩릴레이 시리즈

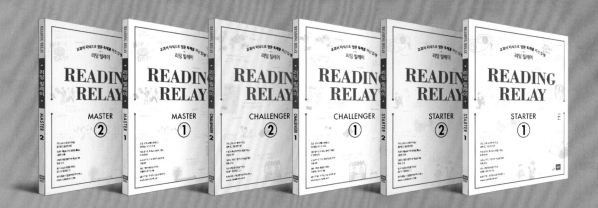

1 각 챕터마다 주요 교과목으로 지문 구성!

우리말 지문으로 배경지식을 읽고, 관련된 영문 지문으로 독해력 키우기

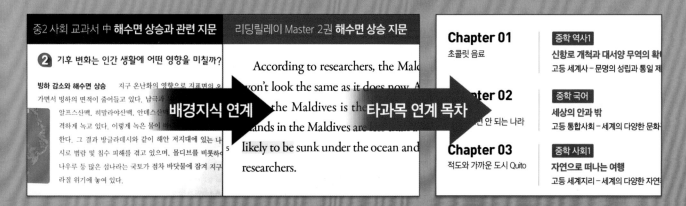

중2 사회 교과서 中 해수면 상승과 관련 지문	리딩릴레이 Master 2권 해수면 상승 지문
2 기후 변화는 인간 생활에 어떤 영향을 미칠까?	According to researchers, the Mald
빙하 감소와 해수면 상승 지구 온난화의 영향으로 지표면의	won't look the same as it does now. A
가면서 빙하의 면적이 줄어들고 있다. 남극과	the Maldives is the
알프스산맥, 히말라야산맥, 안데스산	lands in the Maldives are
격하게 녹고 있다. 이렇게 녹은 물이 배	likely to be sunk under the ocean and
한다. 그 결과 방글라데시와 같이 해안 저지대에 있는 나	researchers.

배경지식 연계 → 타과목 연계 목차

Chapter 01 초콜릿 음료 · 중학 역사1 — 신항로 개척과 대서양 무역의 확 / 고등 세계사 – 문명의 성립과 통일 제

Chapter 02 연 안 되는 나라 · 중학 국어 — 세상의 안과 밖 / 고등 통합사회 – 세계의 다양한 문화

Chapter 03 적도와 가까운 도시 Quito · 중학 사회1 — 자연으로 떠나는 여행 / 고등 세계지리 – 세계의 다양한 자연

2 학년별로 국/영문의 비중을 다르게!

지시문 & 선택지 기준

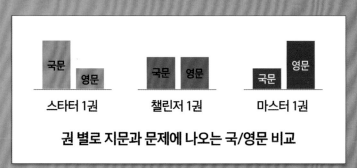

국문 영문	국문 영문	국문 영문
스타터 1권	챌린저 1권	마스터 1권

권 별로 지문과 문제에 나오는 국/영문 비교

3 교육부 지정 필수 어휘 수록!

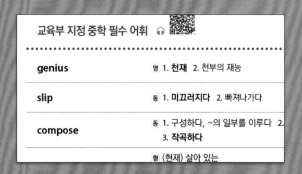

교육부 지정 중학 필수 어휘

genius	명 1. **천재** 2. 천부의 재능
slip	동 1. **미끄러지다** 2. 빠져나가다
compose	동 1. 구성하다, ~의 일부를 이루다 2. 3. 작곡하다
	형 (현재) 살아 있는

1 구문 판매 1위 '천일문' 콘텐츠를 활용하여 정확하고 다양한 구문 학습

(끊어읽기) (해석하기) (문장 구조 분석) (해설·해석 제공) (단어 스크램블링) (영작하기)

2 문법·서술형 쎄듀의 모든 문법 문항을 활용하여 내신까지 해결하는 정교한 문법 유형 제공

(객관식과 주관식의 결합) (문법 포인트별 학습) (보기를 활용한 집합 문항) (내신대비 서술형) (어법+서술형 문제)

3 어휘 초·중·고·공무원까지 방대한 어휘량을 제공하며 오프라인 TEST 인쇄도 가능

(영단어 카드 학습) (단어 ↔ 뜻 유형) (예문 활용 유형) (단어 매칭 게임)

4 선생님 보유 문항 이용

(Online Test) (OMR Test)

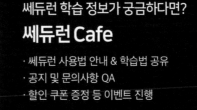

cafe.naver.com/cedulearnteacher

쎄듀런 학습 정보가 궁금하다면?

쎄듀런 Cafe

· 쎄듀런 사용법 안내 & 학습법 공유
· 공지 및 문의사항 QA
· 할인 쿠폰 증정 등 이벤트 진행

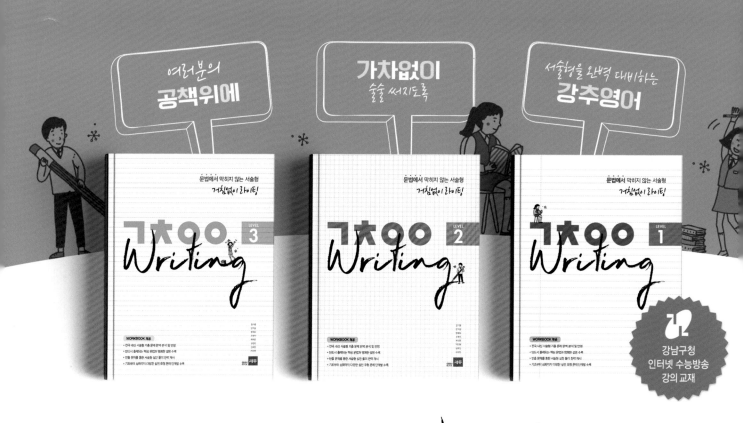

천일문 GRAMMAR

LEVEL 2

WORKBOOK

천일문
GRAMMAR

WORKBOOK

Unit 1 현재, 과거, 미래 & 진행형

A 다음 중 어법상 알맞은 것을 고르세요. POINT 1·2·3·4

1 The Earth [was / is / will be] round.

2 It [snowed / snows / is snowing] a lot last winter.

3 She [was writing / writes / is writing] a letter right now.

4 I [bought / buy / am buying] a new camera last weekend.

5 He [built / builds / will build] a house for his parents in 2010.

6 My sister [was / is / will be] 20 years old next year.

7 I [was taking / take / will take] a shower a few minutes ago.

8 She [sang / sings / is going to sing] a song at the party next weekend.

B 우리말과 일치하도록 〈보기〉의 단어를 사용하여 빈칸에 알맞은 말을 쓰세요. POINT 1·2

> 〈보기〉 play   become   use   meet   rain   eat

1 Sally는 일주일 전에 그 노트북을 사용했다.

   → Sally _____ the laptop a week ago.

2 그는 보통 아침 8시에 아침을 먹는다.

   → He usually _____ breakfast at 8 in the morning.

3 우리는 매주 주말에 야구를 한다.

   → We _____ baseball every weekend.

4 Amy는 미래에 유명한 가수가 될 것이다.

   → Amy _____ a famous singer in the future.

5 나는 지난주에 나의 선생님을 만났다.

   → I _____ my teacher last week.

6 내일 아침에 비가 올 것이다.

   → It _____ tomorrow morning.

C 주어진 단어를 사용하여 현재진행형 또는 과거진행형으로 문장을 완성하세요. POINT 3·4

1 A: I called you five times. Why didn't you answer the phone?

   B: I'm sorry. I _____ a movie then. (watch)

2 A: Where are John and Paul?

   B: They _____ a meeting on the third floor. (attend)

3 A: David, where were you at six yesterday?

   B: I _____ a ticket at the train station. (buy)

4 He _____ at the mirror right now. (look)

5 We _____ our homework in the library yesterday. (do)

6 Jason _____ the guitar last night. (practice)

7 I have a math test tomorrow, so I _____ now. (study)

8 He _____ the wall this morning. (paint)

9 We _____ a computer game thirty minutes ago. (play)

10 Look at the dogs. They _____ their tails. (wag)

D 우리말과 일치하도록 다음 질문에 알맞은 대답을 완성하세요. POINT 2·3·4

1 A: What were you doing two hours ago?

   B: _____. (나는 내 숙제를 하고 있었어.)

2 A: Did you finish your homework?

   B: Yes, I did. And _____ after school.

   (나는 방과 후에 내 친구들과 농구를 할 거야.)

3 A: What is Dan eating right now?

   B: _____ in the kitchen.

   (Dan은 부엌에서 피자를 먹고 있어.)

wag (개가 꼬리를) 흔들다

Unit 2 현재완료의 개념과 형태

A 주어진 단어를 알맞은 형태로 바꿔 써서 현재완료 문장을 완성하세요. POINT 5

1 I _____ science for two hours. (study)

2 She _____ in this house since 2012. (live)

3 Larry _____ just _____ here. (leave)

4 The old man _____ carrots every summer. (grow)

5 She _____ sick since Friday. (be)

6 My sister _____ as a chef for 10 years. (work)

7 I _____ these kittens from birth. (raise)

8 We _____ each other since last year. (know)

9 It _____ for two days. (snow)

10 He _____ many books about space. (buy)

B 빈칸에 알맞은 동사를 〈보기〉에서 골라 괄호 안의 지시대로 바꿔 쓰세요. (단, 한 번씩만 쓸 것) POINT 5·6

> 〈보기〉 repair   take   complete

1 Kevin _____ guitar lessons since 2013. (현재완료 긍정문)

 Kevin _____ guitar lessons since 2013. (현재완료 부정문)

 _____ Kevin _____ guitar lessons since 2013? (현재완료 의문문)

2 The engineer _____ my computer. (현재완료 긍정문)

 The engineer _____ my computer. (현재완료 부정문)

 _____ the engineer _____ my computer? (현재완료 의문문)

3 You _____ successfully _____ the drawing course. (현재완료 긍정문)

 You _____ successfully _____ the drawing course.
 (현재완료 부정문)

 _____ you successfully _____ the drawing course? (현재완료 의문문)

kitten 새끼 고양이   repair 수리하다   complete 완료하다

C 다음 중 어법상 알맞은 것을 고르세요. POINT 5·6

1 She [has eated / has eaten] healthy food for a long time.

2 We [have never be / have never been] there.

3 [Do you have ever tried / Have you ever tried] Thai food?

4 They [has been married / have been married] for 10 years.

5 I [don't have broken / have not broken] a law.

6 [Have you taken / Have you took] my book?

7 She [has been / have been] to Spain many times.

8 I [hasn't played / haven't played] hockey before.

9 [Did you seen / Have you seen] a musical before?

10 A: Have they made a waiting list for tour programs?
   B: Yes, they [have / do].

D 우리말과 일치하도록 주어진 단어를 사용하여 현재완료형 문장을 완성하세요. POINT 5·6

1

> My brother Tom is a writer. He (1) 많은 책을 썼다. His book *The Earth* is a best-seller. He (2) 유명한 작가가 되었다. I'm proud of him.

(1) He _____. (write, many books)

(2) He _____. (become, famous, writer)

2

> I have an English test today. I (1) 공부를 열심히 했다. I (2) 아직 시험을 치지 않았다, but I'm sure that I'll pass it.

(1) I _____. (study, hard)

(2) I _____ yet. (take, the test)

Thai 태국의   waiting list 대기자 명단   best-seller 베스트셀러

Unit 3 현재완료의 주요 의미

A 다음 각 문장의 현재완료 의미를 〈보기〉에서 찾아 쓰세요. POINT 7·8·9·10

〈보기〉 ⓐ 계속 ⓑ 경험 ⓒ 완료 ⓓ 결과

1 I have never seen a ghost. _____

2 We have protected our country for a long time. _____

3 They have just heard the news. _____

4 I've been to a flower shop several times. _____

5 Mr. Brown hasn't cleaned his house yet. _____

6 The thief has stolen my wallet. _____

7 They have never used the machine. _____

8 I've taken piano lessons for six months. _____

9 He has already had lunch. _____

10 She has lost her diary. _____

B 우리말과 일치하도록 주어진 단어를 사용하여 현재완료형 문장을 완성하세요. POINT 7·8·9·10

1 나는 3년 동안 한국사를 공부해 왔다. (study, Korean history)

→ I _____ for three years.

2 그는 전에 코끼리를 타본 적이 있다. (ride, an elephant)

→ He _____ before.

3 그녀는 방금 막 지하철역에 도착했다. (just, arrive)

→ She _____ at the subway station.

4 나는 아직 그를 위한 선물을 사지 못했다. (buy, a gift)

→ I _____ for him yet.

5 Jack은 고향으로 가버렸다. (go, to his hometown)

→ Jack _____.

6 그들은 2010년부터 병원에서 일했다. (work, at a hospital)

→ They _____ since 2010.

protect 보호하다

C 다음 밑줄 친 부분이 맞으면 ○, 틀리면 ×하고 바르게 고치세요. POINT 7-11

1 They <u>have been</u> busy last week. _____
2 I have studied science <u>since</u> five years. _____
3 <u>Did she visit</u> a hospital when she traveled Europe? _____
4 It <u>snowed</u> two days ago. _____
5 She <u>has visited</u> Sydney in 2014. _____
6 He <u>bought</u> a new bag yesterday. _____
7 I <u>have been</u> ill since last Tuesday. _____
8 We have been friends <u>for</u> our childhood. _____
9 I <u>have been awake</u> since 5 a.m. in the morning. _____

D 주어진 두 문장을 괄호 안의 단어를 이용하여 현재완료 문장으로 다시 쓰세요. POINT 7-8-9-10

1 Min-jun moved to Incheon two years ago. He still lives there. (live in)
= _____

2 My mom started to run a fashion company in 2007. She still runs it. (run)
= _____

3 A thief stole my necklace. I don't have it now. (steal)
= _____

4 I have my science homework. But I didn't finish it yet. (finish)
= _____

5 I first read *Beauty and the Beast* last year. I read it again yesterday. (read)
= _____

childhood 어린 시절   awake 깨어 있는, 잠들지 않은   run 경영하다; 달리다   necklace 목걸이

Chapter Test

[1-2] 다음 중 동사의 변화형이 바른 것을 고르세요.

POINT 5

1
① run — ran — run
② hurt — hurted — hurted
③ think — thinked — thinked
④ do — did — did
⑤ begin — begun — began

POINT 5

2
① put — putted — putted
② leave — leaved — leaved
③ become — became — become
④ take — taken — took
⑤ swim — swum — swam

[3-4] 우리말과 일치하도록 빈칸에 들어갈 알맞은 말을 고르세요.

POINT 2

3

> 그들은 이번 주말에 소파를 주문할 것이다.
> They _____ a sofa this weekend.

① ordered
② order
③ were ordering
④ are going to order
⑤ have ordered

POINT 2·11

4

> 나는 지난달에 Oliver를 공원에서 만났다.
> I _____ Oliver in the park last month.

① meet
② met
③ have met
④ am meeting
⑤ was meeting

POINT 5·7

5 우리말과 일치하도록 주어진 단어를 사용하여 현재완료 문장을 완성하세요. (서술형)

> 우리 할머니는 5년 동안 감자를 키우셨다. (grow, potatoes)

→ My grandmother _____
for five years.

POINT 1·2·3·4

6 다음 중 밑줄 친 부분이 어법상 알맞은 것을 고르세요.
① She was wearing a blue dress now.
② She checks her e-mail a few hours ago.
③ Jane lent me a book next time.
④ They were listening to music then.
⑤ Bears slept for a few months in the winter.

POINT 4

7 다음 질문에 대한 대답으로 가장 적절한 것을 고르세요.

> A: What were you doing on Saturday?
> B: _____.

① I shop with my mother.
② I am shopping with my mother.
③ I will shop with my mother.
④ I was shopping with my mother.
⑤ I am going to shop with my mother.

[8-9] 우리말과 일치하도록 주어진 단어를 올바르게 배열하세요. 서술형

POINT 6·7

8

준호는 오늘 아침부터 아무것도 먹지 않았다.
(not / anything / Junho / has / eaten)

→ _____

since this morning.

POINT 6·9

9

너는 네 숙제를 끝냈니?
(finished / have / your / you / homework)

→ _____ ?

POINT 10

10 다음 두 문장을 한 문장으로 바르게 바꾼 것을 고르세요.

Wendy lost her ring yesterday. Now she doesn't have it.

① Wendy loses her ring.
② Wendy has lost her ring.
③ Wendy is losing her ring.
④ Wendy was losing her ring.
⑤ Wendy is going to lose her ring.

POINT 4

11 다음 표를 보고 질문에 대한 대답을 완성하세요.

REAL 기출 서술형

time	Nick	Susan
3 p.m.	play games	watch TV
8 p.m.	clean the house	wash the dishes

Q: What was Nick doing at 3 p.m.?

A: He _____ then.

POINT 1·2·3·6·11

12 다음 중 어법상 알맞지 <u>않은</u> 문장을 고르세요.

① I'm going to make salad tomorrow.
② My brother is packing his bag now.
③ Humans need water and air.
④ James hasn't answered my question.
⑤ She has hurt her finger yesterday.

[13-14] 주어진 문장과 현재완료의 쓰임이 같은 문장을 고르세요.

POINT 7·8·9·10

13

I have been to London twice.

① I have never seen this cartoon before.
② Sam has gone to Japan.
③ They already have solved the quiz.
④ I have discussed it with him for two hours.
⑤ He has forgot his password.

POINT 7·8·9

14

Jimmy hasn't joined a club in his school yet.

① The baby has slept for a long time.
② Have you ever imagined your future?
③ Amy has already paid for the ticket.
④ I have taught students since 2015.
⑤ My family has never visited Rome.

POINT 3·6·11

15 어법상 알맞지 <u>않은</u> 부분을 찾아 바르게 고쳐 쓰세요.

고난도 서술형

(1) Have stayed you up all night?
(2) The boy on the bench is having a big balloon.
(3) My sister has been never absent from school.
(4) Ron has bought his first car in 2006.

Unit 1 can/may/will

A 다음 밑줄 친 부분이 맞으면 ○, 틀리면 ×하고 바르게 고치세요. POINT 1·2

1 <u>Can</u> we park our car here? _____

2 Peter <u>are able to</u> play basketball very well. _____

3 Yujin <u>could</u> read Chinese when she was five. _____

4 Students <u>is able to</u> get a 15% discount. _____

5 I <u>can</u> run very fast when I was young. _____

6 She <u>is able to</u> fix the copy machine yesterday. _____

7 He <u>can</u> buy the concert tickets. _____

8 They <u>are able to</u> finish all their homework last night. _____

B 〈보기〉에서 알맞은 말을 골라 문장을 완성하세요. (단, 한 번씩만 쓸 것) POINT 3·4

〈보기〉	may	would	will	will not	may not

1 My uncle _____ paint his house. It's too old.

2 The girl with long hair _____ be Yuri's sister.

3 _____ you do me a favor?

4 You _____ turn on the TV. Your brother is studying now.

5 We _____ talk to her again. She is very rude.

〈보기〉	won't	may not	may	would	will

6 You _____ go see a musical tonight. But you should come home early.

7 _____ you tell me your address?

8 The news _____ be true. We can't believe it.

9 I'm busy now. I _____ call you later.

10 He _____ visit you because he is very tired.

discount 할인   do A a favor A의 부탁을 들어주다

C 밑줄 친 조동사의 의미로 가장 적절한 것을 〈보기〉에서 골라 그 기호를 쓰세요. POINT 1·3·4

> 〈보기〉 ⓐ 능력: ~할 수 있다   ⓑ 허가: ~해도 된다
> ⓒ 추측: ~일지도[할지도] 모른다   ⓓ 요청: ~해 주시겠어요?
> ⓔ 미래: ~일[할] 것이다

1 I will travel to Europe this summer vacation. _____
2 You may drink anything in the kitchen. _____
3 Would you show me your boarding pass, please? _____
4 It may rain soon. It's cloudy now. _____
5 Could you give me a hand? _____
6 My grandmother can surf the Internet. _____
7 Will you meet Amy on the weekend? _____
8 You can take off your coat. _____

D 우리말과 일치하도록 조동사와 주어진 단어를 사용하여 문장을 완성하세요. POINT 1·2·3·4

1 그녀는 6시에 도착하지 않을지도 모른다. (arrive)
   → She _____ _____ _____ at 6 o'clock.

2 Tim은 세 가지 언어를 말할 수 있다. (speak)
   → Tim _____ _____ three languages.

3 그는 곧 집에 올 것이다. (come)
   → He _____ _____ home soon.

4 Mary는 작년에 입학시험을 쉽게 통과할 수 있었다. (pass)
   → Mary _____ _____ the entrance exam easily last year.

5 나는 이번 주에 영화 보러 가지 않을 것이다. (go)
   → I _____ _____ to the movies this week.

6 Sam은 4년 전에는 스케이트를 매우 잘 탈 수 있었다. (skate)
   → Sam _____ _____ _____ _____ very well four years ago.

7 Jenny는 그 문제에 대한 답을 알지도 모른다. (know)
   → Jenny _____ _____ the answer to the question.

8 너는 2층에서 화장실을 발견할 것이다. (find)
   → You _____ _____ a toilet on the 2nd floor.

---

boarding pass 탑승권   give A a hand A에게 도움을 주다   surf the Internet 인터넷 검색을 하다

Unit 2 must/have to/should

A 밑줄 친 부분의 의미를 〈보기〉에서 골라 그 기호를 쓰세요. POINT 5

> 〈보기〉 ⓐ 의무: ~해야 한다
> ⓑ 강한 금지: ~하면 안 된다
> ⓒ 강한 추측: ~임이 틀림없다

1 We <u>must</u> protect the Earth. _____

2 My dog <u>must</u> be very hungry after a long walk. _____

3 You <u>must not</u> swim in the ocean. _____

4 We <u>have to</u> keep quiet in the library. _____

5 There <u>must</u> be an accident. _____

6 You <u>must not</u> cut in line. _____

7 Sora <u>had to</u> take care of her little sister. _____

B 주어진 단어와 must not 또는 don't[doesn't] have to를 사용하여 문장을 완성하세요. POINT 6

1 We _____ the street at the red light. (cross)

2 You _____ about it. (worry)

3 You look slim. You _____ on a diet. (go)

4 Look at the sign. You _____ here. (sit)

5 Tommy has a lot of time. He _____ in a hurry. (be)

6 You _____. I can hear you. (shout)

7 We _____ flowers. (pick)

8 Tomorrow is Sunday. My sister _____ to sleep early tonight. (go)

9 You _____ pictures in a museum. (take)

protect 보호하다   walk 산책   cut in line 새치기하다   go on a diet 다이어트를 하다   be in a hurry 서두르다

C 우리말과 일치하도록 〈보기〉에서 알맞은 말을 골라 쓰세요. (단, 한 번씩만 쓸 것) `POINT 5·6·7`

> 〈보기〉 don't have to   must   must not   has to   should

1 나는 토요일에 도시락을 가져갈 필요가 없다.
   → I _____ bring a lunch box on Saturday.

2 우리는 집에 가서 쉬는 게 좋겠다.
   → We _____ go home and take a rest.

3 그는 교실에 있는 게 틀림없다.
   → He _____ be in the classroom.

4 너는 9시 이후에는 외출하면 안 된다.
   → You _____ go out after 9 o'clock.

5 미나는 오늘 밤 세라에게 이메일을 보내야 한다.
   → Mina _____ send an e-mail to Sera tonight.

D 우리말과 일치하도록 주어진 단어를 사용하여 문장을 완성하세요. `POINT 5·6·7`

1 우리는 식사 전에 손을 씻어야 한다. (wash, must)
   → We _____ _____ our hands before a meal.

2 너는 TV에 너무 가까이 앉지 말아야 한다. (sit, should)
   → You _____ _____ _____ too close to the TV.

3 이 일은 네게 몹시 힘든 일임에 틀림없다. (be)
   → This _____ _____ a very hard job for you.

4 우리는 매일 아침 일찍 일어나야 했다. (get up)
   → We _____ _____ _____ _____ early every morning.

5 그녀는 나에게 화가 난 게 틀림없다. (be)
   → She _____ _____ angry with me.

6 Brian은 이번에는 시험에 통과해야 한다. (pass, have to)
   → Brian _____ _____ _____ the test this time.

7 아이들은 성냥을 가지고 놀면 안 된다. (play, must)
   → Children _____ _____ _____ with matches.

8 너는 지하철역까지 걸어갈 필요가 없다. (walk)
   → You _____ _____ _____ _____ to the subway station.

Unit 3 had better/would like to/used to

A   다음 밑줄 친 부분을 바르게 고치세요. POINT 8·9·10

1   He <u>uses to</u> play soccer every Saturday.   → _____
2   We've <u>better</u> book the ticket early.   → _____
3   I <u>would like</u> drink orange juice.   → _____
4   I'd <u>like keep</u> a dog.   → _____
5   You <u>had not better</u> eat too much.   → _____
6   I <u>has better</u> cut my hair soon.   → _____
7   I <u>used to going</u> on a picnic with Amy on Sundays.   → _____
8   You <u>have better</u> take a taxi.   → _____

B   빈칸에 알맞은 말을 〈보기〉에서 골라 쓰세요. POINT 8·10

〈보기〉 had better	had better not	used to

1   We're late. We _____ hurry.
2   My family _____ visit my grandparents every weekend 10 years ago.
3   I'm hungry. I _____ order a large size pizza.
4   It's snowing. We _____ climb the mountain.
5   He _____ drink coffee in the morning, but he doesn't now.
6   You _____ play computer games too much.

book 예약[예매]하다

C 우리말과 일치하도록 주어진 단어를 사용하여 빈칸을 완성하세요. POINT 8·9·10

1 나는 이번 주 토요일에 공원에 가고 싶다. (go)

→ I _____ _____ _____ _____ to the park this Saturday.

2 너는 조심하는 게 좋겠다. (be)

→ You _____ _____ _____ careful.

3 예전에는 여기에 사진관이 있었다. (be)

→ There _____ _____ _____ a photo studio here.

4 이 셔츠를 입어 보시겠어요? (try)

→ _____ _____ _____ _____ _____ this shirt on?

5 너는 아침 식사를 거르지 않는 게 좋겠다. (skip)

→ You _____ _____ _____ _____ breakfast.

6 그는 어렸을 때 부산에 살았었다. (live)

→ He _____ _____ _____ in Busan when he was a child.

7 우리는 그 문제에 대해 선생님께 여쭤 보는 게 낫겠다. (ask)

→ We _____ _____ _____ our teacher about the question.

D 주어진 단어와 〈보기〉에서 알맞은 조동사를 사용하여 다음 대화를 완성하세요. POINT 8·9·10

〈보기〉 had better	would like to	used to

1 A: What will you do on the weekend?

B: I _____ to the movies. (go)

2 A: I have a toothache.

B: You _____ to a dentist. (go)

3 A: May I take your order?

B: Yes. I _____ a hamburger. (have)

4 A: Do you watch TV a lot?

B: I _____ TV a lot, but now I don't. (watch)

5 A: I got a bad grade on the last science test.

B: You _____ hard. (study)

6 A: Are you afraid of birds?

B: I _____ afraid of birds, but now I'm not. (be)

toothache 치통   grade 성적   be afraid of 무서워하다

Chapter Test

POINT 3

1 다음 중 보기의 밑줄 친 부분과 같은 의미로 쓰인 것을 고르세요.

〈보기〉 Jake <u>may</u> be in the office now.

① You <u>may</u> use my bike.
② The work <u>may</u> not be difficult.
③ <u>May</u> I ask you a question?
④ You <u>may</u> take a short break now.
⑤ You <u>may</u> leave before lunch.

POINT 5

2 우리말과 일치하도록 빈칸에 들어갈 알맞은 말을 고르세요.

모든 사람은 차 안에서 안전벨트를 매야 한다.
→ Everyone _____ wear seat belts in a car.

① may   ② must   ③ can't
④ have to   ⑤ may not

POINT 1·5

3 다음 중 (A), (B)에 들어갈 말이 바르게 짝지어진 것을 고르세요.

• I stayed up late. I ____(A)____ study for the test.
• Brown ____(B)____ pass the audition last week.

① must — can   ② must — could
③ have to — could   ④ had to — could
⑤ had to — can

POINT 5

4 다음 중 밑줄 친 must의 의미가 나머지와 다른 하나를 고르세요.

① They <u>must</u> be baseball players.
② You <u>must</u> obey the rules.
③ You <u>must</u> wear a helmet here.
④ You <u>must</u> discuss it with your teacher first.
⑤ We <u>must</u> clean the living room.

POINT 6

5 다음 중 어법상 알맞은 문장을 고르세요.

① Linda don't have to get up early today.
② I don't had to wear gloves now.
③ They doesn't have to wash the dishes.
④ He doesn't have to water the plants in the garden.
⑤ You don't have to spending much money on new clothes.

POINT 2

6 다음 밑줄 친 부분을 한 단어로 바꿔 쓰세요.

I was happy because I <u>was able to</u> go on a trip with my friends.

→ _____

POINT 8

7 다음 문장에서 어법상 알맞지 않은 부분을 바르게 고쳐 문장을 다시 쓰세요. 서술형

We'd not better have raw fish.

→ _____

POINT 4·5·7·8

8 다음 대화의 빈칸에 들어갈 말로 어색한 것을 고르세요.

A: Are you okay?
B: I have a bad cold.
A: _____

① Go to the doctor right now.
② You have to go to the doctor right now.
③ You'd better go to the doctor right now.
④ You should go to the doctor right now.
⑤ You will go to the doctor right now.

POINT 5·6·7·8

9 다음 밑줄 친 부분과 바꿔 쓸 수 있는 문장 두 개를 고르세요.

> A: Can I play outside now?
> B: No, <u>don't do that</u>. It's too cold.

① You have to play outside now.

② You must not play outside now.

③ You had better play outside now.

④ You should not play outside now.

⑤ You don't have to play outside now.

POINT 8

10 다음 중 밑줄 친 부분의 의도로 알맞은 것을 고르세요.

> Jina: What's the matter, Sora? You don't look good.
> Sora: Well, I'm worried about my weight. I think I gained weight.
> Jina: <u>I think you had better get some exercise.</u>

① 요청하기   ② 격려하기

③ 충고하기   ④ 위로하기

⑤ 금지하기

POINT 6

11 다음 중 빈칸에 들어갈 말을 〈보기〉에서 골라 순서대로 바르게 연결한 것을 고르세요.

> 〈보기〉 ⓐ must not   ⓑ don't have to
>   ⓒ doesn't have to

(A) They _____ go to school next Wednesday. It is a holiday.

(B) She _____ use her cell phone during class.

(C) Sam _____ do chores on his birthday.

① ⓐ-ⓑ-ⓒ   ② ⓑ-ⓐ-ⓒ   ③ ⓑ-ⓒ-ⓐ

④ ⓒ-ⓐ-ⓑ   ⑤ ⓒ-ⓑ-ⓐ

POINT 3·4·5·6

12 다음 중 주어진 우리말을 바르게 영작한 것을 고르세요.

① Diana는 집에 일찍 돌아와야 한다.

   → Diana have to come back home early.

② 너는 거기에 가서는 안 된다.

   → You don't have to go there.

③ 그 식당은 비쌀지도 모른다.

   → The restaurant may be expensive.

④ 그는 그녀의 아버지가 아닐지도 모른다.

   → He can be her father.

⑤ 나는 매일 일기를 쓸 것이다.

   → I can keep a diary every day.

POINT 6

13 다음 글의 내용상 빈칸에 들어갈 알맞은 말을 고르세요.

> Online shopping is fun. We just turn on the computer and read the menus. And then we order something with a single click. We _____ go to the store.

① should   ② could not

③ don't have to   ④ must not

⑤ should not

POINT 1·4·5

14 다음은 일기문입니다. 밑줄 친 부분을 바르게 고친 것으로 알맞지 않은 것을 고르세요. 고난도 REAL 기출

> Friday, July 20
> The camping trip was terrible. We ⓐ<u>can't</u> ⓑ<u>started</u> a fire because of the heavy rain. So, we ⓒ<u>have</u> ⓓ<u>to eat</u> cold food for dinner. We will ⓔ<u>chose</u> a better trip next time.

① ⓐ can't → couldn't

② ⓑ started → start

③ ⓒ have → had

④ ⓓ to eat → eat

⑤ ⓔ chose → choose

Unit 1 재귀대명사

A 다음 빈칸에 알맞은 재귀대명사를 쓰세요. POINT 1·2·4

1 The players were proud of _____ after the match.

2 He couldn't forgive _____.

3 I fell down on the steps and hurt _____.

4 My sister dressed _____ for the picnic.

5 We took pictures of _____.

6 The man drew _____ many times.

7 A cat hid _____ behind the wall.

8 Let me introduce _____ to you.

9 The men seated _____ behind the women.

B 다음 중 어법상 알맞은 것을 고르세요. POINT 1·2·3

1 She showed [him / himself] her album.

2 We have to love [us / ourselves].

3 He repaired the copy machine [him / himself].

4 Don't blame [yourself / you]. It's not your fault.

5 My mom made [me / myself] a delicious cake.

6 Babies cannot take care of [them / themselves].

7 Tom gave [her / herself] a birthday present.

8 They designed the beautiful building [them / themselves].

forgive 용서하다   step 계단   hide(-hid-hidden) 숨기다   seat 앉히다   repair 수리하다   take care of ~을 돌보다   design 설계하다

C 밑줄 친 부분을 생략할 수 있으면 ○, 생략할 수 없으면 ×표 하세요. POINT 2·3

1 The writer wrote a story about <u>himself</u>. _____
2 The little boy can dress <u>himself</u>. _____
3 I finished the report <u>myself</u>. _____
4 You should solve the problem <u>yourself</u>. _____
5 My mom burned <u>herself</u> on a hot frying pan. _____
6 We <u>ourselves</u> interviewed the actor. _____
7 Jerry thinks of <u>himself</u> as a good singer. _____
8 Some people hurt <u>themselves</u> during the hike. _____
9 Please express <u>yourself</u> freely on the stage. _____

D 우리말과 일치하도록 〈보기〉에서 알맞은 표현을 골라 빈칸에 쓰세요. (필요시 형태를 변형할 것) POINT 1·4

| 〈보기〉 | between ourselves | cut oneself | by oneself |
| | make oneself at home | say to oneself | help oneself |

1 들어와서 편하게 있으세요.
   → Come on in and _____.
2 닭고기를 마음껏 드세요.
   → Please, _____ to some chicken.
3 나는 "모든 것이 잘 될 거야."라고 혼잣말했다.
   → I _____, "Everything will be all right."
4 나는 유리 조각에 베였다.
   → I _____ on a piece of glass.
5 우리끼리 얘기인데, 그녀는 거짓말쟁이야.
   → _____, she is a liar.
6 너는 혼자서 저 상자를 옮길 수 있니?
   → Can you carry that box _____?

frying pan 프라이팬   interview 인터뷰하다   think of A as B A를 B로 생각하다[여기다]   hike 하이킹, 도보 여행

Unit 2 부정대명사 Ⅰ

A 빈칸에 알맞은 단어를 〈보기〉에서 골라 쓰세요. POINT 5·7

| 〈보기〉 one ones some any |

1 Do you like large cars or small _____?

2 Could you give me _____ help?

3 I have some pets. Do you have _____?

4 Most students are polite, but _____ are rude.

5 My watch is old and dirty. I want to buy a new _____.

6 Do you know _____ good place around here?

7 I missed the subway. When does the next _____ come?

8 A: I'd like to try on those glasses.
  B: Which _____?

B 우리말과 일치하도록 빈칸에 알맞은 말을 쓰세요. POINT 6

1 나는 두 명의 남동생이 있다. 한 명은 뚱뚱하고, 나머지 한 명은 날씬하다.
  → I have two little brothers. One is fat, and _____ is slim.

2 스무 명의 사람들이 있다. 몇몇 사람들은 여성이고, 나머지 모두는 남성이다.
  → There are twenty people. _____ people are female, and
  _____ are male.

3 그들 두 분 다 중학교 선생님이시다. 한 분은 영어를 가르치시고, 나머지 한 분은 수학을 가르치신다.
  → Both of them are middle school teachers. _____ teaches English, and
  _____ teaches math.

4 몇몇은 고전 음악을 좋아하고, 다른 몇몇은 좋아하지 않는다.
  → _____ like classical music, and _____ don't.

5 네 개의 치마가 있다. 하나는 검은색이고, 나머지 모두는 회색이다.
  → There are four skirts. _____ is black, and _____ are gray.

6 나는 누나가 세 명 있다. 한 명은 학생이고, 또 다른 한 명은 간호사이며, 나머지 한 명은 사무원이다.
  → I have three sisters. One is a student, _____ is a nurse, and
  _____ is an office worker.

try on (옷 등을) 착용해 보다

C 다음 밑줄 친 부분을 바르게 고치세요. POINT 5·6·7

1 Sally has a nice bicycle. I have <u>ones</u>, too. → _____

2 I bought three shirts. One is red, <u>the other</u> is blue, and the other is green. → _____

3 I have a cell phone. <u>One</u> is black and really thin. → _____

4 There are two books on the desk. One is mine, and <u>another</u> is his. → _____

5 Do you want <u>any</u> more sandwiches? → _____

6 Some people like vegetables, but <u>the other</u> don't. → _____

7 Kate broke my glasses by mistake. I need new <u>one</u>. → _____

8 There aren't <u>some</u> pancakes at home. → _____

D 우리말과 일치하도록 주어진 단어를 올바르게 배열하세요. (필요시 단어의 형태를 변형할 것) POINT 5·6·7

1 제가 빵을 좀 먹어도 될까요? (bread / have / some)
→ Could I _____, please?

2 저는 택시를 타고 싶어요. 저를 위해 택시를 불러주시겠어요? (one / for / call / me)
→ I want to take a taxi. Could you _____?

3 몇몇 소들은 흰색이고, 나머지 모두는 갈색이다. (others / be / the / brown)
→ Some cows are white, and _____.

4 나는 돈이 좀 필요하지만 하나도 없다. (have / any / don't)
→ I need some money, but I _____.

5 내 여동생은 인형이 두 개 있다. 하나는 금발이고, 나머지 하나는 갈색 머리이다. (have / other / the)
→ My sister has two dolls. One has blond hair, and _____ brown hair.

6 몇몇 학생들은 영어를 좋아하고, 다른 몇몇은 수학을 좋아한다. (like / others / math)
→ Some students like English, and _____.

7 저에게 세 개의 빨간색 펜과 두 개의 파란색 펜을 주시겠어요? (one / two / blue)
→ Could you give me three red pens and _____?

8 나는 모자가 많다. 하나는 검은색이고, 또 다른 하나는 빨간색이며, 나머지 모두는 흰색이다.
(others / white / be / the)
→ I have many caps. One is black, another is red, and _____.

thin 얇은　pancake 팬케이크

Unit 3 부정대명사 II

A 다음 중 어법상 알맞은 것을 고르세요. POINT 8-9

1 [All / Every] of the children should get there in time.
2 In my class, [both / each] of the boys has his own bike.
3 [All / Every] girl wants to dance with Eric.
4 [Both / Each] country has its own flag.
5 [All / Every] of the students were present.
6 I have two friends. [Both / Each] of them like playing computer games.
7 [Both / Each] of the students has his or her own room.

B 빈칸에 알맞은 단어를 〈보기〉에서 골라 쓰세요. (단, 한 번씩만 쓸 것) POINT 8-9

〈보기〉	each	both	all

1 I have two brothers. _____ of them dance well.
2 _____ player is wearing blue pants.
3 _____ of my friends liked the film.

〈보기〉	each	every	both

4 _____ girl in this class is interested in fashion.
5 _____ of us are middle school students.
6 _____ of the players in the baseball team plays a different role.

---

in time 제시간에　　flag 기(旗), 깃발　　present 참석한　　film 영화　　play a role 역할을 하다

C 다음 밑줄 친 부분을 바르게 고치세요. POINT 8·9

1 Every table <u>have</u> four chairs. → _____

2 Each chapter <u>begin</u> with a conversation in this book. → _____

3 Every member of the club <u>like</u> playing sports. → _____

4 All of the furniture <u>are</u> from Germany. → _____

5 Each of them <u>are</u> from a different country. → _____

6 Every <u>men</u> cannot be an artist. → _____

7 Both of the <u>girl is</u> Korean. → _____

8 Every <u>students need</u> a good dictionary. → _____

9 There is a garden outside both <u>restaurant</u>. → _____

D 우리말과 일치하도록 주어진 단어를 사용하여 문장을 완성하세요. POINT 8·9

1 모든 층에 두 개의 비상구가 있다. (every, on, floor)
→ There are two emergency exits _____.

2 우리는 둘 다 매우 바쁘다. (be, both, us, of)
→ _____ very busy.

3 각자 자기가 좋아하는 노래를 가지고 있다. (have, each, his)
→ _____ own favorite song.

4 우리 모두가 그 소식을 듣고 깜짝 놀랐다. (be, all, us, amazed, of)
→ _____ at the news.

5 학생들은 그의 모든 말에 귀를 기울였다. (word, his, every)
→ The students listened to _____.

6 나는 내 생일파티에 너희 둘 다 초대하고 싶다. (you, of, invite, both)
→ I want to _____ to my birthday party.

7 축제를 위한 모든 공연이 준비되어 있다. (be, all, the performances, ready, of)
→ _____ for the festival.

8 각각의 시험에는 스물다섯 개의 문제가 있다. (have, test, each)
→ _____ twenty-five questions.

chapter (책의) 장   conversation 대화   furniture 가구   dictionary 사전

Chapter Test

[1-2] 다음 중 밑줄 친 부분이 어법상 알맞지 <u>않은</u> 것을 고르세요.

POINT 1

1
① I cooked the food <u>myself</u>.
② She only thinks about <u>herself</u>.
③ You can express <u>yourself</u> if you want.
④ My little brother wrote the letter <u>hisself</u>.
⑤ Bob was angry with <u>himself</u>.

POINT 8·9

2
① All of us <u>were</u> tired yesterday.
② Both his parents <u>works</u> at a bank.
③ Each boy <u>has</u> his own interests.
④ All of the world <u>knows</u> the rumor.
⑤ Both of them <u>are</u> singing like birds.

POINT 5

3 다음 대화의 빈칸에 들어갈 알맞은 말을 고르세요.

> A: I just bought an MP3 player over the Internet.
> B: Oh, I bought _____ yesterday, too.

① one ② it ③ all
④ ones ⑤ any

POINT 2·3·4

4 다음 중 밑줄 친 부분을 생략할 수 있는 것을 고르세요.
① Did you travel the country by <u>yourself</u>?
② Cindy introduced <u>herself</u> to us.
③ Nick drew a picture of <u>himself</u>.
④ I enjoyed <u>myself</u> at the school festival.
⑤ I didn't like the movie <u>itself</u>.

[5-6] 우리말과 일치하도록 빈칸에 알맞은 말을 넣어 문장을 완성하세요. (서술형)

POINT 6

5
> 미라는 가방이 많다. 하나는 흰색이고, 또 다른 하나는 빨간색이며 그리고 나머지 모두는 녹색이다.

→ Mira has many bags. _____ is white, _____ is red, and _____ are green.

POINT 6

6
> 하나는 야구공이고, 나머지 하나는 테니스공이다.

→ _____ is a baseball, and _____ is a tennis ball.

POINT 2·3·4

7 다음 중 〈보기〉의 밑줄 친 부분과 어법상 쓰임이 같지 <u>않은</u> 것을 고르세요.

> 〈보기〉 Sam should be proud of <u>himself</u>.

① Children seated <u>themselves</u> in front.
② The old man often talks to <u>himself</u>.
③ Alice loves <u>herself</u>.
④ We <u>ourselves</u> should clean our classroom.
⑤ She cut <u>herself</u> when she was cooking.

POINT 4

8 우리말과 일치하도록 주어진 단어와 재귀대명사를 사용하여 문장을 완성하세요. (서술형)

> 마음껏 드시고, 즐거운 시간 보내세요.
> (have, help, good)

→ _____

POINT 7

9 다음 중 빈칸에 들어갈 단어가 나머지와 <u>다른</u> 하나를 고르세요.

① Are there _____ apples?

② There isn't _____ food in the refrigerator.

③ Do you have _____ homework?

④ Would you like _____ coffee?

⑤ We don't have to buy _____ drinks.

POINT 6

10 다음 중 (A), (B)에 들어갈 말이 바르게 짝지어진 것을 고르세요.

> · My parents have two cars. One is at home, and _____(A)_____ is at my father's office building.
> · I will visit three countries next year. One is France, another is Italy, and _____(B)_____ is England.

① the other — the other

② another — another

③ the other — another

④ another — the other

⑤ the other — the others

POINT 9

11 우리말과 일치하도록 주어진 단어를 사용하여 문장을 완성하세요. (서술형)

> 모든 중학교 학생은 영어와 수학을 배운다.
> (every, English, learn, math)

→ _____

_____

POINT 6

12 다음 빈칸에 공통으로 들어갈 말로 알맞은 것을 고르세요.

> · Some are talking about baseball, and _____ are taking a rest.
> · Some agreed with my opinion, but _____ didn't.

① another   ② others   ③ the other

④ each   ⑤ every

POINT 7·9

13 다음 중 어법상 알맞은 문장을 고르세요.

① Each children ate a slice of pizza.

② Every items in this shop is handmade.

③ I don't have some money for the concert.

④ Do you have any coins?

⑤ Every question were very difficult.

POINT 6

14 빈칸 (A), (B), (C)에 들어갈 알맞은 말을 쓰세요.

(REAL 기출) (서술형)

> · Tim has three uncles. One is a teacher, _____(A)_____ is a doctor, and _____(B)_____ is a photographer.
> · Some people like summer, and _____(C)_____ like winter.

(A) _____

(B) _____

(C) _____

POINT 1·2·3·4·9

15 다음 중 주어진 우리말을 바르게 영작한 것을 고르세요.

① 그들은 하와이에서 즐거운 시간을 보냈다.

= They enjoyed yourself in Hawaii.

② 그녀가 직접 이 가방을 만들었다.

= She himself made this bag.

③ Nancy는 자기 자신을 너무 많이 사랑한다.

= Nancy loves her too much.

④ 그 건물의 모든 사무실에는 각각의 화장실이 있다.

= Every office in the building have its own bathroom.

⑤ 각각의 소녀가 스카프를 하고 있다.

= Each girl is wearing a scarf.

Unit 1 형용사

A 다음 중 어법상 알맞은 것을 고르세요. POINT 1·2·3

1 The chicken smells very [nice / nicely].

2 Do you want [anything cold / cold anything] to drink?

3 We didn't have [many / much] food at dinner.

4 My sister is an [eleven-year-old / eleven-years-old] girl.

5 [A few / A little] men were waiting for the subway.

6 The rich [is / are] getting richer.

7 The sky became [dark / darkly] after sunset.

8 Everyone seems [busy / busily] in this building.

9 Tony got [many / lots of] stress before his exam.

10 A number of car [accident / accidents] occurred in school zones.

B 다음 밑줄 친 부분이 맞으면 ○, 틀리면 ✕하고 바르게 고치세요. POINT 1·3·4

1 This apple pie tastes so <u>sweetly</u>. _____

2 Julie told me <u>something funny</u>. _____

3 The new movie looks <u>interestingly</u>. _____

4 He is a <u>twenty-years-old</u> actor. _____

5 Peter had a <u>seriously</u> injury on his arm. _____

6 The writer suddenly became <u>popular</u>. _____

7 Minji is always <u>friendly</u> to her friends. _____

8 A number of people <u>keeps</u> pets at home. _____

9 The old <u>has</u> a lot of wisdom. _____

10 Keep your body <u>warmly</u>. _____

sunset 일몰   get stress 스트레스를 받다   occur 발생하다   school zone 어린이 보호구역   injury 부상, 상처   wisdom 지혜

C 〈보기〉에서 알맞은 말을 골라 빈칸에 쓰세요. POINT 2

〈보기〉	many	much	few	little

1 _____ seats were left in the train. Some had to take the next one.

2 There are usually _____ people in the department store on weekends.

3 How _____ water do you need for the soup?

4 Nari has _____ time to go to the hospital. She's too busy.

〈보기〉	few	a few	little	a little

5 Lily had _____ trouble with her friend. But they're okay now.

6 There were _____ students in the classroom. It was quiet.

7 I met Suji _____ hours ago.

8 There was _____ light in the dark garage.

D 우리말과 일치하도록 주어진 단어를 사용하여 문장을 완성하세요. (필요시 단어의 형태를 변형할 것) POINT 2·3

1 그 가수는 8살의 소녀이다. (year, an, girl, old, eight)
→ The singer is _____.

2 상자 안에 남은 공간이 거의 없다. (space, is)
→ There _____ left in the box.

3 어제 몇 명의 손님이 그 식당 안에 있었다. (customer, few, were)
→ _____ in the restaurant yesterday.

4 작년에는 눈이 거의 오지 않았다. (snow, have)
→ We _____ last year.

5 그 작가는 많은 책을 썼다. (number, book)
The author wrote _____.

6 나는 이 빵을 굽기 위해 약간의 버터가 필요하다. (butter, little)
→ I need _____ to bake this bread.

department store 백화점   trouble 문제   garage 차고

Unit 2 부사

A 〈보기〉와 같이 부사를 찾아 밑줄을 긋고 그것이 수식하는 부분을 찾아 표시하세요. (두 개 이상일 수도 있음) **POINT 4**

> 〈보기〉 He studied <u>hard</u> for a final exam.

1 Frank closed the door quietly.

2 Students are very active today.

3 My sister drives really carefully.

4 I was so sad after I saw the movie.

5 We tried hard to find the solution.

6 They ran to the school quickly.

7 Be careful. The glass breaks very easily.

B 〈보기〉에서 알맞은 빈도부사를 골라 ① 또는 ②의 빈칸에 쓰세요. (단, 한 번씩만 쓸 것) **POINT 5**

> 〈보기〉 rarely   never   often   always

1 I ① _____ play ② _____ computer games at night. It's bad for my eyes.

2 Thomas ① _____ is ② _____ late for school. He is lazy.

3 My father quit smoking last year. He ① _____ smokes ② _____ now.

4 The bus ① _____ leaves ② _____ early. We should hurry.

> 〈보기〉 usually   hardly   sometimes

5 I like this TV show, but it ① _____ is ② _____ boring.

6 Robert ① _____ is ② _____ noisy. But he is very quiet today.

7 My teacher ① _____ smiles ② _____ today. Something may be wrong with her.

final exam 기말 시험   solution 해결책   glass 유리잔   quit 그만두다, 중지하다   boring 지루한   noisy 시끄러운

C 다음 밑줄 친 부분이 맞으면 ○, 틀리면 ×하고 바르게 고치세요. POINT 1·6

1 It took <u>near</u> an hour to get to the airport. _____

2 Did you <u>enough sleep</u> last night? _____

3 Sangwoo arrived <u>lately</u> because of a traffic jam. _____

4 My brother walks too <u>fastly</u>. _____

5 His speech was <u>pretty</u> short. _____

6 I tried <u>hardly</u> to remember his phone number. _____

7 The flight arrived five minutes <u>early</u>. _____

8 There was a <u>line long</u> in front of the restaurant. _____

D 〈보기〉에서 알맞은 말을 골라 빈칸에 쓰세요. POINT 6

〈보기〉 near	nearly

1 The performance took _____ 2 hours.

2 The supermarket is very _____ from my house.

〈보기〉 hard	hardly

3 It snowed _____ yesterday.

4 I could _____ hear his voice because of the loud music.

5 This cookie is too _____.

〈보기〉 late	lately

6 Have you been to Jeju Island _____?

7 John went home _____ last night.

8 Don't be _____. We will leave on time.

〈보기〉 high	highly

9 He hit the ball _____ up into the sky.

10 The tower on the hill was _____.

11 Tom's new ideas were _____ creative.

traffic jam 교통체증　speech 연설　flight 비행기　performance 공연　voice 목소리　loud 시끄러운, (소리가) 큰　creative 창의적인

Chapter Test

POINT 1

1 다음 중 빈칸에 들어갈 말로 알맞지 <u>않은</u> 것을 고르세요.

> My brother looks _____ now.

① good ② hungry

③ happy ④ really

⑤ angry

[2-3] 우리말과 일치하도록 빈칸에 들어갈 알맞은 말을 고르세요.

POINT 2

2

> 그들은 우유를 조금 마셨다.
> → They drank _____ milk.

① much ② a little

③ a few ④ little

⑤ few

POINT 2

3

> 갑작스러운 눈 때문에, 제시간에 도착한 사람이 거의 없었다.
> → Because of the sudden snow, _____ people arrived on time.

① a few ② a little

③ a lot of ④ little

⑤ few

POINT 2

4 다음 중 밑줄 친 부분이 어법상 알맞은 문장을 <u>모두</u> 고르세요.

① Do you have <u>plenty of</u> money?

② Mom didn't make <u>much</u> sandwiches.

③ I'm thirsty, but there is <u>a few</u> water.

④ He gained <u>a little</u> weight, but he still looks slim.

⑤ The team won <u>much</u> games this week.

POINT 1·4

5 다음 중 (A), (B)에 들어갈 말이 바르게 짝지어진 것을 고르세요.

> · The night view was ____(A)____ beautiful in Paris.
> · My aunt seemed very ____(B)____ at her wedding.

① very — happily

② good — happy

③ quite — happy

④ good — happily

⑤ quite — happily

[6-7] 다음 문장에서 어법상 알맞지 <u>않은</u> 부분을 찾아 바르게 고쳐 쓰세요. 서술형

POINT 2

6

> A little boys are writing letters.

_____ → _____

POINT 2

7

> The store has a little meat. I can't buy any.

_____ → _____

POINT 2·3·5

8 다음 중 밑줄 친 부분이 어법상 알맞지 <u>않은</u> 것을 <u>모두</u> 고르세요. 고난도

> My sister is a ① <u>twenty-years-old</u> student. She ② <u>always cleans</u> her room at night. There ③ <u>is little dust</u> in her room. But I ④ <u>usually am lazy</u>. I ⑤ <u>never clean</u> my room.

9 다음 중 어법상 알맞은 문장을 고르세요.

POINT 1·4·5

① You should spend your money wise.

② The long journey is finally over.

③ Do you feel comfortably with the sofa?

④ His bag looks heavily.

⑤ Ann is so quietly in her classroom.

POINT 5

10 다음 Lily와 David의 일정표를 보고 〈보기〉에서 알맞은 단어를 골라 문장을 완성하세요. 서술형

(1)   (2)

Lily	Every day	Four times a week
David	Never	Once a month

〈보기〉 hardly   always

(1) Lily _____ reads a book.

(2) David _____ goes shopping.

POINT 1·4·6

11 다음 중 (A), (B), (C)에 들어갈 말이 바르게 짝지어진 것을 고르세요. REAL 기출

> Mina and I became friends ___(A)___.
> She is very ___(B)___. She always talks
> to me ___(C)___.

① fast — kindly — gently

② fast — kind — gentle

③ fastly — kindly — gentle

④ fastly — kind — gentle

⑤ fast — kind — gently

POINT 5

12 우리말과 일치하도록 주어진 단어를 올바르게 배열하세요. 서술형

> Ben은 저녁 식사 후에 종종 체육관에 간다.
> (often / goes to / Ben / the gym)

→ _____ after dinner.

POINT 6

13 다음 중 밑줄 친 부분이 어법상 알맞지 <u>않은</u> 것을 고르세요.

① Bora and I always take a bus <u>early</u>.

② The land was dry and <u>hard</u>.

③ I visited Italy in <u>lately</u> summer.

④ Sam lived here for <u>nearly</u> 3 years.

⑤ My room is big <u>enough</u>.

POINT 6

14 다음 중 빈칸에 공통으로 들어갈 말로 알맞은 것을 고르세요.

> · They are looking at _____ flowers.
> · The musical was _____ wonderful.

① long   ② near

③ highly   ④ pretty

⑤ late

POINT 2·6

15 다음 밑줄 친 부분 중 알맞지 <u>않은</u> 것 두 개를 골라 바르게 고치세요. 서술형

> There are ⓐ <u>a few</u> restaurants ⓑ <u>near</u> my
> house. One of them is ⓒ <u>high famous</u>.
> ⓓ <u>Much</u> people always wait ⓔ <u>long</u> for
> their turn.

(1) _____ → _____

(2) _____ → _____

총괄평가 1회

[1-2] 다음 중 빈칸에 들어갈 알맞은 말을 고르세요.

Ch 1

1

> My dad _____ for a restaurant since 2007.

① work   ② worked   ③ working

④ has worked   ⑤ has working

Ch 3

2

> Some students are talkative, and _____ are quiet.

① one   ② other   ③ others

④ another   ⑤ the other

Ch 2

3 다음 중 밑줄 친 부분을 be able to로 바꿔 쓸 수 없는 것을 모두 고르세요.

① John <u>can</u> play the violin.

② <u>Can</u> you do me a favor?

③ He <u>can</u> read these French sentences.

④ I <u>can</u> help you with your homework.

⑤ You <u>can</u> use your phone after school.

[4-5] 다음 문장에서 어법상 알맞지 않은 부분을 찾아 바르게 고치세요. (서술형)

Ch 3

4

> Every children needs love and care.

_____ → _____

Ch 2

5

> My father don't have to wear a tie today.

_____ → _____

[6-7] 다음 중 어법상 알맞지 <u>않은</u> 문장을 고르세요.

Ch 1·2

6 ① She is wanting more attention.

② You had better not stay up late.

③ Sam has just cleaned his room.

④ I was taking a shower then.

⑤ They are able to speak Korean.

Ch 3·4

7 ① We ourselves prepared dinner.

② Both of us are enjoying the party.

③ There is much water in the bottle.

④ Jimmy introduced himself to us.

⑤ He came too lately for the meeting.

Ch 4

8 다음 문장에서 usually가 들어갈 위치를 고르세요.

> Tom (ⓐ) walks (ⓑ) his (ⓒ) dog (ⓓ) in the morning (ⓔ).

① ⓐ   ② ⓑ   ③ ⓒ   ④ ⓓ   ⑤ ⓔ

[9-10] 다음 중 주어진 우리말을 바르게 영작한 것을 고르세요.

Ch 1

9

> 수진이는 전에 독일에 가본 적이 있다.

① Sujin went to Germany before.

② Sujin has been to Germany before.

③ Sujin has gone to Germany before.

④ Sujin has went to Germany before.

⑤ Sujin has been gone to Germany before.

Ch 4

10

> 내 비밀을 알고 있는 사람은 거의 없다.

① Few people know about my secret.

② Little people know about my secret.

③ A few people know about my secret.

④ A little people know about my secret.

⑤ Any people know about my secret.

[11-13] 우리말과 일치하도록 주어진 단어를 올바르게 배열하세요. **(서술형)**

Ch 2

11

> 너는 아무 말도 할 필요가 없다.
> (don't / to / anything / you / say / have)

→ _____ .

Ch 3

12

> 나는 이 일을 혼자 힘으로 끝냈다.
> (myself / finished / this / by / I / work)

→ _____ .

Ch 1

13

> Paul은 엄마의 생일을 잊어본 적이 없다.
> (birthday / Paul / his / never / forgotten / has / mom's)

→ _____ .

Ch 1·2·3·4

14 다음 중 어법상 알맞은 문장끼리 바르게 짝지어진 것을 고르세요. **(고난도)**

> ⓐ She sometimes talks to herself.
> ⓑ That dress looks nicely on you.
> ⓒ Would you like to drink a cup of tea?
> ⓓ I have three pens. One is red, another is yellow, and the others is black.
> ⓔ Jake has made these cookies yesterday.
> ⓕ He became strong because of exercise.

① ⓐ, ⓑ, ⓒ   ② ⓐ, ⓒ, ⓕ

③ ⓐ, ⓔ, ⓕ   ④ ⓑ, ⓓ, ⓕ

⑤ ⓒ, ⓔ, ⓕ

[15-16] 다음 빈칸에 공통으로 들어갈 말로 알맞은 것을 고르세요.

Ch 2

15

> · Emma bought an expensive car. She _____ be rich.
> · We will check the tickets first. You _____ show your ticket before you go inside.

① can   ② may   ③ must

④ will   ⑤ used to

Ch 1·2

16

> · I _____ to answer the phone now.
> · The girls _____ already had lunch.

① can   ② have   ③ must

④ should   ⑤ used

[17-18] 다음 중 밑줄 친 부분의 쓰임이 나머지와 <u>다른</u> 하나를 고르세요.

Ch 4

17 ① The man <u>suddenly</u> held my arm.

② Everyone moved the boxes <u>quickly</u>.

③ Someone was looking at me <u>strangely</u>.

④ <u>Luckily</u>, all of the children were safe.

⑤ My friend Mina is very <u>friendly</u>.

Ch 3

18 ① I'm very proud of <u>myself</u>.

② You had better trust <u>yourself</u>.

③ The boys made their travel plan <u>themselves</u>.

④ The director made a movie about <u>herself</u>.

⑤ We should not compare <u>ourselves</u> to others.

[19-20] 우리말과 일치하도록 주어진 단어를 사용하여 문장을 완성하세요. (서술형)

Ch 4

19
> 나는 지갑에 돈이 거의 없다.
> (have, money, in my wallet)

→ _____ .

Ch 3

20
> 그녀는 날카로운 유리에 베였다.
> (cut, on sharp glass)

→ _____ .

[21-22] 다음 중 (A), (B)에 들어갈 말이 바르게 짝지어진 것을 고르세요.

Ch 3·4

21
> · We ordered two dishes. One is a chicken sandwich, and ___(A)___ is mushroom soup.
> · Sally has ___(B)___ books in her bag.

① the other — a few

② the others — a few

③ the other — a little

④ the others — a little

⑤ another — a few

Ch 2·3

22
> · We don't have ___(A)___ plans for the vacation.
> · You should ___(B)___ your umbrella. It's raining outside.

① some — to bring　② any — to bring

③ some — bring　④ any — bring

⑤ another — bring

Ch 1·2·3·4

23 짝지어진 대화가 어법상 알맞지 <u>않은</u> 것을 고르세요.

① A: May I use your restroom?

　B: Sure. Make yourself at home, Minho.

② A: Who is this in this picture?

　B: My nephew. He is a seven-years-old boy.

③ A: The bakery sells lots of cakes.

　B: Let's try a cheesecake first.

④ A: What were you doing last night?

　B: I was watching TV with my brother.

⑤ A: Will you play soccer today?

　B: It may rain soon. Let's play tomorrow.

[24-25] 다음 중 어법상 알맞은 문장을 고르세요.

24
① Mike has stayed home last weekend.
② I burned me on the oven by mistake.
③ You have better wash your hands first.
④ There aren't some Spanish restaurants near here.
⑤ My brother used to be afraid of spiders.

Ch 1·3·4

25
① Each building have an elevator.
② I need five red roses and two pink ones.
③ All of the information were not true.
④ She has closed not the car window.
⑤ The student asks rarely questions during class.

[26-27] 다음 중 주어진 문장과 현재완료의 쓰임이 같은 문장을 고르세요.

Ch 1

26

The girl has played the piano for 5 years.

① Have you ever tried Korean food?
② We have lost all the money.
③ We have known each other since then.
④ Peter has traveled to other cities several times.
⑤ I haven't changed my mind yet.

Ch 1

27

The speech contest has just begun.

① Brian has studied in the library for 2 hours.
② I have practiced swimming since I was a kid.
③ The boy has never seen such a tall building.
④ I have eaten coconut once.
⑤ We have already taken the class.

[28-29] 다음 밑줄 친 부분 중 어법상 알맞지 <u>않은</u> 것을 <u>두 군데</u> 골라 바르게 고치세요. (고난도) (서술형)

Ch 1·3·4

28

Nancy ⓐ has practiced singing ⓑ hardly for 2 weeks for the contest. On the day of the contest, she made ⓒ plenty of mistakes. But she ⓓ enjoyed her on the stage. Her parents and friends ⓔ were clapping for her. Nancy was proud of ⓕ herself.

(1) _____ → _____
(2) _____ → _____

Ch 1·2·3

29

A: There are several books on my bookshelf. ⓐ One is a poem, and ⓑ another is a history book. And ⓒ others are all novels. Which book do you want?
B: I like novels. Do you have the *Harry Potter* series? That's my favorite ⓓ ones.
A: Here they are. I ⓔ have read them many times. They're really fun.
B: Yes, they are. ⓕ Can I return these books next weekend?

(1) _____ → _____
(2) _____ → _____

Unit 1 to부정사의 명사적 쓰임

A 밑줄 친 to부정사의 역할을 〈보기〉에서 골라 그 기호를 쓰세요. POINT 1·2·3

〈보기〉 ⓐ 주어   ⓑ 목적어   ⓒ 보어

1   His dream is <u>to become</u> a pop star. _____

2   The company decided <u>to hire</u> more people. _____

3   <u>To walk up</u> stairs is good for your health. _____

4   The school wants <u>to build</u> a soccer stadium. _____

5   Her job is <u>to take</u> pictures of animals. _____

6   It is dangerous <u>to ride</u> a bike without a helmet. _____

7   We agreed <u>to volunteer</u> at an animal shelter. _____

8   The kids hoped <u>to see</u> lions at the safari park. _____

9   My goal for this week is <u>to eat</u> more vegetables. _____

10 It is wise <u>to save</u> money for rainy days. _____

B 밑줄 친 부분이 맞으면 ○, 틀리면 ✕하고 바르게 고치세요. POINT 1·2·3·4

1   <u>That</u> was fantastic to see a shooting star. _____

2   Jinho chose <u>to run</u> in the student presidential election. _____

3   How long do you plan <u>staying</u> in Busan? _____

4   You should be careful <u>to not catch</u> a cold. _____

5   Joy's only wish was <u>to be</u> with her grandchildren. _____

6   The boy promised <u>never to lie</u> to his parents. _____

7   Can you explain <u>how to use</u> this copy machine? _____

8   I can't decide <u>where put this computer to</u>. _____

9   I learned <u>what to cook</u> Bulgogi from my mother. _____

pop star 팝스타   hire 고용하다   stadium 경기장   volunteer 자원봉사하다   animal shelter 동물 보호소   safari park 사파리 공원   for a rainy day 만일의 경우에 대비하여   shooting star 별똥별   run in ~에 출마하다   election 선거   catch a cold 감기에 걸리다   copy machine 복사기

C 우리말과 일치하도록 빈칸에 들어갈 알맞은 단어를 〈보기〉에서 골라 쓰세요. POINT 4

| 〈보기〉 how | when | where | what |

1 시청에 어떻게 가는지 알려 주시겠어요?

→ Could you tell me _____ to get to City Hall?

2 나는 이런 상황에서 뭐라고 말해야 할지 모르겠다.

→ I don't know _____ to say in this situation.

3 그 신사는 웨이터에게 어디에서 화장실을 찾을 수 있는지 물었다.

→ The gentleman asked the waiter _____ to find the bathroom.

4 이 알람은 언제 배터리를 교환해야 할지 알려 준다.

→ This alarm tells you _____ to change the battery.

5 나는 크리스마스 저녁 식사를 위해 무엇을 만들지 생각해 볼 것이다.

→ I will think about _____ to make for Christmas dinner.

6 그녀는 조카에게 어떻게 그 단어의 철자를 쓰는지 가르쳐 주었다.

→ She taught her nephew _____ to spell the word.

D 우리말과 일치하도록 주어진 단어를 사용하여 문장을 완성하세요. POINT 1·4

1 다른 사람들을 설득하는 것은 어렵다. (difficult, persuade)

→ _____ others.

2 호텔 레스토랑에서 저녁 식사를 하는 것은 비싸다. (expensive, have)

→ _____ dinner in a hotel restaurant.

3 놀이공원에서 퍼레이드를 보는 것은 재미있었다. (fun, watch)

→ _____ the parade at the amusement park.

4 당신과 함께 일한 것은 저의 기쁨이었어요. (my pleasure, work)

→ _____ with you.

5 당신에게 근육을 스트레칭하는 방법을 보여드릴게요. (stretch)

→ I will show you _____ your muscles.

6 언제 우회전 또는 좌회전을 해야 할지 제게 말해 주세요. (turn)

→ Please let me know _____ right or left.

7 너는 어디에서 내릴지 확인해야 한다. (get off)

→ You should check _____.

Unit 2 to부정사의 형용사적 쓰임

A 주어진 두 문장을 to부정사를 사용하여 한 문장으로 다시 쓰세요. **POINT 5**

1 I have something. I need to tell it to you now.
→ I have _____ you now.

2 She has a friend. She has to meet her tonight.
→ She has _____ tonight.

3 Let's choose a movie. We will see it this weekend.
→ Let's choose _____ this weekend.

4 Paul brought a cake. He will share it with us.
→ Paul brought _____ with us.

5 She knows someone. The person can help your business.
→ She knows _____ your business.

6 Jenny recommended me a book. I can read it for fun.
→ Jenny recommended me _____ for fun.

7 They need some money. They will spend it on a new PC.
→ They need _____ on a new PC.

B 다음 중 어법상 알맞은 것을 고르세요. **POINT 5·6**

1 It is time [focus on / to focus on] your exam.

2 There are many easy ways [saving / to save] energy.

3 Sydney is a beautiful city [to live in / living in].

4 I need a pair of shoes [wear / to wear] in the marathon.

5 Let me bring you chopsticks [to eat / to eat with].

6 We need more chairs [to sit on / sitting on].

7 There is nothing [to be afraid / to be afraid of].

8 Do you have someone [to come with / to coming with] to the party?

9 The man didn't have [anything eating / anything to eat].

10 Every student has a pencil [to write / to write with].

recommend 추천하다   focus on ~에 집중하다   marathon 마라톤   chopstick 젓가락   be afraid of ~을 두려워하다

C 우리말과 일치하도록 주어진 단어를 올바르게 배열하세요. **POINT 5·6**

1 나에게 마실 것 좀 줄래? (drink / something / to)
→ Can you get me _____ ?

2 모든 사람은 이야기할 누군가가 필요하다. (to / talk to / someone)
→ Everybody needs _____ .

3 집으로 돌아갈 시간이다. (to / back / time / home / go)
→ It is _____ .

4 네 방을 청소하는 것은 너의 일이다. (clean / to / your job / your room)
→ It is _____ .

5 대부분의 사람들은 운동할 더 많은 시간이 필요하다. (more / to / exercise / time)
→ Most people need _____ .

6 그는 딸에게 가지고 놀 많은 장난감을 사 주었다. (toys / with / to / many / play)
→ He bought his daughter _____ .

7 Amy는 돌보아야 할 두 명의 딸들이 있다. (to / two / after / daughters / look)
→ Amy has _____ .

D 우리말과 일치하도록 주어진 단어를 사용하여 문장을 완성하세요. **POINT 5·6**

1 Laura는 함께 살 고양이 한 마리를 원한다. (live with, a cat)
→ Laura wants _____ .

2 Tony는 아버지께 드릴 넥타이를 살 것이다. (a necktie, give)
→ Tony will buy _____ his father.

3 내게 너에게 빌려 줄 잡지 몇 권이 있어. (magazines, lend, several)
→ I have _____ you.

4 Sally는 입어 볼 다양한 옷을 골랐다. (clothes, various, try on)
→ Sally picked up _____ .

5 Jack은 역사 시험을 위해 공부할 약간의 시간이 필요하다. (time, study, some)
→ Jack needs _____ for the history exam.

6 우리가 그 문제에 관해 토론할 기회가 곧 있을 거예요. (a chance, the issue, discuss)
→ We will have _____ soon.

7 이곳이 일출을 보기에 가장 좋은 장소다. (the best place, see, the sunrise)
→ This is _____ .

Unit 3 to부정사의 부사적 쓰임

A 밑줄 친 to부정사의 쓰임을 〈보기〉에서 골라 그 기호를 쓰세요. POINT 7·8·9

〈보기〉 ⓐ 목적 ⓑ 감정의 원인 ⓒ 형용사 수식

1 The building is easy to find. _____

2 Brian was sad to leave his hometown. _____

3 They sat on the bench to see the sunset. _____

4 The heavy door is very difficult to open. _____

5 Kelly was happy to see the musical. _____

6 She drank a cup of coffee to stay awake. _____

7 His handwriting is really hard to read. _____

8 Everyone was surprised to hear the news. _____

9 I turned on the TV to see my favorite show. _____

10 The old man wiped his glasses in order to see better. _____

B 〈보기〉와 같이 주어진 두 문장을 to부정사를 사용하여 한 문장으로 다시 쓰세요. POINT 7·8

〈보기〉 I wanted to study French. I went to Paris.
→ I went to Paris _____to study French_____ .

1 He was excited. He got a gold medal.
→ He was excited _____.

2 I wanted to decorate the table. I bought some flowers.
→ I bought some flowers _____.

3 Andrew saw his brother's behavior. He was disappointed.
→ Andrew was disappointed _____.

4 We wanted to buy some groceries. We went to the supermarket.
→ We went to the supermarket _____.

5 She got a cute puppy. She was so happy.
→ She was so happy _____.

6 Jane wanted to invite me to her birthday party. She called me.
→ Jane called me _____.

sunset 일몰   stay awake 자지 않고 깨어 있다   handwriting 손글씨   wipe(-wiped-wiped) 닦다   decorate 장식하다   grocery 식료품

C 다음 밑줄 친 부분이 맞으면 ○, 틀리면 ×하고 바르게 고치세요. `POINT 7·8`

1 They were <u>happy to see</u> their old friends again. _____

2 Jason goes jogging every morning <u>to lose</u> weight. _____

3 The players were <u>disappointed to not win</u> the game. _____

4 I got up early this morning <u>to take a walk</u>. _____

5 They were <u>glad to getting</u> a letter from their children. _____

6 I wrote down his e-mail address <u>not to forget</u> it. _____

7 He turned on the radio <u>in order hear</u> about the weather. _____

D 우리말과 일치하도록 주어진 단어를 올바르게 배열하세요. `POINT 7·8`

1 나는 샐러드를 만들기 위해 채소들을 조금 샀다. (make / vegetables / to / a salad)
   → I bought some _____.

2 학생들은 자신들의 새 책상을 보고 행복해했다. (see / happy / to / their new desks)
   → The students were _____.

3 Jake는 주스 한 잔을 마시기 위해 냉장고를 열었다. (drink / juice / to / a glass of)
   → Jake opened the refrigerator _____.

4 그녀는 숲에서 호수를 발견하고 놀랐다. (surprised / a lake / to / find)
   → She was _____ in the forest.

5 그는 자신의 오래된 장난감들을 버려서 슬펐다. (his old toys / to / throw away / sad)
   → He was _____.

6 나는 내가 가장 좋아하는 노래들을 들어서 행복했다. (to / happy / listen to / my favorite songs)
   → I was _____.

7 그는 비행기를 놓치지 않기 위해 서둘러야 했다. (his flight / not / miss / to)
   → He had to hurry _____.

8 나는 예약을 하기 위해 병원에 전화했다. (make / to / an appointment)
   → I called the hospital _____.

Unit 4 to부정사를 포함한 주요 구문

A 다음 중 어법상 알맞은 것을 고르세요. POINT 10·11·12

1 Alice seems [being / to be] in a good mood today.

2 Joe's question was [so / too] difficult to answer.

3 [She / It] seems that the girl has a fever.

4 Jason is [too sick / sick too] to go outside.

5 He is [enough rich / rich enough] to buy that watch for his brother.

6 Cheetahs run [too / enough] fast to catch.

7 The kid is not [too old / old enough] to stay home alone.

8 I was [too tired / tired enough] to finish my work.

9 Sam is [too generous / generous enough] to forgive your mistake.

10 The mirror is [too heavy / heavy enough] to hang on the wall.

B 우리말과 일치하도록 주어진 단어를 사용하여 빈칸에 알맞은 말을 쓰세요. POINT 10·11

1 우리 할아버지는 그 산을 오를 수 있을 만큼 충분히 건강하시다. (healthy, climb)
→ My grandfather is _____ the mountain.

2 그 소녀는 그 문제를 풀 수 있을 만큼 충분히 똑똑하다. (smart, solve)
→ The girl is _____ the problem.

3 Christina는 너무 바빠서 그 회의에 참석할 수 없다. (busy, attend)
→ Christina is _____ the meeting.

4 나는 너무 배가 불러서 케이크 한 조각을 더 먹을 수 없다. (full, eat)
→ I am _____ one more piece of cake.

5 우리 누나는 내게 수학을 가르칠 만큼 충분히 인내심이 강하다. (patient, teach)
→ My sister is _____ me math.

mood 기분   fever 열

C 우리말과 일치하도록 주어진 단어를 올바르게 배열하세요. `POINT 10·11·12`

1 그들은 서로 아는 것 같지 않다. (to / each other / know / seem)
→ They don't _____.

2 Kate는 과학에 관심이 있는 것 같다. (seems / have / to / an interest)
→ Kate _____ in science.

3 너무 더워서 마라톤에서 달릴 수 없다. (hot / run / too / to)
→ It is _____ in a marathon.

4 너는 이 영화를 볼 충분한 나이가 되지 않았다. (enough / watch / to / old)
→ You are not _____ this movie.

5 우리 남동생은 너무 게을러서 자기 책상을 청소할 수 없다. (clean / too / to / lazy)
→ My younger brother is _____ his desk.

6 이 방은 숨바꼭질을 하기에 충분히 크다. (play / big / to / enough)
→ This room is _____ hide-and-seek.

D 두 문장의 의미가 같도록 빈칸에 알맞은 말을 쓰세요. `POINT 10·11·12`

1 It seems that the boys are sleepy.
→ The boys _____.

2 It seems that the cat loves eating tuna.
→ _____ eating tuna.

3 Tim is so honest that he can't tell a lie.
→ Tim is _____ a lie.

4 I am so short that I can't play basketball well.
→ I am _____ basketball well.

5 Stones are so heavy that they can't float on water.
→ Stones are _____ on water.

6 He is so free that he can take a nap today.
→ He is _____ a nap today.

7 She is so funny that she can become a comedian.
→ She is _____ a comedian.

8 This pot is so hot that it can burn your skin.
→ This pot is _____ your skin.

tuna 참치   comedian 코미디언   pot 냄비   burn 화상을 입다; 타다   skin 피부

Chapter Test

1 밑줄 친 It의 쓰임이 <u>다른</u> 하나를 고르세요.

① <u>It</u> was totally my mistake.

② <u>It</u> is one of my favorite foods.

③ <u>It</u> is very popular among me and my friends.

④ <u>It</u> is fun to meet new people in a new place.

⑤ <u>It</u> seems to be too expensive for me.

2 다음 중 〈보기〉의 밑줄 친 부분과 어법상 쓰임이 같은 것을 고르세요.

〈보기〉 Mina wants <u>to ride</u> her new bike.

① They agreed <u>to work</u> together with our company.

② Her job is <u>to teach</u> elementary students.

③ It is good <u>to keep</u> a diary every day.

④ <u>To watch</u> a soccer game at the stadium is exciting.

⑤ It is important <u>to help</u> other people.

3 우리말과 일치하도록 주어진 단어들을 사용하여 문장을 완성하세요. (REAL 기출) (서술형)

공기 없이 사는 것은 불가능하다.
(impossible, without, live, air)

→ It _____.

4 다음 중 어법상 알맞지 <u>않은</u> 문장을 고르세요.

① I remained silent to not wake him up.

② They hoped to open a restaurant downtown.

③ Iris went home early to take a rest.

④ He planned to work abroad next year.

⑤ Do you need to work late these days?

5 다음 중 밑줄 친 부분의 우리말 해석이 바르지 <u>않은</u> 것을 고르세요.

① I don't know <u>what to eat</u> for lunch.
(무엇을 먹을지)

② They talked about <u>when to leave</u>.
(언제 떠날지)

③ I'll show you <u>how to bake</u> a pie.
(얼마나 구울지)

④ They decided <u>where to stay</u> in Seoul.
(어디에 머무를지)

⑤ You should tell me <u>what to do</u> next.
(무엇을 할지)

[6-7] 주어진 두 문장을 to부정사를 사용하여 한 문장으로 다시 쓰세요. (서술형)

6

He wanted to take a bath. He filled up the bathtub.

→ _____

_____.

7

I got a letter from my cousin in Canada. I was glad.

→ _____

_____.

8 다음 중 밑줄 친 부분이 어법상 알맞지 <u>않은</u> 것을 고르세요.

① Do you have <u>any friends to talk to</u>?

② We found <u>a bench to sit</u> in the park.

③ I already booked <u>a hotel room to stay in</u>.

④ Sam, is there <u>anything to worry about</u>?

⑤ Please give me <u>a chance to try</u>.

POINT 6

9 다음 중 빈칸에 들어갈 알맞은 말을 고르세요.

> I didn't bring my pencil case today. Can you lend me a pen _____?

① to write ② writing

③ write with ④ to write with

⑤ to writing with

POINT 1·2·3·9

10 다음 중 밑줄 친 부분의 쓰임이 다른 하나를 고르세요.

① She wanted to know about her future.

② To believe your friends is important for your friendship.

③ Her presentation was easy to understand.

④ It is important to make my family happy.

⑤ My goal is to get a perfect score on the history exam.

[11-12] 두 문장의 의미가 같도록 빈칸에 알맞은 말을 쓰세요. (서술형)

POINT 10

11

> Diana was so sick that she couldn't get out of her bed.

→ Diana was _____ _____ _____ _____ out of her bed.

POINT 11

12

> He was so strong that he could deal with the problem.

→ He was _____ _____ _____ _____ _____ the problem.

POINT 12

13 주어진 우리말을 바르게 영작한 것을 고르세요.

> Henry는 너무 수다스러운 것 같다.

① Henry seems be very talkative.

② Henry seems to be very talkative.

③ Henry seems that he is very talkative.

④ It seems that Henry be very talkative.

⑤ It seems to Henry is very talkative.

POINT 10·11·12

14 짝지어진 두 문장의 의미가 다른 것을 고르세요.
(고난도)

① It seems that the store is crowded.
 = The store seems to be crowded.

② She was too sad to eat anything.
 = She was so sad that she couldn't eat anything.

③ I am too excited to sleep right now.
 = I am so excited that I can't sleep right now.

④ The dog seems to be very hungry.
 = It seems that the dog is very hungry.

⑤ He is tall enough to reach the top shelf.
 = He is so tall that he can't reach the top shelf.

POINT 7

15 아래 표와 〈조건〉을 보고 학생들의 새해 결심에 관한 문장을 완성하세요. (REAL 기출) (서술형)

Name	New Year's Resolutions
Nick	do not skip meals / stay healthy
Nancy	get good grades / please her parents

〈조건〉 「in order to부정사」를 사용할 것

(1) Nick won't _____

_____.

(2) Nancy will _____

_____.

Unit 1 명사로 쓰이는 동명사

A 다음 밑줄 친 부분이 맞으면 ○, 틀리면 ×하고 바르게 고치세요. POINT 1·2·3

1 <u>Exercising not</u> makes you fat.

2 The children's wish is <u>playing</u> all day.

3 The director gave up <u>to make</u> the film.

4 Listening to music <u>is</u> my favorite activity.

5 His fault was <u>to repeating</u> the same mistake.

6 She will not quit <u>working</u> for the company.

7 The baby is practicing <u>walking</u> with her father.

8 I don't mind <u>to share</u> a room with my brother.

9 The workers finished <u>to paint</u> the wall.

B 우리말과 일치하도록 주어진 단어를 올바르게 배열하세요. POINT 1·2·5

1 우리나라를 지키는 것은 우리의 의무이다. (our country / protecting)
→ _____ is our duty.

2 그녀는 밤에 별을 보는 것을 즐긴다. (the stars / watching / enjoys)
→ She _____ at night.

3 나는 체중을 줄이기 위해 설탕 먹는 것을 중단했다. (sugar / quit / eating)
→ I _____ to lose some weight.

4 그는 어떠한 이유로 꿈을 좇는 것을 포기했다. (following / his dream / gave up)
→ He _____ for some reason.

5 실수로부터 배우지 않는 것은 큰 문제다. (learning from / not / mistakes)
→ _____ is a big problem.

6 나는 크리스마스 카드를 만드는 데 두 시간을 보냈다. (spent / making / two hours)
→ I _____ Christmas cards.

7 우리는 Tom에게서 곧 소식을 듣기를 기대하고 있다. (to / looking / hearing / forward)
→ We are _____ from Tom soon.

8 그 여배우는 쇼 내내 계속 카메라를 향해 미소 지었다. (smiling at / the cameras / kept)
→ The actress _____ during the show.

director 감독   fault 잘못

C 〈보기〉와 같이 주어진 두 문장을 동명사를 사용하여 한 문장으로 다시 쓰세요. POINT 2·3·4·5

> 〈보기〉 I cook Italian food. It is my job.
> → My job _____ is cooking Italian food _____.

1 I want to be a famous artist. It is my dream.
→ My dream is _____.

2 Amy practices something every day. It is writing in English.
→ Amy _____ every day.

3 Melanie memorizes words. She is good at it.
→ Melanie is _____.

4 The boxer wants to become the world champion. It is his goal.
→ The boxer's goal is _____.

5 I make delicious cupcakes. It is my hobby.
→ My hobby is _____.

6 Most people are afraid of something. It is being alone.
→ Most people are _____.

7 I was busy. I took care of the children all day.
→ I was busy _____ all day.

D 밑줄 친 동명사의 쓰임을 〈보기〉에서 골라 그 기호를 쓰세요. POINT 1·2·3·4

> 〈보기〉 ⓐ 주어   ⓑ 보어   ⓒ 동사의 목적어   ⓓ 전치사의 목적어

1 Reading someone's mind is impossible. _____

2 They kept moving ahead along the road. _____

3 The little girl's dream is becoming a mom. _____

4 Many people enjoy swimming in summer. _____

5 Learning something new is a great joy. _____

6 How about playing board games together? _____

7 Their job is greeting people at the door. _____

8 Daniel is good at cooking Korean dishes. _____

9 Mastering a foreign language takes a long time. _____

10 Don't be afraid of showing your feelings. _____

memorize 암기하다   boxer 권투 선수   board game 보드게임   greet 맞이하다, 환영하다   master 완전히 익히다

Unit 2 동명사 vs. to부정사

A 다음 중 어법상 알맞은 것을 고르세요. POINT 6·8

1 I don't enjoy [to watch / watching] comedy movies.
2 They decided [to go / going] home together after school.
3 Sam promised [to come / coming] to my birthday party.
4 Don't give up [to write / writing] your first novel.
5 The driver failed [to stop / stopping] at the red light.
6 The baby kept [to cry / crying] in his mom's arms.
7 I remember [to have / having] dinner with him last week.
8 She forgot [to set / setting] the alarm clock and woke up late.
9 We stopped [to play / playing] soccer and had lunch.
10 Alex tried [to pass / passing] the exam, but he couldn't.

B 주어진 단어를 어법에 맞게 쓰세요. POINT 6·7

1 I want _____ the Teddy Bear. (get)
2 Ally just finished _____ for her trip. (pack)
3 Ethan began _____ at my joke. (laugh)
4 My brother loves _____ by plane. (travel)
5 Would he mind _____ a few questions? (answer)
6 They hoped _____ the lives of sick people. (improve)
7 We all agreed _____ the meeting. (cancel)
8 The students will learn _____ as a team. (work)
9 I hated _____ goodbye to them. (say)
10 Tim will practice _____ the alphabet today. (write)

pack (짐을) 싸다   improve 개선하다   cancel 취소하다   alphabet 알파벳

C 우리말과 일치하도록 주어진 단어를 사용하여 문장을 완성하세요. POINT 8

1 나는 친구들과 축제에 갈 것을 기억했다. (remember, go)
→ I _____ to the festival with my friends.

2 너는 작년에 영어 캠프에 참석했던 것을 기억하니? (remember, attend)
→ Do you _____ the English camp last year?

3 그는 내게 약간의 돈을 빌려준 것을 잊었다. (forget, lend)
→ He _____ me some money.

4 너의 친한 친구들을 파티에 초대하는 것을 잊지 마. (forget, invite)
→ Don't _____ your close friends to the party.

5 그녀는 그를 이해하려 노력했지만, 그럴 수 없었다. (try, understand)
→ She _____ him, but she couldn't.

6 Tony는 처음으로 트럭을 시험 삼아 운전해 보았다. (try, drive)
→ Tony _____ a truck for the first time.

7 그 회사는 그 야구팀을 지원하는 것을 그만두었다. (stop, support)
→ The company _____ the baseball team.

8 우리는 무지개를 보기 위해 멈췄다. (stop, look at)
→ We _____ the rainbow.

D 다음 밑줄 친 부분이 맞으면 ○, 틀리면 ×하고 바르게 고치세요. POINT 6·7·8

1 Snow <u>started to fall</u> in some areas. _____

2 You <u>need to thinking</u> about your future. _____

3 Kate is <u>planning to marry</u> soon. _____

4 You shouldn't <u>give up exercising</u> regularly. _____

5 I did not <u>expect winning</u> the game. _____

6 He <u>remembers seeing</u> the man last week. _____

7 I won't <u>forget going</u> to the dentist tomorrow. _____

8 She <u>stopped to drink</u> milk last year. _____

9 I will <u>try wearing</u> different styles of clothes. _____

regularly 규칙적으로

Chapter Test

POINT 1

1 다음 중 빈칸에 들어갈 알맞은 말을 고르세요.

> Picking cherries _____ a lot of fun.

① be   ② was   ③ were

④ being   ⑤ are

POINT 1·2·3

2 다음 중 〈보기〉의 밑줄 친 부분과 어법상 쓰임이 같지 않은 것을 모두 고르세요.

> 〈보기〉 Washing dishes can be stressful for some people.

① Driving the bus was difficult.

② My job is selling sandwiches.

③ The kid kept kicking the door.

④ Reading books is a good habit.

⑤ Skipping breakfast is bad for your health.

POINT 1

3 우리말과 일치하도록 다음 문장에서 어법상 알맞지 않은 곳을 찾아 바르게 고치세요. 서술형

> 충분한 양의 물을 마시지 않는 것은 두통을 유발할 수 있다.
> → Drinking not enough water can cause headaches.

_____ → _____

POINT 6

4 다음 대화의 밑줄 친 부분의 올바른 형태를 고르세요.

> A: Do you mind share this table with me?
> B: Not at all. Have a seat.

① share   ② shared

③ to share   ④ sharing

⑤ to sharing

POINT 5

[5-6] 다음 두 문장의 의미가 일치하도록 빈칸에 알맞은 동명사 표현을 쓰세요. 서술형

5
> He plays chess very well.
> = He is good _____ _____ chess.

6
> I want to eat something sweet.
> = I feel _____ _____ something sweet.

POINT 5·7

7 다음 중 밑줄 친 부분이 어법상 알맞지 않은 것을 두 개 고르세요. 고난도

① Paul is busy writing an e-mail.

② I really hate to stand in line.

③ Let's go hiking this weekend.

④ He spent hours to shop for his sister's present.

⑤ I am looking forward to see the musical.

POINT 6·7

8 다음 중 밑줄 친 부분을 to부정사로 바꿔 쓸 수 없는 것을 고르세요.

① I enjoy seeing the sunrise.

② She doesn't like wearing hats.

③ The man started making chairs.

④ They love playing with my dog.

⑤ Peter began preparing for the exam.

POINT 6

9 다음 중 (A), (B)에 들어갈 말이 바르게 짝지어진 것을 고르세요.

> Mary and I agreed __(A)__ part in an English speaking contest. So we will practice __(B)__ English every day from now.

① take — speak

② taking — speaking

③ to take — to speak

④ to take — speaking

⑤ taking — to speak

POINT 8

[10-11] 우리말과 일치하도록 주어진 단어를 사용하여 문장을 완성하세요. 서술형

10

> Julie는 모기를 잡으려고 애썼지만 잡을 수 없었다. (try, catch)

→ Julie _____ the mosquito, but she couldn't.

11

> Danny는 자동차 열쇠를 차 안에 둔 것을 기억하지 못했다. (remember, leave)

→ Danny didn't _____ his car key inside of the car.

POINT 8

12 다음 중 대화의 빈칸에 들어갈 알맞은 말을 고르세요.

> A: Did you pay our cell phone bills?
> B: Oh, I'm sorry. I forgot _____ them.

① pay   ② paying   ③ to pay

④ paid   ⑤ to paying

POINT 6·7

13 다음 중 빈칸에 들어갈 말로 알맞지 <u>않은</u> 것을 고르세요.

> Jason _____ to ride a bike with me.

① gave up   ② wanted   ③ liked

④ promised   ⑤ chose

POINT 4·5·6·8

14 다음 중 어법상 알맞지 <u>않은</u> 문장을 고르세요.

① We will finish decorating the room.

② Please stop to act like a baby.

③ She is used to staying up late.

④ I am thinking about going to the beach.

⑤ Thank you for giving me a chance.

POINT 3·6

15 다음 메모를 보고 주어진 단어를 사용하여 Rachel을 묘사하는 문장을 완성하세요. REAL 기출 서술형

> **Rachel Watson**
> **Job:** tour guide
> **Favorite thing:** to visit other countries
> **Future plan:** to open a travel agency

(1) Rachel's job is _____ foreign tourists. (guide)

(2) She enjoys _____ other countries. (visit)

(3) She plans _____ her own travel agency in the future. (open)

Unit 1 명사를 수식하는 분사

A 다음 중 어법상 알맞은 것을 고르세요. POINT 1·2

1 I wish to invent [flying / flown] cars.

2 [Using / Used] computers are cheap.

3 Do not touch the [sleeping / slept] cat.

4 A [breaking / broken] tree blocked the road.

5 Did you find your [losing / lost] bag?

6 You should not get off a [moving / moved] train.

7 I could hear the sound of [running / run] water.

8 She answered the [ringing / rung] phone quickly.

9 There are so many brands of [freezing / frozen] pizza.

10 Susan's dad will fix her [breaking / broken] toy.

B 주어진 단어를 어법에 맞게 쓰세요. POINT 1·2·3

1 I couldn't open the _____ door. (lock)

2 A man was standing in the _____ rain. (pour)

3 The boys _____ soccer are all classmates. (play)

4 Smartphones _____ in Korea are excellent. (make)

5 I interviewed a professor _____ Science. (teach)

6 She ate a _____ potato with cheese. (bake)

7 I received a letter _____ in English. (write)

8 Megan picked up a _____ leaf from the ground. (fall)

9 Most of the people _____ in this factory are men. (work)

10 I want to build a house _____ by gardens. (surround)

invent 발명하다   block 막다   run 흐르다; 달리다   pour 쏟아지다   excellent 우수한, 훌륭한   professor 교수   receive 받다

C 〈보기〉와 같이 주어진 두 문장을 분사를 이용하여 한 문장으로 다시 쓰세요. POINT 3

> 〈보기〉 The girl is pretty. She is wearing red shoes.
> → The girl <u>wearing red shoes</u> is pretty.

1 Who is that man? He is looking at us.
→ Who is that man _____?

2 The portrait looks so real. Sean painted it.
→ The portrait _____ looks so real.

3 I saw a huge dog. It was walking beside an old man.
→ I saw a huge dog _____.

4 That basket is for you. Someone filled it with candy.
→ That basket _____ is for you.

5 The boys are too noisy. They are playing games.
→ The boys _____ are too noisy.

6 They will repair the road. An earthquake damaged it.
→ They will repair the road _____.

D 우리말과 일치하도록 주어진 단어를 올바르게 배열하세요. POINT 1·3

1 나는 먼지로 덮인 탁자를 닦았다. (with / dust / covered)
→ I wiped the table _____.

2 아침 5시에 시카고로 출발하는 기차가 있다. (Chicago / for / leaving)
→ There is a train _____ at 5 a.m.

3 그는 지난주에 공원에서 도난당한 자전거를 찾았다. (the park / from / stolen)
→ He found the bike _____ last week.

4 나는 길에서 소리 지르는 사람들을 좋아하지 않는다. (the street / shouting / on)
→ I don't like people _____.

5 그 나라는 증가하는 인구에 대해 걱정한다. (growing / the / population)
→ The country is worried about _____.

6 두 마을을 연결하는 다리 하나가 있다. (two towns / the / connecting)
→ There is a bridge _____.

portrait 초상화   huge 거대한   earthquake 지진

Unit 2 주의해야 할 분사

A 주어진 단어를 각각 어법에 맞게 쓰세요. POINT 4

1 (surprise) Tom's life in Japan was _____ to us.
   We were _____ by Tom's life in Japan.

2 (confuse) Her explanations were _____ to them.
   They were _____ by her explanations.

3 (amaze) Everyone was _____ by her wisdom.
   Her wisdom was _____ to everyone.

4 (tire) Teaching little children is very _____ to her.
   She is very _____ from teaching little children.

5 (shock) The scientists were _____ by the result of the experiment.
   The result of the experiment was _____ to the scientists.

6 (touch) The last scene of the movie was very _____ to me.
   I was very _____ by the last scene of the movie.

B 밑줄 친 부분의 쓰임과 같은 것을 〈보기〉에서 골라 그 기호를 쓰세요. POINT 5

> 〈보기〉 ⓐ My hobby is <u>watching</u> American dramas.
> ⓑ Some children are <u>flying</u> kites in the park.

1 The man <u>delivering</u> pizza is my brother. _____

2 My job is <u>driving</u> a bus. _____

3 Their last hope was <u>winning</u> the lottery. _____

4 The <u>surprising</u> news was not true. _____

5 The school festival is <u>exciting</u> every year. _____

6 Our duty is <u>helping</u> children in poor countries. _____

explanation 설명 wisdom 지혜 experiment 실험 scene 장면 win a lottery 복권에 당첨되다 duty 의무

C 다음 밑줄 친 부분이 맞으면 ○, 틀리면 ×하고 바르게 고치세요. POINT 4

1   The rock band's performance was <u>amazed</u>.   _____

2   I was <u>depressed</u> to hear the sad news.   _____

3   Jane was <u>disappointing</u> at her birthday gift.   _____

4   The performance of the singer was <u>shocking</u>.   _____

5   He was <u>surprising</u> at the fantastic view.   _____

6   They were <u>frightened</u> by a horror movie.   _____

7   I heard an <u>interesting</u> rumor about Cathy.   _____

8   Susan was <u>pleasing</u> with her daughter's success.   _____

9   The speech was <u>boring</u> to the students.   _____

D 〈보기〉에서 알맞은 동사를 골라 분사의 형태로 바꾸어 빈칸에 쓰세요. (단, 한 번씩만 쓸 것) POINT 4

〈보기〉	scare	tire	disappoint	please	annoy

1   They were _____ at Jack's rudeness.

2   The noise from outside was _____ to me.

3   She was _____ with her beautiful dress.

4   They were _____ of the big spider.

5   I felt _____ after I worked for 8 hours.

performance 공연   speech 연설   rudeness 무례함

Chapter Test

[1-2] 다음 중 빈칸에 들어갈 알맞은 말을 고르세요.

POINT 1

1

> She took a picture of the _____ bird.

① sing ② singing ③ sung
④ sings ⑤ to sing

POINT 3

2

> He bought a bag _____ in France.

① make ② makes ③ made
④ making ⑤ is made

POINT 3

3 다음 중 밑줄 친 우리말을 바르게 영작한 것을 고르세요.

> 호숫가에 앉아 있는 소녀들 are having a good time.

① The sat girls by the lake
② The girls sat by the lake
③ The sitting girls by the lake
④ The girls sitting by the lake
⑤ The girls are sitting by the lake

POINT 1·2·3

4 다음 중 밑줄 친 부분이 어법상 알맞지 <u>않은</u> 것을 고르세요.
① He knocked on the <u>closing</u> door.
② The boy <u>riding</u> a bike is Billy.
③ The car <u>parked</u> in front of this house is mine.
④ She sent the <u>broken</u> mug back to the store.
⑤ I like to watch the <u>falling</u> snow in winter.

POINT 5

5 다음 중 〈보기〉의 밑줄 친 부분과 어법상 쓰임이 같은 것을 고르세요.

> 〈보기〉 The <u>boring</u> game was over.

① Sam enjoys <u>watering</u> the flowers.
② <u>Wasting</u> money can become a habit.
③ Her hobby is <u>jogging</u> in the park.
④ How about <u>going</u> hiking this weekend?
⑤ Look at the dog <u>wagging</u> its tail.

[6-7] 우리말과 일치하도록 주어진 단어를 사용하여 빈칸에 알맞은 말을 쓰세요. (서술형)

POINT 3

6

> 약 백 년 전에 지어진 그 박물관은 관광객들 사이에서 유명하다. (build)

→ The museum _____ about 100 years ago is famous among tourists.

POINT 3

7

> 극장 앞에 서 있는 저 소녀들은 한 뮤지컬 배우의 팬들이다. (stand)

→ Those girls _____ in front of the theater are fans of a musical actor.

POINT 5

8 다음 중 밑줄 친 부분의 쓰임이 <u>다른</u> 하나를 고르세요.
① John is holding a <u>flying</u> kite.
② The painter drew <u>running</u> horses.
③ I love <u>reading</u> the newspaper in the morning.
④ I was a <u>rising</u> star in figure skating.
⑤ Look at the <u>shining</u> stars!

POINT 4

9 다음 중 (A), (B)에 들어갈 말이 바르게 짝지어진 것을 고르세요.

> · Peter likes snakes. He is not ____(A)____ of them.
> · I had 8 classes today. My long day in school was ____(B)____ for me.

① scare — tire

② scared — tired

③ scaring — tiring

④ scared — tiring

⑤ scaring — tired

POINT 3

10 다음 두 문장을 한 문장으로 만들 때 빈칸에 들어갈 알맞은 말을 고르세요.

> The backpack is now very popular with students. I designed the backpack.
> →The backpack _____ by me is now very popular among students.

① design

② designed

③ designing

④ to design

⑤ was designing

[11-12] 밑줄 친 부분을 바르게 고쳐 쓰세요. 서술형

POINT 4

11

> Nick's speech was <u>bored</u> and difficult.

→ _____

POINT 4

12

> I was <u>amazing</u> by the chef's dishes.

→ _____

POINT 1·3·4

13 다음 글의 밑줄 친 부분 중 어법상 알맞지 <u>않은</u> 것을 고르세요.

> Those ⓐ <u>standing</u> men are Ted and Sam. They are professors ⓑ <u>studying</u> spiders. Now they are doing an ⓒ <u>amazing</u> experiment. They are really ⓓ <u>exciting</u> about it. They want to find ⓔ <u>hidden</u> webs.

① ⓐ   ② ⓑ   ③ ⓒ   ④ ⓓ   ⑤ ⓔ

POINT 1·4

14 다음 대화의 ⓐ, ⓑ, ⓒ, ⓓ를 알맞은 형태로 쓰세요.

고난도 REAL 기출 서술형

> A: Did you watch *Human Story* yesterday? It was really ⓐ <u>interest</u>.
> B: No. What was it about?
> A: It was about a doctor helping ⓑ <u>die</u> children in Africa. I was ⓒ <u>touch</u> by his story.
> B: Oh, I love ⓓ <u>touch</u> stories. I should watch it.

ⓐ _____

ⓑ _____

ⓒ _____

ⓓ _____

POINT 1·2·3·4

15 다음 중 어법상 알맞지 <u>않은</u> 문장을 <u>두 개</u> 고르세요.

① He couldn't move his breaking leg.

② The stolen car was Tommy's.

③ English is a language spoken in many countries.

④ Don't be disappointed at the result of the game.

⑤ The boys played basketball are very tall.

Unit 1 SVC/SVOO

A 다음 밑줄 친 부분이 맞으면 ○, 틀리면 ×하고 바르게 고치세요. POINT 1·2

1 Your trip to Russia sounds <u>greatly</u> to all of us. _____

2 Please tell the story behind your new movie <u>your fans</u>. _____

3 When I entered the store, he gave <u>me a cup of tea</u>. _____

4 My sister made some sandwiches <u>to the children</u>. _____

5 Can you pass <u>to me</u> a piece of pizza? _____

6 Why does your father always look <u>so busy</u>? _____

7 The company sent their customers <u>to some coupons</u>. _____

8 Jane got an umbrella <u>for me</u> when it started to rain. _____

9 The hamburger tasted <u>very salt</u> because of too much bacon. _____

10 I'm going to buy a ring <u>to her</u> on her birthday. _____

B 우리말과 일치하도록 주어진 단어를 올바르게 배열하세요. POINT 1·2

1 내 남동생의 목소리가 아주 명랑하게 들렸다. (very / sounded / cheerful)
→ My little brother's voice _____.

2 Kate는 나에게 자신의 어린 시절 사진을 보내주었다. (childhood pictures / me / sent / her / to)
→ Kate _____.

3 Alan은 경주에서 지고 난 후에 지치고 슬퍼 보였다. (sad / tired / and / looked)
→ Alan _____ after he lost the race.

4 아빠는 차를 세우고 경찰관에게 운전면허증을 보여주셨다.
(his / the policeman / driver's licence / showed)
→ Dad stopped the car and _____.

5 Jay가 책을 사고 싶어 했기 때문에, 나는 그에게 10달러를 빌려 주었다. (to / ten dollars / lent / him)
→ Because Jay wanted to buy a book, I _____.

6 그 일을 마쳤을 때 그녀는 자신을 자랑스럽게 느꼈다. (proud / herself / felt / of)
→ When she finished the work, she _____.

7 저에게 물 한 잔 가져다주시겠습니까? (get / for / water / me / a glass of)
→ Would you _____?

customer 고객   coupon 쿠폰

C 〈보기〉에서 알맞은 동사를 골라 빈칸에 쓰세요. POINT 1·2

〈보기〉	tasted	taught	bought	looked	wrote	made

1 The man on the screen _____ young and strong.

2 The little boy _____ a letter to the president.

3 My grandpa often _____ toys for me from wood.

4 Mom _____ a pair of sneakers for me at the store.

5 The pills in the bottle _____ very bitter.

6 Miss Graham _____ ballet to little girls twice a month.

D SVOO 문형은 SVO 문형으로, SVO 문형은 SVOO 문형으로 바꿔 쓰세요. POINT 2

1 Mom made my sister a beautiful dress.

→ _____

2 Eddie used to send long letters to me in France.

→ _____

3 You have to show your student card to the teacher.

→ _____

4 Liz cooked some food for patients in the hospital.

→ _____

5 My parents told us their plan for Children's Day.

→ _____

6 Last summer, my uncle got me some dried mangoes.

→ _____

7 The student passed the answer sheet to another student.

→ _____

screen 화면　sneakers 스니커즈 운동화　pill 알약　ballet 발레　student card 학생증　Children's Day 어린이날　answer sheet 답안지

Unit 2 SVOC 목적격보어의 종류

A 〈보기〉와 같이 목적어를 찾아 동그라미하고 목적격보어에 밑줄을 그으세요. POINT 3·4·5·6·7

> 〈보기〉 Because it's too dark, don't let (her) go home alone.

1   We started to call him Mr. Breeze last year.

2   She left the boxes empty for some books.

3   Ellen made her son a great writer.

4   I want you to be careful when you boil water.

5   I saw Ron waiting for you in front of the building.

6   Who told Eric to come to the office at five?

7   They heard birds singing merrily on the fence.

8   Mom allowed me to buy new shoes yesterday.

9   Math tests always make us nervous.

B 다음 중 어법상 알맞은 것을 고르세요. POINT 3·4·5·6·7

1   The teacher told students [be / to be] quiet during the exam.

2   We kept the room [warm / warmly] because we were too cold.

3   Julie's sincere advice made me [honestly / an honest man].

4   She helped me [to finish / finishing] the housework.

5   Mr. Palmer told me [turn / to turn] down the music.

6   Mom let me [play / playing] outside with my friends.

7   Last week, I saw [his / him] jumping rope on the playground.

8   My dad had me [watch / to watch] the news after lunch.

9   Sue didn't allow him [riding / to ride] a skateboard at night.

10 I heard Sandra [cough / to cough] a lot all day.

breeze 산들바람   merrily 즐겁게, 명랑하게   sincere 진심 어린   housework 집안일   turn down 소리를 줄이다   jump rope 줄넘기하다
cough 기침하다

C 주어진 단어를 빈칸에 어법상 알맞은 형태로 쓰세요. POINT 5·6·7

1 My best friend always makes me _____. (feel, happy)

2 I often help my little sister _____. (make, a paper doll)

3 We saw you _____ of ducks in the lake. (take, a picture)

4 When I went to the hospital, the doctor advised me _____.
(eat, breakfast)

5 The host let the children _____ in the countryside. (experience, life)

6 The students watched bees _____. (gather, honey)

7 They expect Minho _____ of the quiz show. (be, the winner)

8 Helen wanted her father _____ with her. (spend, more time)

D 〈보기〉와 같이 주어진 두 문장을 한 문장으로 다시 쓰세요. POINT 7

〈보기〉 I saw Minsu. Minsu crossed the road at the green light.
→ I ___saw___ ___Minsu___ ___cross___ the road at the green light.
---

1 The children shouted for joy. I heard this.
→ I _____ _____ _____ _____ for joy.

2 Julie watched Mike. Mike waved to her.
→ Julie _____ _____ _____ to her.

3 The desk was shaking. I felt this.
→ I _____ _____ _____.

4 He saw Nancy. Nancy was sleeping on the bed.
→ He _____ _____ _____ on the bed.

host 주인   gather 모으다, 모이다   winner 우승자   joy 기쁨, 즐거움   wave 손을 흔들다

Chapter Test

[1-2] 다음 중 어법상 알맞지 <u>않은</u> 문장을 고르세요.

POINT 1·3·4

1 ① Taylor's excuse for being late made me angry.

② The fresh bread from the oven smelled good.

③ Henry's face looked sad when I saw him yesterday.

④ Don't keep bananas coldly in the refrigerator.

⑤ The comedy show made him a famous comedian.

POINT 4·5·6·7

2 ① Kate let me going to the party with her.

② I saw the rabbits eating grass at the zoo.

③ The chef ordered his staff to keep the kitchen clean.

④ Jeff advised me to sign up for the English class.

⑤ This red dress makes you look much younger.

POINT 6

3 다음 중 주어진 우리말을 영작할 때 필요 <u>없는</u> 단어를 고르세요.

우리 부모님은 내가 바이올린을 연습하도록 하셨다.

① made ② me ③ to
④ the violin ⑤ practice

[4-5] 다음 중 빈칸에 들어갈 말로 알맞은 것을 <u>두 개</u> 고르세요.

POINT 6

4

I'll help my little brother _____ new friends.

① make ② makes ③ made
④ making ⑤ to make

POINT 7

5

Frank heard someone _____ the radio in the classroom.

① play ② plays ③ played
④ playing ⑤ to play

[6-7] 우리말과 일치하도록 주어진 단어를 사용하여 문장을 완성하세요. (서술형)

POINT 2

6

그들은 새해에 가난한 사람들에게 약간의 돈을 보냈다. (send, the poor, some money, to)

→ They _____ on New Year's Day.

POINT 5

7

나는 네가 모두에게 진실을 말하기를 원한다. (want, tell, the truth)

→ I _____ to everyone.

POINT 2·3·4·5

8 다음 중 빈칸에 made를 쓸 수 <u>없는</u> 것을 고르세요. (고난도)

① Sam _____ me go to the library with him on Sunday.

② The sunlight from the window _____ the room bright.

③ I _____ my brother a banana pancake.

④ They _____ me the captain of the baseball team.

⑤ Dad _____ me to look after my younger sister while he was out.

[9-10] 다음 중 밑줄 친 (A), (B)를 바르게 고쳐 쓴 것끼리 짝지어진 것을 고르세요.

POINT 1·2

9

- Becky looked (A) <u>anger</u> when she saw her broken glasses.
- My grandfather got a big toy house (B) <u>to me</u>.

① angry — of me   ② angry — for me

③ angrily — of me   ④ angrily — for me

⑤ angry — by me

POINT 5·6

10

- Yuna wants me (A) <u>return</u> the books for her.
- Tony had his dog (B) <u>catching</u> the ball.

① returning — catch

② returning — to catch

③ to return — catch

④ to return — to catch

⑤ to return — catches

[11-12] 다음 밑줄 친 부분을 어법에 맞게 고쳐 쓰세요. (서술형)

POINT 6

11

Please don't make <u>me to yell at you</u>.

→ _____

POINT 5

12

Our teacher ordered <u>us to discussing</u> the matter.

→ _____

POINT 4

13 다음 〈보기〉와 같이 두 문장이 같은 의미가 되도록 빈칸을 완성하세요. (서술형)

〈보기〉 She was happy to hear the news.
= The news __made her happy__.

I was very sad to hear the result of the contest.

= The result of the contest _____

_____.

POINT 1·3·5·7

14 다음 중 어법상 알맞은 문장끼리 짝지어진 것을 고르세요.

ⓐ When I opened the door, I saw a dog wagging his tail.

ⓑ The pollution in the river looked serious.

ⓒ Ruth named one of her cats Percy.

ⓓ They expect us finish the work without help.

ⓔ My friend asked me to sit down for a minute.

① ⓐ, ⓑ   ② ⓐ, ⓑ, ⓒ

③ ⓐ, ⓑ, ⓒ, ⓔ   ④ ⓐ, ⓑ, ⓓ, ⓔ

⑤ ⓑ, ⓒ, ⓓ, ⓔ

POINT 7

15 다음 대화의 내용과 같도록 빈칸에 알맞은 말을 쓰세요. (REAL 기출) (서술형)

Tony: Hey, Maria! You know what?

Maria: Tell me!

Tony: Yesterday, I saw something amazing at the park.

Maria: What was it?

Tony: A parrot was having a conversation with its owner!

Maria: Wow, that's surprising!

→ Tony saw a parrot _____

_____.

[1-2] 다음 중 빈칸에 들어갈 알맞은 말을 <u>모두</u> 고르세요.

`Ch 5·6`

1

_____ the right decision all the time is not easy.

① Make　　② Makes　　③ Making
④ To make　　⑤ To making

`Ch 8`

2

Bill and I heard a cat _____ last night.

① cry　　② cries　　③ to cry
④ crying　　⑤ cried

[3-4] 다음 중 〈보기〉의 밑줄 친 부분과 어법상 쓰임이 같은 것을 고르세요.

`Ch 5`

3

〈보기〉 Luke ran fast <u>to catch</u> the school bus.

① Her job is <u>to develop</u> new dishes.
② I brought my camera <u>to take</u> pictures of my family.
③ He has a report <u>to finish</u> by noon.
④ We decided <u>to move</u> to another city.
⑤ <u>To become</u> perfect is impossible.

`Ch 6·7`

4

〈보기〉 The <u>rising</u> sun is shining brightly.

① Susan finished <u>answering</u> the question.
② You can't enter the hall without <u>paying</u> for the ticket.
③ My favorite activity is <u>playing</u> the drums.
④ <u>Listening</u> to others carefully is important.
⑤ The writer's new novel was <u>boring</u>.

[5-6] 다음 주어진 문장에서 어법상 알맞지 <u>않은</u> 부분을 찾아 바르게 고치세요. (서술형)

`Ch 5`

5

This is our new house to live.

_____ → _____

`Ch 7`

6

We were very disappoint when we lost the final soccer match.

_____ → _____

[7-8] 다음 중 빈칸에 들어갈 단어의 형태가 나머지와 <u>다른</u> 하나를 고르세요.

`Ch 8`

7

① She expected us _____(arrive) on time.
② Kate wanted you _____(remember) her birthday.
③ My teacher got me _____(hand in) the test paper.
④ I told him _____(be) quiet in the library.
⑤ Tom had his brother _____(carry) the boxes.

`Ch 5·6`

8

① I wish _____(see) my old friend someday.
② We planned _____(visit) the amusement park.
③ He gave up _____(eat) the spicy Thai food.
④ Jessica needed _____(attend) the meeting yesterday.
⑤ My dad wants _____(get) a new job.

[9-10] 다음 중 (A), (B)에 들어갈 말이 바르게 짝지어진 것을 고르세요.

Ch 6·8

9

· The sharp knife looks very ___(A)___ .
· James is looking forward ___(B)___ on a picnic with his family.

① dangerous — going
② dangerous — to go
③ dangerous — to going
④ dangerously — to going
⑤ dangerously — going

Ch 5·7

10

· My dad asked my mom where ___(A)___ the new sofa in the room.
· These are the tomatoes ___(B)___ in a greenhouse by my parents.

① put — growing   ② to put — grow
③ put — grown   ④ to put — grown
⑤ putting — grow

[11-12] 다음 중 주어진 우리말을 바르게 영작한 것을 고르세요.

Ch 5

11

준호는 너무 아파서 학교에 갈 수 없었다.

① Junho was so sick to go to school.
② Junho was too sick to go to school.
③ Junho was very sick to go to school.
④ Junho was enough sick to go to school.
⑤ Junho was sick in order to go to school.

Ch 8

12

Amy는 나에게 치과에 가보라고 충고했다.

① Amy advised me go to the dentist.
② Amy advised me going to the dentist.
③ Amy advised me to go to the dentist.
④ Amy advised me to going to the dentist.
⑤ Amy advised the dentist me to go.

[13-15] 우리말과 일치하도록 주어진 단어를 올바르게 배열하세요. (필요시 단어의 형태를 변형할 것) 서술형

Ch 6

13

그는 비밀번호를 변경했던 것을 잊어버렸다.
(forget / he / password / change / his)

→ _____ .

Ch 8

14

냉장고는 음식을 신선하게 보관할 수 있다.
(food / the refrigerator / keep / can / freshly)

→ _____ .

Ch 5

15

Mark는 뉴스를 보기 위해서 TV를 켰다.
(turn on / in / Mark / to / the TV / order / the news / watch)

→ _____
_____ .

Ch 5·6·7

16
① It is fun to watch a baseball game in a stadium.
② There is nothing to worry about.
③ Thank you for taking care of my children.
④ The girl lived next door is my friend Sumi.
⑤ We began studying for the test in order to get good grades.

Ch 7·8

17
① Jimmy made the boy angry.
② Did you see the falling star?
③ I was embarrassed by his rude attitude.
④ People often call New York "the Big Apple."
⑤ My mom ordered me do the dishes.

Ch 5·6·8

18 다음 중 짝지어진 두 문장의 의미가 서로 <u>다른</u> 것을 고르세요.

① My sister helped me make dinner.
  = My sister helped me to make dinner.
② It is important not to break the rules.
  = Not to break the rules is important.
③ We love to go hiking on weekends.
  = We love going hiking on weekends.
④ Paul remembered to clean the house.
  = Paul remembered cleaning the house.
⑤ She is smart enough to teach others.
  = She is so smart that she can teach others.

Ch 8

19 다음 〈보기〉와 문장의 형식이 같은 것을 고르세요.

〈보기〉 The woman wrote a letter to her husband.

① Those flowers look so beautiful.
② I cooked fried rice for my parents.
③ Few people found the man honest.
④ The police allowed him to leave.
⑤ Can you pass me the pen on the desk?

[20-22] 두 문장의 의미가 같도록 빈칸에 알맞은 말을 쓰세요.

서술형

Ch 5

20
It seems that she has a cold.

→ She _____ _____ _____
   a cold

Ch 8

21
She bought her daughter a warm coat.

→ She _____ _____ _____
   _____ _____ her daughter.

Ch 5

22
We were so tired that we couldn't reach there on foot.

→ We were _____ _____
   _____ _____ there on foot.

23 다음 중 어색한 대화를 고르세요.

① A: When will we meet today for our group homework?

B: Linda will let us know when to meet.

② A: Ryan, what's your brother doing?

B: He is busy feeding his cats at home.

③ A: I feel like doing something fun this weekend.

B: How about going to the jazz festival held in Seoul?

④ A: Nick, can you lend your science book for me?

B: I'm sorry. Hojin already borrowed it.

⑤ A: I'm so tired. I need to take a rest before reaching the top of the mountain.

B: Come here. There are some benches to sit on.

24 다음 중 어법상 알맞은 문장의 개수를 고르세요.
고난도

ⓐ I'll give you a pen to write.
ⓑ We're glad to see you again.
ⓒ The baked potatoes tasted good.
ⓓ The teacher needs a computer to use during class.
ⓔ They are too weak that run a marathon.

① 1개 ② 2개 ③ 3개
④ 4개 ⑤ 5개

25 다음 중 빈칸에 to를 쓸 수 없는 것을 고르세요.

① Jack helped the old man _____ climb the stairs.

② I don't know how _____ play the violin.

③ My aunt gave a birthday present _____ me.

④ The woman felt someone _____ touch her shoulder.

⑤ He was confident enough _____ speak in front of many people.

26 다음 중 빈칸에 들어갈 말로 알맞지 않은 것을 고르세요.

Some people _____ waiting for 30 minutes for the show.

① agreed ② kept
③ suggested ④ avoided
⑤ considered

27 다음 밑줄 친 부분 중 어법상 알맞지 않은 것을 세 군데 골라 바르게 고치세요. 고난도 서술형

A: Minho, have you been to the new art museum ⓐ built last month?

B: Yes, I went there last Saturday. I was ⓑ surprising by the huge space. It was ⓒ large enough to display a lot of paintings.

A: It sounds ⓓ greatly. How much is the ticket?

B: It costs 10,000 won per person. You can get a discount by ⓔ show your student card.

(1) _____ → _____

(2) _____ → _____

(3) _____ → _____

Unit 1 수동태의 기본 형태

A 다음 밑줄 친 부분이 맞으면 ○, 틀리면 ×하고 바르게 고치세요. POINT 1·2·3

1   I <u>was born</u> in Busan in 2004. _____

2   Paper <u>was invent</u> by the ancient Chinese. _____

3   Your song <u>will loved</u> by many people. _____

4   These apples <u>are solded</u> at the market. _____

5   The mouse <u>catched</u> by the cat. _____

6   The gate <u>will be shut</u> at seven by Mr. Jensen. _____

7   French <u>is teaching</u> in our school. _____

8   Our museum <u>will be opened</u> for just two months. _____

B 우리말과 일치하도록 주어진 단어를 사용하여 빈칸에 알맞은 말을 쓰세요. POINT 2·3

1   그 콘서트는 나이 든 사람들을 위해 계획되었다. (plan)
    → The concert _____ for old people.

2   새 차의 디자인이 내일까지는 결정될 것이다. (decide)
    → The design of the new car _____ by tomorrow.

3   나는 반장으로 선출되었다. (choose)
    → I _____ as a class president.

4   열차가 좋지 않은 날씨로 인해 연착될 것이다. (delay)
    → The train _____ because of the bad weather.

5   아메리카는 Columbus에 의해 발견되었다. (discover)
    → America _____ by Columbus.

6   한 유명한 야구 선수가 파티에 초대될 예정이다. (invite)
    → A famous baseball player _____ to the party.

7   그 건물들은 지진으로 인해 파괴되었다. (destroy)
    → The buildings _____ by earthquakes.

ancient 고대의   shut 닫다

C 주어진 문장을 수동태 문장으로 바꿔 쓸 때, 빈칸에 알맞은 말을 쓰세요. `POINT 1·2·3`

1 Jake washed the dishes after lunch.
→ _____ after lunch.

2 Anne wrote this diary during the vacation.
→ _____ during the vacation.

3 Mr. Hobs will fix my broken car tomorrow.
→ _____ tomorrow.

4 My uncle plants a few trees each year.
→ _____ each year.

5 After his speech, many people admired him.
→ After his speech, _____ .

6 My dad parks the car in front of the house.
→ _____ in front of the house by my dad.

D 자연스러운 대화가 되도록 빈칸에 알맞은 말을 쓰세요. `POINT 2·3`

1 A: What did the farmers find in the ground?
B: Some old pictures _____ _____ _____ the farmers.

2 A: Who will help the children?
B: The children _____ _____ _____ _____ Ms. Norris.

3 A: When did Tony take this photo?
B: This photo _____ _____ _____ Tony three years ago.

4 A: Where will they hold the concert in July?
B: The concert _____ _____ _____ in Tokyo in July.

5 A: How did Julie send the invitation?
B: The invitation _____ _____ _____ Julie by fax.

6 A: What time will you close the store today?
B: My store _____ _____ _____ at five.

speech 연설하다   admire 존경하다   park 주차하다; 공원   invitation 초대장; 초대   fax 팩스

Unit 2 수동태 부정문/의문문/관용표현

A 다음 중 어법상 알맞은 것을 고르세요. POINT 6-7

1 My little brother [is interested in / interests in] myths.

2 The building [can seen / can be seen] from here.

3 The sky [was covered with / was covered] clouds.

4 Some salt [be should added / should be added] to the soup.

5 She [pleased with / was pleased with] her daughter's letter.

6 The door [must lock / must be locked] when you go out.

7 They [are satisfied with / are satisfied of] their new teacher.

8 Ice cream [should be kept / should kept be] in the freezer.

9 The statue [is made of / is made in] stone.

10 Your room [must be cleaning / must be cleaned] every week.

11 The boxes [are filled of / are filled with] books.

B 〈보기〉와 같이 자연스러운 대화가 되도록 빈칸에 알맞은 말을 쓰세요. POINT 5

> 〈보기〉 A: Where <u>are</u> the tickets <u>sold</u>?
> B: They are sold on online.

1 A: _____ _____ the train _____?
B: It was delayed because of heavy rain.

2 A: _____ _____ the TV show _____?
B: It was started in June.

3 A: _____ _____ these clocks _____?
B: They were made in Switzerland.

4 A: _____ _____ water _____ into steam?
B: It is changed into steam by boiling it at 100˚C.

myth 신화   freezer 냉동실   statue 조각상   delay 미루다, 연기하다   steam 증기   boil 끓이다

C 주어진 문장을 수동태 문장으로 바꿔 쓰세요. POINT 4·5·6

1 We didn't move the stones.

→ _____

2 We should protect wild animals.

→ _____

3 My parents didn't praise me for my test results.

→ _____ by my parents.

4 You should take this medicine every day.

→ _____ by you.

5 Where does your grandma grow carrots?

→ _____

D 우리말과 일치하도록 주어진 단어를 올바르게 배열하세요. POINT 4·5·6·7

1 내 오래된 자전거는 더 이상 사용되지 않는다. (not / used / is)

→ My old bike _____ anymore.

2 그 학교는 올해 말까지는 지어져야 한다. (built / be / must)

→ The school _____ by the end of this year.

3 이 노래들은 젊은 사람들에게 불리지 않는다. (sung / not / by / are)

→ These songs _____ young people.

4 영어 수업은 모든 학생이 수강해야 한다. (by / taken / be / should)

→ An English class _____ every student.

5 그는 다른 나라에서는 가수로 알려져 있다. (known / a singer / is / as)

→ He _____ in other countries.

6 저녁으로 그 요리사는 무엇을 만들었니? (was / for / what / made / dinner)

→ _____ by the chef?

wild animal 야생 동물   praise 칭찬하다   medicine 약

Chapter Test

[1-2] 다음 중 (A), (B)에 들어갈 말이 바르게 짝지어진 것을 고르세요.

POINT 1·2

1

> · The two towns _____(A)_____ by a bridge.
> · Our school's flag _____(B)_____ by Frank in the national sports festival.

① connect — raised

② are connected — was raised

③ are connected — raised

④ connect — was raised

⑤ connected — raised

POINT 7

2

> · I was very pleased _____(A)_____ his invitation.
> · Leonardo da Vinci is known _____(B)_____ the *Mona Lisa*.

① in — as   ② in — with

③ with — as   ④ with — for

⑤ from — for

[3-4] 다음 중 어법상 알맞은 문장을 고르세요.

POINT 2·3·4·5·6

3 ① Where your bag was found?

② Many people hurt in the accident yesterday.

③ Your hands must be wash before meal.

④ About thirty years ago, cell phones not were used.

⑤ The new amusement park will be opened next month.

POINT 7

4 ① The table was made with wood.

② Eddie is known as a gentleman.

③ The room was filled of useless things.

④ Ms. Page won't be satisfied for my report.

⑤ The top of the mountain is always covered snow.

[5-6] 주어진 단어를 사용하여 빈칸에 알맞은 말을 쓰세요. (서술형)

POINT 3

5

> Breakfast _____ at 9 a.m. tomorrow. (provide)

POINT 7

6

> When I was a child, I _____ robots. (interest)

POINT 2

7 다음 빈칸에 들어갈 알맞은 말을 고르세요.

> These pancakes were made _____ my sister.

① by   ② of   ③ from

④ in   ⑤ up

[8-9] 주어진 문장을 수동태로 바꿔 쓰세요. (서술형)

POINT 3

8

> Minho will take Yuna to the party.

→ _____

POINT 2

9

> The police officer stopped the car.

→ _____

POINT 5·7

10 다음 중 어색한 대화를 고르세요.

① A: Is French spoken in Canada?
　B: Yes, it is.

② A: Was the ring made of silver?
　B: No, it wasn't. It was made of gold.

③ A: How was the window broken?
　B: It was broken by the storm.

④ A: Were the roses bought by Tom?
　B: Yes, they were. Tom bought them two days ago.

⑤ A: When were the first Olympic Games held?
　B: They held in 1896.

[11-12] 다음 문장에서 어법상 알맞지 <u>않은</u> 부분을 찾아 바르게 고치세요. (서술형)

POINT 2

11

> Yesterday, the housework did by me.

_____ → _____

POINT 6

12

> The stars cannot be saw on a cloudy night.

_____ → _____

POINT 1·2·3

13 다음 중 어법상 알맞은 문장끼리 짝지어진 것을 고르세요.

> ⓐ The key was found in someone's pocket.
> ⓑ Many products are imported from China.
> ⓒ This smartphone is made in Korea.
> ⓓ The money will use by the poor.
> ⓔ The accident was caused by thick fog.

① ⓐ, ⓑ
② ⓐ, ⓑ, ⓒ, ⓔ
③ ⓑ, ⓒ, ⓓ
④ ⓑ, ⓒ, ⓓ, ⓔ
⑤ ⓒ, ⓓ, ⓔ

POINT 7

14 우리말과 일치하도록 주어진 단어를 올바르게 배열하세요. (필요시 단어의 형태를 변형하거나 추가할 것) (서술형)

> 버터는 우유로 만들어진다.
> (be / butter / make / milk)

→ _____.

POINT 1·2·3·7

15 다음 중 밑줄 친 부분이 어법상 알맞지 <u>않은</u> 것을 고르세요.

① The ground <u>is covered with</u> flowers.
② The box <u>was hidden</u> for a long time.
③ The fence <u>will painted</u> again by Tom next week.
④ A lot of fish <u>were caught</u> by Jack.
⑤ Korean products <u>are sold</u> all over the world.

POINT 6

16 다음 우리말을 〈조건〉에 맞도록 영작하세요. (고난도) (서술형)

> 소비자들은 농부들에게 공정한 가격을 지불해야 한다.
>
> 〈조건〉
> · should, pay라는 단어가 들어가게 쓸 것
> · 능동태와 수동태 두 가지 의미를 모두 쓸 것
> · 필요한 경우 제시된 단어를 변형하여 쓸 것

(1) Consumers _____ a fair price to farmers.

(2) A fair price _____ _____ to farmers _____ _____.

Unit 1 and, or, but의 주의할 쓰임

A 두 문장의 의미가 같도록 빈칸에 알맞은 접속사를 〈보기〉에서 골라 쓰세요. (단, 한 번씩만 쓸 것) POINT 1

〈보기〉 both ~ and   either ~ or   not ~ but

1   The United States uses English as its language. England also uses English.
    = _____ the United States _____ England use English as their language.

2   George didn't take a trip to Thailand. He went to Taiwan.
    = George took a trip _____ to Thailand _____ to Taiwan.

3   This card game can be played with 3 people, or it can be played with 5 people.
    = This card game can be played with _____ 3 people _____ 5 people.

〈보기〉 neither ~ nor   as well as   not only ~ but also

4   Singers attended the music festival. Dancers attended the music festival, too.
    = Dancers _____ singers attended the music festival.

5   My dad painted the outside of our dog's house. He also painted the inside of it.
    = My dad painted _____ the outside _____ the inside of our dog's house.

6   My parents don't allow me to go out late. They don't allow my sister to go out either.
    = My parents allow _____ me _____ my sister to go out late.

B 문맥상 자연스러운 문장이 되도록 알맞은 것을 골라 연결하세요. POINT 2

1	Take the airport shuttle bus, •	• ⓐ and you'll see a bookstore.
2	Don't talk back to your teacher, •	• ⓑ and you can gain a lot of knowledge.
3	Turn left at the first corner, •	• ⓒ or people won't trust you.
4	Keep your promise, •	• ⓓ or your teacher will be angry.
5	Read many books, •	• ⓔ and you can save time and money.
6	Be careful with the dish, •	• ⓕ or you will break it.

take a trip 여행하다   attend 참석하다   allow 허락하다   talk back 말대꾸하다   trust 신뢰하다, 믿다   gain 얻다   knowledge 지식
keep A's promise 약속을 지키다

C 주어진 단어를 어법상 알맞은 형태로 빈칸에 쓰세요. (단, 현재형으로 쓸 것) POINT 1

1 Not only I but also Evan _____ waiting for you. (be)

2 Both she and I _____ a new blouse. (need)

3 Either playing tennis or swimming _____ good for health. (be)

4 Not only the bread but also the cake _____ delicious. (be)

5 Not a man but a woman _____ in that house. (live)

6 Neither Dongsu nor Somi _____ the musical. (know)

7 Both Paris and London _____ famous with tourists. (be)

8 Not only I but also Teddy _____ to learn German. (want)

D 우리말과 일치하도록 주어진 단어를 사용하여 문장을 완성하세요. POINT 1·2

1 지금 지하철을 타라, 그러면 너는 거기에 일찍 도착할 것이다. (be, early, there)
   → Take the subway now, _____ _____ _____ _____ _____ _____.

2 나와 우리 형 둘 중 한 명은 강아지를 산책시켜야 한다. (have to, my brother)
   → _____ _____ _____ _____ _____ _____ take a walk
   with our puppy.

3 나뿐만 아니라 내 친구도 초밥을 좋아한다. (like, my friend)
   → _____ _____ _____ _____ _____ _____
   sushi.

4 조용히 해라, 그렇지 않으면 아기가 깰 것이다. (wake up, the baby)
   → Be quiet, _____ _____ _____ _____ _____.

5 Jay와 Christine은 둘 다 중국 음식을 좋아한다. (like)
   → _____ _____ _____ _____ _____ Chinese food.

6 빨간색이 아니라 파란색이 너에게 잘 어울린다. (look)
   → _____ _____ _____ _____ _____ good on you.

7 더 빨리 걸어라, 그렇지 않으면 너는 기차를 놓칠 것이다. (the train, miss)
   → Walk more quickly, _____ _____ _____ _____ _____ _____.

tourist 관광객

Unit 2 부사절을 이끄는 접속사

A 빈칸에 알맞은 말을 〈보기〉에서 골라 쓰세요. (단, 한 번씩만 쓸 것) POINT 3·4

〈보기〉 when	before	because	while

1 _____ I had a fever, I could not sleep well last night.

2 My mom turned the TV on _____ she was cooking dinner.

3 In Korea, you should take off your shoes _____ you enter a room.

4 _____ Mira was a child, her family moved to Seoul.

〈보기〉 since	after	so ~ that	until

5 _____ my parents weren't at home, I took care of my little sister.

6 My grandmother waved at us _____ our car was out of her sight.

7 _____ Ted read the reviews about the computer, he bought one online.

8 The bus started _____ suddenly _____ Harry almost fell down.

B 문맥상 자연스러운 문장이 되도록 알맞은 것을 골라 연결하세요. POINT 3·4·5

1 Grace is a fan of the singer   ·   · ⓐ her friend called three times.

2 While Emma took a shower   ·   · ⓑ since a storm was coming.

3 If you sign up that website   ·   · ⓒ that she couldn't say a word.

4 The food was so spicy   ·   · ⓓ because his voice is beautiful.

5 The flight was canceled   ·   · ⓔ unless you're staying in the room.

6 Though the camp was short ·   · ⓕ I made a lot of friends there.

7 Monica was so surprised   ·   · ⓖ you will get a discount coupon.

8 Turn off the light   ·   · ⓗ that I couldn't eat much.

---

fever 열; 열기   turn on (전기, 가스 등을) 켜다(↔ turn off)   take off (옷 등을) 벗다   wave (손, 팔을) 흔들다   out of sight (눈에) 보이지 않는
fall down 넘어지다   sign up for 가입하다, 신청하다   cancel 취소하다   discount 할인(하다)

C 밑줄 친 부분의 의미를 〈보기〉에서 골라 그 기호를 쓰세요. POINT 6

〈보기〉	ⓐ ~할 때, ~하면서	ⓑ ~하기 때문에	ⓒ ~한 이래로
	ⓓ ~처럼, ~ 대로	ⓔ ~할수록, ~함에 따라	ⓕ ~하는 반면

1 <u>As</u> we got closer to the beach, we got excited. _____

2 Phillip has grown 10cm <u>since</u> he started middle school. _____

3 <u>While</u> Jisu likes white pants, I like black pants. _____

4 <u>As</u> I opened my email, I saw an email from my uncle. _____

5 Sera couldn't use the copy machine <u>since</u> it was broken. _____

6 I made a shopping list <u>as</u> you said. _____

7 Sue stayed at home yesterday <u>as</u> she had no plans. _____

8 Nick read a book <u>as</u> he ate breakfast. _____

9 It has been two years <u>since</u> my grandfather passed away. _____

D 우리말과 일치하도록 주어진 단어를 사용하여 문장을 완성하세요. POINT 3·4·5

1 만약 그 문제의 정답을 알고 있다면, 손을 드세요. (know, you)
   → _____ _____ _____ the answer to the question, put your hand up.

2 내 방을 청소했을 때 나는 침대 밑에서 동전 몇 개를 발견했다. (my room, clean)
   → I found some coins under the bed _____ _____ _____ _____ _____.

3 만약 입장권을 소지하고 있지 않으시다면, 공연장에 들어갈 수 없습니다. (a ticket, have, you)
   → _____ _____ _____ _____ _____, you can't enter the concert hall.

4 우리는 스페인에 있는 동안에 많은 관광지를 방문했다. (in Spain, be)
   → We visited lots of tourist spots _____ _____ _____ _____.

5 나는 부모님이 나를 데리러 오실 때까지 쇼핑몰 앞에서 기다렸다. (my parents, come)
   → I waited in front of the mall _____ _____ _____ _____ to pick me up.

6 비가 너무 많이 내려서 우리 아빠는 천천히 운전하셨다. (heavily, drive, my dad)
   → It rained _____ _____ _____ _____ _____ slowly.

7 비록 경기에서 졌을지라도, 우리는 좋은 시간을 보냈다. (the game, lose)
   → We had a great time _____ _____ _____ _____.

pass away 돌아가시다, 사망하다

Unit 3 명사절을 이끄는 접속사

A   다음 문장에서 접속사 **that**이 들어갈 자리에 ∨표 하세요. POINT 7·8

1   I think Robert is an honest person.

2   It is certain we should protect the earth.

3   The problem is all stores near here are closed now.

4   My teacher made sure every student wore a seat belt.

5   The tour guide said we could not bring our bags into the museum.

6   People make noise outside at night is very annoying.

7   The fact is we need to recycle paper to save trees.

8   I know my science teacher was an announcer in the past.

9   Tracy believes music can cure people.

B   빈칸에 들어갈 알맞은 말을 〈보기〉에서 골라 쓰세요. (단, 한 번씩만 쓸 것) POINT 7·9·10

〈보기〉 that	if	who	how

1   Can you tell me _____ I can get the free coupon?

2   Jenny hopes _____ she can study abroad next year.

3   Do you have any idea _____ he is next to Sora?

4   I wonder _____ he can come on time.

〈보기〉 that	where	why	whether

5   I'm not sure _____ Ben lives near her house.

6   Do you know _____ they leave so early?

7   I think _____ our final exam was too difficult.

8   Could you tell me _____ the airport is?

---

protect 보호하다   annoying 짜증스러운   recycle 재활용하다   announcer 아나운서   cure 치료하다

C 우리말과 일치하도록 주어진 단어를 올바르게 배열하세요. POINT 9·10

1 나는 유리가 너한테 왜 그렇게 화가 났는지 궁금하다. (so / is / Yuri / upset / why)
→ I wonder _____ with you.

2 나는 그 행사가 언제 시작하는지 모르겠다. (the event / starts / when)
→ I don't know _____ .

3 너는 그들이 지금 무엇을 하고 있는지 아니? (now / what / doing / are / they)
→ Do you know _____ ?

4 나는 네가 일본 음식을 좋아하는지 궁금하다. (you / Japanese food / if / like)
→ I wonder _____ .

5 이 기계를 어떻게 사용할 수 있는지 제게 말해주세요. (use / how / this machine / can / I)
→ Please tell me _____ .

6 나는 누가 이 컴퓨터를 고칠 수 있는지 모르겠다. (this computer / who / fix / can)
→ I'm not sure _____ .

7 너는 그가 프랑스어를 말할 수 있는지 아니? (speak / whether / French / can / he)
→ Do you know _____ ?

D 다음 두 문장을 연결하여 한 문장으로 다시 쓰세요. POINT 9·10

1 I'd like to know. + What does Sangho want to study in England?
→ _____

2 Do you know? + Did Susan book our train tickets?
→ _____

3 Do you think? + What is the most famous Korean food?
→ _____

4 I don't know. + How did he make this model airplane?
→ _____

5 Can you tell me? + Where did you buy the sneakers?
→ _____

6 Do you suppose? + When will the first snow come this year?
→ _____

7 I wonder. + Will Harry stay with us tonight?
→ _____

model airplane 모형 비행기

CHAPTER 10 접속사

Chapter Test

[1-2] 다음 중 빈칸에 들어갈 알맞은 말을 고르세요.

POINT 3

1

Julie often feels nervous _____ she faces the camera.

① until ② so ③ since

④ though ⑤ when

POINT 1

2

Neither Paul _____ Cindy is responsible for the accident.

① or ② and ③ nor

④ but ⑤ not

POINT 3·4·5

3 다음 중 어법상 알맞은 문장을 고르세요.

① Jina went home early until she had a lot of homework.

② Tom called his girlfriend after he got on the bus.

③ Since it rains, he usually stays at home.

④ Before the weather is hot, food will go bad easily.

⑤ Unless you aren't busy, please give me a hand.

[4-5] 밑줄 친 부분을 알맞은 형태로 고쳐 쓰세요.

POINT 5

4

If there will be something wrong, I'll correct it.

→ _____

POINT 9

5

My uncle can't remember when took he the pictures.

→ _____

POINT 7

6 다음 중 밑줄 친 부분을 생략할 수 없는 문장을 고르세요.

① I heard that you met Tim last night.

② We know that girl at the crosswalk.

③ They thought that the man was following them.

④ I hope that we'll have a good time this year.

⑤ He believes that his son can be a great scientist.

[7-8] 다음 중 (A), (B)에 들어갈 말이 바르게 짝지어진 것을 고르세요.

POINT 2

7

· Do your best, ____(A)____ you'll get a bad result on the test.

· Eat regularly, ____(B)____ you'll be healthy.

① and — or ② or — or

③ or — and ④ or — but

⑤ but — and

POINT 2·5

8

· ____(A)____ you make a mistake, you'll win the first prize.

· Drink some cold water, ____(B)____ you'll feel better.

① If — and ② Unless — or

③ If — or ④ Unless — and

⑤ As — and

POINT 6

9 다음 중 밑줄 친 부분의 의미가 다른 하나를 고르세요.

① As Mina had a stomachache, she skipped the meal.

② I don't like this flower as it smells bad.

③ You have to correct this file as your teacher said.

④ As Peter forgot her name, he asked her again.

⑤ As it was getting dark, we hurried to go home.

[10-12] 우리말과 일치하도록 주어진 단어를 사용하여 문장을 완성하세요. (서술형)

POINT 1

10
> 너뿐만 아니라 Andy도 장래에 작가가 되고 싶어 한다. (want, but also)

→ _____

to be a writer in the future.

POINT 4

11
> 보영이는 밤중에 너무 목이 말라서 잠에서 깼다. (wake up, thirsty, she, that)

→ Boyoung was _____

_____ during the night.

POINT 9

12
> 시청이 어디인지 알려주시겠어요? (be, the City Hall)

→ Could you tell me _____

_____?

[13-14] 다음 중 어법상 알맞지 않은 문장을 고르세요.

POINT 7·8

13
① That he is only 14 is very surprising.

② She promised she wouldn't waste money.

③ The good news is that the weather will be nice tomorrow.

④ They forgot my birthday was disappointing.

⑤ I noticed that Joey wasn't there.

POINT 5·9·10

14
① If you have time today, visit us.

② I wonder if Nancy likes classical music.

③ Do you think how old he is?

④ Unless you come in 10 minutes, we'll leave without you.

⑤ My father remembers where we traveled last year.

POINT 3·4

15 다음 그림을 보고 주어진 단어를 사용하여 〈조건〉에 맞게 문장을 완성하세요. (REAL 기출) (서술형)

(1)  (2)

> 〈조건〉 · when과 because를 사용할 것
> · 주어에 맞게 동사를 변형할 것

(1) The doorbell rang _____

_____. (taking a shower, I)

(2) _____, his teacher

got angry. (break the window, he)

Unit 1 원급, 비교급, 최상급

A 다음 중 어법상 알맞은 것을 고르세요. POINT 1·3·4

1 She is [greater / the greatest] actress in America.

2 Suna gets up [earlier / the earliest] than Yuna.

3 Jane is as [pretty / prettier] as a rose.

4 Today is [longer / the longest] day of the year.

5 Jerry swims as [fast / more fast] as Bill.

6 This plate is as [large / larger] as my face.

7 I am [very / far] stronger than Bob.

8 Jinju is not as [careful / more careful] as Sohee.

9 This movie is [interesting / more interesting] than *Spider Man*.

10 Mary cooks as [well / better] as her mom.

B 다음 밑줄 친 부분이 맞으면 ○, 틀리면 ×하고 바르게 고치세요. POINT 1·3·4

1 Inho's family is <u>larger than</u> my family. _____

2 His English is as <u>better</u> as mine. _____

3 She is <u>as not kind as</u> you. _____

4 My bowling score was <u>worst than</u> my brother's. _____

5 He is <u>as brave as</u> Steve. _____

6 Yongsu studies the <u>harder</u> in his class. _____

7 I can solve the problem as <u>quickly than</u> John. _____

8 Friends are <u>the more valuable</u> in my life. _____

9 The baby was as <u>lightest as</u> a feather. _____

10 Cheetahs run <u>a lot faster than</u> rabbits. _____

plate 접시 bowling 볼링 feather 깃털 cheetah 치타

C 주어진 단어를 사용하여 두 문장을 한 문장으로 바꿔 쓰세요. POINT 1·2·3·4

1 It rained 15mm yesterday. It'll rain 15mm today, too. (much)
→ It'll rain _____ yesterday.

2 I go to bed at 10. My brother goes to bed at 9. (early)
→ My brother goes to bed _____ I.

3 Minsu runs the race in 12 seconds, Jaeho in 11, and I in 13. (fast)
→ Jaeho runs _____ of us.

4 I go to the gym on weekends. Chris goes to the gym on weekdays. (often)
→ Chris goes to the gym _____ I.

5 Betty is 13 years old. Rob is 13 years old, too. (old)
→ Rob is _____ Betty.

6 Minsu looked ill yesterday. He looks healthy today. (healthy)
→ Today Minsu looks _____ yesterday.

D 우리말과 일치하도록 주어진 단어를 사용하여 문장을 완성하세요. POINT 1·2·3·4

1 어떤 사람들은 건강이 돈만큼 중요하다고 생각한다. (important, money)
→ Some people think that health is _____.

2 어제가 오늘보다 훨씬 더 추웠다. (cold, much, today)
→ Yesterday was _____.

3 여기가 이 도시에서 가장 좋은 식당이다. (nice, restaurant)
→ Here is _____ in this city.

4 내 발은 우리 아빠의 발만큼 크다. (my dad's, big)
→ My feet are _____.

5 새 냉장고는 예전 것보다 훨씬 더 좋다. (the old one, even, good)
→ The new refrigerator is _____.

6 그것은 내 인생에서 가장 나쁜 소식이었다. (bad, news)
→ That was _____ in my life.

7 이것이 이 식당에서 가장 맛있는 요리이다. (delicious, dish)
→ This is _____ in this restaurant.

gym 체육관　　ill 아픈, 병 든

Unit 2 원급, 비교급, 최상급을 이용한 표현

A 다음 중 어법상 알맞은 것을 고르세요. `POINT 5·6·7`

1 She talked as [slowly as / slowly than] possible for me.

2 Today is one of [busier / the busiest] days of this week.

3 Drink water as [many / much] as possible.

4 The more often you lie, [angrier / the angrier] your parents will be.

5 Iron is one of [most useful / the most useful] metals.

6 Please text me as soon as [you can / can you].

7 Korean is one of the greatest [language / languages] in the world.

8 The tree is getting taller and [tall / taller].

9 The deeper the water is, [the careful / the more careful] you should be.

10 It was one of the most difficult [decision / decisions].

B 다음 밑줄 친 부분이 맞으면 ○, 틀리면 ×하고 바르게 고치세요. `POINT 5·6·7`

1 The more you exercise, <u>more</u> calories you burn. _____

2 She is one of <u>the popular singer</u> in our country. _____

3 Shanghai is <u>one of the biggest cities</u> in the world. _____

4 You should get out of this building <u>as fast possible</u>. _____

5 The daytime is getting <u>shorter and shorter</u>. _____

6 The less you eat, <u>the slimmest</u> you will be. _____

7 The story became <u>more interesting and interesting</u>. _____

8 The sooner the sun sets, <u>the cold</u> the weather gets. _____

9 Mt. Everest is <u>one of the highest mountains</u> in the world. _____

10 Keep the food <u>as cool as possible</u>. _____

---

iron 철, 쇠   metal 금속   text 문자 메시지를 보내다   language 언어   decision 결정, 결심   calorie 열량, 칼로리   daytime 낮 (시간)   slim 날씬한

C 주어진 단어를 빈칸에 어법상 알맞은 형태로 바꿔 쓰세요. POINT 5·6·7

1 Summer is getting _____ and _____. (hot)

2 The _____ we go down into the sea, the _____ it gets. (deep, dark)

3 That is one of _____ in this city. (building, tall)

4 I wanted to rest _____. (long, possible)

5 The _____ I sleep, the _____ tired I get. (little, much)

6 It is one of _____. (movie, sad)

7 The more soda you drink, _____ your bones will be. (weak)

8 I got _____ and _____ during exercise. (thirsty)

D 우리말과 일치하도록 주어진 단어를 사용하여 문장을 완성하세요. POINT 5·6·7

1 산을 더 높이 오를수록 너는 더 춥게 느낄 것이다. (high, cold)

→ _____ you climb on the mountain, _____ you will feel.

2 날씨가 점점 더 따듯해지고 있다. (warm)

→ The weather is getting _____.

3 그는 세계 최고의 야구 선수 중 한 명이다. (good, player)

→ He is _____ in the world.

4 대기 오염이 점점 더 심해지고 있다. (bad)

→ The air pollution is getting _____.

5 우리가 책을 더 많이 읽을수록, 우리는 더 똑똑해진다. (many, intelligent)

→ _____ books we read, _____ we become.

6 너는 가능한 한 많이 절약할 필요가 있다. (much, possible)

→ You need to save _____.

7 이 토크쇼는 한국에서 가장 인기 있는 TV 프로그램 중 하나이다. (TV program, popular)

→ This talk show is _____ in Korea.

Chapter Test

[1-2] 다음 중 빈칸에 들어갈 알맞은 말을 고르세요.

`POINT 1`

1

> The baby koala is as _____ as your cat.

① more big　　② most big　　③ big

④ bigger　　⑤ biggest

`POINT 2·3`

2

> Sangjin kicks the ball _____ than Minho.

① far　　② farer　　③ farest

④ farther　　⑤ more far

[3-4] 다음 중 어법상 알맞은 문장을 고르세요.

`POINT 1`

3

① She is not more popular as you.

② Tom is as thinner as his sister.

③ Minsu can speak Chinese as well as I do.

④ This bed isn't as comfortable that bed.

⑤ You don't know about history as more as I do.

`POINT 2·3·4`

4

① Tom is taller in his class.

② Nothing is valuable than family.

③ They were here more earlier than other kids.

④ Jinho is the diligentest student in my class.

⑤ The city was much more crowded than the village.

`POINT 1·3`

5 다음 중 (A), (B)에 들어갈 말이 바르게 짝지어진 것을 고르세요.

> · Baseball is much _____(A)_____ than football.
> · My cell phone is as _____(B)_____ as Mina's.

① more exciting — good

② more exciting — better

③ the more exciting — best

④ most exciting — better

⑤ most exciting — good

`POINT 1·3`

6 다음 두 문장의 의미가 일치하도록 빈칸에 들어갈 알맞은 말을 고르세요.

> I am not as smart as Bill.
> = Bill is _____ I.

① as smart as　　② smarter than

③ not as smart as　　④ more smart than

⑤ not smarter than

[7-8] 우리말과 일치하도록 주어진 단어를 올바르게 배열하세요. (서술형)

`POINT 3`

7

> 쥐는 코끼리보다 훨씬 더 작다.
> (smaller / far / an elephant / a mouse / than / is)

→ _____.

`POINT 6`

8

> 여행을 더 많이 할수록, 우리는 더 많은 것을 배우게 된다.
> (more / we / the / travel / we / more / the / learn)

→ _____.

POINT 3

9 다음 중 밑줄 친 단어와 바꿔 쓸 수 없는 것을 고르세요.

> Tony is <u>much</u> hungrier than Jackson.

① far ② more ③ even
④ still ⑤ a lot

POINT 4

10 다음 중 빈칸에 들어갈 말로 어법상 알맞지 <u>않은</u> 것을 고르세요.

> Ann is _____ in my town.

① the smartest ② the cutest
③ the wisest ④ the happier
⑤ the most honest

[11-12] 다음 중 어법상 알맞지 <u>않은</u> 것을 <u>모두</u> 고르세요. 고난도

POINT 6

11 ① The more you know her, the more you'll like her.
② The more Pinocchio lies, the longer his nose will be.
③ The funnier the TV show, the more people like it.
④ The more I drank the soda, the more thirstier I got.
⑤ The more loud the noise got, the worse I felt.

POINT 4·7

12 ① The man is strongest in my team.
② She is one of the most beautiful actresses in the world.
③ He has the more books in my class.
④ He is the richest man among us.
⑤ Bill is one of the most creative students.

POINT 7

13 주어진 우리말과 의미가 같도록 빈칸에 들어갈 알맞은 말을 고르세요.

> 그것은 세계 최고의 해변 중 하나이다.
> → It's _____ in the world.

① one of the best beach
② one of the best beaches
③ one of best beaches
④ one of better beaches
⑤ the best beaches

[14-15] 우리말과 일치하도록 주어진 단어를 사용하여 문장을 완성하세요. 서술형

POINT 6

14
> 더 많이 웃을수록 너는 더 건강해진다. (much, healthy)

→ _____ you laugh, _____ you get.

POINT 6

15
> 그 문제는 점점 더 심각해졌다. (serious)

→ The problem became _____ _____.

POINT 3·4

16 다음은 올해의 동아리 회원 모집 결과입니다. 표를 보고 〈조건〉에 맞게 문장을 완성하세요. REAL 기출
서술형

Club	Reading club	Magic club	Robot club
Person	8	15	7

〈조건〉 · 비교급 혹은 최상급 문장으로 쓸 것
· 주어진 단어를 사용할 것

(1) The magic club has _____ the reading club. (many members)

(2) The robot club has _____ number of members this year. (small)

Unit 1 who, which, that

A 다음 밑줄 친 부분이 맞으면 ○, 틀리면 ×하고 바르게 고치세요. POINT 2

1 This is the man <u>who</u> waited for you yesterday. _____

2 The hunter ran away from a tiger <u>who</u> came out of the forest. _____

3 Do you know that boy <u>that</u> is looking at me? _____

4 The reporter met many people <u>which</u> are from Japan. _____

5 Glen, the box <u>who</u> is wrapped with ribbons is yours! _____

6 I have a daughter who always <u>make</u> me happy. _____

7 The author <u>which</u> wrote this book is my aunt. _____

8 Look at the dog <u>which</u> is barking loudly. _____

9 Sam is looking for somebody <u>which</u> can speak Spanish. _____

10 The building which <u>stands</u> on the hill is our school. _____

B 다음 문장에서 관계대명사가 들어갈 곳을 표시하고 〈보기〉에서 알맞은 관계대명사를 골라 쓰세요. POINT 1·2

〈보기〉	who	which

1 The boy ⓐ is smiling ⓑ at me ⓒ is ⓓ Willie. _____

2 Those ⓐ are ⓑ the students ⓒ want to take ⓓ a music class. _____

3 I ⓐ like ⓑ animals ⓒ have ⓓ soft hair. _____

4 Look ⓐ at ⓑ the flowers ⓒ are ⓓ in the vase. _____

5 I have ⓐ a friend ⓑ teaches ⓒ history ⓓ in college. _____

6 The ring ⓐ is kept ⓑ in the drawer ⓒ is ⓓ mine. _____

7 Dave ⓐ is ⓑ a man ⓒ works ⓓ for our school. _____

8 I ⓐ hate ⓑ buildings ⓒ have ⓓ long stairs. _____

9 Let's ⓐ help ⓑ the children ⓒ are suffering ⓓ from hunger. _____

10 The laptop ⓐ Jake ⓑ is using ⓒ is ⓓ mine. _____

hunter 사냥꾼   run away 도망치다   wrap 포장하다   ribbon 리본   author 작가   drawer 서랍   suffer from ~로 고통 받다   hunger 굶주림

C 다음 두 문장을 한 문장으로 바꿔 쓸 때, 빈칸에 알맞은 말을 쓰세요. POINT 1·2

1 Do you know that boy? He is crossing the street.
→ Do you know that boy _____?

2 I have a few old coins. They are very valuable.
→ I have a few old coins _____.

3 Would you introduce the girl? She came here with you.
→ Would you introduce the girl _____?

4 The house is burning. It was made of wood.
→ The house _____ is burning.

5 The girl is only eleven years old. She can speak three languages.
→ The girl _____ is only eleven years old.

6 I'll take that shirt. It has Mickey Mouse on it.
→ I'll take that shirt _____.

D 우리말과 일치하도록 주어진 단어를 올바르게 배열하세요. POINT 1·2

1 미국을 발견한 사람은 콜럼버스이다. (Columbus / the man / America / is / discovered / that)
→ _____.

2 나는 생선을 아주 좋아하는 고양이 한 마리를 가지고 있다.
(likes / I / very / a cat / which / have / much / fish)
→ _____.

3 우리 동아리는 자연을 사랑하는 학생들을 위한 곳이다.
(love / the students / our club / nature / who / for / is)
→ _____.

4 그림이 있는 책은 쉬워 보인다. (easy / a book / looks / that / pictures / has)
→ _____.

5 나는 나에 대해 모든 걸 다 아는 친구가 한 명 있다.
(that / me / about / have / I / everything / a friend / knows)
→ _____.

6 우리는 에너지를 절약하는 컴퓨터를 살 것이다.
(which / energy / we / a computer / buy / will / saves)
→ _____.

valuable 가치가 큰, 값비싼

Unit 2 who(m), which, that

A 다음 밑줄 친 부분이 맞으면 ○, 틀리면 ×하고 바르게 고치세요. POINT 3

1 I'd like to show you the bag <u>who</u> I made. _____

2 I got a thank-you card from a man <u>which</u> I helped last week. _____

3 The church <u>that</u> we visited today was built over 300 years ago. _____

4 Carol is a cheerful girl <u>which</u> all of her friends like. _____

5 Look at those flowers <u>who</u> Ms. Parker is growing in her garden! _____

6 All the students <u>who</u> Mr. Lawrence teaches are from China. _____

7 The mountain <u>who</u> I'm going to climb is not that high. _____

8 The wallet <u>who</u> Jack found should be returned to its owner. _____

9 My friend <u>whom</u> I call Jay will move to another city. _____

B 밑줄 친 that의 쓰임을 〈보기〉에서 골라 기호를 쓰세요. POINT 5

〈보기〉 ⓐ 주격 관계대명사 ⓑ 목적격 관계대명사 ⓒ 지시대명사 ⓓ 지시형용사 ⓔ 접속사

1 If you help me, I'll give you <u>that</u> book. _____

2 I hope <u>that</u> you make your dream come true. _____

3 I'm sorry, but <u>that</u> is not the point. _____

4 The castle <u>that</u> we visited was beautiful. _____

5 I don't want to see <u>that</u> movie. _____

6 I'm reading a book <u>that</u> is about Korean history. _____

7 The key <u>that</u> I lost yesterday was found under the table. _____

8 Helen believes <u>that</u> she can do everything by herself. _____

9 You want me to finish the work, but <u>that</u> is not my job. _____

10 It is the cat <u>that</u> entered your house last night. _____

thank-you card 감사 카드   cheerful 명랑한   owner 주인   point (말, 행동의) 요점

C 다음 주어진 두 문장을 관계대명사를 사용하여 한 문장으로 쓰세요. POINT 3

1 She borrowed the guitar. I bought it last week.

→ _____

2 Some guests were late for dinner. I invited them.

→ _____

3 We memorized ten words. Mr. Lee wrote them on the board.

→ _____

4 All the students are kind. I met them in the new school.

→ _____

5 Wendy liked the pasta. I made it for her.

→ _____

6 The dancer was great. We met her at dance class.

→ _____

D 우리말과 일치하도록 주어진 단어를 올바르게 배열하세요. POINT 3·4

1 우리가 학교에서 사용하는 컴퓨터들은 너무 낡았다. (at school / the computers / use / we)

→ _____ are too old.

2 내가 가장 존경하는 사람은 우리 할아버지다. (the man / most / I / respect / whom)

→ _____ is my grandfather.

3 내가 요리할 수 있는 유일한 음식은 계란 프라이다. (I / that / can / the only food / cook)

→ _____ is fried eggs.

4 우리가 토론했던 주제는 지구 온난화였다. (discussed / we / the topic / which)

→ _____ was global warming.

5 나는 도서관에서 빌린 책을 반납해야 한다. (which / the book / borrowed / from the library / I)

→ I have to return _____.

6 Jane은 우리가 믿을 수 있는 정직한 소녀이다. (we / trust / an / girl / can / honest / who)

→ Jane is _____.

7 이것은 어제 우리 아버지가 나에게 사 주신 자전거이다. (for me / bought / my father / the bike)

→ This is _____ yesterday.

memorize 암기하다

Unit 3 whose, what

A 다음 중 어법상 알맞은 것을 고르세요. POINT 6·7

1 That's exactly [what / that] I mean.

2 The book [whom / whose] cover is leather is mine.

3 Show me [who / what] you have in your hand.

4 The bird [whose / which] wings are injured can't fly.

5 [Which / What] you just drank is jasmine tea.

6 I saw a girl [whose / what] coat was the same as mine.

7 [What / That] I saw in the forest was a bear.

8 Rex bought a pair of shoes [whose / what] color is brown.

9 Did you see [whom / what] just passed across the sky?

10 Who is the boy [who / whose] hair is blonde in this picture?

B 다음 밑줄 친 부분이 맞으면 ○, 틀리면 ✕하고 바르게 고치세요. POINT 6·7

1 I really appreciate <u>that</u> you have done for me. _____

2 Look at the trees <u>which</u> leaves are red and yellow. _____

3 He opened the bottle <u>whose</u> cap was tightly closed. _____

4 <u>That</u> you said to me wasn't true at all. _____

5 That woman <u>whom</u> hair is gray is our principal, Ms. Palmer. _____

6 Maria told me <u>what</u> she heard yesterday. _____

7 Eric bought a computer <u>that</u> screen is very wide. _____

8 You have to follow <u>which</u> I told you. _____

9 Please hand me the ruler <u>whose</u> shape is like an "L." _____

10 <u>Which</u> she offered to me was tea, not coffee. _____

leather 가죽   injure 다치게 하다   jasmine tea 재스민 차   blonde 금발머리인   appreciate 감사하다   cap 뚜껑   tightly 단단히   principal 교장
offer 제공하다

C 우리말과 일치하도록 주어진 단어와 소유격 관계대명사를 사용하여 문장을 완성하세요. `POINT 6`

1 그녀는 털이 지저분한 고양이를 씻겨 줄 것이다. (a cat, hair, dirty)
→ She will wash _____.

2 우리는 다리를 다친 동물을 도왔다. (an animal, leg, broken)
→ We helped _____.

3 나는 표지가 딱딱한 책을 좋아한다. (a book, cover, hard)
→ I like _____.

4 나는 부모님이 교사인 친구가 한 명 있다. (a friend, parents, teachers)
→ I have _____.

5 너는 모래가 하얀색인 해변을 알고 있니? (any beaches, sand, white)
→ Do you know _____?

D 〈보기〉와 같이 주어진 두 문장을 관계대명사 what을 이용해 한 문장으로 바꿔 쓰세요. `POINT 7`

> 〈보기〉 He liked the thing. I gave the thing to him.
> → _____ He liked what I gave to him. _____

1 Don't touch the thing. I've just made the thing.
→ _____

2 The thing looks nice. He is wearing the thing.
→ _____

3 Alice was very angry with the thing. Gary said the thing.
→ _____

4 I found the thing. My brother hid the thing under the tree.
→ _____

5 The thing hasn't arrived yet. I ordered the thing.
→ _____

6 I'd like to share the thing with you. I have the thing.
→ _____

Chapter Test

POINT 3

1 다음 빈칸에 알맞은 것을 <u>모두</u> 고르세요.

> According to a survey, the person _____ students respect most is King Sejong.

① that   ② which   ③ who
④ whom   ⑤ whose

[2-3] 다음 중 밑줄 친 부분이 어법상 알맞지 <u>않은</u> 것을 고르세요.

POINT 2·3·4·7

2 ① At first, do <u>what you can do</u>!
② I know a boy <u>who can speak Russian</u>.
③ This is a picture <u>that show my last vacation</u>.
④ The shirt <u>you gave me</u> is too large for me.
⑤ I'm reading a book <u>that I bought at the book fair</u>.

POINT 2·3·6·7

3 ① He showed <u>what he had in his bag</u>.
② Did you find the dog <u>which you lost</u>?
③ That is the last poem <u>that she wrote</u>.
④ Can you see the man <u>whom is over there</u>?
⑤ We met some people <u>whose interests include rock music</u>.

POINT 4

4 다음 밑줄 친 부분 중 생략할 수 <u>없는</u> 것을 고르세요.
① This is the library <u>which</u> my father built.
② The girl <u>who</u> is playing the piano is Sue.
③ I watched the movie <u>that</u> you recommended.
④ Sometimes you have to eat something <u>that</u> you don't like.
⑤ The man <u>whom</u> the police caught ran away again.

[5-6] 다음 중 밑줄 친 부분이 어법상 알맞지 <u>않은</u> 것의 번호를 골라 바르게 고치세요. (서술형)

POINT 7

5

> I ① can't ② hear ③ that ④ you ⑤ are saying!

_____ → _____

POINT 6

6

> I ① know ② a girl ③ that mother ④ is ⑤ a pianist.

_____ → _____

POINT 5

7 다음 중 밑줄 친 that의 쓰임이 <u>다른</u> 하나를 고르세요.
① There were many dishes <u>that</u> Ben liked.
② I believe <u>that</u> you can be what you want.
③ He is the tallest man <u>that</u> I've ever seen.
④ Is he the man <u>that</u> came to meet me yesterday?
⑤ My English teacher was the man <u>that</u> I met in the park yesterday.

[8-9] 다음 두 문장을 관계대명사를 사용하여 한 문장으로 다시 쓰세요. (서술형)

POINT 6

8

> The child drew a house. Its windows were very small.

→ _____
_____

POINT 2

9

> You can get the prize if you try your best. It is for the winner.

→ _____

POINT 5

10 다음 중 〈보기〉의 밑줄 친 that과 어법상 쓰임이 같은 것을 <u>모두</u> 고르세요. 고난도

〈보기〉 Gary is the kindest man <u>that</u> I know.

① If you want, you can get <u>that</u> book.

② He's the boy <u>that</u> showed me the way.

③ Kate insists <u>that</u> I should help them.

④ The old box was the only thing <u>that</u> he had when he died.

⑤ I signed up for a dance class <u>that</u> starts at five on Fridays.

POINT 2·3

11 다음 빈칸에 공통으로 들어갈 말을 쓰세요. 서술형

· This is the TV show _____ I like most.
· Who is that girl _____ is playing tennis?

_____

POINT 2

12 다음 두 문장을 한 문장으로 바르게 연결한 것을 고르세요.

This is the word. It has two different meanings.

① This is the word who has two different meanings.

② This is the word what has two different meanings.

③ This is the word which has two different meanings.

④ This is the two words whose meaning is different.

⑤ This is the word whom has two different meanings.

POINT 3·7

13 다음 두 문장을 주어진 단어를 사용하여 각각 한 문장으로 연결하세요. 서술형

She gave me the thing. I need the thing for my homework.

(1) _____
_____ (which)

(2) _____
_____ (what)

POINT 2·3·7

14 다음 중 어법상 알맞은 문장의 개수를 고르세요.

ⓐ He is the thief who stole your bike.
ⓑ You can be judged by what you say.
ⓒ She is the lady which helped the children.
ⓓ Susan liked the book I gave to her.
ⓔ It can be different from that you really see.

① 1개　　② 2개　　③ 3개
④ 4개　　⑤ 5개

POINT 2

15 다음 중 주어진 우리말을 바르게 영작한 것을 고르세요.

달리고 있는 소년들은 내 친구들이다.

① The boys who is running is my friends.

② The boys who is running are my friends.

③ The boys who are running is my friends.

④ The boys who are running are my friends.

⑤ The boys whom are running are my friends.

POINT 6

16 우리말과 일치하도록 주어진 단어를 올바르게 배열하세요. 서술형

나는 꼭대기가 눈으로 덮인 산을 보았다.
(whose / covered / snow / the mountain / top / with / was)

→ I saw _____
_____ .

총괄평가 3회

[1-4] 다음 중 빈칸에 공통으로 들어갈 알맞은 말을 고르세요.

Ch 9

1

> · Minsu was not satisfied _____ the new rules of the game.
> · The shelves are filled _____ plates and cups.

① of   ② for   ③ with
④ in   ⑤ about

Ch 10

2

> · Sharon will visit us either on Monday _____ on Wednesday.
> · Try harder, _____ you may fail the exam.

① and   ② or   ③ nor
④ at   ⑤ that

Ch 10·12

3

> · The song is so popular _____ everyone knows the lyrics.
> · John bought the sneakers _____ he wanted to have.

① that   ② who   ③ when
④ which   ⑤ whose

Ch 10

4

> · Amy spilled the milk _____ she was getting up.
> · _____ it was too hot, she turned on the air conditioner.

① since[Since]   ② as[As]
③ until[Until]   ④ if[If]
⑤ because[Because]

[5-6] 다음 중 〈보기〉의 밑줄 친 부분과 어법상 쓰임이 같은 것을 고르세요.

Ch 10·12

5

> 〈보기〉 I lost the water bottle that I brought today.

① It is true that Mike won the prize.
② I found that diary in the drawer.
③ I didn't understand what that meant.
④ Jimmy thought that he studied hard.
⑤ Bill solved the problem that we gave up on.

Ch 10·12

6

> 〈보기〉 We believe that you can do this.

① I know that man we saw last night.
② I went to the Chinese restaurant that is near my house.
③ That was the happiest moment in my life.
④ My dad promised that he would stop smoking.
⑤ The man that my aunt likes is a teacher.

[7-8] 다음 문장에서 어법상 알맞지 않은 곳을 찾아 바르게 고치세요. (서술형)

Ch 11

7

> *Legos* are one of the most popular toy in the world.

_____ → _____

Ch 9

8

When did the building designed?

_____ → _____

[11-12] 다음 중 빈칸 (A), (B)에 들어갈 말이 바르게 짝지어진 것을 고르세요.

Ch 9·10

11

· The movie is known ___(A)___ its shocking ending.
· I can't get there on time ___(B)___ I leave now.

① to — when　　② to — because
③ for — unless　④ for — when
⑤ as — unless

[9-10] 다음 중 주어진 우리말을 바르게 영작한 것을 고르세요.

Ch 9

9

그 주제는 그들에 의해 논의될 것이다.

① The topic will discuss of them.
② The topic will discussed by them.
③ The topic will be discuss by them.
④ The topic will be discussed by them.
⑤ The topic will be discussed of them.

Ch 11·12

12

· The recipe for chicken soup was ___(A)___ simpler than I expected.
· He was looking for a girl ___(B)___ name is Jennifer.

① very — whom　② much — whom
③ very — whose　④ much — which
⑤ a lot — whose

[13-14] 우리말과 일치하도록 주어진 단어를 올바르게 배열하세요. 서술형

Ch 10

13

너는 선생님께서 나를 왜 부르셨는지 아니?
(why / me / the teacher / called)

→ Do you know _____

_____ ?

Ch 12

10

내가 너를 위해 해준 것에 대해 생각해봐.

① Think about who I did for you.
② Think about that I did for you.
③ Think about what I did for you.
④ Think about which I did for you.
⑤ Think about whose I did for you.

Ch 11

14

그 수학 시험은 네가 말한 것만큼 어렵지는 않았다.
(as / said / as / hard / not / you)

→ The math test was _____

_____ .

Ch 10·11·12

15 ① Neither Rachel nor I have a pet.

② The bird was as smaller as my hand.

③ Poodles are one of the most beloved dogs.

④ I hope that she will like my present.

⑤ He ate a piece of cake which was made yesterday.

Ch 9·10·11

16 ① This homework should be done by tomorrow.

② The speech contest was not canceled.

③ Turn the volume as low as possible.

④ James is the most faster runner in our team.

⑤ Though he missed the bus, he wasn't late for school.

Ch 9·10·11

17 다음 중 문장의 전환이 바르지 <u>않은</u> 것을 고르세요.

① Come home as quickly as possible.

= Come home as quickly as you can.

② That she told a lie is not true.

= It is not true that she told a lie.

③ Mark Twain didn't write this novel.

= This novel wasn't written by Mark Twain.

④ You must take care of your cat.

= Your cat must taken care of by you.

⑤ Did your sister invite Brian to the party?

= Was Brian invited to the party by your sister?

Ch 10·12

18 다음 중 밑줄 친 부분을 생략할 수 <u>없는</u> 것을 고르세요.

① Who is the man <u>that</u> is waving to us?

② He noticed <u>that</u> someone was watching him.

③ The pizza <u>that</u> we ordered was delivered.

④ Make sure <u>that</u> you lock the door when you leave.

⑤ Kate takes the yoga class <u>that</u> I recommended.

[19-20] 우리말과 일치하도록 주어진 단어를 사용하여 문장을 완성하세요. (서술형)

Ch 11

19

네가 더 긍정적으로 생각할수록, 너의 삶은 더 밝아질 것이다.

(positively, think, bright, your life, will, be)

→ _____

_____.

Ch 9

20

너의 컴퓨터는 나에 의해 고쳐질 수 있다.

(your computer, can, fix)

→ _____

_____.

Ch 11

21

> A: Excuse me. Can you tell me where
> _____ market is in this town?
> B: Sure. Go straight and turn left at the
> second corner.

① bigger than   ② as big as

③ the biggest   ④ the most biggest

⑤ one of the biggest

Ch 10

22

> A: Paul, is your father a writer?
> B: No, he isn't. He is _____. But
> he's also interested in writing, too.

① not a writer but a doctor

② both a writer and a doctor

③ either a writer or a doctor

④ a doctor as well as a writer

⑤ not only a writer but also a doctor

Ch 9·10·12

23 다음 중 어법상 알맞은 문장의 개수를 고르세요.
고난도

> ⓐ Both Amy and Harry like the TV show.
> ⓑ If it snows next weekend, we should
> change the plans for our trip.
> ⓒ The ring was expensive because it was
> made of gold.
> ⓓ Not only you but also Bill play tennis
> every day.
> ⓔ He is the man whom I saw him
> yesterday.

① 1개   ② 2개   ③ 3개

④ 4개   ⑤ 5개

Ch 11·12

24 다음 표를 보고 주어진 단어와 알맞은 관계대명사를 사용하여 빈칸에 알맞은 말을 쓰세요. **REAL 기출** **서술형**

	Laura	Sam	Kevin
age	15	17	16
hobby	read books	take pictures	go swimming
lives in	Tokyo	Seoul	London

(1) Laura is a girl _____ hobby is
reading books. She is _____
_____ Kevin. (young)

(2) Sam is a boy _____ lives in Seoul.
He is _____ _____ student of
the three. (old)

(3) Kevin is a boy _____ likes to
go swimming. He is _____

_____ _____ _____
Sam. (not, old)

Ch 9·10·11·12

25 다음 밑줄 친 부분 중 어법상 알맞지 <u>않은</u> 세 개를 골라 기호를 쓰고 바르게 고치세요. **고난도** **서술형**

> A: Mark, I heard ⓐ <u>which</u> you won first
> place in a quiz contest. Congratulations!
> B: Thank you, Henry. I prepared a lot, and I
> was lucky, too. I was surprised ⓑ <u>at</u> my
> high score.
> A: You must be ⓒ <u>smartest</u> boy in our
> class. Is there another contest ⓓ <u>which</u>
> you want to try?
> B: Yes, there is. It will ⓔ <u>hold</u> in winter. I
> hope that I can win that contest, too.

(1) _____ → _____

(2) _____ → _____

(3) _____ → _____

천일문 GRAMMAR

1001개 예문으로 완성하는 필수 영문법

LEVEL 1

LEVEL 2

LEVEL 3

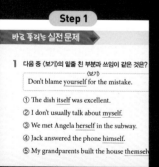

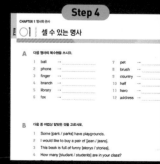

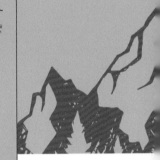

LISTENING Q

중학영어듣기 **모의고사 시리즈**

① 최신 기출을 분석한 유형별 공략

· 최근 출제되는 모든 유형별 문제 풀이 방법 제시
· 오답 함정과 정답 근거를 통해 문제 분석
· 꼭 알아두야 할 주요 어휘와 표현 정리

② 실전모의고사로 문제 풀이 감각 익히기

실전 모의고사 20회로 듣기 기본기를 다지고,
고난도 모의고사 4회로 최종 실력 점검까지!

③ 매 회 제공되는 받아쓰기 훈련(딕테이션)

· 문제풀이에 중요한 단서가 되는
  핵심 어휘와 표현을 받아 적으면서 듣기 훈련!
· 듣기 발음 중 헷갈리는 발음에 대한 '리스닝 팁' 제공
· 교육부에서 지정한 '의사소통 기능 표현' 정리

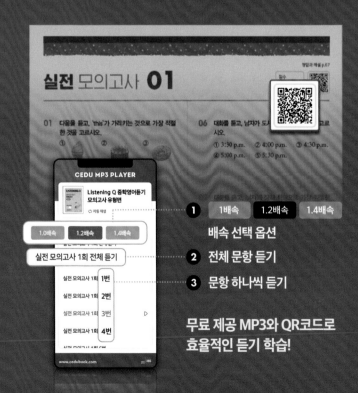

① 1배속 · 1.2배속 · 1.4배속
배속 선택 옵션

② 전체 문항 듣기

③ 문항 하나씩 듣기

**무료 제공 MP3와 QR코드로
효율적인 듣기 학습!**

쎄듀

독해 사고력을 키워주는

READING Q
시리즈

✦ READING IS THINKING ✦

 ①

영어 독해 완성을 위한
단계별 전략 제시

문장 ▶ 단락 ▶ 지문으로 이어지는
예측 & 추론 훈련

 ②

사고력 증진을 위한 훈련

지문의 정확한 이해를 위한
3단계 Summary 훈련

 ③

픽션과 논픽션의
조화로운 지문 학습

20개 이상의 분야에 걸친
다양한 소재의 지문 구성

쎄듀

천일문 GRAMMAR

LEVEL 2

정답 및 해설

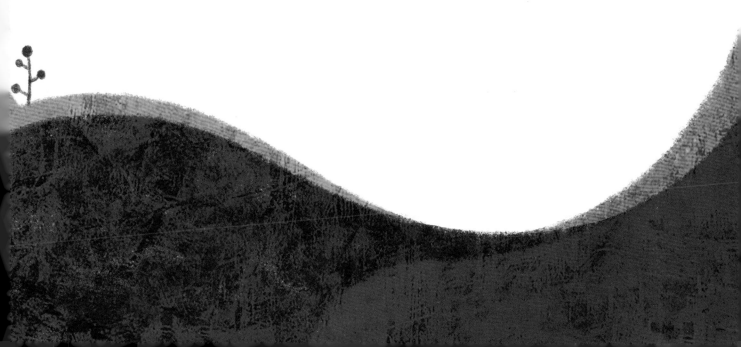

천일문
GRAMMAR

LEVEL
2

정답 및 해설

CHAPTER 01 시제

Unit 1 현재, 과거, 미래 & 진행형

POINT 1   p.10
check up

1 drink	2 moves	3 freezes

1 나는 보통 아침에 차 한 잔을 마신다.
2 지구는 태양 주위를 돈다.
3 물은 섭씨 0도에 언다.

POINT 2   p.10
check up

1 visited	2 will buy	3 was	4 is going to go
5 will meet			

1 Sam은 지난주에 미술관을 방문했다.
2 나는 다음 달에 새 휴대폰을 살 것이다.
3 Jane은 10년 전에 고등학생이었다.
4 우리 형은 내일 병원에 갈 것이다.
5 Kate는 다음 주 주말에 친구를 만날 것이다.

POINT 3   p.11
check up

1 is looking	2 are taking	3 is making

〈보기〉 그녀는 피아노를 친다.
→ 그녀는 피아노를 치고 있다.
1 그 고양이는 창문을 바라본다.
  → 그 고양이는 창문을 바라보고 있다.
2 우리는 공원에서 사진을 찍는다.
  → 우리는 공원에서 사진을 찍고 있다.
3 우리 엄마는 우리에게 피자를 만들어주신다.
  → 우리 엄마는 우리에게 피자를 만들어주고 계신다.

POINT 4   p.11
check up

1 were sitting	2 was crying	3 was taking

Unit Exercise   p.12

A	1 visited	2 sets
	3 moved	4 will[is going to] make

B	1 is riding	2 was sleeping	3 were studying
	4 are telling	5 was playing	

1 A: Sara, 준호는 무엇을 하고 있니?
  B: 그는 자전거를 타고 있어.
2 나는 그때 집에서 자고 있었다.
3 그들은 어제 도서관에서 공부하고 있었다.
4 너는 지금 거짓말을 하고 있다.
5 내 남동생은 어젯밤에 장난감을 가지고 놀고 있었다.

C	1 did	2 is	3 was planting
	4 will call	5 snows	6 is singing
	7 likes		

1 그들은 지난달에 조사했다.
2 바나나는 노랗다.
3 그녀는 어제 아침에 꽃을 심고 있었다.
4 내가 내일 너에게 전화할게.
5 이곳은 매년 눈이 많이 내린다.
6 우리 언니는 지금 무대에서 노래하고 있다.
7 Jenny는 만화책을 아주 좋아한다. 그녀는 매일 그것들을 읽는다.

Unit 2 현재완료의 개념과 형태

POINT 5   p.13
check up

1 played	2 cut	3 built	4 drawn
5 become	6 known		

1 우리는 2시간 동안 축구를 했다.
2 농부들은 그 나무를 베었다.
3 James는 부모님을 위해 집을 지었다.
4 그녀는 이 그림을 혼자 그렸다.
5 그들은 좋은 선생님이 되었다.
6 나는 John을 10년 동안 알고 지냈다.

POINT 6   p.14
check up

1 ○	2 × → has not[hasn't] finished	3 ○
4 × → Has Jane lost	5 × → have not[haven't] cleaned	
6 × → Have you seen	7 ○	8 × → has never taken
9 × → has	10 × → Have you ever heard	

1 나는 누나에게 편지를 보내지 않았다.
2 준호는 아직 숙제를 끝내지 못했다.
3 그녀는 이미 아침을 먹었다.
4 Jane은 신발을 잃어버렸니?
5 내 친구들은 자기 책상을 청소하지 않았다.
6 너는 전에 이 영화를 본 적이 있니?
7 우리는 3시간 동안 책을 읽었다.
8 Kate는 작년부터 한 번도 기차를 타지 않았다.
9 A: 너희 형은 스키 타는 것을 배웠니?
  B: 응, 배웠어.
10 너는 그의 연설을 들어본 적이 있니?

Unit Exercise   p.15

A	1 has done	2 have met
	3 Have they had	4 has driven
	5 has not ridden	6 Have you cooked

1 Susan은 자신의 프로젝트를 위해 많은 조사를 했다.
2 우리는 그 회장을 한 번 만나본 적이 있다.
3 그들은 이미 점심을 먹었니?

4 그는 2시간 동안 차를 운전했다.
5 저 남자는 말을 타지 않았다.
6 너는 전에 파스타를 요리해본 적 있니?

B 1 has begun　2 has saved　3 have, read
　　4 has won　5 has worked

1 Jessica는 이번 달에 중국어를 공부하기 시작했다.
2 그녀는 2013년부터 돈을 저축해 왔다.
3 나는 이미 그 책을 읽었다.
4 그들의 팀은 여러 번 경기에서 이겼다.
5 김 씨는 10년 동안 우체국에서 일해 왔다.

C 1 has attended, has not[hasn't] attended, Has, attended
　　2 has bought, has not[hasn't] bought, Has, bought
　　3 have sung, have not[haven't] sung, Have, sung

1 Amy는 그 회의에 참석했다.
　　Amy는 그 회의에 참석하지 않았다.
　　Amy는 그 회의에 참석했니?
2 Peter는 최근에 새 휴대폰을 샀다.
　　Peter는 최근에 새 휴대폰을 사지 않았다.
　　Peter는 최근에 새 휴대폰을 샀니?
3 그들은 전에 대회에서 노래를 불렀다.
　　그들은 전에 대회에서 노래를 부르지 않았다.
　　그들은 전에 대회에서 노래를 불렀니?

Unit 3　현재완료의 주요 의미

POINT 7
p.17
check up

1 has raised　2 has been

1 민호는 2013년에 개를 키우기 시작했다. 그는 여전히 그것을 키우고 있다.
　→ 민호는 2013년부터 개를 키워 왔다.
2 그녀는 이틀 전에 아프기 시작했다. 그녀는 여전히 아프다.
　→ 그녀는 이틀째 아팠다.

POINT 8
p.17
check up

1 have seen　2 has, been

POINT 9
p.18
check up

1 has, arrived　2 have, finished　3 has not found, yet

POINT 10
p.18
check up

1 have lost　2 has gone

POINT 11
p.19
check up 1

1 ① changed ② have changed
2 ① taught ② has taught
3 ① has rained ② rained

1 ① 나는 몇 분 전에 마음을 바꿨다.
　② 나는 여러 번 마음을 바꿨다.
2 ① 그는 2005년에 우리에게 한국어를 가르쳤다.
　② 그는 6개월 동안 우리에게 한국어를 가르쳐 왔다.
3 ① 어제부터 비가 내렸다.
　② 어젯밤에 비가 내렸다.

check up 2

1 worked　2 has been　3 told
4 missed　5 has won　6 met

1 그녀는 작년에 도서관에서 일했다.
2 이틀 전부터 날씨가 화창했다.
3 나는 어제 너에게 파티에 관해 이야기했다.
4 우리는 5분 전에 버스를 놓쳤다.
5 Sam은 2005년부터 금메달을 두 번 땄다.
6 나는 2015년에 처음으로 Jimmy를 만났다.

Unit Exercise
p.20

A 1 × → has not[hasn't] slept　2 × → ate　3 ○
　　4 × → bought　5 ○　6 ○　7 ○

1 Nancy는 어제부터 잠을 자지 않았다.
2 그 아이들은 지난 주말에 피자를 먹었다.
3 어제 비가 많이 내렸다.
4 그는 2009년에 차를 샀다.
5 Sam은 오늘 아침부터 기타를 쳤다.
6 나는 이틀 전에 Rachel에게 전화했다.
7 당신은 얼마나 오래 이 회사에서 일했나요?

B 1 have forgotten Tom's address
　　2 has lived in Tokyo for
　　3 has interviewed a famous actor
　　4 has not[hasn't] solved the problem

C 1 ⓑ　2 ⓒ　3 ⓐ　4 ⓓ　5 ⓑ　6 ⓒ

1 Susan은 해외여행을 세 번 가봤다.
2 그들은 아직 손을 씻지 않았다.
3 Jenny는 3년 동안 중국어를 공부해 왔다.
4 그는 부산으로 가버렸다. 나는 지금 당장 그를 만날 수 없다.
5 너는 전에 태권도 수업을 들은 적이 있니?
6 유미는 이미 컴퓨터를 고쳤다.

Chapter Test
p.21

1 ②　2 ⑤　3 ④　4 ③　5 Tim was preparing a party　6
He has not exercised　7 ⑤　8 has gone　9 has worked
10 ②　11 has never eaten sushi
12 has been a manager for two years　13 ④
14 ②　15 ③　16 ③　17 ①　18 was taking a nap　19
②　20 ④　21 ④　22 ①　23 (1) have trained not → have
not[haven't] trained (2) was → is (3) worked → has worked (4)
have eaten → ate

1 해설 ① cut-cut-cut
　　③ bring-brought-brought

④ lose-lost-lost
⑤ drive-drove-driven

2 ① grow-grew-grown
② fly-flew-flown
③ find-found-found
④ make-made-made

3 **해설** 과거 시점(10 minutes ago)에 하고 있었던 일을 말하므로 과거진행형이 적절하다.

4 **해설** 과거 시점(this afternoon)부터 지금까지 계속 눈이 내렸다는 뜻이므로 계속을 나타내는 현재완료형이 적절하다.

5 **해설** 과거진행형이므로 「3인칭 단수 주어+was+-ing」가 적절하다.

6 **해설** 현재완료 부정문이므로 「3인칭 단수 주어+has+not+p.p.」가 적절하다.

7 **해석** ① 나는 다음 주 일요일에 도서관에서 책을 빌릴 것이다.
② 2 더하기 2는 4다.
③ Paul은 어젯밤에 그 상자에서 편지를 찾았다.
④ 그녀는 지금 아들을 돌보고 있다.
⑤ Kate는 4시간 뒤에 요가를 할 것이다.
해설 ① 미래 시점(next Sunday)에 할 일이므로 will[be going to] borrow가 적절하다.
② 일반적 사실, 진리는 현재시제로 쓴다.
③ 과거 시점(last night)에 일어난 일이므로 현재진행형 대신 과거진행형 또는 과거시제가 적절하다.
④ 지금 하고 있는 일이므로 현재진행형이 적절하다.
어휘 yoga 요가

8 **해석** Peter는 뉴욕에 갔다. 그는 지금 여기에 없다.
→ Peter는 뉴욕에 가버렸다.
해설 Peter가 가버려서 없다는 결과를 나타내는 현재완료형 has gone을 써야 한다.

9 **해석** 그 남자는 2010년에 공장에서 일하기 시작했다. 그는 여전히 그 공장에서 일한다.
→ 그 남자는 2010년 이후로 그 공장에서 일해 왔다.
해설 과거부터 지금까지 계속 일하는 것이므로 현재완료형 has worked를 써야 한다.

10 **해석** A: 너는 크리스마스 카드를 만들어본 적 있니?
B: 응, 있어. 나는 나의 가장 친한 친구를 위해 하나 만들었어.
해설 현재완료형으로 물었으므로 현재완료형으로 대답해야 한다. 친구를 위해 만들었다고 했으므로 긍정의 대답인 Yes, I have.가 적절하다.

11 **해설** 먹어본 경험이 없다고 했으므로 현재완료의 부정문을 써야 한다.

12 **해설** 2년 전부터 지금까지 매니저를 해오고 있으므로 현재완료형이 적절하며 기간 앞에는 for를 쓴다.

13 **해석** 그는 어제 머리가 아프기 시작했다. 그는 여전히 아프다.
④ 그는 어제부터 머리가 아팠다.
해설 과거 시점(yesterday)부터 아프기 시작해서 지금까지 계속 아프다고 했으므로 현재완료형이 적절하다.

14 **해석** · Alex는 오늘 아침에 내 컵을 깨뜨렸다.
· 누군가가 내 돈을 훔쳐갔다.
해설 (A) 과거의 특정 시점을 나타내는 this morning이 쓰였으므로 과거시제를 써야 한다. (B) 누군가가 돈을 훔쳐가서 없다는 결과를 나타내는 현재완료 has stolen이 알맞다.

15 **해석** · 그는 어제 이후로 우리 사이의 비밀을 지켜 왔다.
· 나는 이틀 동안 아팠다. 나는 지금 쉬어야 한다.
해설 (A) since yesterday로 보아 어제 이후로 현재까지 이어지는 것이므로 현재완료 has kept가 알맞다. (B) 이틀 전부터 아팠고 지금도 아픈 것이므로 현재완료 have been이 알맞다.

16 **해석** ① 우리 언니는 독일로 가버렸다.
→ 지금 나는 언니와 함께 독일에 있다.
② 그의 형은 작년 이후로 빵집에서 일해 왔다.
→ 지금 그의 형은 빵집에서 일하고 있지 않다.
③ 그녀의 남편은 결혼반지를 잃어버렸다.
→ 지금 그는 결혼반지를 가지고 있지 않다.
④ 나는 이제 막 저녁을 먹었다.

→ 나는 지금 배가 고프다.
⑤ 나는 이미 머리를 감았다.
→ 지금 내 머리는 더럽다.
해설 ③ 결과를 나타내는 현재완료가 쓰였으므로 지금 가지고 있지 않다는 문장과 연결된다.

17 **해설** '경험'을 나타내는 현재완료 has not been to로 써야 한다. has gone은 결과를 나타내는 현재완료 표현이다.

18 **해석**

시간	Tom	Emily
오전 9시	수영하기	자전거 타기
오후 1시	독서하기	낮잠 자기

Q: Emily는 오후 1시에 무엇을 하고 있었니?
A: 그녀는 그때 낮잠을 자고 있었어.
해설 Emily가 오후 1시에 무엇을 하고 있었는지 과거진행형으로 묻고 있으므로 대답도 과거진행형으로 해야 적절하다.

19 **해석** ① 잠자리는 다리가 여섯 개다.
② 그녀는 어젯밤에 일기를 썼다.
③ 내 친구들은 곧 여기로 올 것이다.
④ Ben은 지금 창문을 청소하고 있다.
⑤ 선생님은 이미 수업을 끝내셨다.
해설 ② 과거의 특정 시점(last night)에는 과거시제가 와야 한다.

20 **해석** ① 나는 어제 우산을 잃어버렸다.
② 그는 지금 저녁을 먹고 있다.
③ 나는 2주간 바빴다.
④ 그는 1시간 전에 일을 했다.
⑤ 그들은 5년 동안 세계를 여행했다.
해설 ④ 과거의 특정 시점(an hour ago)에는 과거시제가 와야 한다.

21 **해석** 그들은 지금 막 경주를 끝냈다.
① 그는 3년 동안 기술자로 일해 왔다.
② 우리 아빠는 그 라디오를 두 번 수리하셨다.
③ Jim은 2015년부터 스마트폰을 사용해 왔다.
④ 그녀는 이미 콘서트 표를 샀다.
⑤ 내 친구는 프랑스로 가버렸다.
해설 주어진 문장과 ④는 완료를 나타내는 현재완료이다. ①은 계속, ②는 경험, ③은 계속, ⑤는 결과를 나타낸다.
어휘 engineer 기술자

22 **해석** 나는 두 시간 동안 피아노를 연습했다.
① 우리는 작년부터 가난한 사람들을 도왔다.
② 그들은 방금 그 소식을 들었다.
③ 그는 한 번도 선글라스를 써본 적이 없다.
④ Ted는 약속을 잊어버렸다.
⑤ 우리는 다섯 번 낚시하러 갔었다.
해설 주어진 문장과 ①은 계속을 나타내는 현재완료이다. ②는 완료, ③은 경험, ④는 결과, ⑤는 경험을 나타낸다.
어휘 appointment 약속

23 **해석** (1) 나는 아직 내 개를 훈련하지 않았다.
(2) 진수는 바로 지금 자기 누나를 따라가고 있다.
(3) 그녀는 2013년부터 그 카페에서 일해 왔다.
(4) 나는 어제 케이크 한 조각을 먹었다.
해설 (1) 현재완료 부정문이므로 「have[has]+not+p.p.」가 적절하다.
(2) 바로 지금(right now) 일어나고 있는 일이므로 현재진행형이 적절하다.
(3) 2013년부터 지금까지 계속 일한 것이므로 현재완료형이 적절하다.
(4) 명확한 과거 시점(yesterday)에는 현재완료를 쓸 수 없으므로 과거형이 적절하다.
어휘 train 훈련시키다; 훈련받다 experiment 실험

CHAPTER 02 조동사

Unit 1　can/may/will

POINT 1

check up　　　　　　　　　　　　　　　p.26

1 ⓑ　　2 ⓐ　　3 ⓑ　　4 ⓒ　　5 ⓐ

1 너는 여기에 좀 더 머물러도 된다.
2 Harry는 자전거를 탈 수 없다. 그는 어떻게 타는지 배우지 않았다.
3 시험이 끝났습니다. 여러분은 이제 나가셔도 됩니다.
4 창문 좀 열어 주시겠어요? 너무 덥네요
5 Jack은 열심히 공부하지 않았다. 그는 그 질문에 대답할 수 없었다.

POINT 2

check up　　　　　　　　　　　　　　　p.27

1 am able to　　2 are not able to

1 나는 그 복사기를 고칠 수 있다.
2 식물은 물 없이 자랄 수 없다.

POINT 3

check up　　　　　　　　　　　　　　　p.27

ⓑ

〈보기〉 그것은 사실일지도 모른다.
ⓐ 너는 지금 들어와도 된다.
ⓑ 내일 비가 조금 올지도 모른다.
ⓒ 너는 내 우산을 빌려가도 된다.

POINT 4

check up　　　　　　　　　　　　　　　p.28

1 방문할 것이다　　2 들어주시겠어요　　3 않을 것이다
4 갈 것이다　　　　5 낮춰주시겠어요

Unit Exercise　　　　　　　　　　　　p.29

A　1 × → could　　　2 ○　　3 × → is able to
　　4 × → wasn't[was not]　　5 ○　　6 × → am able to

1 그는 어제 Nancy를 만날 수 있었다.
2 너는 오늘 밤 내 생일 파티에 올 수 있니?
3 Ted는 자동차를 운전할 수 있다.
4 Mary는 기타를 칠 수 있다.
5 우리는 오늘 오후에 숙제를 끝낼 수 있다.
6 나는 이제 너를 도와줄 수 있다.

B　1 will　　2 Would　　3 may not　　4 will not
　　5 may

1 날씨가 맑아서 나는 내일 나무를 심을 것이다.
2 창문 좀 닫아주시겠어요?
3 너는 시험 중에 화장실에 가면 안 된다.
4 비가 오고 있다. 나는 밖에 나가지 않을 것이다.
5 나는 내 지갑을 찾을 수 없다. 그것은 차에 있을지도 모른다.

C　1 may[might] be　　2 could score　　3 is able to swim
　　4 may[might] not go　　5 will visit

Unit 2　must/have to/should

POINT 5

check up 1　　　　　　　　　　　　　　p.30

1 빠지면 안 된다　　2 임이 틀림없다　　3 공부해야 했다
4 도착해야 한다

check up 2

1 have to　　2 has to　　3 have to

1 우리는 7시까지 공항에 도착해야 한다.
2 그는 오늘 밤까지 그 보고서를 끝내야 한다.
3 배 위에서는 구명조끼를 착용해야 한다.

POINT 6

check up　　　　　　　　　　　　　　　p.31

1 must not　　2 don't have to　　3 doesn't have to

POINT 7

check up　　　　　　　　　　　　　　　p.31

1 should　　2 shouldn't　　3 shouldn't

1 우리는 노인분들께 공손해야 한다.
2 너는 학교에 지각하지 말아야 한다.
3 너는 시험 중에 소란을 피우지 말아야 한다.

Unit Exercise　　　　　　　　　　　　p.32

A　1 ⓐ　　2 ⓒ　　3 ⓑ　　4 ⓒ　　5 ⓐ

1 너는 이 책을 읽어야 한다.
2 더운 게 틀림없다. 그녀가 땀을 흘리고 있다.
3 너는 이 방에 들어가면 안 된다.
4 그녀는 목마른 게 틀림없다.
5 나는 병원에 가야 한다.

B　1 don't have to worry　　2 must not waste
　　3 don't have to bring　　4 must not forget
　　5 must not be　　　　　　6 don't have to take

1 우리는 내일 시험에 대해 걱정할 필요가 없다. 우리는 열심히 공부했다.
2 시간은 금이다. 너는 시간을 낭비하면 안 된다.
3 비가 내리고 있지 않다. 너는 우산을 가져갈 필요가 없다.
4 내일은 우리 어머니의 생신이다. 나는 그것을 잊으면 안 된다.
5 그 버스는 10분 후에 출발한다. 나는 늦으면 안 된다.
6 우리는 택시를 탈 필요가 없다. 우리는 거기에 걸어갈 수 있다.

C 1 should   2 must   3 don't have to
   4 must not   5 have to

Unit 3 had better/would like to/used to

POINT 8

check up   p.33

1 had better   2 had better not

1 너는 지금 집에 가는 게 좋겠다.
2 우리는 새 소파를 사지 않는 게 낫겠다.

POINT 9

check up   p.33

1 would like to take   2 Would you like to

1 나는 잠시 휴식을 취하고 싶다.
2 다음 일요일에 스키 타러 가실래요?

POINT 10

check up   p.34

1 가곤 했다   2 싸우곤 했다   3 말랐었다

Unit Exercise   p.35

A 1 had better   2 would like to eat
   3 stop   4 Would you like to drink
   5 have   6 to go   7 had better not

1 David는 지금 떠나는 게 좋겠다.
2 나는 쿠키를 좀 먹고 싶다.
3 너는 TV를 그만 보는 게 좋겠다.
4 커피 좀 드시겠어요?
5 Cindy는 건강에 좋은 음식을 먹는 게 좋겠다.
6 나는 부산에 가고 싶다.
7 너는 돈을 낭비하지 않는 게 좋겠다.

B 1 had better   2 used to
   3 would like to   4 had better not

1 너는 자외선 차단제를 바르는 게 좋겠다. 햇빛이 강하다.
2 그녀는 시험 전에 밤을 새우곤 했지만, 지금은 그렇지 않다.
3 나는 졸리다. 나는 낮잠을 자고 싶다.
4 너는 모기에 물린 상처를 긁지 않는 게 좋겠다.

C 1 would like to make   2 had better wash
   3 used to be   4 Would you like to order
   5 had better not play

1 ③   2 ③   3 ②   4 You may need more rest
5 had better not make   6 ①   7 ⑤   8 ②   9 ⑤
10 may true, may be true   11 ④   12 (1) you had better eat slowly (2) Would you like to drink some water
13 ④, ⑤   14 ③, ④   15 (1) had better not skip breakfast (2) had better not play computer games too much

1 **해석** A: 나는 두통이 있어.
  B: 그것 참. 안됐구나. 너는 병원에 가 보는 게 좋겠어.
  해설 두통이 있다고 했으므로 병원에 가 보라고 충고하는 것이 자연스럽다. 따라서 '~하는 게 낫다[좋다]'라는 의미의 충고나 권고를 나타내는 조동사 had better가 들어가야 한다.
  어휘 headache 두통

2 **해석** ① 네 도움 덕분에 나는 그 시험을 통과할 수 있었다.
  ② Lora는 먹을 것을 전혀 찾을 수 없었다.
  ③ 국립박물관에 가는 길 좀 알려 주시겠어요?
  ④ 그는 너무 아파서 어제 학교에 갈 수 없었다.
  ⑤ 나는 어젯밤에 잠을 잘 수 없었다.
  해설 ③의 Could는 '~해 주시겠어요?'라는 요청의 의미로 쓰였고, 나머지는 '~할 수 있다'라는 능력의 의미로 쓰였다.

3 **해석** ① 그녀는 일본어를 말할 수 있다.
  ② 좀 더 먹어도 될까요?
  ③ 나는 그 무거운 상자들을 옮길 수 있다.
  ④ 우리는 너의 기분을 이해할 수 있다.
  ⑤ 너는 100미터를 12초 안에 달릴 수 있니?
  해설 ②의 Can은 '~해도 된다'라는 허가의 의미로 쓰였고, 나머지는 '~할 수 있다'라는 능력의 의미로 쓰였다.

4 **해설** '~일지도[할지도] 모른다'라는 추측의 의미를 나타내는 조동사 may를 사용하여 쓸 수 있다.

5 **해설** '~하지 않는 게 낫다[좋다]'라는 의미를 나타낼 때 had better의 부정형을 쓸 수 있으며, 이때 부정어 not의 위치에 유의한다.

6 **해석** ① Tom은 10시까지 숙제를 끝내야 한다.
  ② Susan은 일이 끝나고 피곤한 것이 틀림없다.
  ③ 그녀는 그의 무례한 행동에 화가 난 게 틀림없다.
  ④ 그 상자 안에 무언가 있는 게 틀림없다.
  ⑤ 그 소문은 사실임이 틀림없다.
  해설 ①의 must는 '~해야 한다'라는 의무의 의미로 쓰였고, 나머지는 모두 '~임이 틀림없다'라는 강한 추측의 의미로 쓰였다.

7 **해석** ① 그는 그녀의 아버지일지도 모른다.
  ② Jane은 답을 알지도 모른다.
  ③ Bill은 수업에 늦을지도 모른다.
  ④ 오늘 밤에 많은 비가 올지도 모른다.
  ⑤ 너는 언제든 우리를 방문해도 된다.
  해설 ⑤의 may는 '~해도 된다'라는 허가의 의미로 쓰였고, 나머지는 '~일지도[할지도] 모른다'라는 추측의 의미로 쓰였다.

8 **해석** · 조금 천천히 말씀해주시겠어요?
  · 날씨가 좋아서 우리는 밖에서 놀 수 있었다.
  해설 첫 번째 빈칸에는 '~해 주시겠어요?'라고 요청을 나타내는 조동사가 필요하고, 두 번째 빈칸에는 '~할 수 있었다'라고 과거의 능력을 나타내는 조동사가 필요하므로 could가 적절하다.

9 **해석** · Mike는 어제 자신의 남동생을 돌봐야 했다.
  · 너는 밤에 외출하지 않는 것이 좋다.
  해설 첫 번째 빈칸에는 '~해야 한다'라는 뜻의 의무를 나타내는 조동사가 필요하고, 두 번째 빈칸에는 '~하는 게 낫다[좋다]'라고 충고나 권고하는 조동사가 필요하다. 첫 번째 빈칸 뒤에 to가 있고 과거의 일을 나타내고 있으므로 have to의 과거형인 had to가 적절하다. 또한 두 번째 빈칸 뒤에 better가 있으므로 had better not이 적절하다.

10 **해석** 그 소식은 사실일지도 모른다.
   해설 조동사 다음에 동사원형이 와야 하므로 may be true로 고쳐야 한다.

11 해석 우리는 한동안 서로를 볼 수 없었다.

해설 can이 능력을 나타낼 때 be able to로 바꿔 쓸 수 있는데, couldn't가 can의 과거 부정형이고 주어가 We이므로 weren't able to가 적절하다.

12 해석 수미 : 엄마, 밥 더 먹어도 돼요?

엄마 : 그래, 하지만 천천히 먹는 편이 낫겠어.

수미 : 알겠어요. 저 뭔가 마시고 싶어요.

엄마 : 물 좀 마실래?

해설 (1) '~하는 게 낫겠다'라는 충고 · 권고의 조동사가 필요한데 better라는 단어가 주어졌으므로 had better를 쓰면 된다.

(2) '~하시겠어요?'라는 권유 · 제안을 나타내는 조동사가 필요한데, 주어진 단어에 would가 있으므로 would like to를 활용한 의문문을 쓰면 된다.

13 해석 ① 우리는 건강을 위해 채소를 먹어야 했다.

② 나는 방학 동안에 늦게 일어나곤 했다.

③ 너는 모든 옷을 빨아야 한다.

④ 너는 한밤중에 시끄러운 음악을 틀지 않는 게 좋겠다.

⑤ 너는 다음 역에서 열차를 갈아타야 할 것이다.

해설 ④ '~하지 않는 게 낫다[좋다]'라는 의미의 조동사 had better 부정형

은 had better not으로 쓴다. ⑤ 조동사 must는 다른 조동사 will과 함께 쓸 수 없으므로 have to로 바꿔 써야 한다.

14 해석 ① 우리는 많은 돈을 쓰지 않을 것이다.

② 너는 이 그림들을 만지면 안 된다.

③ 그는 배가 부르기 때문에 저녁을 먹을 필요가 없다.

④ John은 집에서 아내의 일을 돕곤 했다.

⑤ 너는 시험에서 부정행위를 하면 안 된다.

해설 ③은 '~할 필요가 없다'라는 뜻의 조동사 doesn't have to가 들어가야 적절하다. ④는 '~하곤 했다'라는 의미의 used to를 써야 한다.

15 해석 〈보기〉 너는 규칙적으로 운동하는 게 좋다.

(1) 너는 아침 식사를 거르지 않는 게 좋다.

(2) 너는 컴퓨터 게임을 너무 많이 하지 않는 게 좋다.

해설 민수의 생활 습관 점검표를 보면 '아침 식사를 거르다'와 '컴퓨터 게임을 너무 많이 하다'라는 항목은 '그렇다'에 표시되어 있다. 두 항목 모두 '~하지 않는 게 낫다[좋다]'라는 의미의 had better not을 사용해서 충고하는 문장을 만들면 된다.

CHAPTER 03 대명사

Unit 1 재귀대명사

POINT 1

check up   p.40

| 1 himself | 2 ourselves | 3 itself |
| 4 themselves | 5 yourselves | 6 herself |

POINT 2

check up   p.40

| 1 myself | 2 ourselves | 3 herself | 4 yourself |
| 5 himself | | | |

POINT 3

check up   p.41

ⓑ

〈보기〉 내가 직접 너를 위해 이 쿠키들을 만들었다.

ⓐ Betty는 영화 속의 배우들이 아닌, 그 영화 자체를 좋아했다.

ⓑ 그녀는 자신의 사진을 찍었다.

ⓒ 너는 직접 네 방을 청소해야 한다.

POINT 4

check up   p.41

| 1 by | 2 yourself | 3 herself |

1 너는 숙제를 혼자 힘으로 해야 한다.

2 이 간식들을 마음껏 드세요.

3 수진이는 "나는 할 수 있다!"라고 혼잣말했다.

Unit Exercise   p.42

| A 1 themselves | 2 yourself | 3 ourselves |
| 4 myself | 5 himself | 6 herself |

1 훌륭한 지도자는 자기 자신을 먼저 생각하지 않는다.

2 자기소개를 해 주시겠어요?

3 내 친구와 나는 Tim의 생일 파티에서 즐거운 시간을 보냈다.

4 나는 "화내지 말자"라고 혼잣말을 했다.

5 내 남동생은 요리하던 중에 베었다.

6 그 나이 든 여성은 혼자 살기를 원했다.

| B 1 × | 2 × | 3 ○ | 4 ○ | 5 × | 6 ○ | 7 × |

1 너희들은 자기 자신을 비난할 필요가 없다.

2 그들은 TV 화면에서 그들 자신을 봤다.

3 그 소년은 직접 편지를 썼다.

4 엄마가 직접 이 샌드위치들을 만드셨다.

5 십 년 후의 우리 자신을 상상해보자.

6 나는 직접 세차를 해야 하므로 지금 가야 한다.

7 그 화가는 자기 고유의 그림을 통해 자신을 표현한다.

| C 1 Help yourself | 2 by myself |
| 3 make yourself at home | 4 talks to herself |

Unit 2 부정대명사 Ⅰ

POINT 6

check up   p.44

| 1 ② | 2 ① | 3 ② |

1 Dave는 두 마리의 반려동물이 있다. 한 마리는 강아지이고 나머지 한 마리는 고양이이다.

2 나는 세 분의 이모가 계신다. 한 분은 의사시고, 또 다른 한 분은 사진작가시고, 나머지 한 분은 선생님이시다.

3 강당에 30명의 사람들이 있다. 몇몇은 책을 읽고 있고, 나머지 모두는 그림을 그리고 있다.

POINT 7   p.44

check up

1 some	**2** any, some

1 커피 좀 마실래요?
2 너는 아무 간식도 살 필요가 없다. 우리가 조금 갖고 있다.

Unit Exercise   p.45

A	**1** ones	**2** some	**3** any
	4 Some	**5** one	**6** any

1 내 친구는 빨간 운동화를 가지고 있다. 나도 같은 것을 샀다.
2 복숭아를 좀 먹자.
3 우리는 아무것도 사지 않을 것이다. 왜냐하면 우리는 돈을 가져오지 않았기 때문이다.
4 많은 책이 있다. 몇 권은 재미있다.
5 그는 공이 세 개 있는데, 큰 것 한 개와 작은 것 두 개이다.
6 그들은 숙제가 좀 있니?

B	**1** One, the other	**2** Some, others
	3 Some, the others	**4** another, the other

C	**1** one	**2** another	**3** it
	4 the other	**5** some	

1 Julia는 흰 블라우스를 가지고 있다. 그녀는 노란 것을 사고 싶어 한다.
2 나는 펜을 세 개 샀다. 하나는 검은색이고, 또 다른 하나는 빨간색이며 나머지 하나는 파란색이다.
3 나는 내 휴대폰을 사용하지 않았다. 나는 그것을 집에 놔두었다.
4 그는 삼촌이 두 분이다. 한 분은 중국에 사시고, 나머지 한 분은 일본에 사신다.
5 병에 물이 좀 있다.

Unit 3 부정대명사 II

POINT 9   p.46

check up

1 Every	**2** Each

Unit Exercise   p.47

A	**1** every	**2** Each	**3** Both	**4** All

1 그들은 일요일마다 봉사활동을 하러 병원에 간다.
2 엄마는 많은 음식을 요리하셨다. 각각은 매우 맛있었다.
3 유리는 두 명의 언니가 있다. 그들은 둘 다 아름답다.
4 몇몇 학생들은 버스를 놓쳤다. 모두가 지난 수업에 늦었다.

B	**1** has	**2** hands	**3** has
	4 is	**5** girls play	**6** baby needs

1 이 학교의 모든 학생은 사물함이 있다.
2 밧줄을 양손으로 단단히 잡아라.

3 각각의 식당에는 관리자가 있다.
4 내 돈은 모두 은행에 있다.
5 두 소녀 모두 피아노를 연주한다.
6 모든 아기는 어머니가 필요하다.

C	**1** every game	**2** Both of the women are
	3 Each player gets	**4** All of my friends are
	5 Every drawer is	

Chapter Test   p.48

1 ① **2** ④ **3** ③ **4** themselves **5** visitor **6** ③
7 ④ **8** ③ **9** ② **10** ⑤ **11** another, the other
12 ⑤ **13** ③ **14** Every town has a school **15** the others are blue

1 해석 A: 이 근처에 은행이 있습니까?
B: 네, 이 길 끝에 하나 있습니다.
해설 빈칸에는 앞에서 언급한 a bank와 같은 종류의 것을 지칭하는 말이 필요하므로 one이 알맞다.

2 해석 〈보기〉 우리는 우리 자신을 믿어야 한다.
① 우리는 직접 그 일을 끝내야 한다.
② 내가 너를 위해 직접 이 디저트를 만들었어.
③ 그녀는 직접 그 책을 팔았다.
④ 너는 너 자신을 싫어하지 말아야 한다.
⑤ 그 산 자체는 매우 높다.
해설 〈보기〉와 ④의 yourself는 주어와 목적어가 같을 경우에 쓰는 재귀대명사이다. 나머지는 (대)명사를 강조하는 재귀대명사이다.

3 해석 〈보기〉 우리 언니는 직접 피자를 만들었다.
① 너희는 너희 자신을 자랑스러워해야 한다.
② 그 요리사는 오븐에 데었다.
③ 내가 직접 그에게 말할 것이다.
④ 그녀는 혼자서 그 산에 올랐다.
⑤ 그들은 그들 자신에게 솔직해져야 한다.
해설 〈보기〉의 herself와 ③의 myself는 (대)명사를 강조하는 재귀대명사이고, 나머지는 주어와 목적어가 같을 경우에 쓰는 재귀대명사이다.

4 해석 그 책들 자체가 매우 재미있다.
해설 주어 The books가 복수이므로 재귀대명사는 itself가 아닌 themselves가 알맞다.

5 해석 이 호텔의 모든 방문객은 조식을 무료로 드실 수 있습니다.
해설 every 뒤에는 단수명사가 와야 하므로 visitors를 visitor로 고쳐야 한다.
어휘 visitor 방문객

6 해석 · 나는 내 사진을 탁자 위에 두었다. 너는 그것을 봐도 된다.
· 그 바지는 너무 길다. 나는 짧은 것을 찾고 있다.
해설 (A) 특정한 대상인 앞 문장의 my photo를 가리키므로 it이 적절하다. (B) 빈칸에는 앞에서 언급한 pants와 같은 종류의 것을 지칭하는 말이 필요하므로 ones가 알맞다.

7 해석 · 몇몇 사람들은 행복해 보이고, 다른 몇몇은 슬퍼 보인다.
· 컴퓨터가 두 대 있는데, 하나는 노트북 컴퓨터이고, 다른 하나는 탁상용 컴퓨터이다.
해설 (A) 앞에 Some이 있으므로 문맥상 '다른 몇몇'에 해당하는 others가 적절하다. (B) 컴퓨터 두 대가 있다고 했으므로 둘 중 나머지 하나를 가리키는 the other를 써야 한다.
어휘 laptop 노트북 컴퓨터 desktop 탁상용 컴퓨터

8 해석 · 각각의 엽서는 천원이다.
· 이 학교에서 모든 학생은 짧은 머리를 가지고 있다.
해설 each와 every가 형용사로 쓰일 때, 「each/every+셀 수 있는 명사의 단수형+단수동사」의 형태로 쓰므로 각각 is와 has가 적절하다.
어휘 postcard 엽서

9 해석 〈보기〉 Jane은 어제 직접 청소를 끝냈다.
① 그들은 그 이야기를 내게 직접 해주지 않았다.
② Ann은 자기 자신에 관해 이야기하는 것을 좋아한다.
③ 네가 직접 이 탑을 만들었니?
④ 그 소년은 직접 컴퓨터를 고쳤다.
⑤ 그녀는 직접 삼촌을 도왔다.
해설 ②의 herself는 주어와 목적어가 같을 경우에 쓰는 재귀대명사이고, 〈보기〉를 포함한 나머지는 모두 (대)명사를 강조하는 재귀대명사로 쓰였다.

10 해석 ① 그녀는 큰 집에 혼자 산다.
② 부엌에 컵이 하나도 없다.
③ 나는 학교에 가려고 옷을 입었다.
④ 저는 연필을 가지고 오지 않았어요. 저에게 연필 하나를 빌려 주시겠어요?
⑤ 우리 형은 종이에 자기 자신을 그리고 있다.
해설 주어 My brother가 3인칭 단수 남자이므로 재귀대명사는 herself가 아닌 himself가 알맞다.
어휘 dress 옷을 입다

11 해석 나는 세 가지 색의 페인트가 있다. 하나는 빨간색이고, 또 다른 하나는 파란색이고, 나머지 하나는 노란색이다.
해설 '(셋 중) 하나는 ~, 또 다른 하나는 …, 나머지 하나는 ~'의 의미를 나타낼 때는 'one ~, another …, the other ~'를 사용한다.

12 해석 ⓐ 우리는 거울로 자기 자신을 봤다.
ⓑ 모든 부모는 자신의 아이들을 사랑한다.
ⓒ 창문 양쪽이 모두 열려 있다.
ⓓ 자기소개를 해주시겠어요?
ⓔ 나는 유럽의 모든 나라를 방문하고 싶다.
해설 ⓐ 주어가 We이므로 myself가 아닌 ourselves로 써야 한다. ⓒ both of 뒤에 복수명사가 와야 하므로 window를 windows로 고쳐야 한다.

13 해석 사람들은 영어를 배우는 다양한 방식을 갖고 있다. 몇몇 사람들은 단어와 문장을 씀으로써 영어를 배운다. 다른 몇몇은 친구들과 영어로 대화함으로써 영어를 연습한다.
해설 '(여럿 중) 몇몇은 ~, 다른 몇몇은 …'의 의미를 나타낼 때는 'some ~, others …'로 표현하므로 빈칸에는 Others가 적절하다.
어휘 style 방식 practice 연습하다

14 해설 「every+단수명사」 뒤에는 단수동사가 와야 하므로 have를 has로 바꿔 써야 한다.

15 해석 〈보기〉 상자 안에 모자가 세 개 있다. 하나는 노란색이고, 두 개는 파란색이다.
→ 상자 안에 모자가 세 개 있다. 하나는 노란색이고, 나머지 모두는 파란색이다.
해설 '하나는 ~, 나머지 모두는 …'의 의미를 나타낼 때는 'one ~, the others …'로 표현하므로 빈칸에는 the others are blue가 적절하다.

CHAPTER 04 형용사와 부사

Unit 1 형용사

POINT 1   p.52
check up 1

1 There'll be a huge storm next week.
2 I heard something funny from Robin.

1 다음 주에 거대한 폭풍이 있을 것이다.
2 나는 Robin에게 재미있는 무언가를 들었다.

check up 2

1 quiet	2 good	3 tasty	4 warm
5 difficult	6 angry		

1 Mike는 회의 동안에 조용했다.
2 너의 계획은 좋다.
3 그 디저트는 맛있었다.
4 이 코트는 아주 따뜻하다.
5 그것은 어려운 질문이었다.
6 그 소식은 나를 화나게 했다.

POINT 2   p.53
check up 1

1 lots of, plenty of	2 a lot of
3 a little	4 many
5 a lot of, little	

1 나미는 많은 친구들이 있다.
2 우리는 지난여름에 많은 비를 가졌다. (→ 지난여름에 비가 많이 왔다.)

3 그릇 안에는 수프가 약간 있다.
4 수영장에 많은 사람들이 있니?
5 나는 매일 많은 물을 마신다. / 나는 매일 물을 거의 마시지 않는다.

check up 2

1 a few	2 few	3 little	4 a little

POINT 3   p.54
check up

1 fifteen-year-old	2 a number of
3 thirty meters tall	4 are

1 John은 열다섯 살의 소년이다.
2 주말마다 많은 사람들이 영화를 보러 간다.
3 이 나무는 높이가 30미터이다.
4 한국에서 노인들은 무료로 지하철을 탈 수 있다.

Unit Exercise   p.55

A	1 ○	2 × → 24-year-old	3 × → something hot
	4 ○	5 ○	6 × → have 7 × → A number of

1 너는 새로운 치마를 입으니 좋아 보인다. (→ 너는 새로운 치마가 잘 어울린다.)
2 그 24세의 선수는 그 상을 세 번 받았다.
3 너는 무언가 따뜻한 것을 마실 필요가 있다.
4 이 책은 유용한 정보가 있다.
5 그 저녁 식사는 아주 맛있었다.
6 노인들은 많은 건강 문제를 가지고 있다.
7 많은 사람들이 매년 이 박물관을 방문한다.

B 1 little 2 a few 3 a little 4 many 5 Few 6 much

1 그 병에는 우유가 거의 없다. 그것은 거의 비었다.
2 나는 이 이어폰을 겨우 며칠 전에 샀다.
3 그것에 소금을 약간만 넣어라. 많이 필요하지 않다.
4 그 박물관은 붐볐다. 많은 사람들이 있었다.
5 그 여배우는 유명하지 않다. 그녀를 알아보는 사람이 거의 없다.
6 우리는 오늘 집에 일찍 갈 수 없다. 우리는 할 일이 많다.

C 1 little wind 2 five-meter-deep 3 in a few minutes 4 a number of tourists 5 Lots of people live

Unit 2 부사

POINT 4
check up
p.56

1 very 2 Suddenly, heavily 3 so, quickly

1 Laura는 매우 친절한 소녀이다.
2 갑자기, 비가 세차게 내리기 시작했다.
3 우리 형은 주간 신문을 매우 빠르게 읽는다.

POINT 5
check up
p.56

1 ① 2 ② 3 ②

1 우리 어머니는 비싼 옷을 거의 사지 않으신다.
2 실수는 때때로 새로운 발명품으로 이어질 수 있다.
3 나는 역사를 배우는 것에 항상 관심이 있다.

POINT 6
check up
p.57

1 ② 2 ② 3 ② 4 ③ 5 ②

1 왜 그렇게 오래 걸렸니?
2 Tim은 자신의 팔을 높이 뻗었다.
3 TV 화면에 너무 가까이 앉지 마라.
4 나는 최근에 그의 소식을 듣지 못했다.
5 우리 부모님은 항상 열심히 일하신다.

Unit Exercise
p.58

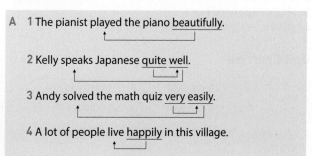

A 1 The pianist played the piano beautifully.

2 Kelly speaks Japanese quite well.

3 Andy solved the math quiz very easily.

4 A lot of people live happily in this village.

1 그 피아니스트는 피아노를 아름답게 연주했다.
2 Kelly는 일본어를 꽤 잘 말한다.
3 Andy는 그 수학 시험을 매우 쉽게 풀었다.
4 많은 사람들이 이 마을에서 행복하게 산다.

B 1 rarely eats 2 is usually 3 must always follow 4 is hardly angry 5 often rains 6 will never forget

1 Jenny는 요즘에 패스트푸드를 거의 먹지 않는다.
2 Sam은 주말에 보통 집에 있다.
3 우리는 항상 교통 규칙을 따라야 한다.
4 우리 아빠는 나에게 거의 화내지 않으신다.
5 우리나라에서는 여름에 종종 비가 내린다.
6 나는 이 순간을 절대 잊지 않을 것이다.

C 1 near 2 Nearly 3 near 4 hard 5 hardly 6 hard

1 그 공항은 여기에서 꽤 가깝다.
2 우리 반의 거의 절반이 감기에 걸렸다.
3 내 생일이 가까이 오고 있다.
4 그 의자는 매우 딱딱했다. 그것은 편안하지 않았다.
5 Sally는 안경 없이 책을 거의 읽을 수 없다.
6 그는 살을 빼기 위해 매우 열심히 운동했다.

Chapter Test
p.59

1 ④ 2 ⑤ 3 ③ 4 ② 5 ② 6 ④ 7 ②
8 slow, slowly 9 tells never, never tells 10 ②
11 ④ 12 (1) Finally (2) highly 13 ①, ⑤ 14 ④ 15 ③
16 ② 17 (1) little, few (2) go often, often go
18 ②, ③, ④ 19 (1) rarely watches a movie (2) often cleans the room

1 **해석** 그 과일은 _____.
① 안 좋다 ② 맛있다 ③ 달콤하다 ④ 잘다 ⑤ 좋다
해설 빈칸은 주어를 보충 설명하는 형용사 자리이므로 부사인 well은 적절하지 않다.

2 **해석** Emma는 _____ 걷고 있다.
① 빠르게 ② 느리게 ③ 조심스럽게 ④ 빠르게 ⑤ 외로운
해설 빈칸은 동사를 수식하는 부사 자리이므로 형용사인 lonely는 적절하지 않다.

3 **해석** ① 내 여동생은 나에게 많은 쿠키를 만들어 줬다.
② 많은 동물들이 동물원에 있다.
③ 그녀는 몇 시간 전에 밖으로 나갔다.
④ 사막에는 식물이 거의 없다.
⑤ 우리 엄마는 매일 너무 많은 커피를 드신다.
해설 ③ hours는 셀 수 있는 명사이므로 a little이 아니라 a few가 알맞다.
어휘 plant 식물 desert 사막

4 **해석** ① 우리 형은 결코 내가 자기의 게임을 하게 해주지 않는다.
② 아빠는 50센티미터짜리 물고기를 잡으셨다.
③ 우리 엄마는 아름다운 목소리를 가지고 계신다.
④ Tim은 매우 높은 산을 오른다.
⑤ Danny는 오늘 많은 숙제가 있다.
해설 「숫자+명사(+형용사)」가 하이픈(-)으로 연결되어 뒤에 있는 명사를 꾸며줄 때는 숫자 뒤의 명사를 항상 단수형을 쓴다. 따라서 ②의 fifty-centimeters를 fifty-centimeter로 써야 알맞다.

5 **해석** 내 방에는 책이 거의 없어서 나는 매일 도서관에 간다.
해설 문맥상 '거의 없다'라는 의미가 되어야 하고, 빈칸 뒤에 셀 수 있는 명사 books가 있으므로 few가 적절하다.

6 **해설** '몇 명의'라는 의미를 가지면서 셀 수 있는 명사 앞에 쓸 수 있는 것은 a few이다.

7 **해설** '거의 없다'라는 의미를 가지면서 셀 수 없는 명사 앞에 쓸 수 있는 것

은 little이다.

8 해석 아빠는 천천히 내 방으로 걸어 들어오셨다.
해설 동사 walked를 수식해야 하므로 slow를 부사인 slowly로 고쳐야 한다.

9 해석 지수는 절대 부모님께 거짓말을 하지 않는다.
해설 빈도부사는 일반동사 앞에 쓰므로 tells never가 아니라 never tells가 되어야 한다.

10 해석 · 병에 약간의 주스가 있어. 조금 더 원하니? (→ 조금 더 마실래?)
· 많은 사람들이 새로운 쇼핑몰을 방문했다.
해설 (A) juice는 셀 수 없는 명사이고 문맥상 '조금 있다'는 의미가 되어야 하므로 a little이 적절하다. (B) people은 셀 수 있는 명사이므로 Many가 적절하다.

11 해석 · 진호는 학교에 거의 지하철을 타고 가지 않는다.
· 우리 삼촌은 매일 열심히 일하신다. 삼촌은 항상 피곤하시다.
해설 (A) 주어와 일반동사 사이에 위치하여 '거의 ~않다'를 나타내는 hardly가 적절하다. (B) 동사 works 뒤에서 '열심히'라는 의미로 동사를 꾸며주는 부사 hard가 알맞다.
어휘 tired 피곤한

12 해석 (1) 마침내 시험이 끝났다.
(2) 불은 매우 위험한데, 특히 어린 아이들에게 그렇다.
해설 (1) 문장 전체를 꾸미는 부사 자리이므로 Finally가 적절하다. (2) 형용사 dangerous를 꾸미는 부사 자리이고, 문맥상 '매우'라는 의미가 자연스러우므로 highly가 알맞다.
어휘 dangerous 위험한 especially 특히

13 해석 Gary: 많은 학생들이 충분한 잠을 자지 못해. 그들이 잠을 잘 자지 못할 때 무슨 일이 생기니?
Megan: 그들은 수업 시간에 집중할 수 없어.
Gary: 학생들을 위한 어떤 유용한 조언이 있니?
Megan: 그들은 일찍 자고 깊은 잠을 자도록 노력해야 해.
해설 ①의 enough는 명사 sleep을 수식하는 형용사로 쓰였으므로 enough sleep으로 써야 알맞다. ⑤의 deeply는 명사 sleep을 수식하는 형용사 deep으로 고쳐야 알맞다.
어휘 focus 집중하다

14 해석 ⓐ 비 오는 날에 놀이터에서 노는 아이들은 거의 없다.
ⓑ 그는 그 책에서 이상한 무언가를 발견했다.
ⓒ 많은 학생들이 어제 그 수업에 참석하지 않았다.
ⓓ 많은 학생들이 시력이 나쁘다.
ⓔ 젊은 사람들은 보통 패션에 관심이 있다.
해설 ⓑ -thing으로 끝나는 대명사는 형용사가 뒤에서 꾸며주므로 strange가 something 뒤로 가야 한다. ⓒ students는 셀 수 있는 명사이므로 Much 대신 Many[A lot of, Lots of]를 써야 한다. ⓓ '많은'이라는 뜻의 a number of는 셀 수 있는 명사의 복수형 앞에 쓰여 복수 취급하므로 동사 has를 have로

고쳐야 한다. ⓔ '~한 사람들'이라는 뜻의 'the+형용사'가 주어로 쓰이면 동사의 복수형을 써야 한다. 따라서 has를 have로 고쳐야 적절하다.
어휘 strange 이상한 attend 참석하다 eyesight 시력 interest 관심

15 해석 ① 그는 최근에 아팠다.
② 그 극장은 우리를 위한 충분한 자리가 있다.
③ 중국어 수업은 매우 어려웠다.
④ Jane은 도서관에서 거의 온종일 시간을 보냈다.
⑤ 도시에는 많은 높은 건물들이 있다.
해설 ① late 대신 '최근에'라는 의미를 가진 부사 lately를 써야 한다. ② enough가 형용사로 쓰였으므로 seats의 앞에 위치해야 한다. ④ near 대신 '거의'라는 의미의 부사 nearly가 적절하다. ⑤ highly 대신 '높은'이라는 의미의 형용사 high가 알맞다.
어휘 seat 자리 spend (시간·돈을) 쓰다 all day 온종일, 하루 종일

16 해석 〈보기〉 그 축제에서 사람들은 활발하고 생기가 넘쳐 보였다.
① 내 친구는 매우 외로움을 느꼈다.
② 그는 의자에 편안히 앉았다.
③ 내 여동생은 많은 사랑스러운 인형들을 가지고 있다.
④ 그들은 서로에게 매우 친절하다.
⑤ 우리 반은 매주 금요일마다 주간 회의를 갖는다.
해설 〈보기〉의 lively와 ②를 제외한 나머지는 모두 -ly가 붙은 형태의 형용사이며, ②의 comfortably는 부사이므로 그 쓰임이 다르다.
어휘 active 활발한; 활동적인 comfortably 편안하게

17 해석 A: 나는 며칠 전에 여기로 이사 왔어. 나는 친구가 거의 없어.
B: 너는 우리 클럽에 가입해도 돼. 우리는 보통 일요일마다 주간지를 읽어. 독서 후에 우리는 종종 소풍을 가.
해설 (1) 이사 온 지 얼마 안 돼서 친구가 없다는 내용이 자연스럽고, friends는 셀 수 있는 명사이므로 little을 few로 고쳐야 알맞다. (2) 빈도부사는 일반동사 앞에 쓰므로 go often이 아니라 often go가 되어야 한다.
어휘 move 이사하다 join 가입하다 weekly magazine 주간지

18 해석 ① 나는 아침식사를 항상 거른다.
② 그녀는 자신의 가족을 결코 떠나지 않을 것이다.
③ 나는 라디오를 거의 듣지 않는다.
④ 그는 어떤 수업에도 거의 늦지 않는다.
⑤ Paul과 나는 가끔 저녁은 외식한다.
해설 빈도부사는 일반동사 앞, be동사와 조동사 뒤에 써야 하므로 ①은 always skip으로, ⑤는 sometimes eat out으로 써야 한다.
어휘 skip 거르다, 빼먹다 eat out 외식하다

19 해석 (1) 그녀는 영화를 거의 보지 않는다.
(2) 그녀는 방을 자주 청소한다.
해설 (1) 금요일만 영화를 본다고 되어 있으므로 '거의 ~않다'라는 의미의 rarely를 사용해 문장을 완성한다. (2) 방 청소는 3일 한다고 되어있으므로 '자주, 종종'이라는 의미의 often을 사용해 문장을 완성한다.

CHAPTER 05 to부정사

Unit 1 to부정사의 명사적 쓰임

POINT 1
p.64

check up 1

1 It, to walk **2** It, to respect

check up 2

1 It **2** to waste **3** to drink **4** to watch
5 to finish

1 패스트푸드를 너무 자주 먹는 것은 건강에 좋지 않다.
2 너의 자유 시간을 낭비하는 것은 어리석다.
3 너무 많은 탄산음료를 마시는 것은 좋지 않다.
4 그 야구 경기를 보는 것은 흥미진진했다.
5 숙제를 끝내는 데 두 시간이 걸렸다.

POINT 2
p.65

check up

1 wants to be **2** decided to move
3 planned to open **4** likes to play

check up 1

| 1 what to buy | 2 how to ride | 3 when to start |
| 4 where to buy | 5 how to use | |

check up 2

| 1 where to sit | 2 how to dive | 3 when to leave |
| 4 what to eat | | |

Unit Exercise   p.67

A 1 ⓑ   2 ⓒ   3 ⓐ   4 ⓒ   5 ⓐ   6 ⓑ

1 Amy는 바이올린 연주자로서 학교 오케스트라에 합류하기를 희망한다.
2 Jacob의 목표는 사진작가가 되는 것이다.
3 건강을 위해 충분한 수면과 휴식을 취하는 것은 중요하다.
4 나의 다음 계획은 아프리카에 학교와 운동장을 짓는 것이다.
5 나의 개와 시간을 보내는 것은 늘 재미있다.
6 나는 슈퍼마켓에서 샴푸와 비누를 살 필요가 있다.

B 1 × → wish to move   2 ○   3 × → It
   4 ○   5 × → to listen to   6 × → What to do
   7 ○   8 × → not to ask

1 우리 부모님은 가까운 미래에 시골로 이사하고 싶어 하신다.
2 학생으로서 학교에 지각하지 않는 것은 필수적이다.
3 누군가에게 밤늦게 전화하는 것은 매우 무례하다.
4 내가 이번 주말에 네게 기타를 연주하는 법을 가르쳐 줄게.
5 그 교수님의 강의를 듣는 것은 정말 지루했다.
6 미래에 무엇을 할 것인지는 나에게 중요한 질문이다.
7 인생에서 최고의 것은 네 주변에 좋은 친구를 두는 것이다.
8 다른 사람의 나이를 묻지 않는 것이 예의다.

C 1 It is[It's] convenient to use
   2 It is[It's] better to watch
   3 It is[It's] not possible to master
   4 where to put

Unit 2 to부정사의 형용사적 쓰임

check up 1

| 1 to drink | 2 to do | 3 to read |
| 4 to wear | 5 to ride | 6 to protect |

check up 2

| 1 the password | 2 some time | 3 any books |
| 4 a few drawings | 5 nothing | 6 many clothes |

1 나는 그 문을 열 비밀번호를 안다.
2 Kate는 휴식할 약간의 시간이 필요하다.
3 너는 나에게 빌려줄 책이 있니?
4 나는 너에게 보여줄 몇 개의 그림을 찾았다.
5 그녀는 점심으로 먹을 것이 아무것도 없다.
6 세탁해야 할 많은 옷이 있다.

check up 1

1 ⓑ   2 ⓐ   3 ⓐ

1 공원에는 앉을 많은 벤치가 있다.
2 이 방에는 읽을 것이 하나도 없다.
3 Jake는 같이 놀 친구 몇 명을 자신의 집에 초대했다.

check up 2

1 × → to waste   2 ○   3 × → to visit

1 나는 낭비할 시간이 정말 전혀 없다.
2 (글씨를) 쓸 종이 한 장이 있다.
3 한국에는 방문할 많은 아름다운 장소들이 있다.

Unit Exercise   p.70

A 1 homework to finish tonight
   2 some flowers to give to you tomorrow
   3 a book to read on the subway
   4 a suit to wear to a job interview
   5 a teacher to teach me English

1 나는 숙제가 있다. 나는 그것을 오늘 밤에 끝내야 한다.
   → 나는 오늘 밤에 끝내야 할 숙제가 있다.
2 나는 꽃 몇 송이를 샀다. 나는 내일 그것들을 네게 줄 것이다.
   → 나는 내일 네게 줄 꽃 몇 송이를 샀다.
3 Rachel은 책 한 권을 가지고 있다. 그녀는 그것을 지하철에서 읽을 것이다.
   → Rachel은 지하철에서 읽을 책 한 권을 가지고 있다.
4 Daniel은 정장을 샀다. 그는 그것을 면접에 입고 갈 것이다.
   → Daniel은 면접에 입고 갈 정장을 샀다.
5 나는 선생님을 찾고 있다. 그 선생님은 내게 영어를 가르치셔야 한다.
   → 나는 내게 영어를 가르쳐 줄 선생님을 찾고 있다.

B 1 to tell   2 to talk to   3 to decide
   4 nothing to worry   5 to take care of   6 to sleep on

1 나는 네게 말할 것이 있어.
2 Susan은 이야기할 사람이 없다.
3 무엇을 할지 결정할 때이다.
4 걱정할 것 없다.
5 그 부부에게는 돌봐야 할 두 명의 아들들이 있다.
6 그 가게는 잠을 잘 편안한 침대를 판매한다.

C 1 nice places to visit   2 any questions to ask
   3 much money to spend   4 no chance to talk to
   5 several sofas to sit on

Unit 3 to부정사의 부사적 쓰임

check up

| 1 to meet Henry | 2 in order to stay healthy |
| 3 to pass the test | 4 in order to catch the train |

POINT 8

p.72

check up 1

1 떠나게 돼서 슬펐다   2 보게 돼서 놀랐다   3 이겨서 기쁘다
4 놓쳐서 실망했다

check up 2

1 surprised to see   2 glad to get   3 sorry to hear
4 excited to go   5 sad to lose

POINT 9

p.72

check up

1 difficult   2 expensive   3 soft   4 easy   5 hot

1 이 페이지의 수학 문제는 풀기가 어렵다.
2 그 회사의 새 컴퓨터는 사기에 비싸다.
3 그 초콜릿 아이스크림은 먹기에 부드럽다.
4 이 세탁기는 사용하기 쉽다.
5 이 컵 안의 물은 마시기에 뜨겁다.

Unit Exercise

p.73

A 1 to save money   2 to bake some cookies
3 to help his brother   4 to hear the news

〈보기〉 나는 커피를 마시고 싶었다. 나는 카페에 갔다.
  → 나는 커피를 마시기 위해 카페에 갔다.
1 나는 돈을 절약하고 싶다. 나는 보통 중고 책을 산다.
  → 나는 돈을 절약하기 위해 보통 중고 책을 산다.
2 Sue는 쿠키를 좀 굽고 싶었다. 그녀는 몇 개의 달걀이 필요했다.
  → Sue는 쿠키를 좀 굽기 위해 몇 개의 달걀이 필요했다.
3 Kevin은 형을 도왔다. 그는 매우 행복했다.
  → Kevin은 형을 도와서 매우 행복했다.
4 방 안에 있는 모두가 그 소식을 들었다. 그들은 슬펐다.
  → 방 안에 있는 모두가 그 소식을 듣고 슬펐다.

B 1 ⓒ   2 ⓑ   3 ⓐ   4 ⓒ   5 ⓐ

1 나의 새 스마트폰은 사용하기에 간단하고 쉽다.
2 나는 나의 과학 성적을 보고 실망했다.
3 Sam은 로봇 과학자가 되기 위해 열심히 공부하고 있다.
4 그 가수의 노래는 따라 부르기 어렵다.
5 미나는 자기 개를 산책시키기 위해 매일 공원에 간다.

C 1 × → to receive   2 × → safe to drink
3 × → to join   4 ○   5 × → in order to promote
6 ○

1 나는 너의 결혼식에 초대를 받아서 정말 기쁘다.
2 노르웨이의 모든 수돗물은 마시기에 안전하다.
3 Tom은 주장으로 축구 동호회에 합류하게 되어 신이 났다.
4 우리 할머니의 오래된 조리법은 따라 하기 어렵지 않다.
5 그 배우는 자신의 영화를 홍보하기 위해 한국에 왔다.
6 그녀는 콘서트 표를 예매하기 위해 컴퓨터를 켰다.

Unit 4 to부정사를 포함한 주요 구문

POINT 10

p.74

check up

1 too sleepy to stay up
2 so shy that she can't talk
3 too busy to take care of
4 so young that they couldn't handle

POINT 11

p.75

check up

1 enough to   2 enough to get
3 rich enough to buy   4 so light that

1 우리 형은 이 돌을 들 수 있을 만큼 충분히 힘이 세다.
2 그녀는 높은 점수를 받을 만큼 충분히 똑똑하다.
3 나는 차를 살 수 있을 만큼 충분히 부유하다.
4 그 공은 물 위에 뜰 수 있을 만큼 충분히 가볍다.

POINT 12

p.75

check up

1 seems to be   2 seems that he knows

Unit Exercise

p.76

A 1 to be   2 It   3 old enough
4 too   5 enough   6 large enough
7 too cold

1 이 검은 청바지는 내게 너무 꼭 끼는 것 같다.
2 그 노인은 누군가의 도움이 필요한 것 같다.
3 너는 운전하기에 충분히 나이가 들지 않았다.
4 그 시험은 너무 어려워서 만점을 받을 수 없었다.
5 Ben은 모두를 웃게 할 만큼 충분히 재미있다.
6 이 방은 그랜드 피아노를 놓을 만큼 충분히 넓다.
7 오늘은 너무 추워서 수영장에서 수영할 수 없다.

B 1 too hard to chew   2 strong enough to move
3 too delicious to stop
4 smart enough to understand

C 1 that she is happy   2 so fast that she can win
3 so kind that he can't refuse
4 so busy that he couldn't attend

1 그녀는 자신의 새 직업에 만족하는 것 같다.
2 우리 언니는 경주에서 이길 만큼 충분히 빠르게 달린다.
3 그 남자는 너무 친절해서 그녀의 제안을 거절할 수 없다.
4 Ben은 너무 바빠서 친구의 결혼식에 참석할 수 없었다.

Chapter Test

p.77

1 ⑤   2 ③   3 ④   4 ②   5 ②   6 Amy taught us how to
play badminton   7 The snake is dangerous to touch

1 해석 〈보기〉 많은 여자 형제와 남자 형제가 가족으로 있다는 것은 멋진 일이다.
① 그것은 내가 가장 좋아하는 가수의 앨범이다.
② 그곳은 내 학교에서 아주 멀다.
③ 그것은 전혀 너의 잘못이 아니다.
④ 지금은 9시 정각이다.
⑤ 그의 이름을 기억하는 것은 쉽다.
해설 〈보기〉의 It은 가주어로, 진주어 to have many sisters and brothers in a family를 대신한다. ⑤ 역시 It은 가주어, to remember his name이 진주어이다.

2 해석 ① 나는 한 시간 동안 컴퓨터 게임을 하고 싶다.
② 그녀는 탄산음료 대신에 약간의 물을 마실 필요가 있다.
③ 나의 꿈은 아버지처럼 파일럿이 되는 것이다.
④ 그는 새 오토바이 대신 새 차를 사기로 결정했다.
⑤ Kelly는 언니와 함께 유학을 가기로 선택했다.
해설 나머지는 모두 동사의 목적어로 사용된 명사적 쓰임의 to부정사인 반면 ③은 보어로 사용된 명사적 쓰임의 to부정사이다.

3 해석 ① 또 우리의 모임에 늦어서 미안해.
② 그 배우들은 자신들의 새 영화로 유명해져서 행복했다.
③ 나의 고모는 최근에 일을 관둬서 슬퍼졌다.
④ 그녀는 책들을 반납하기 위해 도서관에 갔다.
⑤ 그는 그 기회를 놓쳐서 실망했다.
해설 나머지는 모두 감정의 원인을 나타내는 to부정사인 반면 ④는 목적을 나타내는 to부정사이다.

4 해석 외국어를 배우는 것은 재미있다.
해설 ② 문장의 주어로 사용된 to부정사 To learn foreign languages 자리에 가주어 It을 써 주고 to부정사를 문장 맨 뒤로 보낸 형태가 되어야 한다.

5 해석 · 그는 집 근처에 함께 놀 친구가 한 명도 없다.
· 너는 앉을 의자가 하나 더 있니?
해설 (A) to play가 수식하는 명사 no friends가 전치사 with의 목적어이므로(play with friends) play 뒤에 with를 써야 한다. (B) to sit이 수식하는 명사 one more chair가 전치사 on의 목적어이므로(sit on a chair) sit 뒤에 on을 써야 한다.

6 해설 주어 Amy와 동사 taught, 간접목적어 us를 써 준 후 '어떻게 ~하는지'를 나타내는 「how+to부정사」에 해당하는 how to play badminton을 직접목적어 자리에 써 준다.

7 해설 주어 The snake와 동사 is를 써 준 후 형용사 dangerous 뒤에 형용사를 꾸며주는 to부정사 to touch를 써 준다.

8 해석 A: 내일 어디에서 만날지 결정하자.
B: 코엑스에서 만나는 게 어때? 그곳은 너희 학교에서 가까워.
해설 ② B가 장소에 대한 답을 하고 있으므로 '어디에서 만날지'라는 의미가 되도록 의문사 where를 쓰는 것이 알맞다.

[9-10] 해석 〈보기〉 고은이는 일이 많다.
그녀는 그것을 오늘 해야 한다.
→ 고은이는 오늘 해야 할 일이 많다.

9 해석 Jack은 두 켤레의 운동화가 있다. 그는 그것들을 빨아야 한다.
→ Jack은 빨아야 할 두 켤레의 운동화가 있다.
해설 형용사적 쓰임의 to부정사 to wash가 명사 two pairs of running shoes를 꾸며주도록 to wash를 shoes 뒤에 써서 한 문장으로 만들어준다.
어휘 running shoes 운동화

10 해석 그 간호사는 10명의 환자가 있다. 그녀는 그들을 돌봐야 한다.
→ 그 간호사는 돌봐야 할 10명의 환자가 있다.
해설 형용사적 쓰임의 to부정사 to take care of가 명사 10 patients를 수식하

도록 patients 뒤에 to take care of를 써서 한 문장으로 만들어 준다.

11 해석 ① 우물 안의 물은 너무 더러워서 마실 수 없다.
② 나는 여기서 Nick을 만나서 정말 놀랐다.
③ 그는 너의 생일을 축하해주기 위해 케이크 하나를 샀다.
④ Katie는 식당에서 자신의 지갑을 찾아서 행복했다.
⑤ 너의 설명은 이해하기에 쉽다.
해설 to를 in order to로 바꿔 쓸 수 있는 경우는 to부정사가 목적을 나타낼 때이다. ③은 목적을 나타내는 to부정사이다. ①은 '너무 ~해서 …하지 못하다'라는 의미의 「too ~ to부정사」 구문의 to부정사이다. ②, ④는 감정의 원인을 나타내는 to부정사이고 ⑤는 형용사를 꾸며주는 to부정사이다.
어휘 well 우물

12 해석 ① 그녀는 지금 당장 먹을 것이 필요하다.
② 나는 서점에서 읽을 잡지 하나를 샀다.
③ Kate는 정말로 이야기할 누군가가 필요하다.
④ 네 수학 숙제를 할 시간이다.
⑤ 그것이 문제를 해결하는 가장 좋은 방법이다.
해설 ⑤ '~하는 가장 좋은 방법'의 의미가 되려면 deal with 앞에 to를 써서 the best way를 수식하게 해야 한다.

13 해석 A: 너는 이 커피 머신을 어떻게 사용하는지 아니?
B: 빨간 버튼을 누르기만 하면 돼.
해설 B의 대답으로 보아 '사용하는 방법'을 묻고 있으므로 how to를 써서 빈칸을 완성한다.

14 해석 A: 나는 이번 방학에 어디로 갈지 모르겠어.
B: 이탈리아 어때? 이탈리아의 도시들은 아름다워.
해설 B의 대답으로 보아 '갈 장소'를 묻고 있으므로 where to를 써서 빈칸을 완성한다.

15 해석 나는 이번 여름에 유럽으로 여행을 갈 계획이다. 그래서 나는 정보를 얻기 위해 가이드 책을 빌렸다.
① 그들은 그를 다시 볼 수 있어서 기뻤다.
② 나는 그 뉴스 기사를 읽고 슬펐다.
③ Jake는 어머니를 도와드리기 위해 부엌으로 갔다.
④ 그는 물 한 병을 사기 위해 가게에 들어갔다.
⑤ 그 작가의 새 소설은 이해하기 어려웠다.
해설 〈보기〉와 ③, ④는 목적을 나타내는 to부정사의 부사적 쓰임이다. ①과 ②는 감정의 원인을 나타내는 to부정사의 부사적 쓰임이고, ⑤는 형용사를 꾸며주는 to부정사의 부사적 쓰임이다.

16 해석 Laura는 몇 권의 책을 빌리고 싶었다. 그녀는 도서관에 갔다.
→ Laura는 몇 권의 책을 빌리기 위해 도서관에 갔다.
해설 목적을 나타내는 to부정사구 to borrow some books를 library 뒤에 이어서 써 준다.

17 해석 Rachel은 심한 감기에 걸린 것 같다.
해설 ⑤ 「It seems that ~」은 「주어+seem to부정사」로 바꿔 쓸 수 있다.

18 해설 '너무나 ~해서 …하지 못하다'는 의미를 나타낼 때는 「too ~ to부정사」를 쓴다.

19 해석 Julie는 대중 앞에서 연설할 만큼 충분히 자신감이 있다.
해설 「enough to부정사」는 「so ~ that … can/could」로 바꿔 쓸 수 있다.
어휘 confident 자신감이 있는　in public 대중 앞에서

20 해석 Richard는 너무 피곤해서 집까지 운전해서 갈 수 없었다.
해설 「too ~ to부정사」는 「so ~ that … can't/couldn't」로 바꿔 쓸 수 있다.

21 해석 ① 내가 너에게 금방 마실 것을 가져다줄게.
② 너는 네 형처럼 다른 사람들에게 공손할 필요가 있다.
③ 그는 그 행동을 절대 반복하지 않겠다고 약속했다.
④ 그 남자는 살 집이 없다.
⑤ 나는 (글씨를) 쓸 종이 한 장이 필요하다.
해설 ⑤ to write이 수식하는 명사 a piece of paper가 전치사 on의 목적어이므로(write on a piece of paper) write 뒤에 on을 써야 알맞다.

22 해석 (1) 오전 6시다. 조깅하러 갈 시간이다.
(2) 오후 1시다. 신선한 빵을 구울 시간이다.
(3) 오후 7시다. 동호회 회원을 만날 시간이다.
해설 「It's time+to부정사」는 '~할 시간이다'라는 뜻으로 to부정사가 명사 time을 수식하는 구조이다.

CHAPTER 06 동명사

Unit 1 명사로 쓰이는 동명사

POINT 1 p.82

check up

1 Drinking	2 Not wasting	3 is

1 너무 많은 커피를 마시는 것은 좋지 않다.
2 돈을 낭비하지 않는 것은 좋은 습관이다.
3 아이들에게 꿈을 주는 것은 중요하다.

POINT 2 p.82

check up

1 waiting for	2 eating fast food
3 doing more exercise	4 singing a song

1 너는 잠깐 기다리는 것을 꺼리니? (→ 잠깐 기다려 줄 수 있니?)
2 많은 사람들은 건강을 위해 패스트푸드를 먹는 것을 피한다.
3 나의 의사 선생님은 더 많은 운동을 하라고 제안하셨다.
4 Mark는 대회를 위해 노래 부르는 것을 연습했다.

POINT 3 p.83

check up

1 Tom's work is protecting animals
2 My hobby is collecting stickers
3 My dream is traveling around the world

POINT 4 p.83

check up

1 working	2 saying	3 washing	4 finding

1 Laura는 서점에서 일하는 것에 행복해한다.
2 그는 나에게 아무 말도 하지 않고 가버렸다.
3 손을 씻기 전에 얼굴을 만지지 마라.
4 나는 좋은 호텔을 찾는 것에 관해 조언이 필요하다.

POINT 5 p.84

check up 1

1 fixing	2 to seeing	3 answering	4 buying
5 shopping			

1 우리 아버지는 물건을 고치는 것을 잘하신다.
2 나는 너를 다시 보게 되기를 기대하고 있다.
3 그는 그 질문들에 대답하느라 바쁘다.
4 Emma는 차를 사는 데 너무 많은 돈을 썼다.
5 Jenny와 나는 지난 토요일에 쇼핑을 갔다.

check up 2

1 was busy talking	2 look forward to working
3 is good at remembering	

Unit Exercise p.85

A 1 ○　2 × → waiting　3 × → Setting[To set]
　　4 × → lending　5 ○　6 × → is

1 그녀의 계획은 새로운 일을 시작하는 것이다.
2 Megan은 그의 전화를 계속 기다렸다.
3 목표를 세우는 것이 성공의 열쇠이다.
4 너는 내게 네 휴대전화를 빌려주는 것을 꺼리니? (→ 내게 네 휴대전화를 빌려줄래?)
5 미래에 대해 걱정하는 것은 시간 낭비다.
6 형형색색의 나뭇잎들을 수집하는 것이 나의 취미다.

B 1 Making new friends　2 felt like eating
　　3 enjoys taking a nap　4 are busy preparing
　　5 spent hours drawing
　　6 practiced counting numbers

C 1 ⓑ　2 ⓓ　3 ⓐ　4 ⓒ　5 ⓓ　6 ⓒ　7 ⓐ

1 그들의 목표는 더 나은 세상을 만드는 것이다.
2 그 시내 지도는 길을 찾는 데 도움이 될 것이다.
3 춤을 추는 것은 아주 좋은 운동이다.
4 그는 책 읽을 시간을 가지는 것을 제안했다.
5 선글라스를 써서 눈을 보호해라.
6 나는 그 회사와 일하는 것을 끝냈다.
7 너무 많이 자는 것은 당신을 피곤하게 만든다.

Unit 2 동명사 vs. to부정사

POINT 6 p.86

check up

1 to sell	2 eating	3 playing	4 to leave
5 arriving	6 crying		

1 그들은 집을 팔기로 결심했다.
2 그녀는 샐러드 먹는 것을 끝냈다.
3 우리는 피아노 연주하는 것을 연습했다.
4 Kelly는 퇴원하고 싶어 했다.
5 그는 그곳에 일찍 도착하는 것을 포기했다.
6 그들은 영화가 끝난 후에 계속 울었다.

POINT 7 p.86

check up

1 hates to read	2 started exercising

POINT 8 p.87

check up

1 calling, to call	2 to lock, locking
3 to learn, learning	4 watching, to watch

Unit Exercise
p.88

A 1 cleaning 2 learning[to learn]
3 starting 4 to meet 5 exercising[to exercise]

1 Jack은 욕실을 청소하는 것을 끝냈다.
2 당신은 언제 일본어를 배우기 시작했나요?
3 그녀는 자신만의 사업을 시작하는 것을 포기했다.
4 우리는 다음 주 수요일에 만나는 것에 동의했다.
5 우리 오빠는 아침에 운동하는 것을 싫어한다.

B 1 forget to turn off 2 remember to return
3 tried to save 4 forgot visiting
5 stopped to buy 6 tried eating

C 1 × → working 2 ○ 3 × → seeing
4 ○ 5 × → to leave 6 × → to hear

1 내 컴퓨터는 갑자기 작동을 멈추었다.
2 나는 오늘 아침에 더 오래 자고 싶었다.
3 작년에 그 영화 본 것 기억하니?
4 그녀의 조카는 슈퍼히어로를 그리는 것을 좋아한다.
5 우리는 공항으로 지금 당장 떠날 필요가 있다.
6 나는 네게서 좋은 소식을 듣기를 기대할 것이다.

Chapter Test
p.89

1 ③ 2 make, makes 3 eat, eating 4 ③ 5 ④
6 ② 7 ⑤ 8 ④ 9 ⓐ He keeps eating fast food too much. ⓒ The boy is good at playing golf. 10 watching the action movie 11 to turn off the TV 12 ③ 13 to fix
14 laughing 15 to speak 16 ③ 17 ⑤ 18 ④ 19 ②
20 taking, to participate, becoming[to become]

1 **해석** 꽃 사진을 찍는 것은 내가 가장 좋아하는 활동이다.
해설 빈칸을 포함하여 pictures of flowers까지가 문장의 주어이다. 뒤에 목적어가 오면서 문장의 주어가 될 수 있는 것은 동명사나 to부정사이므로 정답은 동명사인 ③ Taking이다.

2 **해석** 채소를 먹는 것은 너를 건강하게 만든다.
해설 문장의 주어로 쓰인 동명사는 단수로 취급하므로 동사 make는 makes가 되어야 알맞다.

3 **해석** 너는 너무 많이 먹음으로써 아플 수 있다.
해설 전치사 by가 쓰였으므로 뒤의 eat은 동명사 eating이 되어야 한다.

4 **해석** 에어컨을 켜는 것을 꺼리시나요? (→ 에어컨 좀 켜 주시겠어요?)
해설 ③ mind는 동명사를 목적어로 쓰는 동사이므로 turning이 적절하다.
어휘 air conditioner 에어컨

5 **해석** 〈보기〉 그의 직업은 중고차를 파는 것이다.
① 나는 공원에서 산책하는 것을 아주 좋아한다.
② 그 외국인은 내게 스페인어로 말을 하기 시작했다.
③ 학교 밴드에 가입한 것은 좋은 결정이었다.
④ 그녀의 취미는 컴퓨터 게임을 하는 것이다.
⑤ 가족과 시간을 보내는 것이 내가 가장 좋아하는 것이다.
해설 〈보기〉의 selling은 주어를 보충 설명하는 보어이므로 ④의 playing과 쓰임이 같다. ①의 taking과 ②의 talking은 동사의 목적어로, ③의 Joining과 ⑤의 Spending은 문장의 주어로 쓰인 동명사이다.
어휘 foreigner 외국인 decision 결정

6 **해석** ① 그는 춤을 잘 춘다.
② 나는 뭔가 맛있는 것을 먹고 싶다.
③ 그녀는 편지를 쓰면서 몇 시간을 보냈다.

④ 나는 내 집을 청소하느라 바쁘다.
⑤ 그 남자는 자신의 직업을 잃는 것이 두려웠다.
해설 ② 「feel like+동명사」는 '~을 하고 싶다'는 의미이다.

7 **해석** ① 그녀는 매일 골프 치는 것을 연습한다.
② 너는 전화를 받을 필요가 있다.
③ 우리 아버지는 타이어를 갈아 끼우는 것을 끝내셨다.
④ 우리는 작은 마을에서 살기로 결정했다.
⑤ 그들은 이탈리아에 5일 더 머무르는 것을 선택했다.
해설 ① to play → playing, ② answer → to answer, ③ to change → changing, ④ living → to live로 고쳐야 한다.

8 **해석** Emma와 그녀의 언니는 강을 따라 걷는 것을 _____.
① 아주 좋아했다 ② 시작했다 ③ 싫어했다 ④ 동의했다 ⑤ 계속했다
해설 ④ 빈칸 뒤에 동명사가 있으므로 to부정사를 목적어로 쓰는 동사 agreed는 빈칸에 들어갈 수 없다.

9 **해석** ⓐ 그는 계속해서 패스트푸드를 너무 많이 먹는다.
ⓑ 오후에 비가 내리기 시작했다.
ⓒ 그 소년은 골프 치는 것을 잘한다.
ⓓ 축제에 가는 게 어때?
ⓔ 많은 과목을 공부하는 것은 쉽지 않다.
해설 ⓐ keep은 목적어로 동명사를 쓴다. ⓒ 「be good at(~을 잘하다)」 표현이므로 전치사 at이 온다.

10 **해석** 나는 그 액션 영화를 보았다. 나는 그것을 기억한다. → 나는 그 액션 영화를 본 것을 기억한다.
해설 '과거에 ~했던 것을 기억하다'는 의미를 나타낼 때는 remember 다음에 동명사를 쓴다.

11 **해석** 너는 TV를 꺼야 한다. 너는 그것을 잊으면 안 된다. → 너는 TV 끄는 것을 잊어서는 안 된다.
해설 '미래에 ~할 일을 잊다'는 의미를 나타낼 때는 forget 다음에 to부정사를 쓴다.

12 **해석** Lena는 프랑스어 수업을 받기로 결정했다. 그녀는 프랑스어를 배우는 것을 포기하지 않을 것이다.
해설 ③ decide는 to부정사를 목적어로 쓰는 동사이고, give up은 동명사를 목적어로 쓰는 동사이다.

13 **해설** '~하려고 노력하다'라는 의미를 나타낼 때는 try 다음에 to부정사를 쓴다.

14 **해설** 동명사를 목적어로 쓰는 동사 keep이 쓰였으므로 laughing을 써야 한다.

15 **해설** to부정사를 목적어로 쓰는 동사 need가 쓰였으므로 to speak로 써야 한다.

16 **해설** ③ '~하기를 기대하다'라는 의미를 나타낼 때는 「look forward to+동명사」를 쓴다.

17 **해설** 동명사의 부정형은 동명사 앞에 Not을 붙여 만든다.

18 **해석** ① 그들은 그 경기에서 이기기를 희망했다.
② 나는 지난달에 그 책을 빌린 것을 잊었다.
③ 그는 일하는 것을 멈추고 쉬었다.
④ 나는 한 시간 전에 내 방을 치우는 것을 끝냈다.
⑤ 우리는 그 집을 짓는 데 많은 돈을 썼다.
해설 ④ 동명사를 목적어로 쓰는 동사 finish가 왔으므로 cleaning으로 써야 한다.

19 **해석** ① 액션 영화를 보는 것은 재미있다.
② 오늘 밤 자러 가기 전에 이 약을 먹어라.
③ 우리 언니의 마음을 이해하는 것은 어려웠다.
④ Jim과 나는 택시를 타고 박물관에 가는 것에 동의했다.
⑤ 나는 침대 대신에 소파에서 자는 것을 꺼리지 않는다.
해설 전치사 before가 쓰였으므로 뒤에 동명사 going을 써야 한다.

20 **해석** 제 이름은 지환입니다. 저는 사진 찍는 것을 즐깁니다. 저는 다음 달에 사진 대회에 참가할 계획입니다. 저의 꿈은 사진가가 되는 것입니다.
해설 enjoy는 동명사를 목적어로 쓰는 동사이므로 뒤에 taking을, plan은 to부정사를 목적어로 쓰는 동사이므로 뒤에 to participate를 쓰는 것이 알맞다. 문장의 보어 자리에는 동명사와 to부정사 모두 쓸 수 있으므로 become은 becoming이나 to become으로 바꿔 쓰는 것이 알맞다.
어휘 participate in ~에 참가하다

CHAPTER 07 분사

Unit 1 명사를 수식하는 분사

POINT 1
p.94

check up

1 crying	2 standing	3 smiling	4 boiling
5 shining			

POINT 2
p.94

check up

1 broken	2 baked	3 hidden	4 frozen
5 closed			

POINT 3
p.95

check up 1

1 (the shirts) washed yesterday
2 (a book) written in English
3 (the old house) built in 1960
4 (The children) playing together
5 (The singer) dancing on the stage
6 (an airplane) flying in the sky

1 나는 어제 세탁된 셔츠들을 찾을 수 없다.
2 Amy는 영어로 쓰인 책을 읽었다.
3 그는 1960년에 지어진 오래된 집을 방문했다.
4 함께 놀고 있는 그 아이들은 친한 친구들이다.
5 무대 위에서 춤추고 있는 가수는 잘생겼다.
6 우리는 하늘에서 날고 있는 비행기를 보았다.

check up 2

1 a girl singing	2 The man talking	3 the party held
4 the bus going		

Unit Exercise
p.96

A	1 dancing	2 studying	3 broken
	4 rising	5 polluted	6 returned

1 춤을 추고 있는 저 사람들은 행복해 보인다.
2 너는 여기에서 공부하는 학생들을 위해 조용히 해야 한다.
3 그는 부러진 팔 때문에 글씨를 쓸 수 없다.
4 우리는 떠오르는 해를 보기 위해 오전 5시에 일어났다.
5 오염된 물은 사람들을 아프게 만들 수 있다.
6 그 여자는 반납된 책들을 선반 위에 놓았다.

B	1 ringing	2 wearing	3 taken
	4 swimming	5 painted	

1 울리고 있는 알람을 꺼줄 수 있니?
2 한복을 입고 있는 소녀들은 나의 자매들이다.
3 그는 자신의 핸드폰으로 찍은 사진 한 장을 내게 보여 주었다.
4 너는 수영하고 있는 오리들을 봤니?
5 파란색으로 칠해진 집이 Webster 씨 집이에요.

C	1 sitting on the bench
	2 looking out the window
	3 written by my favorite writer
	4 living in the ocean
	5 invited to the event

〈보기〉 그 소녀는 나의 사촌이다. 그녀는 버스 정류장에 서 있다.
→ 버스 정류장에 서 있는 소녀는 나의 사촌이다.
1 그 남자는 유명한 배우다. 그는 벤치에 앉아 있다.
→ 벤치에 앉아 있는 남자는 유명한 배우다.
2 Tony는 그 소녀를 안다. 그녀는 창밖을 보고 있다.
→ Tony는 창밖을 보고 있는 소녀를 안다.
3 이것은 소설이다. 그것은 내가 가장 좋아하는 소설가가 쓴 것이다.
→ 이것은 내가 가장 좋아하는 소설가에 의해 쓰인 소설이다.
4 돌고래는 똑똑한 동물이다. 그들은 바다에 살고 있다.
→ 돌고래는 바다에 사는 똑똑한 동물이다.
5 모든 직원들은 그 행사에 초대되었다. 그들은 정장을 입어야 했다.
→ 그 행사에 초대된 모든 직원들은 정장을 입어야 했다.

Unit 2 주의해야 할 분사

POINT 4
p.97

check up 1

1 disappointed	2 bored	3 shocking
4 surprised		

check up 2

1 amazing	2 pleased	3 exciting	4 interesting

1 그 마술쇼는 놀라웠다.
2 우리 언니는 그 소식에 기뻤다.
3 나는 런던에서 흥미진진했던 시간을 잊을 수 없다.
4 그는 그 영화에서 재미있는 영웅을 좋아했다.

POINT 5
p.98

check up

1 ⓑ	2 ⓑ	3 ⓐ	4 ⓐ	5 ⓑ	6 ⓐ	7 ⓑ

1 저 사람들은 열심히 일하기를 즐긴다.
2 의사의 역할은 아픈 사람들의 생명을 살리는 것이다.
3 큰소리로 웃고 있는 여자는 나의 이웃이다.
4 도서관에는 공부하고 있는 많은 학생들이 있다.
5 뜨거운 차를 마시는 것은 당신의 목에 좋다.
6 저기 소리치는 남자는 누구니?
7 이 영화는 더 나은 세상을 만드는 것에 관한 것이다.

Unit Exercise
p.99

A	1 tiring, tired	2 touched, touching
	3 disappointing, disappointed	4 shocking, shocked

1 정원에서 일하는 것은 나를 매우 피곤하게 했다.
나는 정원에서 일한 후에 매우 피곤했다.

2 많은 사람들은 그의 도움에 감동 받았다.
　그의 도움은 많은 사람들에게 감동적이었다.
3 그 경기 결과는 내게 매우 실망스러웠다.
　나는 그 경기 결과에 매우 실망했다.
4 그 드라마의 결말은 사람들에게 매우 충격적이었다.
　사람들은 그 드라마의 결말에 충격을 받았다.

B 1 ○　2 × → disappointing　3 × → excited
　4 ○　5 × → amazing

1 그것은 재미있는 이야기였다.
2 그 무서운 영화는 실망스럽지 않았다.
3 우리는 스페인에 가는 것에 대해 신이 난다.
4 그들은 그의 능력에 놀랐다.
5 그 조사의 결과는 놀라웠다.

C 1 ⓑ　2 ⓑ　3 ⓐ

1 〈보기〉 그는 과학 분야에서 놀라운 천재다.
　ⓐ 다른 언어를 말하는 것은 쉽지 않다.
　ⓑ 노래하고 있는 아이들을 봐.
2 〈보기〉 그녀의 꿈은 선생님이 되는 것이다.
　ⓐ 물에 떠 있는 빙산은 매우 빨리 녹았다.
　ⓑ 그녀는 점심 후에 설거지하는 것을 끝냈다.
3 〈보기〉 그 소녀의 용기는 놀라웠다.
　ⓐ 그 태풍의 막대한 피해는 우리에게 충격적이었다.
　ⓑ 나는 버스 타는 것을 좋아하지 않는다.

Chapter Test

p.100

1 ②　2 ④　3 ①　4 ⑤　5 ③　6 ④　7 ⑤
8 disappointed　9 ③　10 ④　11 wearing a baseball cap
is my cousin Paul　12 drawn by my friend are beautiful
13 ③　14 (1) excited (2) touching
15 lie, lying

1 **해석** 그 어머니는 울고 있는 아기에게 달려갔다.
　해설 ② 수식 받는 명사 baby가 울고 있는 것이므로 능동, 진행의 의미를 나타내는 현재분사가 알맞다.
2 **해석** Jack은 망가진 의자들을 고치려고 애쓰고 있었다.
　해설 ④ 수식 받는 명사 chairs가 망가진 것이므로 수동, 완료의 의미를 나타내는 과거분사가 알맞다.
　어휘 repair 고치다, 수리하다
3 **해석** ① 나는 매일 아침 삶은 달걀을 먹는다.
　② 여행 가방을 들고 있는 그 남자는 누구니?
　③ 그녀는 1970년대에 지어진 집에서 산다.
　④ 너는 쓰러진 나무 때문에 여길 지나갈 수 없다.
　⑤ 이것은 인도에서 찍힌 사진이다.
　해설 ① 수식 받는 명사 egg가 삶아지는 것이므로 boiling은 수동, 완료의 의미를 나타내는 과거분사 boiled가 되어야 알맞다.
4 **해석** ① 나는 오늘 지루한 하루를 보냈다.
　② 그는 나무 위로 날아가는 새들을 가리켰다.
　③ 거리에서 춤을 추는 한 소년이 있었다.
　④ 짖고 있는 개 때문에 나는 공부를 할 수가 없다.
　⑤ 그의 취미는 코미디 쇼를 보는 것이다.
　해설 ⑤의 watching은 보어로 사용된 동명사이고 나머지는 모두 명사를 수식하는 현재분사다.
　어휘 bark 짖다
5 **해석** ⓐ 그 TV쇼는 놀라웠다.
　ⓑ Judy는 우리의 생일 이벤트에 놀랐다.

ⓒ 이것은 프랑스어로 쓰인 시다.
ⓓ 서로에게 이야기 하고 있는 두 남자는 너무 시끄럽다.
　해설 ⓑ 주어인 Judy가 감정을 느낀 것이므로 과거분사 surprised로 써야 알맞다. ⓓ 문장의 동사가 are이므로 talk는 문맥상 주어 The two men을 수식하는 분사로 고쳐야 하는데, The two men이 동작을 하는 것이므로 현재분사 talking을 써야 알맞다.
6 **해석** A: 너 오늘 피곤하니?
　B: 응, 매우 피곤해. 나는 어젯밤에 잠을 잘 못 잤어.
　해설 ④ B가 잠을 잘 못 잤다고 말하고 있으므로 주어가 피곤함을 느낀다는 의미를 표현하는 과거분사 tired가 빈칸에 가장 적절하다.
7 **해석** 그 ＿＿＿＿＿ 아이는 정말 귀엽다.
　① 노래하는 ② 웃는 ③ 잠을 자는 ④ 신이 난
　해설 수식 받는 명사 child가 동작을 직접 하는 것이므로 능동을 나타내는 현재분사를 써야 한다. 따라서 ⑤ danced는 dancing이 되어야 알맞다. 또한 child가 감정을 느끼는 것이므로 ④ excited의 쓰임은 알맞다.
8 **해설** 주어인 Your parents가 실망의 감정을 느끼는 것이므로 과거분사 disappointed를 써야 알맞다.
9 **해설** 주어인 산들(The mountains)이 그 마을(the town)을 둘러싼다는 의미이므로 능동의 현재분사 surrounding the town이 뒤에서 수식하는 ③이 알맞다.
　어휘 surround 둘러싸다
10 **해설** ·우리는 그 사고에 충격을 받았다.
　·그의 음악적 재능은 놀라웠다.
　해설 (A) 주어 We가 감정을 느낀 것이므로 shocked가 적절하다. (B) 주어 His musical talent가 다른 대상에게 감정을 일으키므로 surprising을 쓴다.
11 **해석** 그 소년은 나의 사촌 Paul이다. 그는 야구 모자를 쓰고 있다.
　→ 야구 모자를 쓰고 있는 그 소년은 나의 사촌 Paul이다.
　해설 능동, 진행을 나타내는 현재분사구 wearing a baseball cap이 주어 The boy를 수식하도록 문장을 연결한다.
12 **해석** 저 그림들은 아름답다. 내 친구는 그것들을 그렸다.
　→ 내 친구에 의해 그려진 저 그림들은 아름답다.
　해설 수동, 완료를 나타내는 과거분사구 drawn by my friend가 주어 Those pictures를 수식하도록 문장을 연결한다.
13 **해석** 지나의 계획은 내년에 대학교에 입학하는 것이다. 열심히 공부하는 것은 그녀에게 피곤한 것이 아니다. 그녀의 꿈은 미래에 환자들을 치료하기 위한 약을 만드는 것이다.
　해설 ⓒ는 감정을 일으키는 현재분사이고 나머지는 모두 동명사이다.
　어휘 treat 치료하다　patient 환자
14 **해석** (1) 그들은 놀이공원에 가서 신이 났다.
　(2) 그 영화가 매우 감동적이어서 나는 울었다.
　해설 (1) 그림으로 보아 소년, 소녀들이 신이 났으므로 excite를 쓰면 되는데, 주어가 감정을 느낀 것이므로 excited가 알맞다.
　(2) 영화를 보며 눈물을 흘리는 소녀의 모습에서 영화가 감동적이었음을 짐작할 수 있으므로 touch를 사용하면 된다. 주어가 다른 대상에게 감정을 일으키므로 touching이 알맞다.
15 **해석** 나는 지금 공원에서 쉬고 있다. 주인과 함께 뛰고 있는 개들이 있다. 또, 풀밭에 누워있는 몇몇 사람들이 있다. 바닥에 떨어진 나뭇잎들은 아름답다. 기쁜 날이다.
　해설 수식 받는 명사 people이 누워있는 것이므로 lie는 능동, 진행의 의미를 나타내는 현재분사 lying으로 써야 알맞다.
　어휘 owner 주인

CHAPTER 08 문장의 주요 형식

Unit 1 SVC/SVOO

POINT 1
check up 1   p.104

1 hungry	2 sounds	3 beautifully	4 sweet
5 quickly	6 looks		

1 나는 지금 조금 배가 고프다.
2 Susan의 목소리는 가끔 크게 들린다.
3 그 가수는 콘서트에서 아름답게 노래를 불렀다.
4 그 사과 파이는 설탕처럼 달콤한 맛이 난다.
5 그 소문은 사람들 사이에 빠르게 퍼졌다.
6 그 오래된 집은 귀신의 집처럼 무서워 보인다.

check up 2

1 looked brave	2 sounded beautiful	3 felt happy
4 tasted sour		

POINT 2
check up 1   p.105

1 gave us a lot of homework
2 made our cat winter clothes
3 tell me your name and age
4 bought his children umbrellas

check up 2

1 for	2 to	3 to	4 for

1 우리 아빠는 나와 언니에게 재미있는 게임을 만들어 주셨다.
2 그 가수는 모두에게 아름다운 미소를 보여 주었다.
3 당신의 흥미로운 이야기를 우리 토크쇼에 보내 주세요!
4 이 씨는 퇴근 후에 아들에게 과자를 사 주었다.

Unit Exercise   p.106

A
1 taste so bitter	2 sounds wonderful
3 feels very smooth	4 looks really expensive
5 smells too strong	

B
1 Please pass the box to the person next to you.
2 Why don't you show your classmates your talent?
3 My grandma used to cook healthy meals for me.
4 Cindy made me a pretty eco bag last month.
5 Please give your e-mail address to me by tomorrow.

1 옆 사람에게 그 상자를 건네주세요.
2 네 반 친구들에게 네 재능을 보여 주는 게 어때?
3 우리 할머니는 나에게 건강한 식사를 요리해 주시곤 하셨다.
4 Cindy는 지난달에 나에게 예쁜 에코백을 만들어 주었다.
5 내일까지 저에게 당신의 이메일 주소를 주세요.

C
1 × → nervous	2 ○	3 ○
4 × → to your parents	5 ○	

1 너는 오늘 왜 그렇게 초조해 보이니?
2 Oscar는 이메일로 자신의 의견을 내게 보내 주었다.
3 런던을 방문하는 것은 나에게 흥미롭게 들린다.
4 나는 네가 부모님께 너의 문제를 말해야 한다고 생각한다.
5 수영 후에 수박은 맛이 좋았다.

Unit 2 SVOC 목적격보어의 종류

POINT 3
check up   p.107

1 그녀를 천재라고 불렀다	2 나를 Rose라고 이름 지으셨다
3 Jack을 리더로 만들었다	

POINT 4
check up   p.107

1 sleepy	2 healthy	3 honest

POINT 5
check up 1   p.108

1 to help	2 you to go	3 him to come
4 us to study	5 her to exercise	

check up 2

1 told me to finish my homework
2 wanted me to find the building

POINT 6
check up 1   p.109

1 (her) leave without asking anything
2 (him) work for a long time
3 (my friend) hold the hat for a moment
4 (his son) study Engish and math
5 (her mom) do the dishes

〈보기〉 슬픈 영화를 보는 것은 나를 정말 많이 울게 한다.
1 Jim은 아무것도 묻지 않고 그녀가 떠나도록 했다.
2 그들은 그가 오랫동안 일하도록 시켰다.
3 나는 내 친구가 잠깐 그 모자를 들고 있게 했다.
4 어제, 그는 아들이 영어와 수학을 공부하도록 시켰다.
5 그녀는 엄마가 설거지하시는 것을 도왔다.

check up 2

1 let me learn	2 had them climb	3 made Jennifer go
4 let me ride	5 made us wear	

check up 1

1 study   **2** crying   **3** scream   **4** sit   **5** flying

1 나는 Judy가 자기 방에서 무척 열심히 공부하는 것을 보았다.
2 너는 옆방에서 그 아기가 우는 소리를 들었니?
3 우리는 자정에 누군가 비명 지르는 것을 들었다.
4 Jane이 앉았을 때 그녀는 고양이가 자신의 옆에 앉는 것을 느꼈다.
5 그녀는 몇 대의 비행기들이 하늘 높이 나는 것을 보았다.

check up 2

1 짖는 것을 들었다
2 그녀가 혼자 먹고 있는 것을 보았다
3 우리 형이 요리하는 것을 지켜보았다
4 건물이 흔들리는 것을 느꼈다

Unit Exercise
p.111

A   **1** call me a bookworm
     2 found it very helpful
     3 told me to water the flowers
     4 advised me to drink a lot of water

B   **1** to sit   **2** use   **3** swim[swimming]
     4 to go   **5** (to) move   **6** knock[knocking]

1 Collins 선생님은 우리에게 수업을 하는 동안 앉지 말라고 말씀하셨다.
2 Janet은 여동생이 두 시간 동안 자신의 컴퓨터를 사용하도록 해주었다.
3 우리는 돌고래 몇 마리가 바다에서 헤엄치는 것을 보았다.
4 우리 부모님께서는 내가 밤에 외출하는 걸 허락하지 않으신다.
5 제가 이 상자들을 옮기는 걸 도와주시겠어요?
6 너는 누군가 문을 두드리는 걸 들었니?

C   **1** ○   **2** × → to become   **3** × → read[reading]
     4 × → me laugh   **5** ○   **6** × → to get

1 그의 엄청난 호기심은 그 남자를 위대한 발명가로 만들었다.
2 우리 부모님은 내가 미래에 경찰이 되길 원하신다.
3 나는 누군가 밖에서 소리 내어 책을 읽는 것을 들었다.
4 Tommy의 농담은 내가 슬플 때 항상 나를 웃게 한다.
5 우리는 건강을 위해 치아를 깨끗하게 유지해야 한다.
6 우리 모두는 네가 영어 시험에서 만점을 받을 것을 기대한다.

Chapter Test
p.112

1 ⑤   **2** ③   **3** ③   **4** ⑤   **5** I showed my Hanbok to my Chinese friends   **6** The tour guide told us to come back here **7** ⑤   **8** ①   **9** ③   **10** Jim's mom has Jim take out the trash **11** to, for   **12** health, healthy **13** ③   **14** ③   **15** the girls sing[singing]

1 **해석** 지난주 금요일에 Marvin은 나에게 엽서를 _____.
① 주었다 ② 보여 주었다 ③ 보냈다 ④ 써 주었다 ⑤ 사 주었다
해설 ⑤ 뒤의 '~에게'에 해당하는 me 앞에 전치사 to가 쓰였으므로, 동사 buy는 올 수 없다. buy는 전치사 for를 쓰는 동사이다.
2 **해석** Olivia는 내가 더 건강해지기 위해 패스트푸드를 덜 먹도록
_____.

---

① 말했다 ② 원했다 ③ 만들었다 ④ 명령했다 ⑤ 조언했다
해설 ③ 뒤에 to부정사 to eat이 쓰였으므로, 동사 make는 올 수 없다. 사역동사 make는 목적격보어로 동사원형을 쓰는 동사이다.
3 **해석** ① 그의 목소리는 오늘 왜 이상하게 들리니?
② 소나기 후의 공기는 상쾌한 냄새가 난다.
③ 엄마는 내게 한 상자의 색종이를 가져다주셨다.
④ 그녀는 딸에게 새 책상을 사 주기로 결정했다.
⑤ 너는 너의 시험 점수를 선생님께 말씀드려야 한다.
해설 ①과 ②는 감각동사 sound, smell 뒤에 형용사를 동반해서 '~하게 들리다/~한 냄새가 나다'라는 의미를 나타내므로 각각 형용사 strange, fresh를 써야 한다. ④ 동사 buy는 「buy+직접목적어+for+간접목적어」로 쓰고, ⑤ 동사 tell은 「tell+직접목적어+to+간접목적어」로 쓴다.
어휘 colored paper 색종이
4 **해석** ① 아빠는 내가 한 시간 동안 피아노를 연습하게 하셨다.
② 어제 그녀는 나에게 만화책 읽는 것을 멈추라고 말했다.
③ 우리는 길 건너편에서 누군가 박수 치는 것을 들었다.
④ 내가 스포츠 경기를 보고 있을 때 내게 조용히 하라고 명령하지 마.
⑤ 우리 엄마는 내일 소풍을 위해 내가 샌드위치를 만드는 것을 도와주셨다.
해설 ① 사역동사 make가 쓰였으므로 to practice는 practice로 써야 한다. ②와 ④는 동사 tell과 order가 목적격보어로 to부정사를 쓰므로 각각 to stop, to be로 써야 한다. ③ 지각동사 hear는 목적격보어로 동사원형이나 현재분사를 쓰므로 to clap은 clap 또는 clapping으로 써야 한다.
어휘 clap 박수를 치다
5 **해설** 동사 show는 「show+직접목적어+to+간접목적어」의 순서로 쓴다.
6 **해설** 동사 tell은 목적격보어로 to부정사를 쓴다.
7 **해석** 〈보기〉 아빠는 내일 아침 그가 차를 수리하도록 하실 것이다.
① 나는 매일 12시 30분에 점심을 먹는다.
② 그들은 지금 당장 공항에 가야 한다.
③ 우리는 작은 정원과 수영장이 딸린 집을 가지고 있다.
④ 나는 여자 형제 한 명과 남자 형제 두 명이 있다.
⑤ 우리 부모님은 항상 내가 일찍 일어나도록 하신다.
해설 〈보기〉와 ⑤의 have는 '~가 …하도록 하다'라는 의미의 사역동사이다. ①은 '~을 먹다', ②는 '~해야 한다(have to)', ③과 ④는 '~을 가지고 있다'라는 의미의 have이다.
8 **해석** ·너희 누나는 강아지와 놀 때 행복해 보인다.
·규칙과 법은 우리를 안전하게 해준다.
해설 ① 감각동사 look은 뒤에 형용사를 동반해서 '~하게 보이다'라는 의미를 나타내므로 happy가 알맞고, 동사 keep은 '~을 …하게 유지해주다'라는 의미로 「목적어+목적격보어(형용사)」의 형태로 쓰므로 safe가 알맞다.
9 **해석** ·내가 아팠기 때문에 우리 아빠는 내가 집에 있게 하셨다.
·Woods 씨는 우리가 TV 쇼를 보도록 해주셨다.
해설 ③ 동사 get과 let은 '~가 …하도록 하다'라는 의미이지만, get은 목적격보어로 to부정사를 쓰고 let은 목적격보어로 동사원형을 쓴다.
10 **해석** 〈보기〉 Jim의 엄마는 토요일마다 Jim이 설거지를 하도록 시키신다.
Jim의 엄마는 일요일마다 Jim이 쓰레기를 내다 버리도록 시키신다.
해설 〈보기〉처럼 「사역동사 have+목적어+목적격보어(동사원형)」의 형태로 써야 하는데, 표의 일요일 난에 taking out the trash가 있으므로 taking을 동사원형 take로 고쳐 목적격보어 자리에 쓴다.
11 **해석** 우리 할머니는 가끔 우리 가족에게 달콤한 잼을 만들어 주셨다.
해설 동사 make는 '~에게 ~을 …해주다'는 뜻으로 쓰일 때 전치사 for를 쓰므로 to our family는 for our family로 써야 한다.
12 **해석** 신선한 과일과 채소는 너를 건강하게 만들어 줄 것이다.
해설 동사 make는 뒤에 「목적어+목적격보어(형용사)」를 동반해서 '~을 …하게 만들다'라는 의미를 나타내므로, 명사 health는 형용사 healthy로 써야 한다.
13 **해석** ⓐ 이 식당의 파스타는 맛이 좋다.
ⓑ 그녀는 자신이 가장 좋아하는 인형을 Willie라고 이름 지었다.
ⓒ 토요일 저녁에 Peter는 아내에게 외식하자고 부탁했다.
ⓓ 내게 베개를 전달해 줄 수 있니?
ⓔ 나는 누군가 내 손을 잡는 걸 느꼈다.
해설 ⓒ 동사 ask는 목적격보어로 to부정사를 쓰므로 eating은 to eat이 되어야 하고, ⓔ 지각동사 feel은 목적격보어로 동사원형이나 현재분사(-ing) 형

태를 쓰므로 to hold는 hold나 holding이 되어야 한다.

어휘 eat out 외식하다

14 해석 ① 나는 그가 자신의 방에서 기분 좋게 노래하는 것을 보았다.
② Sally가 집에 돌아왔을 때, 그녀는 아기가 우는 것을 들었다.
③ 우리는 네가 우리의 프로젝트를 도와주길 원한다.
④ 아빠는 여름 방학 동안 내가 음악 수업을 듣도록 하셨다.
⑤ Parker 선생님은 그 소년들이 잠깐 조용히 있도록 하셨다.
해설 ①과 ②는 지각동사, ④와 ⑤는 사역동사로 목적격보어 자리에 동사원

형이 오지만, ③ 동사 want는 목적격보어로 to부정사가 온다.

어휘 cheerfully 기분 좋게 for a while 잠깐

15 해석 A: Willis 선생님은 지금 무엇을 하고 계시니?
B: 선생님은 그 소녀들이 무대에서 노래하는 걸[하고 있는 걸] 지켜보고 계셔.
해설 지각동사 watch가 쓰였고 그림에 소녀들이 노래하고 있으므로, 「지각동사 watch+목적어+동사원형[현재분사]」의 순서로 대답을 완성한다.

CHAPTER 09 수동태

Unit 1 수동태의 기본 이해

POINT 1
check up p.116

| 1 is loved | 2 is visited | 3 is used | 4 are caused |

1 모두 수진이를 사랑한다.
→ 수진이는 모두에게 사랑받는다.
2 많은 사람들이 그 해변을 방문한다.
→ 그 해변은 많은 사람들에 의해 방문 된다.
3 우리 부모님이 이 방을 사용하신다.
→ 이 방은 우리 부모님에 의해 사용된다.
4 위험한 운전은 많은 사고들을 일으킨다.
→ 많은 사고들이 위험한 운전에 의해 일으켜진다.

POINT 2
check up p.117

| 1 was repaired | 2 were caught |
| 3 was stolen | 4 were hung |

1 우리 삼촌은 내 자전거를 수리하셨다.
→ 내 자전거는 우리 삼촌에 의해 수리되었다.
2 경찰이 도둑들을 잡았다.
→ 도둑들은 경찰에 의해 잡혔다.
3 누군가가 지하철에서 내 지갑을 훔쳤다.
→ 내 지갑은 지하철에서 훔쳐졌다.
4 그는 벽에 그 그림들을 걸었다.
→ 그 그림들은 그에 의해 벽에 걸렸다.

POINT 3
check up p.117

| 1 will be painted | 2 will be seen |

1 Sally는 그 의자를 칠할 것이다.
→ 그 의자는 Sally에 의해 칠해질 것이다.
2 많은 사람들이 그 영화를 관람할 것이다.
→ 그 영화는 많은 사람들에 의해 관람될 것이다.

Unit Exercise p.118

A 1 was cleaned **2** were sold **3** will be finished
4 was invented **5** will be published

B 1 × → studies[is studying] **2** ○ **3** × → by them
4 ○ **5** × → will be held **6** ○

1 우리 형은 요즘 과학을 열심히 공부한다[공부하고 있다].
2 그의 책은 많은 사람들에 의해 읽힌다.
3 그 꽃들은 그들에 의해 구매됐다.
4 그 벽은 Jake에 의해 칠해졌다.
5 그 파티는 우리 어머니에 의해 열릴 것이다.
6 스위스에서는 네 개의 언어가 말해진다.

C 1 Smartphones are used by most people
2 will be taught by Mr. Brown
3 Trees were planted by us
4 The Eiffel Tower is visited by millions of people

1 요즘 대부분의 사람들이 스마트폰을 사용한다.
→ 요즘 스마트폰은 대부분의 사람들에 의해 사용된다.
2 Brown 선생님은 다음 달부터 우리 반에서 영어를 가르치실 것이다.
→ 영어는 Brown 선생님에 의해 다음 달부터 우리 반에서 가르쳐질 것이다.
3 우리는 4월 5일에 나무들을 심었다.
→ 나무들이 4월 5일에 우리에 의해 심어졌다.
4 매년 수백만 명의 사람들이 에펠 탑을 방문한다.
→ 매년 에펠 탑은 수백만 명의 사람들에 의해 방문된다.

Unit 2 수동태 부정문/의문문/관용 표현

POINT 4
check up p.119

| 1 were not produced | 2 are not served |

POINT 5
check up p.119

| 1 Was | 2 Were, made by | 3 was, borrowed by |

1 Smith 씨가 그 편지를 배달했니?
→ 그 편지가 Smith 씨에 의해 배달되었니?
2 네가 이 쿠키들을 만들었니?
→ 이 쿠키들이 너에 의해 만들어졌니?
3 Lily는 언제 그 책을 빌렸니?
→ 언제 그 책은 Lily에 의해 빌려졌니?

POINT 6
check up

1 should be kept　　　　**2** Can, be recycled
3 should not be allowed

1 우유는 냉장고에 보관되어야 한다.
2 이 캔들은 재활용될 수 있나요?
3 수업 시간 동안 전화를 사용하는 것은 허용되지 않아야 한다.

Unit Exercise

A　**1** can be sent　　　　**2** is not loved by
　　　3 should not be washed　　**4** must be followed by

B　**1** Were, invited by　　　**2** Was, made
　　　3 When were, taken

1 A: 너는 Collins 씨에게 초대받았니?
　　B: 응, 그랬어. 나는 지난주에 그에게 초대받았어.
2 A: 네 차는 미국에서 만들어졌니?
　　B: 아니, 그렇지 않아. 그것은 독일에서 만들어졌어.
3 A: 이 사진들은 언제 찍힌 거니?
　　B: 그것들은 지난 10월에 찍힌 거야.

C　**1** is filled with　　　　**2** are interested in
　　　3 is known for　　　　**4** is made from
　　　5 is surprised at

1 그 비구니는 달걀로 가득 차 있다.
2 그 자원봉사자들은 다른 사람들을 돕는 데 관심이 있다.
3 Linda는 초콜릿 사랑으로 유명하다. (→ 그녀는 초콜릿을 좋아하는 것으로 알려져 있다.)
4 종이는 나무로 만들어진다.
5 모든 사람들이 Julie의 노래에 놀란다.

Chapter Test

1 ⑤　**2** ④　**3** ③, ⑤　**4** ④, ⑤　**5** ⑤　**6** ③
7 was stolen　**8** ②　**9** will be held　**10** is made of
11 ③　**12** Our lives will be changed by his invention　**13** ④
14 When was the song written

1 해석 A: '로미오와 줄리엣'은 누가 썼니?
　　B: 그것은 윌리엄 셰익스피어에 의해 쓰였어.
　　해설 주어 It은 *Romeo and Juliet*을 가리키고 「by+행위자」가 빈칸 뒤에 나오므로 수동태인 「be동사(was)+과거분사(written)」의 형태가 알맞다.
2 해석 많은 한국인들이 그 여배우를 아주 좋아한다.
　　해설 동사(love)의 동작을 받는 The actress가 주어가 되고 수동태 「be동사+과거분사(p.p.)」인 is loved가 이어지며 by 뒤에 행위자인 many Koreans를 써야 한다.
3 해석 ① 그 창문은 우리에 의해 깨졌다.
　　② 영어는 많은 사람들에 의해 말해진다.
　　③ 이 퍼즐은 Nancy에 의해 완성될 것이다.
　　④ 이 꽃들은 오직 아프리카에서만 발견된다.
　　⑤ 그 문제는 Harry에 의해 해결되지 않았다.
　　해설 ③ 수동태의 미래형은 「will be+p.p.」의 형태로 쓰므로 complete는 completed가 되어야 한다. ⑤ 수동태의 부정문은 be동사 뒤에 not을 써서 나타내므로 not was는 was not[wasn't]이 되어야 한다.
　　어휘 complete 완성하다

4 해석 ① 그 병은 물로 가득 차 있다.
　　② 그 정원은 눈으로 덮여 있다.
　　③ 그들은 자신들의 새 집에 기뻐했다.
　　④ Danny는 그의 독특한 사진으로 유명하다.
　　⑤ 아이들은 보통 동물들에 관심이 있다.
　　해설 ④ 문맥상 '~으로 유명하다'라는 의미의 be known for가 적절하다. ⑤ '~에 관심이 있다'라는 의미의 표현은 be interested in이므로 with는 in이 되어야 한다.
　　어휘 unique 독특한

5 해석 · 이 방에 있는 그 피아노는 Jane에 의해 연주된다.
　　· 이 컴퓨터는 어린아이들에 의해서도 사용될 수 있다.
　　해설 (A) 주어 The piano가 play의 동작을 받는 대상이며 행위자 by Jane이 있으므로 수동태인 is played가 알맞다. (B) 주어 This computer가 use의 동작을 받는 대상이며 행위자 by little children이 있으므로 can be used가 알맞다.

6 해석 · 내 제안은 Smith 씨에게 받아들여지지 않았다.
　　· 그녀는 내 선물에 놀랄 것이다.
　　해설 (A) My offer가 accept의 대상이고 뒤에 「by+행위자」가 나오므로 과거 시제의 수동태 부정문 wasn't accepted가 알맞다. (B) 주어 She가 놀라는 동작을 받으므로 수동태 미래형인 will be surprised가 알맞다.
　　어휘 offer 제안(하다)

7 해석 그 다이아몬드 반지는 어젯밤에 도둑에 의해 도난당했다.
　　해설 그림에서 도둑이 반지를 훔치고 있고 주어가 The diamond ring이므로 동사 steal을 수동태로 써야 한다. 과거를 나타내는 부사구 last night이 있으므로 was stolen이 알맞다.
　　어휘 thief 도둑

8 해석 ① Mike는 매일 밤 정문을 잠근다.
　　→ 정문은 매일 밤 Mike에 의해 잠긴다.
　　② David가 이 수프를 요리했니? → 이 수프가 David에 의해 요리됐니?
　　③ 우리는 다음 달에 새로운 프로젝트를 시작할 것이다.
　　→ 새로운 프로젝트가 다음 달에 우리에 의해 시작될 것이다.
　　④ 세종대왕은 한글을 만드셨다. → 한글은 세종대왕에 의해서 만들어졌다.
　　⑤ 어제 그 차가 나무를 들이받았다. → 어제 나무가 그 차에 들이받혔다.
　　해설 ① 능동태가 현재형(locks)이므로 수동태 역시 현재형인 is locked로 써야 한다. ③ 수동태 미래형은 「will be+p.p.」이므로 will과 started 사이에 be를 써야 한다. ④ 동사 make의 과거분사형인 made로 써야 한다. ⑤ 수동태 문장의 행위자 앞에는 전치사 by를 써야 한다.

9 해석 우리 학교 축제는 내년 3월에 열릴 것이다.
　　해설 주어 Our school festival은 동사 hold의 대상이므로 수동태의 미래형 will be held로 써야 한다.

10 해석 이 울타리는 나무로 만들어져 있다.
　　해설 '~으로 만들어지다'의 의미로 재료의 형태가 변하지 않을 때는 be made of를 쓴다.
　　어휘 fence 울타리

11 해석 ⓐ 그들은 자신들의 삶에 만족한다.
　　ⓑ 음료가 파티에서 제공될 것이다.
　　ⓒ 그 창문은 바람에 의해 열렸다.
　　ⓓ 그 대통령은 많은 사람들에게 존경받는다.
　　ⓔ 그 경기는 취소되어서는 안 된다.
　　해설 ⓐ '~에 만족하다'라는 의미를 나타낼 때는 be satisfied with로 써야 하므로 to를 with로 고쳐야 한다. ⓑ 수동태 미래형은 「will be+p.p.」를 쓰므로 provide는 provided가 되어야 한다.
　　어휘 provide 제공하다　respect 존경하다　cancel 취소하다

12 해석 〈보기〉 그 소방관이 아기를 구했다.
　　→ 아기는 그 소방관에 의해 구해졌다.
　　그의 발명품이 미래에 우리 삶을 바꿀 것이다.
　　→ 우리 삶이 미래에 그의 발명품에 의해 바뀔 것이다.
　　해설 〈보기〉처럼 능동태를 수동태로 고쳐야 하며, 능동태가 미래 표현이므로 수동태 「will be+p.p.」의 형태로 써야 한다.
　　어휘 invention 발명품

13 해설 조동사가 포함된 수동태는 「조동사+be p.p.」 형태로 쓴다.

14 해설 주어진 의문사 when을 맨 앞에 쓰고, 시제가 과거이므로 수동태는 was written으로 쓰는 것에 유의한다.

CHAPTER 10 접속사

Unit 1 and, or, but의 주의할 쓰임

check up   p.126

1 both	2 Not only

1 게임은 아이와 어른 모두에게 재미있다.
2 나뿐만 아니라 미나도 학교에 지각했다.

POINT 2
check up   p.126

1 or	2 and

1 우산을 챙겨라, 그렇지 않으면 너는 젖을 것이다.
2 종이를 재활용하라, 그러면 너는 많은 나무를 구할 것이다.

Unit Exercise   p.127

A	1 either, or	2 not only, but
	3 Both, and	4 neither, nor

1 나는 학교에 걸어가거나 버스를 탈 수 있다.
2 그 가게는 신발뿐만 아니라 수영복도 판다.
3 우리 엄마와 아빠 두 분 다 안경을 쓰신다.
4 이 사과는 달지도 시지도 않다.

B	1 ⓔ	2 ⓐ	3 ⓓ	4 ⓒ	5 ⓑ

1 충분히 자라, 그렇지 않으면 너는 피곤할 것이다.
2 나에게 너의 주소를 알려줘, 그러면 내가 너에게 크리스마스 카드를 보낼게.
3 버튼을 눌러라, 그러면 버스가 정류장에 설 것이다.
4 친구들에게 친절하라, 그러면 그들도 역시 너에게 친절할 것이다.
5 재킷을 입어라, 그렇지 않으면 너는 추울 것이다.

C	1 has	2 are	3 has	4 knows	5 makes
	6 like

1 너뿐만 아니라 Cindy도 일찍 와야 한다.
2 과일과 채소 둘 다 너의 신체 건강에 좋다.
3 너와 Tim 둘 중 한 명이 화장실을 청소해야 한다.
4 너뿐만 아니라 모든 사람이 그 사실을 안다.
5 돈이 아니라 사랑이 우리를 행복하게 한다.
6 Mike도 나도 둘 다 매운 음식을 좋아하지 않는다.

Unit 2 부사절을 이끄는 접속사

POINT 3
check up   p.128

1 while	2 after

1 음식을 먹는 동안에 소리를 내지 마라.
2 물건을 사용한 후에 다시 제자리에 갖다 놓아라.

POINT 4
check up   p.128

1 that	2 since

1 그 여행 가방은 너무 무거워서 내가 들 수 없었다.
2 그 방은 추웠기 때문에 나는 창문을 닫았다.

POINT 5
check up   p.129

1 unless	2 though

1 만약 더 빨리 걷지 않으면, 너는 버스를 놓칠 것이다.
2 비록 그는 마지막으로 시작하긴 했지만, 첫 번째로 끝마쳤다.

POINT 6
check up   p.129

1 ①	2 ②

1 우리가 산에 올라갈수록, 더 추워진다.
2 사막은 낮 동안은 더운데, 반면에 밤에는 춥다.

Unit Exercise   p.130

A	1 when	2 until	3 Because	4 Since
	5 while	6 that

1 나는 시간이 있을 때 영화를 본다.
2 엄마는 자신의 아기가 잠이 들 때까지 이야기를 읽어주었다.
3 음식이 매우 맛있기 때문에 그 식당은 인기 있다.
4 내 노트북 컴퓨터가 고장 났기 때문에 나는 숙제를 끝낼 수 없었다.
5 우리 형은 TV를 보는 동안에 저녁을 먹었다.
6 그 수프가 너무 뜨거워서 나는 먹을 수 없었다.

B	1 ⓔ	2 ⓒ	3 ⓕ	4 ⓐ	5 ⓑ	6 ⓓ

1 Lily는 자랄수록 역사에 더 흥미를 가졌다.
2 Alex는 태어난 이래로 부산에서 쭉 살았다.
3 Ann은 제시간에 도착했는데, 반면에 그녀의 여동생은 늦었다.
4 수호는 공부할 때 음악을 좀 듣는다.
5 그는 아팠기 때문에 온종일 침대에 누워 있었다.
6 우리 엄마는 약속하신 대로 나에게 휴대폰을 사주셨다.

C	1 If you like art
	2 so big that eight people ate
	3 Unless it rains
	4 though[although] it is small

Unit 3 명사절을 이끄는 접속사

POINT 7
check up 1   p.131

1 think that	2 know that	3 say that	4 hope that

check up 2

1 ①	2 ③	3 ②

1 너는 왜 그것을 했니? (→ 너는 왜 그랬니?)
2 나는 네가 어제 아팠다고 들었다.
3 나는 그 이야기를 들어본 적이 없다.

POINT 8
p.132
check up

1 ①	2 ①	3 ②

1 그녀가 플루트를 연주할 수 있다는 것은 놀랍다.
2 반려동물이 좋은 친구가 될 수 있다는 것은 사실이다.
3 결과는 내가 그 시험에 통과했다는 것이었다.

POINT 9
p.133
check up

1 where the toilet is	2 when your birthday is
3 what time it is	

1 화장실이 어디인지 알려주시겠어요?
2 나는 네 생일이 언제인지 알고 싶다.
3 너는 몇 시인지 아니?

POINT 10
p.133
check up

1 if[whether] she likes flowers
2 if[whether] he is our teacher
3 if[whether] he will join us

1 너는 그녀가 꽃을 좋아하는지 아니?
2 나는 그가 우리의 선생님인지 잘 모르겠다.
3 나는 그가 우리와 함께하는지 알고 싶다.

Unit Exercise
p.134

A 1 James saw ∨ his friend stood at the bus stop.
  2 ∨ Yuri moved to another city is very sad.
  3 My little sister hopes ∨ Santa Clause will give her a present.
  4 It is exciting ∨ we will go skiing this winter.
  5 Nick heard ∨ a new English teacher will come to his school.
  6 The teacher said ∨ the test would be easy.

1 James는 자신의 친구가 버스 정류장에 서 있는 것을 보았다.
2 유리가 다른 도시로 이사했다는 것은 매우 슬프다.
3 내 여동생은 산타클로스가 자신에게 선물을 주기를 바란다.
4 이번 겨울에 우리가 스키 타러 가는 것은 신난다.
5 Nick은 새로운 영어 선생님이 자신의 학교에 올 거라고 들었다.
6 선생님은 시험이 쉬울 거라고 말씀하셨다.

B 1 where   2 how   3 that   4 when
  5 if[whether]

1 과학책들이 어디에 있는지 알려주시겠어요?
2 당신의 영어를 어떻게 향상시켰는지 말씀해주세요.
3 나는 누군가가 문을 두드리는 것을 들었다.
4 나는 네가 언제 여기에 도착하는지 알고 싶다.
5 너는 Nick이 한국 음식을 좋아하는지 아닌지 아니?

C 1 what this word means
  2 where I bought the pencil case
  3 why Anna was late to the class
  4 who broke the window
  5 whether I had a girlfriend

Chapter Test
p.135

1 ②	2 ④	3 ②	4 ③	5 ③	6 not only, but (also)	7

so busy that she forgot   8 when the movie starts
9 ②   10 ③   11 ③   12 ④   13 If you stay at home
14 you have a passport   15 ⑤   16 so late that he had
to run   17 ③   18 ②   19 but (also) mountains are near
my town   20 where she lives now   21 ①, ④
22 ③   23 If the weather is good, my family will go

1 **해석** 내가 통화하는 동안에 나의 개가 밖으로 나갔다.
  해설 문맥상 '~하는 동안에'라는 의미의 접속사 while이 적절하다.

2 **해석** Penny는 회복될 때까지 휴식을 취했다.
  해설 문맥상 '~할 때까지 (죽)'이라는 의미의 접속사 until이 적절하다.
  어휘 feel better 회복하다; 기분이 나아지다

3 **해석** 요즘에는 사람들이 나무를 베기 때문에 새들이 보금자리를 잃고 있다.
  해설 빈칸 앞 내용에 대한 원인이 빈칸 뒤에 나오고 있으므로 이유[원인]를 나타내는 because가 적절하다.
  어휘 cut down 베다, 잘라 넘어뜨리다

4 **해석** ① 우리 언니와 그녀의 친구 둘 다 거실에 있었다.
  ② Brian뿐만 아니라 그의 부모님도 나의 이름을 기억하신다.
  ③ 네가 아니라 내가 틀렸다.
  ④ 선생님이나 소라 중 한 명은 그의 전화번호를 알고 있다.
  ⑤ Sue는 댄서일 뿐만 아니라 작가이기도 하다.
  해설 ③ 짝을 이룬 표현인 「Not A but B」가 주어이므로 문장의 동사는 B에 일치시킨다. 따라서 were를 was로 고쳐야 한다.

5 **해석** ① Dorothy가 그 교통사고에서 다치지 않았다는 것은 매우 행운이다.
  ② 우리 누나와 내가 닮은 것은 자연스러운 것이다.
  ③ 김 씨는 그 건물에서 일한다.
  ④ 문제는 Sammy가 항상 자신의 숙제를 미룬다는 것이다.
  ⑤ 그는 수학이 유용한 과목이라고 말했다.
  해설 ③의 that은 지시형용사로 쓰였고, 나머지는 모두 접속사로 쓰였다.
  어휘 get hurt 다치다   natural 자연스러운   put off 미루다

6 **해석** 나는 아침뿐만 아니라 점심도 걸렀다.
  해설 「B as well as A」는 「not only A but (also) B」로 바꿔 쓸 수 있다.
  어휘 skip (식사를) 거르다

7 **해설** '너무[매우] ~해서 …하다'는 「so+형용사[부사]+that」으로 나타낼 수 있다. 과거에 일어난 일에 대해 말하고 있으므로 forget을 forgot으로 바꿔 쓰는 것에 유의한다.

8 **해설** 간접의문문에서 의문사가 이끄는 절의 어순은 「의문사+주어+동사」이다.

9 **해석** · 나는 내 휴대폰을 확인하지 않았기 때문에 그의 전화를 받지 못했다.
  · 그녀가 여기로 이사 온 이래로 나는 그녀를 결코 본 적이 없다.
  해설 문맥상 '~하기 때문에'와 '~한 이래로'의 의미를 모두 가진 접속사는 since가 적절하다.

10 **해석** 만약 그 개를 만지면, 그것은 너를 물 것이다.
  = 그 개를 만지지 마라, 그렇지 않으면 그것은 너를 물 것이다.
  해설 명령문 다음에 '그렇지 않으면 ~할 것이다'의 의미의 접속사가 필요하므로 or가 적절하다.

11 **해석** · 침착하게 있어라, 그렇지 않으면 너는 실수를 할 것이다.
  · 포기하지 마라, 그러면 너의 꿈이 이루어질 것이다.

해설 (A) 명령문 다음에 '그렇지 않으면 ~할 것이다'라는 의미의 접속사가 필요하므로 or가 적절하다. (B) 명령문 다음에 '그러면 ~할 것이다'라는 의미의 접속사가 필요하므로 and가 적절하다.

12 해석 · 만약 네가 길을 모른다면 나에게 알려줘.
· 만약 휴식을 취하지 않으면 너는 아플 것이다.
해설 (A) 문맥상 '만약 ~한다면[라면]'이라는 의미의 접속사가 필요하므로 if가 적절하다. (B) 문맥상 '만약 ~하지 않으면'이라는 의미의 접속사가 필요하므로 unless가 알맞다.

13 해석 만약 네가 주말에 집에 있다면 내가 너를 방문할게.
해설 조건을 나타내는 접속사가 이끄는 절은 미래를 나타내더라도 현재시제를 쓴다.

14 해석 만약 여권을 갖고 있지 않다면, 너는 해외로 여행할 수 없다.
해설 unless는 '만약 ~하지 않으면'이라는 뜻으로, 부정의 의미를 포함하고 있으므로 부정어를 함께 쓸 필요가 없다.
어휘 abroad 해외로, 해외에(서) passport 여권

15 해석 〈보기〉 내 여동생은 커갈수록 우리 엄마를 닮기 시작했다.
① 그 영화는 매우 슬펐기 때문에 Ian은 울었다.
② Diana는 의사가 그녀에게 말한 대로 약을 좀 먹었다.
③ 지난 추석에 내가 조부모님을 방문하지 않았기 때문에, 조부모님은 나를 그리워하신다.
④ 너무 시끄러웠기 때문에 나는 그의 목소리를 들을 수 없었다.
⑤ 우리가 나이 들수록 우리의 외모는 변한다.
해설 〈보기〉와 ⑤의 as는 '~할수록, ~함에 따라'라는 의미로 쓰였고, ①, ③, ④의 as는 '~하기 때문에', ②의 as는 '~처럼, ~대로'의 의미로 쓰였다.
어휘 take medicine 약을 먹다 looks 외모

16 해석 Clair: 오늘 아침에 너는 왜 그렇게 피곤해 보였니?
Eric: 나는 너무 늦게 일어났어. 그래서 나는 학교에 뛰어가야 했어.
→ Eric은 너무 늦게 일어나서 학교에 뛰어가야 했다.
해설 너무 늦어서 학교에 뛰어가야 했다는 내용이 필요하므로 「so+형용사[부사]+that」을 사용하여 나타내면 된다.

17 해석 ① Mike가 나에게 전화했을 때, 나는 자고 있었다.
② 지나의 시력은 좋지 않기 때문에 그녀의 엄마는 지나에게 안경을 사주셨다.
③ 만약 네가 운동을 열심히 한다면, 너는 건강해질 것이다.
④ 우리 엄마는 감자의 색깔이 연갈색으로 변할 때까지 그것을 삶으셨다.
⑤ 만약 위급상황이 아니라면 너는 119에 전화하지 말아야 한다.

해설 ③ 조건을 나타내는 접속사가 이끄는 절은 미래를 나타내더라도 현재시제를 쓴다. 따라서 will exercise를 exercise로 써야 한다.
어휘 eyesight 시력 emergency 위급(상황)

18 해석 ① Gloria는 드라마를 보는 동안에 잠들기 시작했다.
② 만약 지금 출발하지 않으면, 너는 늦을 것이다.
③ 어두워질 때까지 야구를 하자.
④ 만약 막차를 놓친다면, 너는 택시를 타야 할 것이다.
⑤ 나는 파리를 방문했을 때 에펠탑에 갔다.
해설 ② unless는 '만약 ~하지 않으면'이라는 뜻으로, 부정의 의미를 포함하고 있으므로 부정어를 함께 쓸 필요가 없다.
어휘 fall asleep 잠들다

19 해설 Not only가 있으므로 but (also)를 사용하여 영작하면 된다. 이때 동사는 B 자리(mountains)에 일치시켜야 하므로 are를 써야 한다.

20 해설 간접의문문에서 의문사가 이끄는 절의 어순은 「의문사+주어+동사」이다.

21 해석 ① 그 미술관에서 가장 좋은 그림이 무엇인지 보여줘.
② 우리는 일요일에 눈이 올지 확실하지 않다.
③ 너는 박 선생님이 언제 돌아오시는지 아니?
④ Emma는 그녀가 왜 수업에 빠졌는지 나에게 말해주지 않았다.
⑤ 나는 그 소파를 팔 것인지 결정할 수 없다.
해설 간접의문문에서 의문사가 이끄는 절의 어순은 「의문사+주어+동사」이므로 ①, ④를 각각 what the best picture is in the gallery, why she skipped the class로 바꿔야 한다.

22 해석 ⓐ 만약 네가 감기에 걸렸다면 수영하러 가지 마라.
ⓑ 만약 그녀가 우리에게 진실을 말하지 않으면, 우리는 그녀를 보지 않을 것이다.
ⓒ 그 바지는 너무 더러워서 그는 그것을 입을 수 없었다.
ⓓ 비록 Chris는 매우 마르긴 하지만, 그는 많이 먹을 수 있다.
ⓔ 그 아이들은 매우 어리기 때문에 그 노래들을 알지 못한다.
해설 ⓓ though는 양보를 나타내는 접속사이므로 문맥상 말랐음에도 많이 먹을 수 있다는 의미가 되어야 자연스럽다. 따라서 can't를 can으로 고쳐야 알맞다.

23 해석 만약 날씨가 좋다면, 우리 가족은 내일 캠핑을 갈 것이다.
해설 날씨가 좋으면 캠핑을 갈 것을 떠올리고 있으므로 조건을 나타내는 if를 사용하여 영작한다. 조건을 나타내는 접속사가 이끄는 절은 미래를 나타내더라도 현재시제를 쓰는 것에 유의한다.

CHAPTER 11 비교 표현

Unit 1 원급, 비교급, 최상급

POINT 1 p.140
check up

1 as tall as 2 as high as 3 as large as

POINT 2 p.141
check up

1 longer, longest 2 higher, highest
3 healthier, healthiest 4 faster, fastest
5 better, best 6 older, oldest

7 more famous, most famous 8 bigger, biggest
9 stronger, strongest 10 easier, easiest
11 younger, youngest 12 worse, worst
13 dirtier, dirtiest 14 more useful, most useful
15 earlier, earliest 16 hotter, hottest
17 colder, coldest 18 more, most
19 cheaper, cheapest 20 thinner, thinnest
21 warmer, warmest 22 lighter, lightest
23 heavier, heaviest 24 greater, greatest
25 less, least
26 more handsome, most handsome

check up

| 1 worse than | 2 more useful than |
| 3 much hotter than | |

1 Steve의 점수는 Peter의 것보다 더 안 좋다.
2 이 책은 저것보다 더 유용하다.
3 이 나라는 우리나라보다 훨씬 더 덥다.

POINT 4 p.142

check up

| 1 the largest island | 2 the worst day |
| 3 the most dangerous animal | |

1 제주도는 한국에서 가장 큰 섬이다.
2 오늘은 내 인생의 최악의 날이었다.
3 무엇이 세계에서 가장 위험한 동물이니?

Unit Exercise p.143

A	1 smart	2 the most famous	3 much
	4 diligent	5 older	6 the coldest
	7 better		

1 Tod는 Jane만큼 똑똑하다.
2 그는 셋 중에서 가장 유명한 가수이다.
3 내 남동생은 아빠만큼 많이 먹는다.
4 Kevin은 너만큼 부지런하지 않다.
5 지민이는 유나보다 나이가 더 많다.
6 1월은 우리나라에서 가장 추운 달이다.
7 그녀는 소미보다 춤을 더 잘 출 수 있다.

B	1 as heavy as	2 more expensive than
	3 the shortest	4 as popular as
	5 hotter than	

1 나는 50kg이다. 남동생도 역시 50kg이다.
  → 남동생은 나만큼 무겁다.
2 이 목도리는 15,000원이다. 저 목도리는 20,000원이다.
  → 저 목도리는 이 목도리보다 더 비싸다.
3 나는 키가 170cm이다. 아빠는 키가 175cm이시다. 엄마는 165cm이시다.
  → 엄마는 우리 가족 중에서 가장 키가 작으시다.
4 테니스 동호회는 인기 있다. 수영 동호회도 역시 인기 있다.
  → 수영 동호회는 테니스 동호회만큼 인기 있다.
5 어제는 29도였다. 오늘은 32도이다.
  → 오늘은 어제보다 더 덥다.

C	1 far more than mine	2 the worst player
	3 much darker than yours	
	4 the most beautiful painting	

Unit 2 원급, 비교급, 최상급을 이용한 표현

POINT 5 p.144

check up

| 1 as hard as possible | 2 as soon as you can |

1 Frank는 가능한 한 세게 공을 쳤다.
2 가능한 한 빨리 저에게 전화해주세요.

POINT 6 p.145

check up 1

| 1 the sooner | 2 the more | 3 the more nervous |
| 4 the happier | | |

1 네가 더 일찍 떠날수록 너는 더 일찍 도착할 것이다.
2 가격이 더 낮을수록 더 많은 사람이 구매한다.
3 그는 더 오래 기다릴수록 더 많이 긴장했다.
4 나는 자유 시간을 더 많이 가질수록 더 행복하게 느낀다.

check up 2

| 1 darker and darker | 2 stronger and stronger |
| 3 faster and faster | |

POINT 7 p.145

check up

| 1 the greatest scientists | 2 the most popular songs |
| 3 the most crowded cities | |

Unit Exercise p.146

A	1 the smarter	2 the greatest	3 fast
	4 more	5 stronger	6 much
	7 boys		

1 너는 더 열심히 공부할수록 더 똑똑해진다.
2 모차르트는 세계에서 가장 위대한 음악가 중 한 명이었다.
3 그녀는 가능한 한 빨리 걸었다.
4 너는 더 많이 운동할수록 더 건강해진다.
5 폭풍은 점점 더 강해졌다.
6 너는 가능한 한 많은 정보를 제공해야 한다.
7 Brian은 반에서 가장 영리한 소년 중 한 명이다.

B	1 the oldest building materials	2 hotter, more
	3 as often as	4 stronger, better
	5 the most interesting movies	6 drier, drier

1 나무는 가장 오래된 건축 재료 중 하나이다.
2 날씨가 더 더워질수록 우리는 더 많이 땀을 흘린다.
3 가능한 한 자주 손을 씻어라.
4 햇빛이 더 강할수록 과일은 더 잘 자란다.
5 그것은 올해의 가장 재미있는 영화 중 하나이다.
6 들판은 점점 더 말라가고 있다.

C	1 The older, the wiser
	2 as quickly as possible
	3 higher and higher
	4 one of the largest museums
	5 The angrier, the more loudly

1 ①　2 ②　3 ③　4 ②　5 as much as possible
6 heavier than　7 ⑤　8 ③　9 (1) as tall as (2) not as heavy
as (3) older than　10 ⑤　11 ④　12 Your idea is much
better than mine　13 The less homework we have, the
happier we feel　14 He is one of the most popular novelists
in Korea　15 ③　16 ④　17 ④　18 ⑤　19 ④　20 (1)
marathon, marathons (2) coldest, the coldest

1 해석 Johnson은 네 남동생만큼 나이가 들었다.
해설 as와 as 사이에는 원급이 들어간다.

2 해석 이 기계는 저것보다 더 싸다.
해설 뒤에 than이 있으므로 비교급이 들어가야 하고, cheap의 비교급은
cheaper이다.

3 해석 세라는 키가 150cm이다. 미진이도 역시 키가 150cm이다.
＝ 세라는 미진이만큼 키가 크다.
해설 세라와 미진이의 키가 같으므로 「as+형용사[부사]의 원급+as」로 나타
내면 된다.

4 해설 주어진 단어를 올바르게 배열하면 You should eat meals as regularly as
possible.이므로 다섯 번째로 오는 단어는 as이다.

5 해설 '가능한 한 ∼'라는 의미의 표현인 「as+원급+as possible」을 사용해 나
타내는데, 동사 walk를 수식하는 부사의 원급은 much를 쓴다.

6 해설 '∼보다 더 …한[하게]'를 나타낼 때는 「비교급+than」을 사용한다.

7 해석 지민이는 도희_____.
① 보다 더 똑똑하다
② 만큼 무겁지 않다
③ 보다 더 바쁘다
④ 보다 더 부지런하다
⑤ 가장 인기 있다
해설 ⑤는 최상급으로 셋 이상의 대상을 비교할 때 쓰이며 둘을 비교할 때
는 쓸 수 없다.

8 해석 에베레스트산은 백두산보다 훨씬 더 높다.
해설 ③ very는 비교급을 강조하거나 수식할 수 없다.

9 해석 (1) Mary는 Tom만큼 키가 크다.
(2) Mary는 Tom만큼 무겁지 않다.
(3) Tom은 Mary보다 더 나이가 많다.
해설 (1) Mary와 Tom의 키가 같으므로 「as+형용사[부사]의 원급+as」를 사용
해서 나타내면 된다. (2) Mary는 Tom만큼 무겁지 않으므로 「not as+형용사
[부사]의 원급+as」를 사용해서 나타내면 된다. (3) Tom이 Mary보다 나이가
많으므로 비교급인 「비교급+than」을 사용해서 나타내면 된다.

10 해석 Nancy는 Kate만큼 친절하지 않다.
⑤ Kate는 Nancy보다 더 친절하다.
해설 「A not as+원급+as B」는 「B+비교급+than A」로 바꾸어 쓸 수 있다.

11 해석 우리는 기말고사가 더 가까워질수록 더 긴장했다.
④ 기말고사가 더 가까워질수록 우리는 더 긴장했다.
해설 주어진 문장은 '더 ∼할수록, 더 …하다'라는 의미이므로 「The 비교급+

주어+동사, the 비교급+주어+동사」로 나타낼 수 있다.
어휘 nervous 긴장한

12 해설 '∼보다 더 …한[하게]'의 의미가 있으므로 「비교급+than」을 사용해
서 나타내면 되고, '훨씬'이라는 의미의 비교급 강조 표현인 much를 비교급
better 앞에 쓰면 된다.

13 해설 주어진 문장은 '더 ∼할수록, 더 …하다'라는 의미이므로 「The 비교급+
주어+동사, the 비교급+주어+동사」의 순서로 배열하면 된다.

14 해설 '가장 ∼한 … 중 하나'의 의미는 「one of the+최상급+복수명사」로 표
현할 수 있다.
어휘 novelist 소설가

15 해석 ⓐ 이것은 훨씬 더 도움이 되는 충고이다.
ⓑ 진수는 소라보다 훨씬 더 똑똑하다.
ⓒ 너희 형은 너보다 훨씬 더 힘이 세다.
ⓓ Steve는 우리 학교에서 가장 유명한 사람이다.
ⓔ 이 반에서 누가 가장 멀리 사니?
해설 ⓑ very는 비교급을 강조하거나 수식할 수 없다.

16 해석 ① 날씨가 더 시원할수록 나는 기분이 더 좋다.
② 더 많이 먹을수록 그녀는 더 살찐다.
③ 사람들이 더 많이 이사를 올수록 도시는 더 커진다.
④ 영화가 더 웃길수록 사람들은 더 많이 웃는다.
⑤ 비가 더 많이 올수록 강은 더 빨리 흐른다.
해설 ①의 the good은 the better로, ②의 The many는 The more로, ③의
the more big은 the bigger로, ⑤의 fastest는 faster로 고쳐야 알맞다.
어휘 flow 흐르다

17 해석 ① Tony는 Garry보다 집에 더 늦게 왔다.
② 그의 신발은 내 것보다 더 싸다.
③ 이번 시험은 지난번 것보다 더 쉬웠다.
④ 그녀는 세계에서 가장 놀라운 예술가였다.
⑤ 그는 그 영화에서 가장 잘생긴 배우이다.
해설 ①의 late는 later로, ②의 more cheap은 cheaper로, ③의 easiest는
easier로, ⑤의 handsomest는 most handsome으로 고쳐야 알맞다.

18 해설 '가장 ∼한 … 중 하나'라는 의미는 「one of the+최상급+복수명사」로
표현할 수 있다.

19 해석 ① 오늘은 올해 중에 가장 추운 날이다.
② Helen은 우리 반에서 가장 마른 소녀 중 한 명이다.
③ 그는 아시아에서 가장 빠른 수영선수이다.
④ 그는 한국에서 가장 위대한 사람 중 한 명이다.
⑤ 건강은 가장 귀중한 것이다.
해설 ④ 「one of the+최상급+복수명사」이므로 man을 men으로 고쳐야 한
다.
어휘 precious 귀중한

20 해석 남극 얼음 마라톤은 세계에서 가장 힘든 마라톤 중 하나이다. 주자들은
지구상에서 가장 추운 곳에서 42.195킬로미터를 경주한다. 그들은 눈과 얼음
위를 달린다.
해설 (1) 「one of the+최상급+복수명사」이므로 marathon을 marathons로 고
쳐야 알맞다. (2) 최상급 앞에는 the가 필요하므로 coldest를 the coldest로
바꿔야 한다.
어휘 Antarctic 남극의　marathon 마라톤　tough 힘든

CHAPTER 12 관계대명사

Unit 1 who, which, that

POINT 1   p.153

check up

> 1 The boy (who) sits next to me is Tom.
> 2 This is an old building (which) was built 100 years ago.
> 3 We found the man (who) stole our money.
> 4 The computer (which) was broken yesterday is mine.

1 내 옆에 앉아있는 그 소년은 Tom이다.
2 이것은 100년 전에 지어진 오래된 건물이다.
3 우리는 우리 돈을 훔쳐간 그 남자를 발견했다.
4 어제 고장 난 그 컴퓨터는 내 것이다.

POINT 2   p.154

check up 1

> 1 나는 치즈를 매우 좋아하는 친구 한 명이 있다.
> 2 나는 공원에서 작고 얇은 공책을 잃어버렸다.
> 3 멕시코 음식을 파는 그 식당은 아주 인기가 있다.
> 4 너는 문 옆에 서 있는 저 남자를 아니?
> 5 나는 아이들에게 중국어를 가르치는 그 선생님께 전화했다.
> 6 Sam이 어제 이 차를 고친 그 사람이다.

check up 2

> 1 which   2 that   3 who   4 that

1 그는 아주 비싼 카메라를 샀다.
2 의사는 환자들을 돌보는 사람이다.
3 Kate는 팀에서 가장 춤을 잘 추는 댄서이다.
4 봄은 새해를 시작하는 계절이다.

check up 3

> 1 ⓐ, who   2 ⓒ, who   3 ⓒ, which
> 4 ⓓ, who

1 5층에 사는 여자는 아주 친절하다.
2 나는 노래를 매우 잘하는 소년을 만났다.
3 Gordon 씨는 수영장이 있는 집을 샀다.
4 너는 연설하고 있는 남자를 아니?

Unit Exercise   p.155

A 1 who called you
       2 which are in the basket
       3 which goes around the sun
       4 who is serving guests

1 이 사람은 그 남자이다. 그는 어제 너에게 전화했다.
  → 이 사람은 어제 너에게 전화한 그 남자이다.
2 그 사과들은 너를 위한 것이다. 그것들은 바구니 안에 있다.
  → 바구니 안에 있는 사과들은 너를 위한 것이다.
3 지구는 행성이다. 그것은 태양 주위를 돈다.
  → 지구는 태양 주위를 도는 행성이다.

4 그 남자는 아주 예의 바르다. 그는 손님들을 대접하고 있다.
  → 손님들을 대접하고 있는 그 남자는 아주 예의 바르다.

B 1 ○   2 × → who[that]   3 × → have
       4 ○   5 ○

1 나는 긴 머리카락을 가진 인형이 하나 있다.
2 시험에서 부정행위를 하는 사람은 누구든지 처벌받을 것이다.
3 Eric은 새 그림이 있는 엽서들을 모은다.
4 너는 저기 서 있는 여자를 아니?
5 나에게 손을 흔들고 있는 그 소년은 내 아들이다.

C 1 She likes to read novels that are written in English
       2 I don't know the girl who is wearing blue jeans
       3 My teacher gives me homework which is very difficult
       4 Yuri is my cousin that lives in Seoul
       5 The girl who wants to be a singer is my best friend Amy

Unit 2 who(m), which, that

POINT 3   p.156

check up 1

> 1 which, that   2 which   3 who, whom   4 whom, that
> 5 which, that

1 나는 어제 내가 샀던 그 반지를 잃어버렸다.
2 너는 오늘 아침에 우리가 만든 그 파이를 먹었다.
3 Jackson은 네가 너의 사무실에서 만난 그 남자이다.
4 미나는 작년에 자신이 가르쳤던 남자아이들을 초대했다.
5 이것은 우리 할머니께서 정말 좋아하시는 그 나무이다.

check up 2

> 1 who every teacher praises   2 which he saw
> 3 whom we love

1 준호는 학생이다. + 모든 선생님이 그를 칭찬하신다.
  → 준호는 모든 선생님이 칭찬하시는 학생이다.
2 그는 어제 영화 한 편을 보았다. + 그것은 지루했다.
  → 그가 어제 보았던 그 영화는 지루했다.
3 우리는 축구 선수를 만났다. + 우리는 그를 아주 좋아한다.
  → 우리는 우리가 아주 좋아하는 축구 선수를 만났다.

POINT 4   p.157

check up 1

> 1 ○   2 ○   3 ×   4 ○   5 ×

1 이것은 Jake가 만든 케이크이다.
2 그녀는 내가 빌려준 우산을 가져왔다.
3 이것은 우리 아빠에 의해 찍힌 사진이다.
4 그는 Emma가 준 선물을 마음에 들어 했다.
5 Tom은 나를 많이 도와주는 친구이다.

check up 2

1 I can't find the shoes I washed this morning
2 She has the car you wanted to buy
3 David came from the city I visited last summer
4 We are looking for the bag he lost on the subway

POINT 5

p.158

check up

1 ⓑ   2 ⓐ   3 ⓐ

1 〈보기〉 Tim은 나에게 모두가 알고 싶어 한 자신의 비밀을 말해주었다.
　ⓐ Lily는 항상 자신이 똑똑하다고 말한다.
　ⓑ 그녀가 우리에게 요리해준 그 피자는 맛있었다.
2 〈보기〉 너는 뭐라고 말했니? 나는 그것을 못 들었어.
　ⓐ 쟤는 내 친구 수미야. 내가 너에게 그녀를 소개해줄게.
　ⓑ 나는 나를 행복하게 만드는 개 한 마리가 있다.
3 〈보기〉 나는 그녀가 40살이라는 것을 믿을 수 없다.
　ⓐ 어떤 사람들은 아름다움이 전부라고 생각한다.
　ⓑ 그것을 버리지 마라. 그 종이컵은 내 것이다.

Unit Exercise

p.159

A　1 × → who(m)[that]　　2 ○　　3 × → which[that]
　　4 ○　　5 ○

1 사람들이 응원하고 있는 카레이서는 우리 삼촌이시다.
2 그는 내가 가장 좋아하는 야구 선수이다.
3 Emily가 먹이를 주고 있는 개는 불도그다.
4 내가 전에 너에게 소개한 그 소년을 기억하니?
5 우리가 파티에 초대한 그 여성분은 늦으셨다.

B　1 ⓐ　2 ⓔ　3 ⓑ　4 ⓓ　5 ⓐ　6 ⓒ
　　7 ⓑ　8 ⓔ

1 나는 런던에 사는 친구 한 명이 있다.
2 그는 그 대회에 나가지 않기로 결심했다.
3 내가 지난 크리스마스에 만난 소녀가 우리 마을로 이사를 왔다.
4 너는 그 책을 어디에서 찾았니?
5 Nolan 씨는 아주 사나운 두 마리의 개가 있다.
6 나는 그것이 거짓말이라는 것을 몰랐다.
7 이것은 내 남동생이 그린 그림이다.
8 Olivia는 나에게 자신이 떠나야 한다고 말했다.

C　1 a writer who many readers like
　　2 The song which I heard on the radio
　　3 an artist I respect very much
　　4 my present I gave to you
　　5 The boy who I met at the playground

1 Holland 씨는 작가이다. 많은 독자들이 그를 좋아한다.
　→ Holland 씨는 많은 독자들이 좋아하는 작가이다.
2 그 노래는 정말 아름다웠다. 나는 그것을 라디오에서 들었다.
　→ 내가 라디오에서 들은 노래는 정말 아름다웠다.
3 그 여성분은 예술가이다. 나는 그녀를 아주 많이 존경한다.
　→ 그 여성분은 내가 아주 많이 존경하는 예술가이다.
4 너는 내 선물이 마음에 드니? 나는 그것을 너에게 주었다.
　→ 내가 너에게 준 선물이 마음에 드니?
5 그 소년은 친절했다. 나는 그를 놀이터에서 만났다.
　→ 내가 놀이터에서 만난 그 소년은 친절했다.

Unit 3 whose, what

POINT 6

p.160

check up 1

1 whose books　　2 whose desk　　3 whose color
4 whose tails

1 그녀는 작가이다. 나는 그녀의 책을 종종 즐겨 읽는다.
　→ 그녀는 내가 종종 즐겨 읽는 책의 작가이다.
2 그 소년은 Fred이다. 그의 책상은 내 책상 옆에 있다.
　→ 자신의 책상이 내 것 옆에 있는 소년은 Fred이다.
3 그는 넥타이를 한 개 샀다. 그것의 색깔은 파란색이다.
　→ 그는 색깔이 파란색인 넥타이를 한 개 샀다.
4 수지는 고양이들을 좋아한다. 그것들의 꼬리는 길다.
　→ 수지는 꼬리가 긴 고양이들을 좋아한다.

check up 2

1 a boy whose name　　2 muffins whose taste
3 a book whose end　　4 a student whose glasses

POINT 7

p.161

check up 1

1 what you need　　2 what Mike said
3 What you are wearing

1 네가 지금 필요한 것을 내게 말해줘.
2 너는 어제 Mike가 말한 것을 들었니?
3 네가 입고 있는 것은 아름답다.

check up 2

1 What is the most important　　2 What he gave to me
3 what he offered at the meeting

Unit Exercise

p.162

A　1 whose　　2 what　　3 that　　4 whose

1 나는 털이 긴 고양이 한 마리가 있다.
2 엄마는 내 생일에 내가 원하던 것을 나에게 주셨다.
3 이것은 우리 할머니께서 나에게 남기신 반지이다.
4 왼쪽 다리가 부러진 소년을 봐.

B　1 that house whose roof is green
　　2 A woman whose son is a famous actor
　　3 a puppy whose fur is black
　　4 a friend whose hobby is taking pictures

C　1 Mom always knows what I want.
　　2 Sometimes he asks me what I don't know.
　　3 I told Becky what she should know.
　　4 He showed me what he found in the yard.

〈보기〉 나는 그것을 믿을 수 없다. + 그가 그것을 말했다.
　→ 나는 그가 말한 것을 믿을 수 없다.
1 엄마는 항상 그것을 아신다. + 나는 그것을 원한다.

→ 엄마는 항상 내가 원하는 것을 아신다.

2 때때로 그는 나에게 그것을 묻는다. + 나는 그것을 모른다.
→ 때때로 그는 나에게 내가 모르는 것을 묻는다.

3 나는 Becky에게 그것을 말했다. + 그녀는 그것을 알아야 한다.
→ 나는 Becky가 알아야 하는 것을 그녀에게 말해주었다.

4 그는 나에게 그것을 보여 주었다. + 그는 그것을 마당에서 찾았다.
→ 그는 마당에서 찾은 것을 나에게 보여 주었다.

Chapter Test

p.163

1 ①   2 ②   3 ①   4 ④   5 ④, ⑤   6 I found a child who[that] hid behind a tree.   7 I want to sell the bike which[that] I bought five years ago.   8 I had the breakfast which[that] my sister made.   9 Dan saw an old man whose hair is gray.   10 ⑤   11 who are eating ice cream
12 that I painted yesterday   13 whose father is a pilot
14 ①   15 who[that] is reading   16 ④   17 ①   18 ③
19 a girl whose name is similar with mine
20 This is the ring Tom gave to me
21 The answer was not what I wanted to hear   22 ②
23 (1) What I want to have is a soccer ball. (2) What I want to borrow is Tom's camera. (3) What I want to eat is cream pasta.

1 **해석** ① 나는 꼬리가 긴 고양이 한 마리가 있다.
② 이것은 그가 만든 로봇이다.
③ 나는 프랑스에서 온 친구 한 명이 있다.
④ 이것은 내가 아들에게 사준 피아노이다.
⑤ 우리는 부산에 있는 절을 방문했다.
해설 ① 선행사 a cat과 tail이 소유 관계이므로, 소유격 관계대명사 whose가 알맞다.
어휘 temple 절, 사원

2 **해석** ① 그가 내게 말한 것은 사실이 아니었다.
② 나는 엄마가 사주신 새 가방이 마음에 든다.
③ Mary는 수학을 잘하는 학생이다.
④ 그녀는 꿈이 디자이너가 되는 것인 여자아이 한 명을 안다.
⑤ 이 뮤지컬은 내가 보길 원했던 것이다.
해설 ② 선행사가 사물인 the new bag이므로 which[that]로 써야 한다.

3 **해석** · 나는 일본에서 공부하고 있는 오빠가 한 명 있다.
· 언젠가, 나는 많은 사람이 아주 좋아할 책을 쓸 것이다.
해설 (A) 선행사가 사람인 a brother이고 뒤에 이어지는 절에서 is studying의 주어 역할을 하므로, 주격 관계대명사 who가 알맞다. (B) 선행사가 사물인 a book이고 뒤에 이어지는 절에서 will love의 목적어 역할을 하므로, 목적격 관계대명사 which가 알맞다.

4 **해석** · 그 앵무새는 내가 한 말을 반복했다.
· 나는 결말이 감동적인 영화를 좋아한다.
해설 (A) 선행사가 없으므로 선행사를 포함한 관계대명사 what이 알맞다.
(B) 선행사 movies와 ending이 소유 관계이므로, 소유격 관계대명사 whose가 알맞다.
어휘 parrot 앵무새

5 **해석** 〈보기〉 너와 내가 한 약속을 잊지 마라.
① 나는 큰 눈을 가진 고양이를 좋아한다.
② 얼굴이 동그란 그 아기는 귀엽다.
③ 저것은 David에 의해 만들어진 의자이다.
④ 그는 내가 파티에서 만난 배우이다.
⑤ 그가 고친 차가 다시 고장 났다.
해설 〈보기〉와 ④, ⑤의 that은 목적격 관계대명사이다. ①과 ③은 각각 have와 was made의 주어 역할을 하는 주격 관계대명사이고, ②는 선행사 The baby와 face의 소유 관계를 나타내는 소유격 관계대명사이다.
어휘 break down 고장 나다

6 **해석** 나는 한 아이를 발견했다. 그는 나무 뒤에 숨었다.
→ 나는 나무 뒤에 숨은 한 아이를 발견했다.
해설 a child와 He가 같은 대상이고 He가 문장에서 주어이므로, a child를 선행사로 하는 주격 관계대명사 who나 that을 이용하여 문장을 연결한다.

7 **해석** 나는 그 자전거를 팔고 싶다. 나는 그것을 5년 전에 샀다.
→ 나는 5년 전에 산 자전거를 팔고 싶다.
해설 the bike와 it이 같은 대상이고 it이 문장에서 목적어이므로, the bike를 선행사로 하는 목적격 관계대명사 which나 that을 이용하여 문장을 연결한다.

8 **해석** 나는 아침을 먹었다. 우리 언니가 그것을 만들었다.
→ 나는 우리 언니가 만든 아침을 먹었다.
해설 breakfast와 it이 같은 대상이고 it이 문장에서 목적어이므로, 목적격 관계대명사 which나 that을 이용하여 문장을 연결한다.

9 **해석** Dan은 한 노인을 보았다. 그의 머리카락은 희끗희끗했다.
→ Dan은 머리카락이 희끗희끗한 한 노인을 보았다.
해설 His hair에서 His는 an old man을 가리키므로 소유 관계를 나타내는 소유격 관계대명사 whose를 이용하여 문장을 연결한다.
어휘 gary (머리가) 희끗희끗한

10 **해석** ⓐ 그녀는 자신이 거짓말을 하지 않았다고 말했다.
ⓑ 너는 저 소녀가 누구인지 아니?
ⓒ 이것은 내가 가지고 있는 가장 좋은 드레스이다.
ⓓ 저것은 내가 너에게 줄 수 있는 유일한 것이다.
ⓔ 나는 멋진 경치가 있는 곳에 가고 싶다.
해설 ⓒ와 ⓔ는 각각 선행사 the best dress와 places를 꾸미는 관계대명사이다. ⓐ는 목적어절을 이끄는 접속사, ⓑ는 지시형용사, ⓓ는 지시대명사이다.

11 **해석** 아이스크림을 먹고 있는 저 소녀들을 봐.
해설 주격 관계대명사절에서 동사의 수는 선행사에 일치시키므로 is는 are가 되어야 한다.

12 **해석** 저것은 내가 어제 그린 그림이다.
해설 관계대명사 that이 뒤에 이어지는 절의 동사 painted의 목적어 역할을 하므로, painted 뒤의 it은 삭제해야 한다.

13 **해석** 너는 아버지가 조종사인 소녀를 아니?
해설 the girl과 father는 소유 관계이므로 that이 아닌 소유격 관계대명사 whose를 쓴다.

14 **해석** ① 그녀는 그것을 이해하지 못했다. 나는 그것을 말했다.
→ 그녀는 내가 말한 것을 이해하지 못했다.
② 치타는 동물이다. 그것들은 아주 빠르게 달릴 수 있다.
→ 치타는 아주 빠르게 달릴 수 있는 동물이다.
③ 나는 한 남자를 만났다. 그의 목소리는 아주 낮았다.
→ 나는 목소리가 아주 낮은 한 남자를 만났다.
④ 너는 그 책을 읽었니? 나는 그것을 너에게 빌려주었다.
→ 너는 내가 너에게 빌려준 책을 읽었니?
⑤ 그 고양이를 봐. 그것은 쥐를 쫓고 있다.
→ 쥐를 쫓고 있는 그 고양이를 봐.
해설 ① 관계사 앞에 선행사가 없으므로 선행사를 포함하는 관계대명사 what으로 바꿔야 알맞다.
어휘 cheetah 치타   run after ~을 쫓다

15 **해석** 한 소년이 책을 읽고 있는 여자 옆에 앉아 있다.
해설 그림에서 소년이 책을 읽고 있는 여자의 옆에 앉아 있고, a woman이 책을 읽는 동작의 주체이므로 주격 관계대명사 who나 that을 이용하여 문장을 완성한다.

16 **해석** · Amundsen은 남극에 도착한 최초의 인간이다.
· 우리 할머니는 일찍 일어나는 새가 벌레를 잡는다고 말씀하시곤 했다.
해설 첫 번째 문장은 선행사가 the first man이고 arrived의 주어 역할을 하는 주격 관계대명사가 필요하고, 두 번째 문장은 동사 say의 목적어절을 이끄는 접속사가 필요하므로 공통으로 들어갈 말은 that이다.
어휘 the South Pole (지구의) 남극

17 **해석** · 나는 방금 방으로 들어온 저 여자분을 안다.
· 그녀는 내가 만나고 싶어 하는 영화감독이다.
해설 첫 번째 문장은 선행사가 that lady이고 has just come의 주어 역할을 하는 주격 관계대명사가 필요하고, 두 번째 문장은 선행사가 a movie

director이고 빈칸 뒤에 이어지는 절의 동사 meet의 목적어 역할을 하는 목적격 관계대명사가 필요하므로, 공통으로 들어갈 말은 who이다.

어휘 director 감독

18 해석 ⓐ 나는 아빠가 만들어 주신 피자를 조금 먹었다.
ⓑ 축구를 하고 있는 소녀를 봐.
ⓒ 그녀는 실크로 만들어진 옷을 입고 있다.
ⓓ 여름 뒤에 오는 것은 가을이다.
ⓔ 저는 색상이 하얀색인 저 셔츠를 사겠습니다.
해설 ③ ⓒ의 which는 was made의 주어 역할을 하는 주격 관계대명사이므로 생략할 수 없다.

19 해설 a girl과 name이 소유 관계이므로 「선행사(a girl)+whose+명사(name)+동사(is) ~」의 순서로 단어를 배열한다.

20 해설 목적격 관계대명사가 생략된 경우이므로 선행사 the ring 뒤에 Tom gave to me를 배열한다.

21 해설 관계대명사 what이 있으므로 The answer is not 뒤에 「what+주어+동사 ~」의 순서로 배열한다.

22 해석 나는 그녀가 나에게 가르쳐준 그 노래를 기억한다.
해설 ② 목적격 관계대명사는 생략할 수 있다.

23 해석 〈보기〉 A: 너는 무엇을 배우고 싶니?
B: 내가 배우고 싶은 것은 태권도야.
⑴ A: 너는 무엇을 갖고 싶니?
B: 내가 갖고 싶은 것은 축구공이야.
⑵ A: 너는 무엇을 빌리고 싶니?
B: 내가 빌리고 싶은 것은 Tom의 카메라야.
⑶ A: 너는 무엇을 먹고 싶니?
B: 내가 먹고 싶은 것은 크림 파스타야.
해설 〈보기〉와 같이 관계대명사 what을 써서 「What I want to+동사원형」을 주어로 하는 문장을 완성한다.

천일문
GRAMMAR

LEVEL
2

WORKBOOK 정답 및 해설

CHAPTER 01 시제

Unit 1 현재, 과거, 미래 & 진행형 p.02

A

1 is	**2** snowed	**3** is writing	**4** bought
5 built	**6** will be	**7** was taking	**8** is going to sing

1 지구는 둥글다.
2 작년 겨울에 눈이 많이 내렸다.
3 그녀는 바로 지금 편지를 쓰고 있다.
4 나는 지난 주말에 새 카메라를 샀다.
5 그는 2010년에 부모님을 위해 집을 지었다.
6 우리 언니는 내년에 20살이 될 것이다.
7 나는 몇 분 전에 샤워를 하고 있었다.
8 그녀는 다음 주말에 파티에서 노래를 부를 것이다.

B

1 used	**2** eats	**3** play	**4** will[is going to] become
5 met	**6** will[is going to] rain		

C

1 was watching	**2** are attending	**3** was buying
4 is looking	**5** were doing	**6** was practicing
7 am studying	**8** was painting	**9** were playing
10 are wagging		

1 A: 나는 너에게 다섯 번이나 전화했어. 왜 전화를 받지 않니?
   B: 미안해. 나는 그때 영화를 보고 있었어.
2 A: John과 Paul은 어디 있니?
   B: 그들은 3층에서 회의에 참석하고 있어.
3 A: David, 어제 여섯 시에 어디에 있었니?
   B: 나는 기차역에서 표를 사고 있었어.
4 그는 지금 거울을 보고 있다.
5 우리는 어제 도서관에서 숙제를 하고 있었다.
6 Jason은 어젯밤에 기타를 연습하고 있었다.
7 나는 내일 수학 시험이 있어서 지금 공부하고 있다.
8 그는 오늘 아침에 벽에 페인트칠을 하고 있었다.
9 우리는 30분 전에 컴퓨터 게임을 하고 있었다.
10 저 개들을 봐. 그것들은 꼬리를 흔들고 있어.

D

1 I was doing my homework
2 I will[am going to] play basketball with my friends
3 Dan is eating pizza

1 A: 너는 두 시간 전에 무엇을 하고 있었니?
   B: 나는 내 숙제를 하고 있었어.
2 A: 너는 숙제를 끝냈니?
   B: 응. 그랬어. 그리고 나는 방과 후에 내 친구들과 농구를 할 거야.
3 A: Dan은 지금 무엇을 먹고 있니?
   B: Dan은 부엌에서 피자를 먹고 있어.

Unit 2 현재완료의 개념과 형태 p.04

A

1 have studied	**2** has lived	**3** has, left
4 has grown	**5** has been	**6** has worked
7 have raised	**8** have known	**9** has snowed
10 has bought		

1 나는 두 시간 동안 과학을 공부했다.
2 그녀는 2012년부터 이 집에서 살아 왔다.
3 Larry는 방금 이곳을 떠났다.
4 그 노인은 여름마다 당근을 키워 왔다.
5 그녀는 금요일부터 아팠다.
6 우리 언니는 10년 동안 요리사로 일해 왔다.
7 나는 이 새끼고양이들을 태어날 때부터 길러 왔다.
8 우리는 작년부터 서로를 알았다.
9 이틀 동안 눈이 내렸다.
10 그는 우주에 관한 많은 책들을 샀다.

B

1 has taken, has not[hasn't] taken, Has, taken
2 has repaired, has not[hasn't] repaired, Has, repaired
3 have, completed, have not[haven't], completed, Have, completed

1 Kevin은 2013년부터 기타 수업을 들었다.
   Kevin은 2013년부터 기타 수업을 듣지 않았다.
   Kevin은 2013년부터 기타 수업을 들었니?
2 그 기술자는 내 컴퓨터를 수리했다.
   그 기술자는 내 컴퓨터를 수리하지 않았다.
   그 기술자는 내 컴퓨터를 수리했니?
3 너는 그리기 강좌를 성공적으로 마쳤다.
   너는 그리기 강좌를 성공적으로 마치지 못했다.
   너는 그리기 강좌를 성공적으로 마쳤니?

C

1 has eaten	**2** have never been
3 Have you ever tried	**4** have been married
5 have not broken	**6** Have you taken
7 has been	**8** haven't played
9 Have you seen	**10** have

1 그녀는 오랫동안 건강한 음식을 먹어 왔다.
2 우리는 그곳에 한 번도 가본 적이 없다.
3 너는 태국 음식을 먹어본 적이 있니?
4 그들은 결혼한 지 10년이 되었다.
5 나는 법을 어긴 적이 없다.
6 네가 내 책을 가져갔니?
7 그녀는 스페인에 여러 번 가보았다.
8 나는 전에 하키를 해본 적이 없다.
9 너는 전에 뮤지컬을 본 적 있니?
10 A: 그들이 여행 프로그램의 대기자 명단을 만들었니?
    B: 응. 그랬어.

D

1 (1) has written many books
  (2) has become a famous writer
2 (1) have studied hard
  (2) have not[haven't] taken the test

1 나의 형 Tom은 작가이다. 그는 많은 책을 썼다. 그의 책 '지구'는 베스트셀러이다. 그는 유명한 작가가 되었다. 나는 그가 자랑스럽다.
2 나는 오늘 영어 시험이 있다. 나는 공부를 열심히 했다. 나는 아직 시험을 치지 않았지만 시험에 통과할 것이라고 확신한다.

Unit 3 현재완료의 주요 의미 p.06

A

1 ⓑ	**2** ⓐ	**3** ⓒ	**4** ⓑ	**5** ⓒ
6 ⓓ	**7** ⓑ	**8** ⓐ	**9** ⓒ	**10** ⓓ

1 나는 유령을 한 번도 본 적이 없다.
2 우리는 오랫동안 우리나라를 지켜 왔다.
3 그들은 방금 그 소식을 들었다.
4 나는 꽃집에 여러 번 갔다.
5 Brown 씨는 아직 자신의 집을 청소하지 않았다.
6 그 도둑은 내 지갑을 훔쳐갔다.
7 그들은 한 번도 그 기계를 사용해본 적이 없다.
8 나는 6개월 동안 피아노 수업을 들었다.
9 그는 이미 점심을 먹었다.
10 그녀는 일기장을 잃어버렸다.

B

1 have studied Korean history
2 has ridden an elephant
3 has just arrived
4 have not[haven't] bought a gift
5 has gone to his hometown
6 have worked at a hospital

C

1 ×→ were	**2** ×→ for	**3** ○	**4** ○	**5** ×→ visited
6 ○	**7** ○	**8** ×→ since	**9** ○	

1 그들은 지난주에 바빴다.
2 나는 5년 동안 과학을 공부했다.
3 그녀가 유럽을 여행할 때 병원에 방문했니?
4 이틀 전에 눈이 내렸다.
5 그녀는 2014년에 시드니를 방문했다.
6 그는 어제 새 가방을 샀다.
7 나는 지난 화요일부터 아팠다.
8 우리는 어린 시절부터 친구였다.
9 나는 새벽 5시부터 깨어 있다.

D

1 Min-jun has lived in Incheon for two years.
2 My mom has run a fashion company since 2007.
3 A thief has stolen my necklace.
4 I have not[haven't] finished my science homework yet.
5 I have read *Beauty and the Beast* twice[two times].

1 민준이는 2년 전에 인천으로 이사 갔다. 그는 여전히 그곳에 산다.
  = 민준이는 2년 동안 인천에 살고 있다.
2 우리 엄마는 2007년에 패션 회사를 경영하기 시작하셨다. 엄마는 여전히 그 회사를 경영하신다. = 우리 엄마는 2007년부터 패션 회사를 경영해 오셨다.
3 도둑이 내 목걸이를 훔쳤다. 나는 그 목걸이를 지금 가지고 있지 않다. = 도둑이 내 목걸이를 훔쳐갔다.
4 나는 과학 숙제가 있다. 하지만 아직 끝내지 못했다. = 나는 과학 숙제를 아직 끝내지 못했다.
5 나는 작년에 '미녀와 야수'를 처음 읽었다. 나는 어제 그것을 다시 읽었다. = 나는 '미녀와 야수'를 두 번 읽었다.

Chapter Test p.08

1 ① **2** ③ **3** ④ **4** ② **5** has grown potatoes
6 ④ **7** ④ **8** Junho has not eaten anything
9 Have you finished your homework **10** ② **11** was playing games **12** ⑤ **13** ① **14** ③ **15** (1) Have stayed you → Have you stayed (2) is having → has (3) has been never → has never been (4) has bought → bought

1 해설 ② hurt – hurt – hurt
  ③ think – thought – thought
  ④ do – did – done
  ⑤ begin – began – begun
2 해설 ① put – put – put
  ② leave – left – left
  ④ take – took – taken
  ⑤ swim – swam – swum
3 해설 앞으로 일어날 일이므로 미래시제를 나타내는 「be going to+동사원형」의 형태가 알맞다.
4 해설 과거 시점(last month)이 쓰였고 해석이 '~했다'이므로 과거시제가 알맞다.
5 해설 계속을 나타내는 현재완료 「have[has]+p.p.~」의 형태로 써야 한다.
6 해석 ① 그녀는 지금 파란색 드레스를 입고 있다.
  ② 그녀는 몇 시간 전에 이메일을 확인했다.
  ③ Jane은 다음번에 나에게 책을 한 권 빌려줄 것이다.
  ④ 그들은 그때 음악을 듣고 있었다.
  ⑤ 곰은 겨울에 몇 개월 동안 잠을 잔다.
  해설 ① 현재를 나타내는 now가 있으므로 was를 is로 고쳐야 알맞다. ② 과거를 나타내는 a few hours ago가 있으므로 checks를 checked로 바꿔야 한다. ③ 미래를 나타내는 next time이 있으므로 lent를 will lend나 is going to lend로 고쳐야 한다. ⑤ 일반적 사실을 설명하고 있으므로 slept가 아니라 현재시제인 sleep이 적절하다.
7 해석 A: 너는 토요일에 무엇을 하고 있었니?
  B: 나는 어머니와 함께 쇼핑하고 있었어.
  해설 과거진행형으로 물었으므로 과거진행형으로 대답해야 한다.
8 해설 현재완료 부정문이므로 「주어+has not+p.p.~」의 순서로 배열한다.
9 해설 현재완료 의문문이므로 「Have+주어+p.p.~」의 순서로 배열한다.
10 해석 Wendy는 어제 반지를 잃어버렸다. 지금 그녀는 그것을 가지고 있지 않다.
  ② Wendy는 반지를 잃어버렸다.
  해설 어제 잃어버려서 지금까지 없는 상태이므로 결과를 의미하는 현재완료 「has[have]+p.p.」의 형태가 알맞다.
11 해석

시간	Nick	Susan
오후 3시	게임 하기	TV 보기
오후 8시	집 청소하기	설거지하기

Q: Nick은 오후 3시에 무엇을 하고 있었니?
A: 그는 그때 게임을 하고 있었어.

해설 Nick이 오후 3시에 무엇을 하고 있었는지 과거진행형으로 묻고 있으므로 대답도 과거진행형으로 해야 한다.

12 해석 ① 나는 내일 샐러드를 만들 것이다.
② 우리 형은 지금 가방을 싸고 있다.
③ 인간은 물과 공기가 필요하다.
④ James는 내 질문에 대답하지 않았다.
⑤ 그녀는 어제 손가락을 다쳤다.
해설 ⑤는 과거의 특정 시점(yesterday)에 일어난 일이므로 과거시제로 써야 한다.
어휘 human 인간

13 해석 나는 런던에 두 번 가보았다.
① 나는 전에 이 만화를 한 번도 본 적이 없다.
② Sam은 일본으로 가버렸다.
③ 그들은 이미 그 퀴즈를 풀었다.
④ 나는 두 시간 동안 그와 그것을 의논했다.
⑤ 그는 자신의 비밀번호를 잊어버렸다.
해설 주어진 문장과 ①은 경험을 나타내는 현재완료이다. ②는 결과, ③은 완료. ④는 계속, ⑤는 결과를 나타낸다.
어휘 discuss 의논하다 donate 기부하다

14 해석 Jimmy는 아직 학교 동아리에 가입하지 않았다.
① 그 아기는 오랫동안 잠을 잤다.
② 너의 미래를 상상해본 적이 있니?
③ Amy는 이미 그 표 값을 지불했다.
④ 나는 2015년부터 학생들을 가르쳐 왔다.
⑤ 우리 가족은 로마를 한 번도 방문한 적이 없다.
해설 주어진 문장과 ③은 완료를 나타내는 현재완료이다. ①은 계속, ②는 경험, ④는 계속, ⑤는 경험을 나타낸다.
어휘 imagine 상상하다

15 해석 (1) 너는 밤을 새웠니?
(2) 벤치 위의 소년은 큰 풍선을 가지고 있다.
(3) 내 여동생은 한 번도 학교에 결석한 적이 없다.
(4) Ron은 2006년에 자신의 첫 번째 차를 샀다.
해설 (1) 현재완료 의문문은 「Have[Has]+주어+p.p.~?」의 순서로 써야 한다. (2) 소유를 나타내는 동사 have는 진행형으로 쓸 수 없다. (3) 현재완료의 부정문은 「have[has]+부정어(never)+p.p. ~」의 순서로 써야 한다. (4) 과거의 특정 시점(in 2006)에 일어난 일이므로 과거시제로 써야 한다.
어휘 stay up (평상시보다 더 늦게까지) 자지 않다 absent 결석한

CHAPTER 02 조동사

Unit 1 can/may/will

p.10

A

1 ○	2 ×→is able to	3 ○	4 ×→are able to
5 ×→could	6 ×→was able to	7 ○	
8 ×→were able to			

1 우리가 차를 여기에 주차해도 될까?
2 Peter는 농구를 매우 잘할 수 있다.
3 유진이는 다섯 살 때 중국어를 읽을 수 있었다.
4 학생들은 15% 할인을 받을 수 있다.
5 나는 어렸을 때 매우 빨리 달릴 수 있었다.
6 그녀는 어제 복사기를 고칠 수 있었다.
7 그는 그 콘서트 표들을 살 수 있다.
8 그들은 어젯밤에 모든 숙제를 끝낼 수 있었다.

B

1 will	2 may	3 Would	4 may not
5 will not	6 may	7 Would	8 may not
9 will	10 won't		

1 우리 삼촌은 자신의 집을 페인트칠할 것이다. 그것은 너무 오래되었다.
2 그 긴 머리의 소녀는 유리의 여동생일지도 모른다.
3 부탁 하나 들어주시겠어요?
4 너는 TV를 켜면 안 된다. 너희 형이 지금 공부 중이다.
5 우리는 그녀와 다신 말하지 않을 것이다. 그녀는 매우 무례하다.
6 너는 오늘 밤에 뮤지컬을 보러 가도 된다. 하지만 집에 일찍 와야 한다.
7 저에게 당신의 주소를 알려 주시겠어요?
8 그 소식은 사실이 아닐지도 모른다. 우리는 그것을 믿을 수 없다.

9 나는 지금 바빠. 내가 너에게 나중에 전화할게.
10 그는 너무 피곤하기 때문에 너를 방문하지 않을 것이다.

C

| 1 ⓔ | 2 ⓑ | 3 ⓓ | 4 ⓒ | 5 ⓓ | 6 ⓐ | 7 ⓔ | 8 ⓑ |

1 나는 이번 여름방학에 유럽으로 여행 갈 것이다.
2 너는 부엌에 있는 무엇이든 마셔도 된다.
3 탑승권 좀 보여 주시겠어요?
4 곧 비가 올지도 모른다. 지금 날이 흐리다.
5 저를 좀 도와주시겠어요?
6 우리 할머니는 인터넷 검색을 하실 수 있다.
7 너는 주말에 Amy를 만날 거니?
8 너는 코트를 벗어도 된다.

D

1 may not arrive	2 can speak
3 will come	4 could pass
5 won't go	6 was able to skate
7 may know	8 will find

Unit 2 must/have to/should

p.12

A

| 1 ⓐ | 2 ⓒ | 3 ⓑ | 4 ⓐ | 5 ⓒ | 6 ⓑ | 7 ⓐ |

1 우리는 지구를 보호해야 한다.
2 내 개는 오랜 산책 후에 매우 배고픈 게 틀림없다.
3 너는 바다에서 수영하면 안 된다.

4 우리는 도서관에서 조용히 해야 한다.
5 사고가 있는 게 틀림없다.
6 너는 새치기하면 안 된다.
7 소라는 자신의 여동생을 돌봐야 했다.

B

1 must not cross	2 don't have to worry
3 don't have to go	4 must not sit
5 doesn't have to be	6 don't have to shout
7 must not pick	8 doesn't have to go
9 must not take	

1 우리는 빨간 불에 길을 건너면 안 된다.
2 너는 그것에 대해 걱정할 필요가 없다.
3 너는 날씬해 보인다. 너는 다이어트를 할 필요가 없다.
4 표지판을 보세요. 여기에 앉으면 안 돼요.
5 Tommy는 시간이 많다. 그는 서두를 필요가 없다.
6 너는 소리 지를 필요가 없어. 나는 네 말을 들을 수 있어.
7 우리는 꽃을 꺾으면 안 된다.
8 내일은 일요일이다. 내 여동생은 오늘 밤 일찍 자러 갈 필요가 없다.
9 너는 박물관에서 사진을 찍으면 안 된다.

C

1 don't have to	2 should	3 must
4 must not	5 has to	

D

1 must wash	2 should not sit
3 must be	4 had to get up
5 must be	6 has to pass
7 must not play	8 don't have to walk

Unit 3 had better/would like to/used to p.14

A

1 used to	2 We'd better
3 would like to	4 I'd like to keep
5 had better not	6 had better
7 used to go	8 had better

1 그는 매주 토요일에 축구를 하곤 했다.
2 우리는 표를 일찍 예매하는 게 좋겠다.
3 나는 오렌지 주스를 마시고 싶다.
4 나는 개를 한 마리 기르고 싶다.
5 너는 너무 많이 먹지 않는 게 좋겠다.
6 나는 곧 머리를 자르는 게 낫겠다.
7 나는 일요일마다 Amy와 소풍을 가곤 했다.
8 너는 택시를 타는 게 좋겠다.

B

1 had better	2 used to	3 had better
4 had better not	5 used to	6 had better not

1 우리는 늦었다. 우리는 서두르는 게 좋겠다.
2 우리 가족은 10년 전에 주말마다 조부모님을 방문하곤 했다.
3 나는 배고프다. 나는 라지 사이즈 피자를 주문하는 게 좋겠다.
4 눈이 오고 있다. 우리는 그 산에 오르지 않는 게 좋겠다.
5 그는 아침에 커피를 마시곤 했지만, 지금은 아니다.
6 너는 컴퓨터 게임을 너무 많이 하지 않는 게 좋겠다.

C

1 would like to go	2 had better be
3 used to be	4 Would you like to try
5 had better not skip	6 used to live
7 had better ask	

D

1 would like to go	2 had better go
3 would like to have	4 used to watch
5 had better study	6 used to be

1 A: 너는 주말에 무엇을 할 거니?
   B: 나는 영화 보러 가고 싶어.
2 A: 나는 치통이 있다. (→ 나는 이가 아프다.)
   B: 너는 치과에 가는 게 좋겠다.
3 A: 주문하시겠어요?
   B: 네. 저는 햄버거 한 개를 먹고 싶습니다.
4 A: 너는 TV를 많이 보니?
   B: 나는 TV를 많이 보곤 했지만, 지금은 그렇지 않아.
5 A: 나는 지난 과학 시험에서 안 좋은 점수를 받았어.
   B: 너는 공부를 열심히 하는 게 좋겠다.
6 A: 너는 새를 무서워하니?
   B: 나는 새를 무서워했지만, 지금은 그렇지 않아.

Chapter Test
p.16

1 ② 2 ② 3 ④ 4 ① 5 ④ 6 could 7 We'd better
not have raw fish. 8 ⑤ 9 ②, ④ 10 ③
11 ② 12 ③ 13 ③ 14 ④

1 **해석** 〈보기〉 Jake는 지금 사무실에 있을지도 모른다.
   ① 너는 내 자전거를 사용해도 된다.
   ② 그 일은 어렵지 않을지도 모른다.
   ③ 제가 질문을 하나 해도 될까요?
   ④ 너는 지금 잠깐 쉬어도 된다.
   ⑤ 너는 점심 전에 떠나도 된다.
   해설 〈보기〉의 may는 '~일지도[할지도] 모른다'라는 추측의 의미로 쓰였다. may가 같은 의미로 쓰인 문장은 ②이며, 나머지는 모두 '~해도 된다'라는 허가의 의미로 쓰였다.
2 **해설** 빈칸에 '~해야 한다'라는 의미의 의무를 나타내는 must가 들어가야 적절하다. everyone은 단수 취급하므로 ④ have to 대신 has to를 써야 한다.
3 **해석** · 나는 어제 늦게까지 자지 않았다. 나는 시험공부를 해야 했다.
   · Brown은 지난주 오디션에 통과할 수 있었다.
   해설 (A)는 어제 늦게까지 자지 않은 이유이므로 '~해야 했다'라는 의미의 had to가 들어가야 한다. (B)는 과거를 나타내는 last week이 있으므로 could가 들어가야 적절하다.
   어휘 audition 오디션
4 **해석** ① 그들은 야구 선수들임이 틀림없다.
   ② 너는 규칙을 준수해야 한다.
   ③ 너는 여기서 헬멧을 써야 한다.
   ④ 너는 그것을 너의 선생님과 먼저 의논해야 한다.
   ⑤ 우리는 거실을 청소해야 한다.
   해설 ①의 must는 '~임이 틀림없다'라는 강한 추측을 나타내고, 나머지는 '~해야 한다'라는 의무를 나타낸다.
   어휘 obey 준수하다
5 **해석** ① Linda는 오늘 일찍 일어날 필요가 없다.
   ② 나는 오늘 장갑을 낄 필요가 없다.
   ③ 그들은 설거지할 필요가 없다.
   ④ 그는 정원에 있는 식물들에 물을 줄 필요가 없다.

⑤ 너는 새 옷들에 많은 돈을 쓸 필요가 없다.

해설 ①은 주어 Linda가 3인칭 단수이므로 don't를 doesn't로 고쳐야 한다. ②는 had를 have로 고쳐야 한다. ③은 주어 They가 3인칭 복수이므로 doesn't를 don't로 고쳐야 한다. ⑤는 don't have to 뒤에 동사원형이 와야 하므로 spending을 spend로 고쳐야 한다.

6 해석 나는 내 친구들과 함께 여행을 갈 수 있어서 행복했다.

해설 be able to는 '~할 수 있다'라는 의미로 능력을 나타내는 조동사 can과 같다. 과거의 일을 나타내고 있으므로 can의 과거형 could로 바꿔 쓸 수 있다.

7 해석 우리는 날생선을 먹지 않는 게 좋겠다.

해설 had better의 부정형은 had better not의 어순으로 쓴다.

어휘 raw 날것의

8 해석 A: 너 괜찮아?
B: 나는 심한 감기에 걸렸어.
A: _____
① 지금 당장 병원에 가라.
② 너는 지금 당장 병원에 가야 한다.
③ 너는 지금 당장 병원에 가는 게 좋겠다.
④ 너는 지금 당장 병원에 가야 한다.
⑤ 너는 지금 당장 병원에 갈 것이다.

해설 ①, ②, ③, ④는 모두 병원에 갈 것을 권하는 말로 자연스럽지만, ⑤는 미래의 일을 말하는 것이므로 어색하다.

9 해석 A: 지금 밖에서 놀아도 될까요?
B: 아니, 그러지 마. 너무 추워.
① 너는 지금 밖에서 놀아야 한다.
② 너는 지금 밖에서 놀면 안 된다.
③ 너는 지금 밖에서 노는 것이 좋겠다.
④ 너는 지금 밖에서 놀지 말아야 한다.
⑤ 너는 지금 밖에서 놀 필요가 없다.

해설 밖에서 놀아도 되는지 허가를 요청하는 질문에 그러지 말라고 대답하고 있으므로, 금지를 나타내는 must not과 should not이 쓰인 문장으로 바꿔 쓸 수 있다.

10 해석 지나: 소라야, 무슨 문제 있니? 안 좋아 보이네.
소라: 음, 내 몸무게가 걱정이야. 나는 살이 찐 것 같아.
지나: 내 생각엔 네가 운동을 좀 하는 게 좋을 것 같아.

해설 밑줄 친 부분에서 지나는 had better를 사용해 운동을 하는 게 좋겠다고 충고하고 있다.

어휘 weight (몸)무게

11 해석 (A) 그들은 다음 주 수요일에 학교에 갈 필요가 없다. 그날은 휴일이다.
(B) 그녀는 수업 중에 휴대폰을 사용하면 안 된다.
(C) Sam은 자신의 생일에 집안일을 할 필요가 없다.

해설 문맥상 (A)와 (C)는 불필요를 나타내는 don't have to가 들어가야 적절한데, (C)의 주어인 Sam이 3인칭 단수이므로 (C)는 doesn't have to를 써야 한다. (B)는 '~하면 안 된다'라는 강한 금지를 나타내는 must not이 적절하다.

어휘 chore 집안일; 자질구레한 일

12 해설 ①은 주어 Diana가 3인칭 단수이므로 have to 대신 has to를 써야 한다. ②는 금지를 나타내는 문장이므로 don't have to 대신 must not을 써야 한다. ④는 can 대신 may not을 써야 부정적인 추측을 나타낼 수 있다. ⑤는 '~할 [일] 것이다'라는 의미의 조동사가 필요하므로 can이 아닌 will을 써야 한다.

13 해석 온라인 쇼핑은 재미있다. 우리는 단지 컴퓨터를 켜고 메뉴를 읽는다. 그러고 나서 우리는 한 번의 클릭으로 무언가를 주문한다. 우리는 상점에 갈 필요가 없다.

해설 글의 내용상 온라인 쇼핑을 하면 상점에 갈 필요가 없다고 하는 게 자연스러우므로 '~할 필요가 없다'라는 뜻의 불필요를 나타내는 don't have to가 적절하다.

14 해석 7월 20일 금요일

캠핑 여행은 끔찍했다. 비가 너무 많이 와서 우리는 불을 피울 수 없었다. 그래서 우리는 저녁 식사로 차가운 음식을 먹어야 했다. 우리는 다음번에 더 나은 여행을 고를 것이다.

해설 ⓓ가 있는 문장은 '저녁 식사로 차가운 음식을 먹어야 했다.'이므로 조동사 have to의 과거형을 써서 had to eat이 되어야 알맞다.

CHAPTER 03 대명사

Unit 1 재귀대명사 p.18

A

1 themselves	2 himself	3 myself
4 herself	5 ourselves	6 himself
7 itself	8 myself	9 themselves

1 그 선수들은 경기 후에 자신들을 자랑스러워했다.
2 그는 자신을 용서할 수 없었다.
3 나는 계단에서 넘어져서 다쳤다.
4 내 여동생은 소풍을 가기 위해 옷을 입었다.
5 우리는 우리 자신의 사진을 찍었다.
6 그 남자는 자기 자신을 여러 번 그렸다.
7 고양이는 벽 뒤로 자신을 숨겼다.
8 여러분께 저를 소개하겠습니다.
9 그 남자들은 그 여자들 뒤에 앉았다.

B

1 him	2 ourselves	3 himself
4 yourself	5 me	6 themselves
7 her	8 themselves	

1 그녀는 그에게 자신의 앨범을 보여주었다.
2 우리는 우리 자신을 사랑해야 한다.
3 그는 직접 그 복사기를 고쳤다.
4 너 자신을 탓하지 마. 그건 너의 잘못이 아니야.
5 우리 엄마는 나에게 맛있는 케이크를 만들어 주셨다.
6 아기들은 자기 자신을 돌볼 수 없다.
7 Tom은 그녀에게 생일선물을 주었다.
8 그들은 직접 그 아름다운 건물을 설계했다.

C

1 ×	2 ×	3 ○	4 ○	5 ×	6 ○	7 ×	8 ×	9 ×

1 그 작가는 자신에 대한 이야기를 썼다.
2 그 어린 소년은 옷을 입을 수 있다.
3 나는 직접 보고서를 끝냈다.
4 너는 그 문제를 스스로 풀어야 한다.
5 우리 엄마는 뜨거운 프라이팬에 데셨다.
6 우리는 직접 그 배우를 인터뷰했다.
7 Jerry는 자신을 괜찮은 가수라고 생각한다.
8 몇몇 사람들은 하이킹 중에 다쳤다.
9 무대 위에서 당신 자신을 자유롭게 표현해주세요.

D

1 make yourself at home	2 help yourself
3 said to myself	4 cut myself
5 Between ourselves	6 by yourself

Unit 2 부정대명사 I

A

1 ones	2 some	3 any	4 some	5 one	6 any
7 one	8 ones				

1 너는 큰 차들을 좋아하니 아니면 작은 것들을 좋아하니?
2 저를 좀 도와주시겠어요?
3 저는 반려동물이 몇 마리 있어요. 좀 있으세요?
4 대부분의 학생들은 공손하지만 몇몇은 무례하다.
5 내 손목시계는 낡았고 더럽다. 나는 새것을 사고 싶다.
6 이 근처에 어떤 좋은 장소를 아세요?
7 저는 지하철을 놓쳤어요. 다음 것은 언제 오나요?
8 A: 저는 저 안경을 써 보고 싶어요.
  B: 어떤 거요?

B

1 the other	2 Some, the others
3 One, the other	4 Some, others
5 One, the others	6 another, the other

C

1 one	2 another	3 It	4 the other	5 some
6 others	7 ones	8 any		

1 Sally는 좋은 자전거가 있다. 나도 역시 좋은 자전거가 있다.
2 나는 셔츠를 세 개 샀다. 하나는 빨간색이고, 또 다른 하나는 파란색이며 나머지 하나는 녹색이다.
3 나는 휴대폰이 하나 있다. 그것은 검은색이고 정말 얇다.
4 책상 위에 두 권의 책이 있다. 한 권은 내 것이고 나머지 한 권은 그의 것이다.
5 샌드위치 좀 더 먹을래?
6 몇몇 사람들은 채소를 좋아하지만 다른 몇몇은 그렇지 않다.
7 Kate가 실수로 내 안경을 부러뜨렸다. 나는 새것이 필요하다.
8 집에 팬케이크가 하나도 없다.

D

1 have some bread	2 call one for me
3 the others are brown	4 don't have any
5 the other has	6 others like math
7 two blue ones	8 the others are white

Unit 3 부정대명사 II

A

1 All	2 each	3 Every	4 Each	5 All
6 Both	7 Each			

1 모든 아이들은 거기에 제시간에 도착해야 한다.
2 우리 반에서는 각각의 남자아이들이 자신만의 자전거를 가지고 있다.
3 모든 소녀는 Eric과 춤추고 싶어 한다.
4 각각의 나라는 고유한 국기가 있다.

---

5 모든 학생들이 참석했다.
6 나는 친구가 두 명 있다. 그들 둘 다 컴퓨터 게임 하는 걸 좋아한다.
7 각각의 학생들은 자신의 방을 가지고 있다.

B

1 Both	2 Each	3 All	4 Every	5 Both	6 Each

1 나는 형제가 두 명 있다. 그들 둘 다 춤을 잘 춘다.
2 각각의 선수는 파란색 바지를 입고 있다.
3 내 친구들 모두 그 영화를 좋아했다.
4 이 반의 모든 소녀는 패션에 관심이 있다.
5 우리 둘 다 중학생이다.
6 야구 팀의 선수들은 각각 다른 역할을 한다.

C

1 has	2 begins	3 likes	4 is	5 is	6 man
7 girls are	8 student needs	9 restaurants			

1 모든 테이블에 네 개의 의자가 있다.
2 이 책에서 각각의 장은 대화로 시작한다.
3 그 동아리의 모든 회원은 운동하는 것을 좋아한다.
4 모든 가구는 독일산이다.
5 그들은 각자 다른 나라 출신이다.
6 모든 사람이 예술가가 될 수는 없다.
7 두 소녀 모두 한국인이다.
8 모든 학생은 좋은 사전이 필요하다.
9 두 식당 모두 바깥에 정원이 있다.

D

1 on every floor	2 Both of us are
3 Each has his	4 All of us were amazed
5 his every word	6 invite both of you
7 All of the performances are ready	
8 Each test has	

Chapter Test

1 ④ 2 ② 3 ① 4 ⑤ 5 One, another, the others
6 One, the other 7 ④ 8 Help yourself, and have a good time. 9 ④ 10 ① 11 Every middle school student learns English and math. 12 ② 13 ④
14 (A) another (B) the other (C) others 15 ⑤

1 **해석** ① 내가 직접 음식을 요리했다.
  ② 그녀는 오직 자신에 대해서만 생각한다.
  ③ 네가 원한다면 너 자신을 표현해도 된다.
  ④ 내 남동생은 스스로 편지를 썼다.
  ⑤ Bob은 자신에게 화가 났다.
  해설 ④ 3인칭 단수 남자를 나타내는 재귀대명사는 hisself가 아니라 himself이다.

2 **해석** ① 우리는 모두 어제 피곤했다.
  ② 그의 부모님 두 분 다 은행에서 일하신다.
  ③ 각각의 소년은 자신만의 관심거리를 가지고 있다.
  ④ 온 세상이 그 소문을 안다.
  ⑤ 그들 둘 다 새처럼 노래하고 있다.
  해설 ② Both는 복수 취급하여 뒤에 복수형 동사가 와야 하므로 works를 work로 고쳐야 한다.
  어휘 interest 관심거리 rumor 소문

3 **해석** A: 나는 방금 인터넷으로 MP3 플레이어를 샀어.

천일문 GRAMMAR LEVEL 2 WORKBOOK

B: 오, 나도 어제 하나 샀는데.
해설 빈칸에 들어갈 말은 A가 말한 an MP3 player와 같은 종류의 것 하나를 지칭하는 말이므로 one이 적절하다.

4 해석 ① 너는 혼자서 그 나라를 여행했니?
② Cindy는 우리에게 자신을 소개했다.
③ Nick은 자신을 그렸다.
④ 나는 학교 축제에서 즐거운 시간을 보냈다.
⑤ 나는 그 영화 자체를 좋아하지 않았다.
해설 ⑤의 itself는 목적어인 the movie를 강조하는 재귀대명사이므로 생략할 수 있다. ①의 by yourself는 '혼자서'라는 뜻의 관용 표현이다. ②, ③, ④는 모두 주어와 목적어가 같을 경우에 쓰는 재귀대명사로 생략할 수 없다.

5 해설 여러 개를 나열해서 표현하는데 '하나는 ~, 또 다른 하나는 …, 나머지 모두는 ~'이라고 할 경우 'one ~, another …, the others ~'를 쓰면 된다.

6 해설 '(둘 중) 하나는 ~, 나머지 하나는 …'이라고 할 때 'One ~, the other …'를 쓴다.

7 해석 〈보기〉 Sam은 자신을 자랑스럽게 여겨야 한다.
① 아이들은 앞쪽에 앉았다.
② 그 노인은 종종 혼잣말한다.
③ Alice는 자신을 사랑한다.
④ 우리는 직접 우리 교실을 청소해야 한다.
⑤ 그녀는 요리하다가 베었다.
해설 ④의 ourselves는 (대)명사를 강조하는 재귀대명사로 쓰였고, 〈보기〉를 포함한 나머지는 모두 주어와 일치하는 목적어를 대신하는 재귀대명사로 쓰였다.

8 해설 '(~을) 마음껏 먹다'의 의미인 help oneself (to)와 '좋은 시간을 보내다'의 의미인 have a good time을 활용하여 문장을 완성하면 된다.

9 해석 ① 사과 좀 있어요?
② 냉장고에 음식이 하나도 없다.
③ 숙제가 좀 있니?
④ 커피 좀 드시겠어요?
⑤ 우리는 음료를 조금도 살 필요가 없다.
해설 ④ 긍정의 대답을 기대하는 의문문에는 some을 쓴다.

어휘 refrigerator 냉장고

10 해석 · 우리 부모님은 차 두 대를 가지고 계신다. 한 대는 집에 있고, 나머지 한 대는 아버지의 사무실 건물에 있다.
· 나는 내년에 세 나라를 방문할 것이다. 하나는 프랑스이고, 또 다른 하나는 이탈리아이며 나머지 하나는 영국이다.
해설 (A)는 둘 중 나머지 하나를 가리키는 말이 들어가야 하고, (B)는 셋 중 나머지 하나를 가리키는 말이 들어가야 하므로 각각 the other가 적절하다.

11 해설 every는 단수 취급하므로 뒤에 단수명사와 단수동사를 쓰는 것에 주의한다.

12 해석 · 몇몇은 야구에 대해 이야기하고 있고, 다른 몇몇은 휴식을 취하고 있다.
· 몇몇은 나의 의견에 동의했지만, 다른 몇몇은 동의하지 않았다.
해설 '(여럿 중) 몇몇은 ~, 다른 몇몇은 …'이라고 할 때 'some ~, others …'를 쓰므로 빈칸에 공통으로 들어갈 적절한 말은 others이다.
어휘 take a rest 휴식을 취하다 opinion 의견

13 해석 ① 각각의 어린이는 피자 한 조각씩을 먹었다.
② 이 가게의 모든 품목은 손으로 만들었다.
③ 나는 콘서트를 위한 돈이 하나도 없다.
④ 너 동전 좀 있니?
⑤ 모든 질문은 매우 어려웠다.
해설 ①은 children을 child로, ②는 items를 item으로, ③은 some을 any로, ⑤는 were를 was로 고쳐야 알맞은 문장이 된다.
어휘 handmade 손으로 만든, 수제의

14 해석 · Tim은 삼촌이 세 명 있다. 한 분은 교사이시고, 또 다른 한 분은 의사이시며, 나머지 한 분은 사진작가이시다.
· 몇몇 사람들은 여름을 좋아하고, 다른 몇몇은 겨울을 좋아한다.
해설 (A)는 '셋 중 또 다른 하나'를 가리키는 another가, (B)는 '셋 중 나머지 하나'를 가리키는 the other가 들어가야 한다. (C)는 '여럿 중 다른 몇몇'을 가리키는 others가 알맞다.

15 해설 ①은 yourself를 themselves로, ②는 himself를 herself로, ③은 her를 herself로, ④는 have를 has로 고쳐야 바른 문장이 된다.

CHAPTER 04 형용사와 부사

Unit 1 형용사
p.26

A

1 nice	**2** anything cold	**3** much
4 eleven-year-old	**5** A few	**6** are
7 dark	**8** busy	**9** lots of
10 accidents		

1 그 닭고기는 매우 좋은 냄새가 난다.
2 너는 차가운 마실 것을 원하니?
3 우리는 저녁 식사에서 많은 음식을 먹지 않았다.
4 내 여동생은 열한 살의 소녀이다.
5 몇 명의 남자들이 지하철을 기다리고 있었다.
6 부유한 사람들이 더 부유해지고 있다.
7 일몰 후에 하늘은 어두워졌다.
8 이 건물 안의 모든 사람들은 바빠 보인다.
9 Tony는 시험 전에 많은 스트레스를 받았다.
10 많은 차 사고가 어린이 보호구역에서 발생했다.

B

1 × → sweet	**2** ○	**3** × → interesting	
4 × → twenty-year-old	**5** × → serious	**6** ○	**7** ○
8 × → keep	**9** × → have	**10** × → warm	

1 이 사과 파이는 매우 단맛이 난다.
2 Julie는 나에게 웃긴 무언가를 말해 주었다.
3 그 새로운 영화는 흥미로워 보인다.
4 그는 스무 살의 배우이다.
5 Peter는 팔에 심각한 부상을 입었다.
6 그 작가는 갑자기 유명해졌다.
7 민지는 항상 자신의 친구들에게 친절하다.
8 많은 사람들이 집에서 애완동물을 기른다.
9 노인들은 많은 지혜를 가지고 있다.
10 네 몸을 따뜻하게 유지하라.

C

| 1 Few | 2 many | 3 much | 4 little | 5 a little |
| 6 few | 7 a few | 8 little | | |

1 그 기차에는 남은 좌석이 거의 없었다. 몇몇은 다음 기차를 타야 했다.
2 주말마다 백화점에는 보통 많은 사람들이 있다.
3 수프에 얼마나 많은 물이 필요하니?
4 나리는 병원에 갈 시간이 거의 없다. 그녀는 너무 바쁘다.
5 Lily는 친구와 약간의 문제가 있었다. 하지만 그들은 이제 괜찮다.
6 교실에 학생들이 거의 없었다. 그곳은 조용했다.
7 나는 몇 시간 전에 수지를 만났다.
8 어두운 차 안에는 빛이 거의 없었다.

D

1 an eight-year-old girl	2 is little space
3 A few customers were	4 had little snow
5 a number of books	6 a little butter

Unit 2 부사

p.28

A

1 Frank closed the door quietly.

2 Students are very active today.

3 My sister drives really carefully.

4 I was so sad after I saw the movie.

5 We tried hard to find the solution.

6 They ran to the school quickly.

7 Be careful. The glass breaks very easily.

〈보기〉 그는 기말 시험을 대비해 열심히 공부했다.
1 Frank는 조용히 문을 닫았다.
2 학생들은 오늘 매우 활동적이다.
3 우리 언니는 정말 조심스럽게 운전한다.
4 나는 그 영화를 보고 나서 무척 슬펐다.
5 우리는 해결책을 찾기 위해 열심히 노력했다.
6 그들은 학교로 빠르게 뛰었다.
7 조심해. 그 유리잔은 매우 쉽게 깨져.

B

1 ① rarely	2 ② always	3 ① never
4 ① often	5 ② sometimes	6 ② usually
7 ① hardly		

1 나는 밤에 컴퓨터 게임을 거의 하지 않는다. 그것은 나의 눈에 안 좋다.
2 Thomas는 항상 학교에 지각한다. 그는 게으르다.
3 우리 아버지는 작년에 담배를 끊으셨다. 아버지는 이제 담배를 전혀 피우지 않으신다.
4 그 버스는 종종 일찍 출발한다. 우리는 서둘러야 한다.
5 나는 이 TV쇼를 좋아하지만, 가끔은 지루하다.
6 Robert는 보통 시끄럽다. 그러나 오늘 그는 매우 조용하다.

7 우리 선생님이 오늘 거의 웃지 않으신다. 선생님께 무슨 잘못된 일이 있는 건지도 모른다.

C

| 1 × → nearly | 2 × → sleep enough | 3 × → late |
| 4 × → fast | 5 ○ | 6 × → hard | 7 ○ | 8 × → long line |

1 공항에 도착하는 데 거의 한 시간이 걸렸다.
2 어젯밤에 잠을 충분히 잤니?
3 상우는 교통체증 때문에 늦게 도착했다.
4 우리 오빠는 너무 빨리 걷는다.
5 그의 연설은 꽤 짧았다.
6 나는 그의 전화번호를 기억해내기 위해 열심히 노력했다.
7 그 비행기는 30분 일찍 도착했다.
8 그 식당 앞에는 긴 줄이 있었다.

D

1 nearly	2 near	3 hard	4 hardly	5 hard
6 lately	7 late	8 late	9 high	10 high
11 highly				

1 그 공연은 거의 2시간이 걸렸다.
2 그 슈퍼마켓은 우리 집에서 매우 가깝다.
3 어제 눈이 몹시 내렸다.
4 나는 시끄러운 음악 때문에 그의 목소리를 거의 들을 수 없었다.
5 이 쿠키는 너무 딱딱하다.
6 너는 최근에 제주도에 가 본 적이 있니?
7 John은 어젯밤에 늦게 집에 갔다.
8 늦지 마. 우리는 정시에 떠날 거야.
9 그는 하늘 높이 공을 쳤다.
10 언덕 위의 그 탑은 높았다.
11 Tom의 새로운 아이디어는 매우 창의적이었다.

Chapter Test

p.30

1 ④　　2 ②　　3 ⑤　　4 ①, ④　　5 ③　　6 A little, A few
7 a little, little　　8 ①, ④　　9 ②　　10 (1) always (2) hardly
11 ⑤　　12 Ben often goes to the gym　　13 ③　　14 ④　　15
(1) ⓒ highly (2) ⓓ Many

1 **해석** 우리 오빠는 지금 _____ 보인다.
① 좋은 ② 배고픈 ③ 행복한 ④ 정말 ⑤ 화난
해설 빈칸은 명사를 보충 설명하는 형용사 자리이므로 부사인 really는 적절하지 않다.

2 **해설** '조금 있는'이라는 긍정의 의미를 나타내는 수량 형용사가 필요한데, milk는 셀 수 없는 명사이므로 a little이 적절하다.

3 **해설** '거의 없는'이라는 부정의 의미를 나타내는 수량 형용사가 필요한데, people은 셀 수 있는 명사이므로 few가 알맞다.

4 **해석** ① 너는 많은 돈을 가지고 있니?
② 엄마는 많은 샌드위치를 만들지 않으셨다.
③ 나는 목마르지만, 물이 거의 없다.
④ 그는 체중이 조금 늘었지만 여전히 날씬해 보인다.
⑤ 그 팀은 이번 주에 많은 경기에서 이겼다.
해설 ②의 sandwiches와 ⑤의 games는 셀 수 있는 명사이므로 much 대신 many[a lot of, lots of, plenty of]를 써야 한다. ③의 water는 셀 수 없는 명사이고 문맥상 물이 없다는 내용이 되어야 하므로 a few를 little로 고쳐야 한다.
어휘 gain weight 체중이 늘다　slim 날씬한

5 **해석** · 파리에서 야경은 꽤 아름다웠다.
· 우리 고모는 자신의 결혼식에서 매우 행복해 보이셨다.

해설 (A)는 형용사를 꾸미는 부사 자리이므로 very와 quite 둘 다 가능하다. (B)는 주어를 보충 설명하는 형용사 자리이므로 happy가 적절하다.

어휘 night view 야경 quite 꽤

6 해석 몇 명의 소년들이 편지를 쓰고 있다.
해설 boys는 셀 수 있는 명사이므로 A little을 A few로 고쳐야 한다.

7 해석 그 가게는 고기가 거의 없다. 나는 조금도 살 수 없다.
해설 고기가 거의 없다는 의미가 되어야 하므로 a little이 아니라 little이 알맞다.

8 해석 우리 언니는 스무 살의 학생이다. 언니는 항상 밤에 자신의 방을 청소한다. 언니의 방에는 먼지가 거의 없다. 하지만 나는 보통 게으르다. 나는 절대 내 방을 청소하지 않는다.
해설 ①은 「숫자-단수명사(-형용사)」가 뒤에 있는 명사 student를 꾸미고 있으므로 숫자 뒤의 명사를 단수형인 year로 써야 한다. ④는 빈도부사는 be동사 뒤에 쓰므로 usually가 am 뒤로 가야 한다.

어휘 dust 먼지

9 해석 ① 너는 돈을 현명하게 써야 한다.
② 그 긴 여행이 마침내 끝난다.
③ 너는 그 소파에 편안한 느낌이 드니? (→ 소파가 편안하니?)
④ 그의 가방은 무거워 보인다.
⑤ Ann은 교실에서 매우 조용하다.
해설 ① 동사를 수식하는 것은 부사이므로 wise를 wisely로 고쳐야 한다. ③ 주어를 보충 설명하는 형용사가 필요하므로 comfortably가 아닌 comfortable로 고쳐야 한다. ④ 주어를 보충 설명하는 형용사 자리이므로 heavily를 heavy로 고쳐야 알맞다. ⑤ 주어를 보충 설명하는 형용사 자리이므로 quietly 대신 quiet가 와야 한다.

어휘 wise 현명한 journey 여행

10 해석

	쇼핑	독서
Lily	일주일에 네 번	매일
David	한 달에 한 번	하지 않음

(1) Lily는 항상 책을 읽는다.
(2) David는 거의 쇼핑을 하지 않는다.
해설 (1) Lily는 매일 책을 읽는다고 했으므로 always가 적절하다.
(2) David는 한 달에 한 번 쇼핑을 한다고 했으므로 hardly가 적절하다.

11 해석 미나와 나는 빠르게 친구가 되었다. 그녀는 매우 친절하다. 그녀는 항상 나에게 상냥하게 말한다.
해설 (A)는 동사를 수식하는 부사 자리이고 fast는 형용사와 부사의 형태가 같다. (B)는 주어를 보충 설명하는 형용사 자리이므로 kind가 알맞다. (C)는 동사를 수식하는 부사 자리이므로 gently가 적절하다.

어휘 gentle 상냥한 cf. gently 상냥하게

12 해설 빈도부사는 일반동사 앞에 쓰므로 often이 goes 앞에 위치해야 한다.

13 해석 ① 보라와 나는 항상 버스를 일찍 탄다.
② 땅은 마르고 단단했다.
③ 나는 늦은 여름에 이탈리아에 방문했다.
④ Sam은 거의 3년 동안 여기서 살았다.
⑤ 내 방은 충분히 크다.
해설 명사인 summer를 수식하는 형용사 자리이고, 의미상 '늦은'이 적절하므로 lately를 late로 고쳐야 한다.

14 해석 · 그들은 예쁜 꽃을 보고 있다.
· 그 뮤지컬은 꽤 훌륭했다.
해설 첫 번째 빈칸은 flowers를 수식하는 형용사 자리이고 두 번째 빈칸은 형용사 wonderful을 수식하는 부사 자리이므로 형용사와 부사의 형태가 같은 단어가 필요한데, 문맥상 적절한 것은 pretty이다.

15 해석 우리 집 근처에 몇 개의 식당이 있다. 그들 중 하나는 매우 유명하다. 많은 사람들이 항상 자신의 차례를 오래 기다린다.
해설 (1) 형용사 famous를 꾸미면서 '매우'라는 의미의 부사가 와야 하므로 high를 highly로 고쳐야 한다. (2) people은 셀 수 있는 명사이므로 Much가 아니라 Many가 알맞다.

어휘 turn 차례

---

1 ④　2 ③　3 ②, ⑤　4 children, child　5 don't, doesn't　6 ①　7 ⑤　8 ①　9 ②　10 ①
11 You don't have to say anything　12 I finished this work by myself　13 Paul has never forgotten his mom's birthday　14 ②　15 ③　16 ②　17 ⑤　18 ③
19 I have little money in my wallet　20 She cut herself on sharp glass　21 ①　22 ④　23 ②　24 ⑤　25 ②
26 ③　27 ⑤　28 (1) ⓑ, hard (2) ⓓ, enjoyed herself
29 (1) ⓒ, the others (2) ⓓ, one

1 해석 우리 아빠는 2007년 이후로 식당에서 일하셨다.
해설 과거 시점(2007년)부터 현재까지 계속 일했다는 뜻이므로 계속을 나타내는 현재완료형이 적절하다.

2 해석 몇몇 학생들은 수다스럽고, 다른 몇몇은 조용하다.
해설 앞에 Some이 있으므로 '다른 몇몇'에 해당하는 others가 적절하다.
어휘 talkative 수다스러운

3 해석 ① John은 바이올린을 연주할 수 있다.
② 제 부탁 하나 들어주실 수 있나요?
③ 그는 이 프랑스어 문장들을 읽을 수 있다.
④ 나는 너의 숙제를 도와줄 수 있다.
⑤ 너는 방과 후에 너의 휴대폰을 사용해도 된다.
해설 ②의 can은 '요청', ⑤의 can은 '~해도 된다'라는 허가의 의미로 쓰였고, 나머지는 '~할 수 있다'라는 능력의 의미로 쓰여 be able to로 바꿔 쓸 수 있다.

4 해석 모든 아이들은 사랑과 관심이 필요하다.
해설 every 뒤에는 단수명사가 와야 하므로 children을 child로 고쳐야 한다.

5 해석 우리 아버지는 오늘 넥타이를 매실 필요가 없으시다.
해설 불필요를 나타내는 don't[doesn't] have to가 쓰였는데 주어가 3인칭 단수인 My father이므로 don't를 doesn't로 고쳐야 한다.

6 해석 ① 그녀는 더 많은 관심을 원한다.
② 너는 늦게까지 깨어 있지 않는 게 좋다.
③ Sam은 방금 자신의 방을 청소했다.
④ 나는 그때 샤워를 하고 있었다.
⑤ 그들은 한국어를 말할 수 있다.
해설 ① 상태를 나타내는 동사 want는 진행형으로 쓸 수 없으므로 is wanting을 wants로 고쳐야 알맞다.
어휘 attention 관심 stay up late 늦게까지 자지 않고 있다

7 해석 ① 우리는 직접 저녁 식사를 준비했다.
② 우리 둘 다 그 파티를 즐기고 있다.
③ 그 병에 많은 물이 있다.
④ Jimmy는 우리에게 자신을 소개했다.
⑤ 그는 회의에 너무 늦게 왔다.
해설 ⑤ lately는 '최근에'를 의미하는 부사인데, 문맥상 회의에 너무 늦게 왔다는 의미가 적절하므로 '늦은, 늦게'를 뜻하는 late로 고쳐야 알맞다.
어휘 prepare 준비하다

8 해석 Tom은 보통 아침에 자신의 개를 산책시킨다.
해설 빈도부사는 일반동사 앞에 위치하므로 walks 앞인 ⓐ가 알맞다.

9 해설 가 본 적이 있다고 했으므로 경험을 나타내는 ②의 has been이 알맞다. have gone은 결과를 나타낸다.

10 해설 '거의 없다'라는 의미를 가지면서 셀 수 있는 명사 앞에 쓸 수 있는 것은 Few이다.

11 해설 '~할 필요가 없다'라는 뜻의 조동사는 don't[doesn't] have to 뒤에는

동사원형을 써야 한다.

12 해설 '홀로; 혼자 힘으로'라는 의미를 나타내는 재귀대명사 표현은 by oneself이다.

13 해설 현재완료의 부정문은 「have[has]+부정어+p.p. ~」의 순서로 써야 한다.

14 해석 ⓐ 그녀는 가끔 혼잣말을 한다.
ⓑ 저 드레스는 너에게 잘 어울려 보인다.
ⓒ 차 한 잔 드시겠어요?
ⓓ 나는 세 개의 펜이 있다. 하나는 빨간색이고, 또 다른 하나는 노란색이며, 나머지 하나는 검은색이다.
ⓔ Jake는 어제 이 쿠키들을 만들었다.
ⓕ 그는 운동 때문에 건강해졌다.
해설 ⓑ look은 보어 자리에 형용사가 필요한 동사이므로 nicely를 nice로 고쳐야 한다. ⓓ '세 개 중 나머지 하나'를 가리키는 말은 the other이다. ⓔ 과거 시점(yesterday)에 일어난 일이므로 과거시제(made)가 적절하다.

15 해석 · Emma는 비싼 차 한 대를 샀다. 그녀는 부자임이 틀림없다.
· 저희는 먼저 표를 확인할 것입니다. 여러분은 안으로 들어가기 전에 자신의 표를 보여 주어야 합니다.
해설 첫 번째 빈칸은 비싼 차를 샀다는 내용 뒤에 부자임을 '추측'하는 조동사가 문맥상 적절하고, 두 번째 빈칸은 '의무'의 조동사가 적절하다. 두 의미를 모두 갖는 것은 must이다.

16 해석 · 나는 지금 전화를 받아야 한다.
· 그 소녀들은 이미 점심을 먹었다.
해설 첫 번째 빈칸 뒤에 to가 오며 '지금 전화를 해야 한다'는 문맥의 have to가 알맞다. 두 번째 문장은 완료를 나타내는 현재완료 문장이므로 「have[has]+p.p.~」의 형태로 쓰려면 have가 알맞다.

17 해석 ① 그 남자는 갑자기 내 팔을 잡았다.
② 모두가 재빨리 그 상자들을 옮겼다.
③ 누군가가 나를 수상하게 쳐다보고 있었다.
④ 운 좋게도, 모든 아이들이 무사했다.
⑤ 내 친구 미나는 아주 친근하다.
해설 ⑤ friendly는 명사에 -ly가 붙은 형태의 형용사이다.

18 해석 ① 나는 내 자신이 아주 자랑스럽다.
② 너는 네 자신을 신뢰하는 게 좋다.
③ 그 소년들은 여행 계획을 직접 세웠다.
④ 그 감독은 자기 자신에 대한 영화를 만들었다.
⑤ 우리는 우리 자신을 다른 사람들과 비교해서는 안 된다.
해설 ③의 themselves는 주어를 강조하는 재귀대명사로 쓰였고, 나머지는 모두 목적어로 쓰인 재귀대명사이다.
어휘 director 감독 compare 비교하다

19 해설 '거의 없다'라는 의미를 가지면서 셀 수 없는 명사 앞에 쓸 수 있는 것은 little이다.

20 해설 '베이다'라는 의미를 갖는 재귀대명사 표현은 cut oneself이다.

21 해석 · 우리는 두 가지 요리를 주문했다. 하나는 치킨 샌드위치이고, 나머지 하나는 버섯 수프이다.
· Sally는 자신의 가방에 책이 몇 권 있다.
해설 (A) 둘 중에 나머지 하나를 가리키는 말은 the other이다. (B) 셀 수 있는 명사 앞에는 a few를 쓴다.

22 해석 · 우리는 방학을 위한 어떤 계획도 없다. (→ 우리는 방학 계획이 전혀 없다.)
· 너는 우산을 가져와야 한다. 밖에 비가 오고 있다.
해설 (A) 부정문이므로 any를 써야 한다. (B) 조동사 should가 있으므로 동사원형인 bring을 써야 한다.

23 해석 ① A: 내가 너의 화장실을 써도 될까?
B: 물론이지. 편하게 있으렴, 민호야.
② A: 이 사진에 있는 이 사람은 누구니?
B: 내 조카야. 그는 일곱 살 소년이야.
③ A: 그 빵집은 많은 케이크를 팔아.
B: 치즈케이크를 먼저 먹어보자.
④ A: 어젯밤에 뭐 하고 있었니?
B: 우리 형과 함께 TV를 보고 있었어.
⑤ A: 오늘 축구 시합을 할래?
B: 곧 비가 올지도 몰라. 내일 놀자.

해설 「숫자+명사+형용사」가 다른 명사를 수식할 때 숫자 뒤의 명사는 단수형으로 쓰므로 years를 year로 고쳐야 한다.

24 해석 ① Mike는 지난 주말에 집에 있었다.
② 나는 실수로 오븐에 데었다.
③ 너는 먼저 손을 씻어야 한다.
④ 여기 근처에는 스페인 식당이 하나도 없다.
⑤ 우리 형은 거미를 무서워하곤 했다.
해설 ① 과거 시점(last weekend)에 일어난 일이므로 과거시제 stayed로 고쳐야 알맞다. ② 주어와 목적어가 같으므로 me를 myself로 고쳐야 적절하다. ③ 조동사 had better가 쓰였으므로 have를 had로 고쳐야 한다. ④ 부정문이므로 some을 any로 고쳐야 알맞다.

25 해석 ① 각 건물에는 엘리베이터가 있다.
② 나는 다섯 송이의 빨간 장미와 두 송이의 분홍 장미가 필요하다.
③ 그 모든 정보가 사실이 아니었다.
④ 그녀는 차 창문을 닫지 않았다.
⑤ 그 학생은 수업시간에 거의 질문을 하지 않는다.
해설 ① each가 형용사로 쓰일 때는 「each+셀 수 있는 명사의 단수형+단수동사」의 형태로 쓰므로 have를 has로 고쳐야 한다. ③ all (of) 뒤에 셀 수 없는 명사가 나왔으므로 were를 was로 고쳐야 한다. ④ 현재완료의 부정문은 「have[has]+부정어+p.p. ~」의 순서이다. ⑤ 빈도부사는 일반동사 앞에 위치하므로 asks 앞에 rarely를 써야 한다.

26 해석 그 소녀는 5년 동안 피아노를 쳤다.
① 너는 한국 음식을 먹어본 적이 있니?
② 우리는 모든 돈을 잃었다.
③ 우리는 그때부터 서로를 알게 되었다.
④ Peter는 다른 도시들에 여러 번 여행을 가 보았다.
⑤ 나는 아직 마음을 바꾸지 않았다.
해설 주어진 문장과 ③은 계속을 나타내는 현재완료이다. (① 경험 ② 결과 ④ 경험 ⑤ 완료)

27 해석 그 말하기 대회는 방금 막 시작되었다.
① Brian은 두 시간 동안 도서관에서 공부했다.
② 나는 아이였을 때부터 수영을 연습했다.
③ 그 소년은 그렇게 큰 건물을 본 적이 없다.
④ 나는 코코넛을 한 번 먹어본 적이 있다.
⑤ 우리는 이미 그 수업을 들었다.
해설 주어진 문장과 ⑤는 완료를 나타내는 현재완료이다. (① 계속 ② 계속 ③ 경험 ④ 경험)

28 해석 Nancy는 그 대회를 위해 2주 동안 노래 부르는 것을 열심히 연습했다. 대회 당일에, 그녀는 많은 실수를 했다. 하지만 그녀는 무대 위에서 즐거운 시간을 보냈다. 그녀의 부모님과 친구들이 그녀에게 박수를 보내고 있었다. Nancy는 스스로가 자랑스러웠다.
해설 (1) 문맥상 '열심히'라는 의미가 필요하므로 hard로 고쳐야 한다. hardly는 '거의 ~않다'라는 의미의 부사이다. (2) '즐거운 시간을 보내다'라는 의미의 재귀대명사 표현은 enjoy oneself이므로 her를 herself로 고쳐야 알맞다.
어휘 clap 박수를 치다

29 해석 A: 내 책꽂이에는 여러 권의 책들이 있어. 하나는 시, 다른 하나는 역사책이야. 그리고 나머지는 모두 소설책들이야. 너는 어떤 책을 원하니?
B: 나는 소설을 좋아해. 너는 '해리포터' 시리즈를 갖고 있니? 그게 내가 가장 좋아하는 소설이거든.
A: 여기 있어. 나는 그것들을 많이 읽었어. 정말 재밌어.
B: 응, 맞아. 내가 다음 주말에 이 책들을 돌려줘도 될까?
해설 (1) 총 다섯 권의 책들 중에 나머지 모두를 가리키므로 the others가 알맞다. (2) 주어가 That으로 시작하고 B가 좋아하는 소설들(novels) 중에 가장 좋아하는 하나(시리즈)를 가리키므로, 앞에서 언급한 사물과 같은 종류의 하나를 나타내는 one으로 고쳐야 알맞다.

CHAPTER 05 to부정사

Unit 1 to부정사의 명사적 쓰임 p.36

A

1 ⓒ 2 ⓑ 3 ⓐ 4 ⓑ 5 ⓒ 6 ⓐ 7 ⓑ 8 ⓑ
9 ⓒ 10 ⓐ

1 그의 꿈은 팝스타가 되는 것이다.
2 그 회사는 더 많은 사람을 고용하기로 결정했다.
3 계단 오르기는 건강에 좋다.
4 그 학교는 축구장을 짓고 싶어 한다.
5 그녀의 직업은 동물 사진을 찍는 것이다.
6 헬멧 없이 자전거를 타는 것은 위험하다.
7 우리는 동물 보호소에서 자원봉사하는 것에 동의했다.
8 그 아이들은 사파리 공원에서 사자를 보기를 희망했다.
9 나의 이번 주 목표는 더 많은 채소를 먹는 것이다.
10 만일의 경우에 대비하여 돈을 저축하는 것은 현명하다.

B

1 ✗ → It   2 ○   3 ✗ → to stay   4 ✗ → not to catch
5 ○   6 ○   7 ○   8 ✗ → where to put this computer
9 ✗ → how to cook

1 별똥별을 보는 것은 환상적이었다.
2 진호는 학생회장 선거에 출마하기로 선택했다.
3 너는 부산에서 얼마나 오래 머무를 계획이니?
4 감기에 걸리지 않도록 조심해야 한다.
5 Joy의 유일한 소원은 손자 손녀들과 함께 있는 것이었다.
6 그 소년은 부모님께 절대 거짓말을 하지 않겠다고 약속했다.
7 이 복사기를 어떻게 사용하는지 설명해 줄 수 있니?
8 나는 이 컴퓨터를 어디에 두어야 할지 결정하지 못하겠다.
9 나는 어머니께 불고기를 요리하는 방법을 배웠다.

C

1 how   2 what   3 where   4 when
5 what   6 how

D

1 It is[It's] difficult to persuade
2 It is[It's] expensive to have
3 It was fun to watch
4 It was my pleasure to work
5 how to stretch
6 when to turn
7 where to get off

Unit 2 to부정사의 형용사적 쓰임 p.38

A

1 something to tell   2 a friend to meet
3 a movie to see   4 a cake to share
5 someone to help   6 a book to read
7 some money to spend

1 나는 무엇인가가 있다. 나는 그것을 지금 네게 말할 필요가 있다.
  → 나는 지금 네게 말할 것이 있다.
2 그녀에게는 친구 한 명이 있다. 그녀는 오늘 밤 그녀를 만나야 한다.
  → 그녀는 오늘 밤에 만나야 할 친구 한 명이 있다.
3 영화를 선택하자. 우리는 그것을 이번 주말에 볼 것이다.
  → 이번 주말에 볼 영화를 선택하자.
4 Paul은 케이크를 가져왔다. 그는 그것을 우리와 나눠 먹을 것이다.
  → Paul은 우리와 나눠 먹을 케이크를 가져왔다.
5 그녀는 누군가를 안다. 그 사람은 너의 사업을 도와줄 수 있다.
  → 그녀는 너의 사업을 도와줄 누군가를 안다.
6 Jenny는 내게 책 한 권을 추천했다. 나는 그것을 재미로 읽을 수 있다.
  → Jenny는 내게 재미로 읽을 책 한 권을 추천했다.
7 그들은 약간의 돈이 필요하다. 그들은 새 PC에 그 돈을 쓸 것이다.
  → 그들은 새 PC에 쓸 약간의 돈이 필요하다.

B

1 to focus on   2 to save   3 to live in
4 to wear   5 to eat with   6 to sit on
7 to be afraid of   8 to come with   9 anything to eat
10 to write with

1 너의 시험에 집중할 때이다.
2 에너지를 절약하는 많은 쉬운 방법들이 있다.
3 시드니는 살기에 아름다운 도시이다.
4 나는 마라톤에서 신을 신발 한 켤레가 필요하다.
5 가지고 먹을 젓가락을 가져다드릴게요.
6 우리는 앉을 더 많은 의자가 필요하다.
7 두려워할 것은 없다.
8 너는 파티에 같이 올 사람이 있니?
9 그 남자는 먹을 것이 없었다.
10 모든 학생들은 가지고 쓸 연필이 있다.

C

1 something to drink   2 someone to talk to
3 time to go back home   4 your job to clean your room
5 more time to exercise   6 many toys to play with
7 two daughters to look after

D

1 a cat to live with   2 a necktie to give
3 several magazines to lend   4 various clothes to try on
5 some time to study
6 a chance to discuss the issue
7 the best place to see the sunrise

Unit 3 to부정사의 부사적 쓰임 p.40

A

1 ⓒ 2 ⓑ 3 ⓐ 4 ⓒ 5 ⓑ 6 ⓐ 7 ⓒ 8 ⓑ
9 ⓐ 10 ⓐ

1 그 건물은 찾기 쉽다.
2 Brian은 자신의 고향을 떠나서 슬펐다.

3 그들은 일몰을 보기 위해 벤치에 앉았다.
4 그 무거운 문은 열기가 매우 어렵다.
5 Kelly는 그 뮤지컬을 봐서 행복했다.
6 그녀는 깨어 있기 위해 커피 한 잔을 마셨다.
7 그의 손글씨는 읽기가 매우 어렵다.
8 모든 사람들이 그 소식을 듣고 놀랐다.
9 나는 내가 가장 좋아하는 쇼를 보기 위해 TV를 켰다.
10 그 노인은 더 잘 보기 위해 안경을 닦았다.

B

1 to get a gold medal   **2** to decorate the table
3 to see his brother's behavior
4 to buy some groceries   **5** to get a cute puppy
6 to invite me to her birthday party

〈보기〉 나는 프랑스어를 공부하고 싶었다. 나는 파리로 갔다.
→ 나는 프랑스어를 공부하기 위해 파리로 갔다.
1 그는 신이 났다. 그는 금메달을 땄다.
→ 그는 금메달을 따서 신이 났다.
2 나는 탁자를 장식하고 싶었다. 나는 꽃을 조금 샀다.
→ 나는 탁자를 장식하기 위해 꽃을 조금 샀다.
3 Andrew는 남동생의 행동을 보았다. 그는 실망했다.
→ Andrew는 남동생의 행동을 보고 실망했다.
4 우리는 식료품을 조금 사고 싶었다. 우리는 슈퍼마켓에 갔다.
→ 우리는 식료품을 조금 사기 위해 슈퍼마켓에 갔다.
5 그녀는 귀여운 강아지를 갖게 되었다. 그녀는 아주 행복했다.
→ 그녀는 귀여운 강아지를 갖게 되어 아주 행복했다.
6 Jane은 나를 자신의 생일 파티에 초대하고 싶어 했다. 그녀는 내게 전화를 했다.
→ Jane은 나를 자신의 생일 파티에 초대하기 위해 내게 전화를 했다.

C

1 ○   **2** ○   **3** × → disappointed not to win   **4** ○
5 × → glad to get   **6** ○   **7** × → in order to hear

1 그들은 자신들의 오래된 친구들을 다시 봐서 행복했다.
2 Jason은 살을 빼기 위해 매일 아침 조깅을 하러 간다.
3 그 선수들은 게임에 이기지 못해서 실망했다.
4 나는 산책을 하기 위해 오늘 아침 일찍 일어났다.
5 그들은 자녀들에게 편지 한 통을 받고 기뻤다.
6 나는 그의 이메일 주소를 잊어버리지 않기 위해 적었다.
7 그는 날씨 소식을 듣기 위해 라디오를 켰다.

D

1 vegetables to make a salad
2 happy to see their new desks
3 to drink a glass of juice
4 surprised to find a lake
5 sad to throw away his old toys
6 happy to listen to my favorite songs
7 not to miss his flight
8 to make an appointment

Unit 4 to부정사를 포함한 주요 구문   p.42

A

1 to be   **2** too   **3** It   **4** too sick
5 rich enough   **6** too   **7** old enough
8 too tired   **9** generous enough   **10** too heavy

1 Alice는 오늘 기분이 좋은 것 같다.
2 Joe의 질문은 너무 어려워서 답할 수 없었다.
3 그 소녀는 열이 있는 것 같다.
4 Jason은 너무 아파서 밖에 나갈 수 없다.
5 그는 자신의 남동생을 위해 저 시계를 살 만큼 충분히 부유하다.
6 치타는 너무 빨리 달려서 잡을 수 없다.
7 그 아이는 혼자 집에 있을 정도로 충분히 나이가 들지 않았다. (→ 그 아이는 혼자 집에 있을 수 있는 나이가 아니다.)
8 나는 너무 피곤해서 내 일을 끝낼 수 없었다.
9 Sam은 너의 잘못을 용서해줄 정도로 충분히 너그럽다.
10 그 거울은 너무 무거워서 벽에 걸 수 없다.

B

1 healthy enough to climb   **2** smart enough to solve
3 too busy to attend   **4** too full to eat
5 patient enough to teach

C

1 seem to know each other   **2** seems to have an interest
3 too hot to run   **4** old enough to watch
5 too lazy to clean   **6** big enough to play

D

1 seem to be sleepy   **2** The cat seems to love
3 too honest to tell   **4** too short to play
5 too heavy to float   **6** free enough to take
7 funny enough to become   **8** hot enough to burn

1 소년들은 졸린 것 같다.
2 그 고양이는 참치 먹는 것을 아주 좋아하는 것 같다.
3 Tim은 너무 정직해서 거짓말을 할 수 없다.
4 나는 너무 키가 작아서 농구를 잘할 수 없다.
5 돌은 너무 무거워서 물에 뜰 수 없다.
6 그는 오늘 낮잠을 잘 수 있을 만큼 충분히 한가하다.
7 그녀는 코미디언이 될 수 있을 정도로 충분히 재미있다.
8 이 냄비는 너의 피부에 화상을 입힐 만큼 충분히 뜨겁다.

Chapter Test   p.44

1 ④   **2** ①   **3** is impossible to live without air   **4** ①
5 ③   **6** He filled up the bathtub to take a bath   **7** I was glad to get a letter from my cousin in Canada   **8** ②
9 ④   **10** ③   **11** too sick to get   **12** strong enough to deal with   **13** ②   **14** ⑤   **15** (1) skip meals in order to stay healthy (2) get good grades in order to please her parents

1 해석 ① 그것은 완전히 나의 실수였다.
② 그것은 내가 가장 좋아하는 음식 중 하나이다.
③ 그것은 나와 내 친구들 사이에서 매우 인기가 있다.
④ 새로운 장소에서 새로운 사람들을 만나는 것은 재미있다.
⑤ 그것은 나에게는 너무 비싼 것 같다.
해설 나머지는 모두 대명사 It인 반면 ④는 진주어 to meet new people in a new place를 대신하는 가주어 It이다.

2 해석 〈보기〉 미나는 자신의 새 자전거를 타고 싶어 한다.
① 그들은 우리 회사와 함께 일하는 데 동의했다.
② 그녀의 직업은 초등학생들을 가르치는 것이다.

③ 매일 일기를 쓰는 것은 좋다.
④ 경기장에서 축구 경기를 보는 것은 신난다.
⑤ 다른 사람들을 돕는 것은 중요하다.
해설 〈보기〉의 to ride는 wants의 목적어로 쓰인 명사적 쓰임의 to부정사로 agreed의 목적어로 쓰인 ①의 to work와 쓰임이 같다. ② to teach는 보어, ③ to keep은 진주어, ④ To watch는 주어, ⑤ to help는 진주어로 쓰인 to부정사이다.
어휘 stadium 경기장

3 **해설** 가주어 It이 주어져 있으므로, 다음에 동사 is와 보어 impossible을 써 주고 진주어 to live와 '공기 없이'라는 의미의 without air를 연결해서 써 준다.

4 **해석** ① 나는 그를 깨우지 않기 위해 조용히 있었다.
② 그들은 시내에 식당을 열기를 희망했다.
③ Iris는 쉬기 위해서 일찍 집에 갔다.
④ 그는 내년에 해외에서 일하기로 계획했다.
⑤ 너는 요즘 늦게까지 일해야 하니?
해설 ① to부정사의 부정형은 부정어를 to 앞에 써 준다. 따라서 to not wake는 not to wake가 되어야 알맞다.

5 **해석** ① 나는 점심으로 무엇을 먹을지 모르겠다.
② 그들은 언제 떠날지에 대해 이야기했다.
③ 내가 네게 파이를 어떻게 굽는지 보여줄게.
④ 그들은 서울에서 어디에 머물지 결정했다.
⑤ 너는 다음에 무엇을 할지 내게 말해야 한다.
해설 ③「how to부정사」는 '어떻게 ~하는지'의 의미이다.

6 **해석** 그는 목욕하고 싶었다. 그는 욕조를 채웠다(욕조에 물을 받았다).
→ 그는 목욕하기 위해 욕조를 채웠다.
해설 '목욕하기 위해 욕조를 채웠다'라는 의미가 되도록 목적을 나타내는 to부정사 to take a bath를 두 번째 문장 뒤에 연결해서 써 준다.
어휘 bathtub 욕조

7 **해석** 나는 캐나다에 있는 사촌에게 편지를 받았다. 나는 기뻤다.
→ 나는 캐나다에 있는 사촌에게 편지를 받아서 기뻤다.
해설 첫 번째 문장이 두 번째 문장의 원인이 되므로, 감정의 원인을 나타내는 to부정사 to get a letter from my cousin in Canada를 glad 뒤에 연결해서 써 준다.

8 **해석** ① 너는 이야기할 친구가 있니?
② 우리는 공원에서 앉을 벤치를 발견했다.

③ 나는 이미 머물 호텔 방을 예약했다.
④ Sam, 걱정할 것 있니?
⑤ 제발 저에게 시도할 기회를 주세요.
해설 ② to sit이 꾸미는 a bench가 전치사 on의 목적어 이므로(sit on a bench) a bench to sit on이 되어야 알맞다.

9 **해석** 나는 오늘 내 필통을 가져오지 않았어. 가지고 쓸 펜 하나를 내게 빌려 줄래?
해설 ④ a pen을 꾸미는 형용사적 쓰임의 to부정사가 필요하고, 전치사 with의 목적어이므로(write with a pen) to write with가 알맞다.

10 **해석** ① 그녀는 자신의 미래에 대해 알기를 원했다.
② 친구를 믿는 것은 우정을 위해 중요하다.
③ 그녀의 발표는 이해하기 쉬웠다.
④ 내 가족을 행복하게 만드는 것은 중요하다.
⑤ 나의 목표는 역사 시험에서 만점을 받는 것이다.
해설 ③ to understand는 형용사 easy를 수식하는 부사적 쓰임의 to부정사이다. ① to know는 목적어, ② To believe는 주어, ④ to make는 진주어, ⑤ to get은 보어로 쓰인 명사적 쓰임의 to부정사이다.
어휘 friendship 우정

11 **해석** Diana는 너무 아파서 침대에서 나올 수가 없었다.
해설「so ~ that ... can't/couldn't」는「too ~ to부정사」로 바꿔 쓸 수 있다.

12 **해석** 그는 그 문제를 처리할 만큼 충분히 강했다.
해설「so ~ that ... can/could」는「enough to부정사」로 바꿔 쓸 수 있다.

13 **해설** ② '~하는 것 같다'는 의미를 나타낼 때는「주어+seem to부정사」또는「It seems that ~」을 써서 표현한다.

14 **해석** ① 그 가게는 붐비는 것 같다.
② 그녀는 너무 슬퍼서 아무것도 먹을 수가 없었다.
③ 나는 너무 흥분되어서 지금 당장 잘 수가 없다.
④ 그 개는 정말 배가 고픈 것 같다.
⑤ 그는 맨 위쪽 선반에 닿을 만큼 충분히 키가 크다.
해설 ⑤「enough to부정사」는「so ~ that ... can/could」와 같은 의미이다. 따라서 he can't reach는 he can reach가 되어야 알맞다.

15 **해석** (1) Nick은 건강을 유지하기 위해 식사를 거르지 않을 것이다.
(2) Nancy는 부모님을 기쁘게 해드리기 위해 좋은 성적을 받을 것이다.
해설 '~하기 위해서'라는 목적을 나타내는「in order to부정사」를 사용하여 학생들의 새해 결심 내용을 표현할 수 있다.
어휘 resolution 결심

CHAPTER 06 동명사

Unit 1 명사로 쓰이는 동명사 p.46

A

1 × → Not exercising　　2 ○　　3 × → making　　4 ○
5 × → repeating[to repeat]　　6 ○　　7 ○
8 × → sharing　　9 × → painting

1 운동하지 않는 것은 너를 뚱뚱하게 만든다.
2 그 아이들의 바람은 종일 노는 것이다.
3 그 감독은 그 영화를 만드는 것을 포기했다.
4 음악을 듣는 것은 내가 가장 좋아하는 활동이다.
5 그의 잘못은 같은 실수를 반복하는 것이었다.
6 그녀는 그 회사에서 일하는 것을 그만두지 않을 것이다.
7 그 아기는 아버지와 걷는 것을 연습하고 있다.
8 나는 우리 형과 방을 나눠 쓰는 것을 꺼리지 않는다.
9 그 일꾼들은 벽에 페인트를 칠하는 것을 끝냈다.

B

1 Protecting our country　　2 enjoys watching the stars
3 quit eating sugar　　4 gave up following his dream
5 Not learning from mistakes
6 spent two hours making
7 looking forward to hearing
8 kept smiling at the cameras

C

1 being a famous artist　　2 practices writing in English
3 good at memorizing words
4 becoming the world champion
5 making delicious cupcakes　　6 afraid of being alone
7 taking care of the children

〈보기〉나는 이탈리아 음식을 요리한다. 그것이 내 직업이다. → 나의 직업은 이탈리아 음식을 요리하는 것이다.
1 나는 유명한 화가가 되고 싶다. 그것이 나의 꿈이다. → 나의 꿈은 유명한 화가가 되는 것이다.
2 Amy는 무엇인가를 매일 연습한다. 그것은 영어로 쓰는 것이다. → Amy는 영어로 쓰는 것을 매일 연습한다.
3 Melanie는 단어들을 암기한다. 그녀는 그것을 잘한다. → Melanie는 단어들을 암기하는 것을 잘한다.
4 그 권투 선수는 세계 챔피언이 되고 싶다. 그것이 그의 목표이다. → 그 권투 선수의 목표는 세계 챔피언이 되는 것이다.
5 나는 맛있는 컵케이크를 만든다. 그것이 나의 취미이다. → 나의 취미는 맛있는 컵케이크를 만드는 것이다.
6 대부분의 사람들은 무언가를 두려워한다. 그것은 혼자가 되는 것이다. → 대부분의 사람들은 혼자가 되는 것을 두려워한다.
7 나는 바빴다. 나는 종일 아이들을 돌봤다. → 나는 종일 아이들을 돌보느라 바빴다.

D

1 ⓐ	2 ⓒ	3 ⓑ	4 ⓒ	5 ⓐ	6 ⓓ	7 ⓑ
8 ⓓ	9 ⓐ	10 ⓓ				

1 누군가의 마음을 읽는 것은 불가능하다.
2 그들은 길을 따라 계속 전진했다.
3 그 어린 소녀의 꿈은 엄마가 되는 것이다.
4 많은 사람들이 여름에 수영하는 것을 즐긴다.
5 새로운 것을 배우는 것은 대단한 기쁨이다.
6 함께 보드게임을 하는 게 어때?
7 그들의 직업은 입구에서 사람들을 맞이하는 것이다.
8 Daniel은 한국 음식을 요리하는 것을 잘한다.
9 외국어를 완전히 익히는 것은 긴 시간이 걸린다.
10 네 감정을 보이는 것을 두려워 마라.

Unit 2 동명사 vs. to부정사   p.48

A

1 watching	2 to go	3 to come
4 writing	5 to stop	6 crying
7 having	8 to set	9 playing
10 to pass		

1 나는 코미디 영화를 보는 것을 즐기지 않는다.
2 그들은 방과 후에 함께 집에 가기로 결정했다.
3 Sam은 내 생일 파티에 오기로 약속했다.
4 너의 첫 소설을 쓰는 것을 포기하지 마라.
5 그 운전사는 빨간불에 멈추는 것을 실패했다.
6 그 아기는 엄마 팔에 안겨 계속 울었다.
7 나는 지난주에 그와 함께 저녁 식사한 것을 기억한다.
8 그녀는 자명종 시계를 맞춰놓는 것을 잊었고 늦게 일어났다.
9 우리는 축구하는 것을 멈추고 점심을 먹었다.
10 Alex는 그 시험을 통과하기 위해 애썼지만 통과할 수 없었다.

B

1 to get	2 packing	
3 laughing[to laugh]	4 traveling[to travel]	
5 answering	6 to improve	7 to cancel
8 to work	9 saying[to say]	10 writing

1 나는 테디 베어를 받고 싶다.
2 Ally는 막 여행 짐을 싸는 것을 마쳤다.
3 Ethan은 나의 농담에 웃기 시작했다.
4 우리 형은 비행기로 여행하는 것을 아주 좋아한다.

5 그가 몇 가지 질문에 답하는 것을 꺼릴까요?
6 그들은 아픈 사람들의 삶을 개선하기를 희망했다.
7 우리 모두가 회의를 취소하는 데 동의했다.
8 학생들은 팀으로 작업하는 것을 배울 것이다.
9 나는 그들에게 작별 인사를 하는 것이 싫었다.
10 Tim은 오늘 알파벳 쓰는 것을 연습할 것이다.

C

1 remembered to go	2 remember attending
3 forgot lending	4 forget to invite
5 tried to understand	6 tried driving
7 stopped supporting	8 stopped to look at

D

1 ○	2 × → need to think	3 ○	4 ○
5 × → expect to win	6 ○	7 × → forget to go	
8 × → stopped drinking	9 ○		

1 눈이 몇몇 지역에 내리기 시작했다.
2 너는 너의 미래에 관해 생각할 필요가 있다.
3 Kate는 곧 결혼할 것을 계획하고 있다.
4 너는 규칙적으로 운동하는 것을 포기해서는 안 된다.
5 나는 그 경기에서 우승하는 것을 기대하지 않았다.
6 그는 지난주에 그 남자를 본 것을 기억한다.
7 나는 내일 치과에 갈 것을 잊지 않을 것이다.
8 그녀는 작년에 우유 마시는 것을 그만두었다.
9 나는 다른 스타일의 옷을 시험 삼아 입어 볼 것이다.

Chapter Test   p.50

1 ②	2 ②, ③	3 Drinking not, Not drinking	4 ④
5 at playing	6 like eating	7 ④, ⑤	8 ①	9 ④
10 tried to catch	11 remember leaving	12 ③	13 ①
14 ②	15 (1) guiding[to guide] (2) visiting (3) to open		

1 **해석** 체리를 따는 것은 매우 재미있었다.
  해설 ② 동명사 주어는 단수로 취급하므로 was가 알맞다.
2 **해석** 〈보기〉 설거지하는 것이 어떤 사람에게는 스트레스가 많은 일일 수 있다.
  ① 버스를 운전하는 것은 어려웠다.
  ② 나의 직업은 샌드위치를 판매하는 것이다.
  ③ 그 아이는 계속 문을 발로 찼다.
  ④ 책을 읽는 것은 좋은 습관이다.
  ⑤ 아침을 거르는 것은 건강에 나쁘다.
  해설 〈보기〉의 Washing은 문장의 주어로 쓰인 동명사이다. ①의 Driving, ④의 Reading, ⑤의 Skipping은 모두 주어로 쓰인 동명사인 반면 ②의 selling은 보어, ③의 kicking은 동사의 목적어로 쓰인 동명사이다.
  어휘 stressful 스트레스가 많은
3 **해설** 동명사의 부정형은 동명사 앞에 Not을 써서 나타낸다.
4 **해석** A: 나와 이 테이블을 함께 쓰는 걸 꺼리니? (→ 나와 이 테이블을 함께 써도 되겠니?)
  B: 물론이야. 앉아.
  해설 ④ mind는 동명사를 목적어로 쓰는 동사이므로 sharing이 적절하다.
5 **해석** 그는 체스를 아주 잘 둔다.
  해설 '~을 잘 하다'는 의미를 나타낼 때는 「be good at+동명사」를 쓴다.
6 **해석** 나는 달콤한 것을 먹기 원한다.
  해설 '~하고 싶다'는 의미를 나타낼 때는 「feel like+동명사」를 쓴다.
7 **해석** ① Paul은 이메일을 쓰느라 바쁘다.

② 나는 줄을 서는 것이 정말 싫다.
③ 이번 주말에 하이킹 가자.
④ 그는 누나의 선물을 쇼핑하는 데 몇 시간을 보냈다.
⑤ 나는 그 뮤지컬을 볼 것을 기대하고 있다.
해설 ④ '~하는 데 시간을 보낸다'는 의미를 나타낼 때는 「spend+시간+동명사」를 쓰므로 to shop은 shopping이 되어야 한다. ⑤ '~하기를 기대하다'라는 의미를 나타낼 때는 look forward to 다음에 동명사를 쓰므로 to see는 seeing이 되어야 알맞다.

8 해석 ① 나는 일출을 보는 것을 즐긴다.
② 그녀는 모자 쓰는 것을 싫어한다.
③ 그 남자는 의자를 만들기 시작했다.
④ 그들은 나의 개와 노는 것을 아주 좋아한다.
⑤ Peter는 시험 준비를 시작했다.
해설 ① enjoy는 동명사만을 목적어로 쓰는 동사이다.
어휘 sunrise 일출 prepare 준비하다

9 해석 Mary와 나는 영어 말하기 대회에 참가하는 데 동의했다. 그래서 우리는 지금부터 매일 영어로 말하는 것을 연습할 것이다.
해설 ④ agree는 to부정사를, practice는 동명사를 목적어로 쓰는 동사이다.
어휘 take part in 참가하다

10 해설 '~하려고 노력하다'는 의미를 나타낼 때는 try 다음에 to부정사를 쓴다. 과거 시제이므로 동사는 tried를 쓴다.

11 해설 '~했던 것을 기억하다'라는 의미를 나타낼 때는 remember 다음에 동명사를 쓴다.

12 해석 A: 우리의 휴대전화 고지서를 지불했나요?
B: 오, 미안해요. 그걸 내는 것을 잊었어요.
해설 '~할 것을 잊어버리다'라는 의미를 나타낼 때는 forget 다음에 to부정사를 쓴다.
어휘 bill 고지서

13 해석 Jason은 나와 자전거 타는 것을 _____.
① 포기했다 ② 원했다 ③ 좋아했다 ④ 약속했다 ⑤ 선택했다
해설 ① 빈칸 뒤에 to부정사가 있으므로 동명사를 목적어로 쓰는 동사 gave up은 빈칸에 알맞지 않다.

14 해석 ① 우리는 그 방을 장식하는 것을 끝낼 것이다.
② 제발 아기처럼 행동하는 것을 그만둬.
③ 그녀는 늦게까지 깨어 있는 것에 익숙하다.
④ 나는 해변에 가는 것에 대해 생각 중이다.
⑤ 제게 기회를 주셔서 고마워요.
해설 ② 문맥상 '~하는 것을 멈추다'라는 의미가 되어야 하므로 stop 다음에 동명사를 써야 한다.
어휘 decorate 장식하다

15 해석 (1) Rachel의 직업은 외국인 관광객들을 안내해 주는 것이다.
(2) 그녀는 다른 나라를 방문하는 것을 즐긴다.
(3) 그녀는 미래에 자신의 여행사를 개업할 계획이다.
해설 (1) 주어를 보충 설명하는 보어 자리에는 동명사와 to부정사를 모두 쓸 수 있다. (2) enjoy는 동명사를 목적어로 쓰는 동사이다. (3) plan은 to부정사를 목적어로 쓰는 동사이다.
어휘 travel agency 여행사

CHAPTER 07 분사

Unit 1 명사를 수식하는 분사 p.52

A

1 flying	2 Used	3 sleeping	4 broken
5 lost	6 moving	7 running	8 ringing
9 frozen	10 broken		

1 나는 날아다니는 자동차를 발명하고 싶다.
2 중고 컴퓨터는 싸다.
3 자고 있는 고양이를 건드리지 마라.
4 부러진 나무가 도로를 막았다.
5 잃어버린 네 가방을 찾았니?
6 움직이는 기차에서 내려서는 안 된다.
7 나는 흐르는 물소리를 들을 수 있었다.
8 그녀는 재빨리 벨이 울리는 전화를 받았다.
9 수많은 냉동 피자 브랜드들이 있다.
10 Susan의 아빠가 그녀의 부서진 장난감을 고쳐주실 것이다.

B

1 locked	2 pouring	3 playing	4 made
5 teaching	6 baked	7 written	8 fallen
9 working	10 surrounded		

1 나는 잠겨있는 그 문을 열 수 없었다.
2 한 남자가 쏟아지는 빗속에 서 있었다.
3 축구를 하고 있는 소년들은 모두 반 친구들이다.

4 한국에서 만들어진 스마트폰은 우수하다.
5 나는 과학을 가르치시는 교수님 한 분을 인터뷰했다.
6 그녀는 구운 감자에 치즈를 곁들여 먹었다.
7 나는 영어로 쓰인 편지 한 통을 받았다.
8 Megan은 땅바닥에서 떨어진 나뭇잎 하나를 주웠다.
9 이 공장에서 일하는 대부분의 사람들은 남자다.
10 나는 정원으로 둘러싸인 집을 짓고 싶다.

C

1 looking at us	2 painted by Sean
3 walking beside an old man	
4 filled with candy	5 playing games
6 damaged by an earthquake	

〈보기〉 그 소녀는 예쁘다. 그녀는 빨간 신발을 신고 있다.
→ 빨간 신발을 신고 있는 그 소녀는 예쁘다.
1 저 남자는 누구니? 그는 우리를 보고 있어.
→ 우리를 보고 있는 저 남자는 누구니?
2 그 초상화는 정말 진짜 같아 보인다. Sean이 그것을 그렸다.
→ Sean에 의해 그려진 그 초상화는 정말 진짜 같아 보인다.
3 나는 거대한 개를 보았다. 그 개는 한 노인 옆에서 걷고 있었다.
→ 나는 한 노인 옆에서 걷고 있는 거대한 개를 보았다.
4 저 바구니는 너를 위한 것이다. 누군가가 그것을 사탕으로 가득 채웠다.
→ 사탕으로 가득 채워져 있는 저 바구니는 너를 위한 것이다.
5 그 소년들은 너무 시끄럽다. 그들은 게임을 하고 있다.
→ 게임을 하고 있는 그 소년들은 너무 시끄럽다.
6 그들은 도로를 보수할 것이다. 지진이 그것을 손상시켰다.
→ 그들은 지진에 의해 손상된 도로를 보수할 것이다.

D

1 covered with dust	2 leaving for Chicago
3 stolen from the park	4 shouting on the street
5 the growing population	6 connecting the two towns

Unit 2 주의해야 할 분사   p.54

A

1 surprising, surprised	2 confusing, confused
3 amazed, amazing	4 tiring, tired
5 shocked, shocking	6 touching, touched

1 일본에서의 Tom의 생활은 우리에게 놀라웠다.
  우리는 일본에서의 Tom의 생활에 놀랐다.
2 그녀의 설명은 그들에게 혼란스러웠다.
  그들은 그녀의 설명에 혼란스러워했다.
3 모두가 그녀의 지혜에 놀랐다.
  그녀의 지혜는 모두에게 놀라웠다.
4 어린아이들을 가르치는 것은 그녀에게 너무 피곤한 일이다.
  그녀는 어린아이들을 가르쳐서 너무 피곤하다.
5 과학자들은 그 실험의 결과에 충격을 받았다.
  그 실험의 결과는 과학자들에게 충격적이었다.
6 그 영화의 마지막 장면은 내게 매우 감동적이었다.
  나는 그 영화의 마지막 장면에 매우 감동했다.

B

1 ⓑ	2 ⓐ	3 ⓐ	4 ⓑ	5 ⓑ	6 ⓐ

〈보기〉 ⓐ 나의 취미는 미국 드라마를 보는 것이다.
     ⓑ 몇몇 아이들은 공원에서 연을 날리고 있다.
1 피자를 배달하고 있는 그 남자는 우리 형이다.
2 나의 직업은 버스를 운전하는 것이다.
3 그들의 마지막 희망은 복권에 당첨되는 것이었다.
4 그 놀라운 소식은 사실이 아니었다.
5 학교 축제는 매년 신이 난다.
6 우리의 의무는 가난한 나라의 어린이들을 돕는 것이다.

C

1 × → amazing	2 ○	3 × → disappointed	4 ○
5 × → surprised	6 ○	7 ○	8 × → pleased	9 ○

1 그 록밴드의 공연은 놀라웠다.
2 나는 그 슬픈 소식을 듣고 우울했다.
3 Jane은 자신의 생일 선물에 실망했다.
4 그 가수의 공연은 충격적이었다.
5 그는 환상적인 풍경에 놀랐다.
6 그들은 공포 영화에 무서워했다.
7 나는 Cathy에 관한 흥미로운 소문을 들었다.
8 Susan은 딸의 성공으로 기뻤다.
9 그 연설은 학생들에게 지루했다.

D

1 disappointed	2 annoying	3 pleased
4 scared	5 tired	

1 그들은 Jack의 무례함에 실망했다.
2 바깥 소음은 내게 짜증스러웠다.
3 그녀는 자신의 아름다운 옷에 기뻤다.
4 그들은 큰 거미를 무서워했다.
5 나는 8시간을 일한 후에 피곤했다.

Chapter Test   p.56

1 ②	2 ③	3 ④	4 ①	5 ⑤	6 built	7 standing	8

③   9 ④   10 ②   11 boring   12 amazed   13 ④   14
interesting, dying, touched, touching   15 ①, ⑤

1 **해석** 그녀는 노래하는 새의 사진을 찍었다.
  해설 ② 수식 받는 명사 bird가 노래하는 것이므로 능동, 진행의 의미를 나타내는 현재분사 singing이 알맞다.
2 **해석** 그는 프랑스에서 만들어진 가방을 샀다.
  해설 ③ 수식 받는 명사 a bag이 만들어진 것이므로 수동, 완료의 의미를 나타내는 과거분사 made가 알맞다.
3 **해석** 호숫가에 앉아 있는 소녀들은 좋은 시간을 보내고 있다.
  해설 소녀들이 앉아 있는 행동을 하는 것이므로 현재분사가 필요하며, 길어진 분사구는 명사를 뒤에서 수식하므로 ④ The girls sitting by the lake가 알맞다.
4 **해석** ① 그는 닫힌 문에 노크를 했다.
  ② 자전거를 타고 있는 소년은 Billy다.
  ③ 이 집 앞에 주차된 차는 나의 것이다.
  ④ 그녀는 깨진 머그잔을 상점으로 돌려보냈다.
  ⑤ 나는 겨울에 떨어지는 눈을 보는 것을 좋아한다.
  해설 ① 수식 받는 명사 door가 닫힌 것이므로 closing은 수동, 완료의 과거분사 closed가 되어야 한다.
  어휘 mug 머그잔
5 **해석** 〈보기〉 그 지루한 경기가 끝났다.
  ① Sam은 꽃에 물을 주는 것을 즐긴다.
  ② 돈을 낭비하는 것은 습관이 될 수 있다.
  ③ 그녀의 취미는 공원에서 조깅하는 것이다.
  ④ 이번 주말에 등산 가는 게 어때?
  ⑤ 꼬리를 흔들고 있는 저 개를 좀 봐.
  해설 〈보기〉의 boring은 명사 game을 수식하는 현재분사이므로, the dog를 뒤에서 수식하는 ⑤의 현재분사와 쓰임이 같다. 나머지는 모두 동명사로, ①의 watering은 동사 enjoys의 목적어, ②의 Wasting은 문장의 주어, ③의 jogging은 보어, ④의 going은 전치사의 목적어로 쓰였다.
  어휘 wag (개가 꼬리를) 흔들다
6 **해설** 수식 받는 명사 The museum은 지어진 것이므로 수동, 완료의 의미를 나타내는 과거분사 built를 쓴다.
7 **해설** 수식 받는 명사 Those girls가 서 있는 행동을 하는 것이므로 능동, 진행의 의미를 나타내는 현재분사 standing을 쓴다.
8 **해석** ① John은 날고 있는 연을 쥐고 있다.
  ② 그 화가는 달리는 말들을 그렸다.
  ③ 나는 아침에 신문 읽는 것을 아주 좋아한다.
  ④ 나는 피겨 스케이팅의 유망주였다.
  ⑤ 빛나는 별들을 봐!
  해설 ③의 reading은 동사 love의 목적어로 쓰인 동명사이고 나머지는 모두 명사를 수식하는 형용사 역할의 현재분사이다.
  어휘 rising star 유망주
9 **해석** · Peter는 뱀을 좋아한다. 그는 뱀이 무섭지 않다.
  · 나는 오늘 8개의 수업이 있었다. 학교에서 나의 긴 하루는 나를 지치게 했다.
  해설 첫 번째 문장은 주어 He가 감정을 느끼는 것이므로 scared를, 두 번째 문장은 주어 My long day in school이 감정을 일으키므로 tiring을 쓴다.
10 **해석** 그 배낭은 지금 학생들에게 매우 인기가 있다.
  내가 그 배낭을 디자인했다.
  → 나에 의해 디자인된 그 배낭은 지금 학생들 사이에서 매우 인기가 있다.
  해설 빈칸은 주어 The backpack을 수식해야 하는 분사 자리이다. 주어가 나에 의해 디자인된 대상이므로 과거분사 designed가 알맞다.
11 **해석** Nick의 연설은 지루하고 어려웠다.
  해설 Nick's speech는 다른 대상에게 감정을 일으키므로 현재분사 boring이 알맞다.
12 **해석** 나는 그 주방장의 요리에 놀랐다.

해설 주어 I가 감정을 느끼는 것이므로 과거분사 amazed가 알맞다.

어휘 especially 특히 shrimp 새우

13 해석 저기 서 있는 남자들은 Ted와 Sam이다. 그들은 거미를 연구하는 교수들이다. 지금 그들은 놀라운 실험을 하고 있다. 그들은 그것에 매우 신이 났다. 그들은 숨겨진 거미집을 찾고 싶어 한다.

해설 주어 They가 감정을 느끼므로 ⓓ의 exciting은 과거분사 excited가 되어야 알맞다.

어휘 web 거미집, 거미줄

14 해석 A: 어제 *Human Story* 봤니? 정말 흥미로웠어.
B: 아니. 무엇에 관한 것이었는데?
A: 아프리카에서 죽어가는 아이들을 돕는 한 의사에 관한 것이었어. 나는 그의 이야기에 감동했어.
B: 오, 나는 감동적인 이야기들을 정말 좋아해. 그것을 봐야겠어.

해설 ⓐ 주어 It(*Human Story*)은 다른 대상에게 감정을 일으키므로 현재분사 interesting, ⓑ 수식 받는 명사 children이 죽어가는 것이므로 현재분사 dying, ⓒ 주어 I는 감정을 느끼므로 과거분사 touched, ⓓ 수식 받는 명사 stories가 대상에게 감정을 일으키므로 현재분사 touching이 각각 알맞다.

15 해석 ① 그는 자신의 부러진 다리를 움직일 수 없었다.
② 그 도난당한 차는 Tommy의 것이었다.
③ 영어는 많은 나라에서 말해지는 언어이다.
④ 경기 결과에 실망하지 마라.
⑤ 농구를 하고 있는 그 소년들은 키가 매우 크다.

해설 ① 수식 받는 명사 leg는 부러진 것이므로 breaking은 broken이 되어야 한다. ⑤ 수식 받는 명사 The boys는 농구를 하고 있는 것이므로 played는 playing이 되어야 한다.

CHAPTER 08 문장의 주요 형식

Unit 1 SVC/SVOO
p.58

A

1 ×→great 2 ×→to your fans 3 ○ 4 ×→for the children 5 ×→me 6 ○ 7 ×→some coupons 8 ○ 9 ×→very salty 10 ×→for her

1 너의 러시아 여행은 우리 모두에게 멋지게 들린다.
2 당신의 새 영화에 얽힌 뒷이야기를 팬들에게 이야기해주세요.
3 내가 그 가게에 들어갔을 때, 그는 나에게 한 잔의 차를 주었다.
4 우리 언니는 아이들에게 샌드위치를 만들어 주었다.
5 나에게 피자 한 조각을 건네줄래?
6 왜 너희 아버지는 항상 매우 바빠 보이시니?
7 그 회사는 고객들에게 쿠폰을 보냈다.
8 비가 내리기 시작했을 때 Jane은 나에게 우산을 가져다주었다.
9 햄버거는 너무 많은 베이컨 때문에 짠맛이 났다.
10 나는 그녀의 생일에 그녀에게 반지를 사 줄 것이다.

B

1 sounded very cheerful
2 sent her childhood pictures to me
3 looked tired and sad
4 showed the policeman his driver's licence
5 lent ten dollars to him
6 felt proud of herself
7 get a glass of water for me

C

1 looked 2 wrote 3 made 4 bought
5 tasted 6 taught

1 화면 속 그 남자는 젊고 강해 보였다.
2 그 어린 소년은 대통령에게 편지를 썼다.
3 우리 할아버지는 종종 나에게 나무로 장난감을 만들어 주셨다.

4 엄마는 가게에서 나에게 운동화 한 켤레를 사 주셨다.
5 그 병에 든 알약은 아주 쓴 맛이 났다.
6 Graham 선생님은 한 달에 두 번 어린 소녀들에게 발레를 가르치셨다.

D

1 Mom made a beautiful dress for my sister.
2 Eddie used to send me long letters in France.
3 You have to show the teacher your student card.
4 Liz cooked patients in the hospital some food.
5 My parents told their plan for Children's Day to us.
6 Last summer, my uncle got some dried mangoes for me.
7 The student passed another student the answer sheet.

1 엄마는 언니에게 아름다운 옷을 만들어 주셨다.
2 Eddie는 프랑스에서 나에게 긴 편지를 보내곤 했다.
3 너는 선생님에게 너의 학생증을 보여 주어야 한다.
4 Liz는 병원에 있는 환자들에게 음식을 요리해주었다.
5 우리 부모님은 우리에게 어린이날 계획을 말씀해주셨다.
6 작년 여름, 우리 삼촌은 내게 말린 망고를 가져다주셨다.
7 그 학생은 다른 학생에게 그 답안지를 건네주었다.

Unit 2 SVOC 목적격보어의 종류
p.60

A

1 him Mr. Breeze
2 the boxes empty
3 her son a great writer
4 you to be careful
5 Ron waiting for you in front of the building
6 Eric to come to the office at five
7 birds singing merrily on the fence
8 me to buy new shoes yesterday
9 us nervous

〈보기〉 너무 어둡기 때문에 그녀가 혼자 집에 가게 하지 마라.
1 작년에 우리는 그를 Mr. Breeze라고 부르기 시작했다.
2 그녀는 몇 권의 책을 위해 상자들을 비워 둔 채로 두었다.
3 Ellen은 아들을 훌륭한 작가로 만들었다.
4 나는 네가 물을 끓일 때 조심하길 원한다.
5 나는 Ron이 건물 앞에서 너를 기다리고 있는 것을 보았다.
6 누가 Eric에게 사무실에 다섯 시에 오라고 말했니?
7 그들은 새들이 울타리 위에서 즐겁게 노래하고 있는 걸 들었다.
8 엄마는 어제 내가 새 신발을 사도록 허락하셨다.
9 수학 시험은 항상 우리를 긴장하게 만든다.

B

1 to be	**2** warm	**3** an honest man
4 to finish	**5** to turn	**6** play
7 him	**8** watch	**9** to ride
10 cough		

1 선생님은 학생들에게 시험을 치는 동안 조용히 하라고 말씀하셨다.
2 우리는 너무 추웠기 때문에 방을 따뜻하게 유지했다.
3 Julie의 진심 어린 충고가 나를 정직한 사람으로 만들었다.
4 그녀는 내가 집안일을 끝마치는 걸 도와주었다.
5 Palmer 씨는 나에게 음악 소리를 줄이라고 말씀하셨다.
6 엄마는 내가 밖에서 친구들과 놀도록 해주셨다.
7 지난주에 나는 그가 운동장에서 줄넘기하고 있는 것을 보았다.
8 아빠는 점심 후에 내가 뉴스를 보도록 하셨다.
9 Sue는 그가 밤에 스케이트보드를 타도록 허락하지 않았다.
10 나는 Sandra가 종일 기침을 심하게 하는 것을 들었다.

C

1 feel happy	**2** (to) make a paper doll
3 take[taking] a picture	**4** to eat breakfast
5 experience life	**6** gather[gathering] honey
7 to be the winner	**8** to spend more time

1 나의 가장 친한 친구는 항상 내가 행복하게 느끼도록 해준다.
2 나는 종종 내 여동생이 종이 인형을 만드는 걸 도와준다.
3 우리는 네가 호수에 있는 오리들의 사진을 찍는[찍고 있는] 것을 보았다.
4 내가 병원에 갔을 때 의사 선생님은 나에게 아침을 먹으라고 충고해 주셨다.
5 그 주인은 아이들이 시골에서의 삶을 체험해보도록 했다.
6 학생들은 벌들이 꿀을 모으는[모으고 있는] 것을 지켜보았다.
7 그들은 민호가 그 퀴즈 쇼의 우승자가 되길 기대한다.
8 Helen은 아버지가 자신과 더 많은 시간을 보내기를 원했다.

D

1 heard the children shout	**2** watched Mike wave
3 felt the desk shaking	**4** saw Nancy sleeping

〈보기〉 나는 민수를 보았다. 민수는 초록 불에 길을 건넜다.
→ 나는 민수가 초록 불에 길을 건너는 것을 보았다.
1 그 아이들은 기쁨에 소리를 질렀다. 나는 이것을 들었다.
→ 나는 그 아이들이 기쁨에 소리를 지르는 것을 들었다.
2 Julie는 Mike를 지켜보았다. Mike는 그녀에게 손을 흔들었다.
→ Julie는 Mike가 그녀에게 손을 흔드는 것을 지켜보았다.
3 책상이 흔들리고 있었다. 나는 이것을 느꼈다.
→ 나는 책상이 흔들리고 있는 것을 느꼈다.
4 그는 Nancy를 보았다. Nancy는 침대에서 자고 있었다.
→ 그는 Nancy가 침대에서 자고 있는 것을 보았다.

1 ④ **2** ① **3** ③ **4** ①, ⑤ **5** ①, ④ **6** sent some money to the poor **7** want you to tell the truth **8** ⑤ **9** ② **10** ③ **11** me yell at you **12** us to discuss **13** made me very sad **14** ③ **15** having a conversation with its owner

1 해석 ① 지각한 것에 대한 Taylor의 변명은 나를 화나게 했다.
② 오븐에서 나온 신선한 빵에서 좋은 냄새가 났다.
③ 내가 어제 Henry를 봤을 때 그의 얼굴은 슬퍼 보였다.
④ 바나나를 냉장고에 넣어 차갑게 두지 마라.
⑤ 그 코미디 쇼는 그를 유명한 코미디언으로 만들었다.
해설 ④ 동사 keep은 '~을 …한 상태로 두다'라는 의미를 나타낼 때 목적격보어로 형용사를 쓰므로, 부사 coldly는 형용사 cold가 되어야 한다.
어휘 excuse 변명

2 해석 ① Kate는 내가 자신과 함께 파티에 가도록 했다.
② 나는 동물원에서 토끼들이 풀을 먹고 있는 것을 보았다.
③ 그 요리사는 직원들에게 주방을 청결하게 유지하라고 지시했다.
④ Jeff는 나에게 그 영어 수업을 신청하라고 충고했다.
⑤ 이 빨간 드레스는 너를 훨씬 더 젊게 보이도록 해준다.
해설 ① 사역동사 let은 '~이 …하도록 하다'라는 의미로 목적격보어로 동사원형을 쓰므로, going은 go가 되어야 한다.
어휘 sign up 신청하다

3 해설 ③ 영작하면 My parents made me practice the violin.인데, 사역동사 make가 쓰였으므로 to는 쓸 수 없다.

4 해석 나는 내 남동생이 새 친구를 사귀는 것을 도와줄 것이다.
해설 ①, ⑤ 동사 help는 '~가 …하는 것을 돕다'라는 의미로, 목적격보어로 동사원형이나 to부정사를 쓴다.

5 해석 Frank는 누군가가 교실에서 라디오를 틀어놓은[틀어놓고 있는] 소리를 들었다.
해설 ①, ④ 지각동사 hear는 '~가 …하는 것을 듣다'라는 의미로, 목적격보어로 동사원형이나 현재분사를 쓸 수 있다.

6 해설 동사 send는 '~에게 …을 보내다'라는 의미로, 「send+직접목적어+to+간접목적어」의 순서로 쓴다.

7 해설 동사 want는 '~가 …하기를 원하다'라는 의미로, 「want+목적어+to부정사」의 순서로 쓴다.

8 해석 ① Sam은 일요일에 내가 자신과 함께 도서관에 가게 했다.
② 창문으로 들어온 햇빛이 방을 환하게 해주었다.
③ 나는 내 남동생에게 바나나 팬케이크를 만들어 주었다.
④ 그들은 나를 야구팀의 주장으로 만들었다.
⑤ 아빠는 자신이 밖에 있는 동안에 내가 여동생을 돌보게 하셨다.
해설 ⑤ 목적어 me 뒤에 to부정사 to look after가 있으므로, 사역동사 made는 쓸 수 없다.
어휘 sunlight 햇빛 captain 주장 look after 돌보다

9 해석 ·Becky는 자신의 부러진 안경을 봤을 때 화가 나 보였다.
·우리 할아버지는 나에게 큰 장난감 집을 가져다주셨다.
해설 ② 감각동사 look은 뒤에 형용사를 써서 '~하게 보이다'라는 의미를 나타내므로 형용사 angry가 알맞고, 동사 get은 간접목적어가 직접목적어 뒤로 올 때 전치사 for를 쓰는 동사이다.

10 해석 ·유나는 내가 자신을 위해 그 책들을 반납하기를 원한다.
·Tony는 자신의 개가 그 공을 잡도록 했다.
해설 동사 want는 목적격보어로 to부정사를 쓰므로 to return이 알맞고, 사역동사 have는 목적격보어로 동사원형을 쓰므로 catch가 알맞다.

11 해석 제가 당신에게 소리치게 하지 말아 주세요.
해설 사역동사 make는 목적격보어로 동사원형을 쓰므로, to yell은 yell로 써야 한다.
어휘 annoyed 짜증이 난

12 해석 우리 선생님은 우리가 그 문제를 토론하라고 명령하셨다.
해설 동사 order는 목적격보어로 to부정사를 쓰므로, to discussing은 to discuss로 써야 한다.

13 해석 〈보기〉 그녀는 그 소식을 듣고 행복했다.
= 그 소식은 그녀를 행복하게 했다.
나는 그 대회의 결과를 듣고 매우 슬펐다.
= 그 대회의 결과는 나를 매우 슬프게 했다.
해설 〈보기〉처럼 감정의 원인을 나타내는 to부정사를 「make+목적어+목적격보어(형용사)」의 형태로 써야 하고 시제가 과거이므로 made me very sad로 써야 알맞다.

14 해석 ⓐ 나는 문을 열었을 때 개가 꼬리를 흔드는 것을 보았다.
ⓑ 그 강의 오염은 심각해 보였다.
ⓒ Ruth는 자신의 고양이들 중 한 마리를 Percy라고 이름 지었다.
ⓓ 그들은 우리가 도움 없이 그 일을 마치기를 기대한다.
ⓔ 내 친구는 나에게 잠깐 앉으라고 부탁했다.
해설 ⓓ 동사 expect는 목적격보어로 to부정사를 쓰므로, finish는 to finish로 써야 한다.
어휘 wag (꼬리를) 흔들다 pollution 오염 for a minute 잠깐

15 해석 Tony: 야, Maria! 너 그거 알아?
Maria: 말해줘!
Tony: 어제 나는 공원에서 놀라운 것을 봤어.
Maria: 무엇이었니?
Tony: 앵무새 한 마리가 주인과 대화를 하고 있었어!
Maria: 와, 놀라운걸!
→ Tony는 앵무새 한 마리가 주인과 대화를 하고 있는 것을 보았다.
해설 대화의 내용상 Tony는 어제 앵무새가 대화를 하고 있었던 걸 보았고 과거진행형으로 제시되어 있으므로, 진행의 의미를 나타내는 현재분사 having을 사용하여 문장을 완성한다.
어휘 owner 주인

CHAPTER 05~08
총괄평가 2회
p.64~67

1 ③, ④ 2 ①, ④ 3 ② 4 ⑤ 5 live, live in
6 disappoint, disappointed 7 ⑤ 8 ③ 9 ③ 10 ④
11 ② 12 ③ 13 He forgot changing his password
14 The refrigerator can keep food fresh
15 Mark turned on the TV in order to watch the news
16 ④ 17 ⑤ 18 ④ 19 ② 20 seems to have
21 bought a warm coat for 22 too tired to reach
23 ④ 24 ③ 25 ④ 26 ① 27 (1) ⓑ, surprised
(2) ⓓ, great (3) ⓔ, showing

1 해석 항상 옳은 결정을 내리는 것은 쉽지 않다.
해설 문장의 주어 자리에 동사를 쓸 때는 to부정사나 동명사의 형태가 적절하다.

2 해석 Bill과 나는 어젯밤에 고양이 한 마리가 우는 것을 들었다.
해설 지각동사 hear는 목적격보어로 동사원형이나 현재분사를 쓴다.

3 해석 〈보기〉 Luke는 통학버스를 잡기 위해 빠르게 달렸다.
① 그녀의 직업은 새로운 요리를 개발하는 것이다.
② 나는 우리 가족의 사진을 찍기 위해 내 카메라를 가져왔다.
③ 그는 정오까지 끝내야 하는 보고서가 있다.
④ 우리는 다른 도시로 이사 가기로 결정했다.
⑤ 완벽해지는 것은 불가능하다.
해설 〈보기〉와 ②는 목적을 나타내는 to부정사의 부사적 쓰임이다. ①은 보어, ④는 목적어, ⑤는 주어로 쓰인 to부정사의 명사적 쓰임이고, ③은 명사를 수식하는 to부정사의 형용사적 쓰임이다.

어휘 lecture 강의 impossible 불가능한

4 해석 〈보기〉 떠오르는 해는 밝게 빛나고 있다.
① Susan은 그 질문에 답하는 것을 끝냈다.
② 너는 표를 사지 않으면 홀에 들어갈 수 없다.
③ 내가 가장 좋아하는 활동은 드럼을 연주하는 것이다.
④ 다른 사람들의 말을 주의 깊게 듣는 것은 중요하다.
⑤ 그 작가의 새로운 소설은 지루했다.
해설 〈보기〉의 rising은 명사 sun을 수식하는 현재분사이고, ⑤의 boring은 주어의 상태를 나타내는 보어로 사용된 현재분사이다. ①의 answering은 동사 finished의 목적어, ②의 paying은 전치사의 목적어, ③의 playing은 보어, ④의 Listening은 문장의 주어로 사용된 동명사이다.

5 해석 이것은 우리가 살 새로운 집이다.
해설 to live가 수식하는 명사 house가 전치사 in의 목적어이므로(live in our new house) live 뒤에 in을 써야 알맞다.

6 해석 우리는 축구 경기 결승전에서 졌을 때 아주 실망했다.
해설 주어인 We가 실망의 감정을 느끼는 것이므로 과거분사 disappointed로 고쳐야 알맞다.

7 해석 ① 그녀는 우리가 제시간에 도착할 거라고 기대했다.
② Kate는 네가 그녀의 생일을 기억하기를 원했다.
③ 선생님께서 내가 시험지를 제출하게 하셨다.
④ 나는 그가 도서관에서 조용히 하도록 말했다.
⑤ Tom은 남동생이 그 상자들을 옮기도록 시켰다.
해설 expect, want, get, tell은 목적격보어로 to부정사를 쓰지만, ⑤의 had는 사역동사이므로 목적격보어로 동사원형을 쓴다.

8 해석 ① 나는 언젠가 내 오랜 친구를 만나기를 바란다.
② 우리는 놀이공원에 방문하기로 계획했다.
③ 그는 그 매운 태국 음식 먹는 것을 포기했다.
④ Jessica는 어제 회의에 참석할 필요가 있었다.
⑤ 우리 아빠는 새로운 직업을 얻기 원하신다.
해설 ③의 gave up은 동명사를 목적어로 쓰는 동사이고, ①의 wish, ②의 planned, ④의 needed, ⑤의 wants는 to부정사를 목적어로 쓰는 동사들이다.

9 해석 · 그 날카로운 칼은 아주 위험해 보인다.
· James는 가족들과 소풍 갈 것을 기대하고 있다.
해설 (A) 감각동사 look은 뒤에 형용사를 동반하여 '～하게 보이다'라는 의미를 나타내므로 dangerous가 알맞다. (B) '～하기를 기대하다'라는 의미를 나타낼 때는 「look forward to+동명사」를 쓰므로 to going이 알맞다.

10 해석 · 우리 아빠는 엄마에게 그 방에 새 소파를 어디에 둘지 물으셨다.
· 이것들은 온실에서 우리 부모님에 의해 재배된 토마토이다.
해설 (A) '어디에 둘지'라는 의미가 되도록 의문사 where 다음에 to부정사를 쓰는 것이 알맞다. (B) 수식 받는 명사 tomatoes가 재배되는 것이므로 수동, 완료의 의미를 나타내는 과거분사 grown이 알맞다.
어휘 greenhouse 온실

11 해설 '너무 ～하여 …할 수 없다'라는 의미를 나타내는 to부정사 표현은 「too ~ to부정사」이다.

12 해설 동사 advise는 목적격보어로 to부정사를 쓴다.

13 해설 '과거에 ～했던 것을 잊어버리다'라는 의미를 나타낼 때는 forget 다음에 동명사를 써야 한다.

14 해설 동사 keep은 '～을 …하게 유지해 주다'라는 의미일 때 「keep+목적어+목적격보어(형용사)」의 형태로 써야 한다.

15 해설 「in order to부정사」는 '～하기 위해서'라는 목적을 나타낸다.

16 해석 ① 경기장에서 야구 경기를 보는 것은 즐겁다.
② 걱정할 것은 아무것도 없다.
③ 제 아이들을 돌봐주셔서 감사합니다.
④ 옆집에 사는 그 소녀는 내 친구 수미이다.
⑤ 우리는 좋은 점수를 얻기 위해 시험공부를 하기 시작했다.
해설 ④ 수식 받는 명사 the girl과 live의 관계가 능동이므로 현재분사 living으로 고쳐야 알맞다.

17 해석 ① Jimmy는 그 소년을 화나게 만들었다.
② 너는 떨어지는 별을 보았니?
③ 나는 그의 무례한 태도에 당황했다.
④ 사람들은 종종 뉴욕을 'the Big Apple'이라고 부른다.
⑤ 우리 엄마는 나에게 설거지를 하라고 명령하셨다.

해설 동사 order는 목적격보어로 to부정사를 쓰므로 do를 to do로 고쳐야 알맞다.

18 해석 ① 우리 언니는 내가 저녁 식사 만드는 것을 도와주었다.
② 규칙을 어기지 않는 것이 중요하다.
③ 우리는 주말마다 등산하러 가는 것을 아주 좋아한다.
④ Paul은 집을 청소해야 할 것을 기억했다. ≠ Paul은 집을 청소한 것을 기억했다.
⑤ 그녀는 다른 사람들을 가르칠 정도로 충분히 똑똑하다.
해설 '과거에 ~했던 것을 기억하다'라는 의미를 나타낼 때는 remember 다음에 동명사를 쓰고, '미래에 ~할 일을 기억하다'라는 의미를 나타낼 때는 remember 다음에 to부정사를 쓴다. 따라서 ④의 두 문장은 의미가 서로 다르다.

19 해석 〈보기〉 그 여자는 자신의 남편에게 편지 한 통을 썼다.
① 저 꽃들은 아주 아름다워 보인다.
② 나는 부모님을 위해 볶음밥을 요리했다.
③ 그 남자가 정직하다는 것을 알아차린 사람은 거의 없었다.
④ 경찰은 그가 떠나도록 허락했다.
⑤ 책상 위에 있는 펜 좀 건네줄래?
해설 〈보기〉의 wrote는 수여동사로 「write+직접목적어+to+간접목적어」의 순서로 쓰였고, ②의 수여동사 cook도 「cook+직접목적어+for+간접목적어」의 순서로 쓰였다. ①은 「감각동사 look+형용사(beautiful)」 형태의 SVC 문장이며, ③과 ④는 목적격보어로 각각 형용사(honest), to부정사(to leave)를 쓰는 SVOC 문장이다. ⑤는 수여동사 pass 뒤에 「간접목적어+직접목적어」를 쓴 SVOO 문장이다.

20 해석 그녀는 감기에 걸린 것 같다.
해설 「It seems that ~」은 「주어+seem+to부정사」로 바꿔 쓸 수 있다.

21 해석 그녀는 딸에게 따뜻한 코트를 사주었다.
해설 수여동사 buy는 '~에게 …을 사주다'라는 의미로, 「buy+직접목적어+for+간접목적어」의 순서로 쓴다.

22 해석 우리는 너무 피곤해서 그곳까지 걸어서 도착할 수 없었다.
해설 '너무 ~하여 …할 수 없다'라는 의미를 나타내는 표현은 「too ~ to부정사」, 「so ~ that … can't/couldn't」로 서로 바꿔 쓸 수 있다.

23 해석 ① A: 우리 그룹 과제를 위해 내일 언제 모일까?
    B: Linda가 언제 모일지 우리에게 알려줄 거야.
② A: Ryan, 너의 형은 뭘 하고 있니?
    B: 형은 집에서 고양이들에게 먹이 주느라 바빠.
③ A: 이번 주말에 무언가 재밌는 걸 하고 싶어.

B: 서울에서 열리는 재즈 축제에 가는 건 어때?
④ A: Nick, 네 과학책 좀 빌려줄래?
    B: 미안해. 호진이가 이미 빌려 갔어.
⑤ A: 난 너무 피곤해. 산꼭대기에 다다르기 전에 쉬어야 할 필요가 있어.
    B: 이리와. 앉을 만한 벤치들이 있어.
해설 수여동사 lend는 직접목적어 뒤로 간접목적어를 보낼 때 전치사 to를 쓰므로 for me를 to me로 고쳐야 알맞다.

24 해석 ⓐ 내가 너에게 쓸 펜을 하나 줄게.
ⓑ 우리는 너를 다시 보게 되어서 기쁘다.
ⓒ 그 구운 감자들은 맛이 좋았다.
ⓓ 그 선생님은 수업 시간에 사용할 컴퓨터가 필요하다.
ⓔ 그들은 너무 약해서 마라톤을 뛸 수 없다.
해설 ⓐ to write가 수식하는 명사 a pen이 전치사 with의 목적어이므로 (write with a pen) write 뒤에 with를 써야 알맞다. ⓔ '너무 ~하여 …할 수 없다'라는 의미를 나타낼 때는 「too ~ to부정사」를 쓰며, 「so ~ that … can't/couldn't」로 바꿔 쓸 수 있다.

25 해석 ① Jack은 그 노인이 계단 오르는 것을 도와주었다.
② 나는 바이올린을 어떻게 연주하는지 모른다.
③ 우리 이모는 나에게 생일 선물을 주셨다.
④ 그 여자는 누군가 자신의 어깨를 만지는 것을 느꼈다.
⑤ 그는 많은 사람들 앞에서 말할 만큼 충분히 자신 있었다.
해설 ④의 지각동사 felt는 목적격보어로 동사원형이나 현재분사를 쓰므로 빈칸에 to를 쓸 수 없다.

26 해석 몇몇 사람들은 그 쇼를 위해 30분 동안 기다릴 것을 _____.
① 동의했다 ② 계속했다 ③ 제안했다 ④ 피했다 ⑤ 고려했다
해설 빈칸 뒤에 동명사가 있으므로 to부정사를 목적어로 쓰는 동사 ① agreed는 빈칸에 들어갈 수 없다.

27 해석 A: 민호야, 너는 지난달에 지어진 새로운 미술관에 가본 적 있니?
B: 응, 지난 토요일에 그곳에 갔었어. 나는 거대한 공간에 놀랐어. 그곳은 많은 그림들을 전시하기에 충분히 컸어.
A: 그거 정말 대단하게 들리는구나. 표는 얼마니?
B: 한 사람당 10,000원이야. 너는 학생증을 보여주면 할인받을 수 있어.
해설 (1) 주어인 I가 놀라운 감정을 느끼는 주체이므로 ⓑ의 surprising을 과거분사 surprised로 고쳐야 알맞다. (2) 감각동사 sound는 뒤에 형용사를 동반하여 '~하게 들리다'라는 의미를 나타내므로 ⓓ의 greatly를 great으로 고쳐야 알맞다. (3) 전치사 by는 목적어로 동명사를 쓰므로 ⓔ의 show를 showing으로 고쳐야 한다.

어휘 display 전시하다 discount 할인

CHAPTER 09 수동태

Unit 1 수동태의 이해 p.68

A

1 ○   2 × → was invented   3 × → will be loved
4 × → are sold   5 × → was caught   6 ○
7 × → is taught   8 ○

1 나는 2004년에 부산에서 태어났다.
2 종이는 고대 중국인들에 의해 발명되었다.
3 네 노래는 많은 사람들에게 사랑받을 것이다.
4 이 사과들은 시장에서 판매된다.
5 그 쥐는 고양이에게 잡혔다.
6 그 문은 Jensen 씨에 의해 7시에 닫힐 것이다.
7 우리 학교에서는 프랑스어가 가르쳐진다.
8 우리 박물관은 단 두 달 동안만 열릴 것입니다.

B

1 was planned   2 will be decided   3 was chosen
4 will be delayed   5 was discovered   6 will be invited
7 were destroyed

C

1 The dishes were washed by Jake
2 This diary was written by Anne
3 My broken car will be fixed by Mr. Hobs
4 A few trees are planted by my uncle
5 he was admired by many people
6 The car is parked

1 Jake는 점심 식사 후에 접시들을 닦았다.
→ 접시들은 점심 식사 후에 Jake에 의해 닦여졌다.
2 Anne은 방학 동안 이 일기를 썼다.
→ 이 일기는 방학 동안 Anne에 의해 쓰였다.
3 Hobs 씨가 내일 나의 고장 난 차를 고칠 것이다.
→ 나의 고장 난 차는 내일 Hobs 씨에 의해 고쳐질 것이다.
4 우리 삼촌은 매년 몇 그루의 나무를 심으신다.
→ 몇 그루의 나무가 매년 우리 삼촌에 의해 심어진다.
5 그의 연설 후에 많은 사람들이 그를 존경했다.
→ 그의 연설 후에 그는 많은 사람들에 의해 존경받았다.
6 우리 아빠는 집 앞에 차를 주차하신다.
→ 그 차는 우리 아빠에 의해 집 앞에 주차된다.

D

1 were found by	**2** will be helped by
3 was taken by	**4** will be held
5 was sent by	**6** will be closed

1 A: 그 농부들은 땅속에서 뭘 찾았니?
B: 오래된 그림 몇 점이 그 농부들에 의해 발견됐어.
2 A: 누가 그 아이들을 도울 거니?
B: 그 아이들은 Norris 선생님에게 도움을 받을 거야.
3 A: Tony는 언제 이 사진을 찍었니?
B: 이 사진은 3년 전에 Tony에 의해 찍혔어.
4 A: 그들은 7월에 어디에서 콘서트를 열 거니?
B: 그 콘서트는 7월에 도쿄에서 열릴 거야.
5 A: Julie는 어떻게 초대장을 보냈니?
B: 그 초대장은 Julie에 의해 팩스로 보내졌어.
6 A: 너는 오늘 몇 시에 가게를 닫을 거니?
B: 가게는 5시에 닫힐 거야.

Unit 2 수동태 부정문/의문문/관용표현 p.70

A

1 is interested in	**2** can be seen
3 was covered with	**4** should be added
5 was pleased with	**6** must be locked
7 are satisfied with	**8** should be kept
9 is made of	**10** must be cleaned
11 are filled with	

1 내 남동생은 신화에 관심이 있다.
2 그 건물은 여기에서 보일 수 있다.
3 하늘이 구름으로 덮여 있었다.
4 약간의 소금이 그 수프에 더해져야 한다.
5 그녀는 딸의 편지에 기뻐했다.
6 그 문은 네가 외출할 때 잠겨야 한다.
7 그들은 자신들의 새로운 선생님에 만족한다.
8 아이스크림은 냉동실에 보관되어야 한다.
9 그 조각상은 돌로 만들어져 있다.
10 너의 방은 매주 청소되어야 한다.
11 그 상자들은 책들로 가득 차 있다.

B

1 Why was, delayed	**2** When was, started
3 Where were, made	**4** How is, changed

〈보기〉 A: 그 티켓들은 어디에서 팔리니?
B: 그것들은 온라인에서 팔려.
1 A: 그 기차는 왜 지연되었니?
B: 그것은 폭우로 인해 지연되었어.

2 A: 그 TV쇼는 언제 시작되었니?
B: 그것은 6월에 시작되었어.
3 A: 이 시계들은 어디에서 만들어졌니?
B: 그것들은 스위스에서 만들어졌어.
4 A: 물은 어떻게 증기로 변하니?
B: 물을 섭씨 100도로 끓이면 증기로 변해.

C

1 The stones were not[weren't] moved by us.
2 Wild animals should be protected (by us).
3 I was not[wasn't] praised for my test results
4 This medicine should be taken every day
5 Where are carrots grown by your grandma?

1 우리는 그 돌들을 옮기지 않았다.
→ 그 돌들은 우리에 의해 옮겨지지 않았다.
2 우리는 야생 동물들을 보호해야 한다.
→ 야생 동물들은 (우리에 의해) 보호되어야 한다.
3 우리 부모님은 시험 결과로 나를 칭찬하지 않으셨다.
→ 나는 우리 부모님께 시험 결과로 칭찬받지 못했다.
4 너는 이 약을 매일 복용해야 한다.
→ 이 약은 너에 의해 매일 복용 되어야 한다.
5 너희 할머니는 어디에서 당근을 기르시니?
→ 당근은 어디에서 너희 할머니에 의해 길러지니?

D

1 is not used	**2** must be built
3 are not sung by	**4** should be taken by
5 is known as a singer	**6** What was made for dinner

Chapter Test p.72

1 ② **2** ④ **3** ⑤ **4** ② **5** will be provided
6 was interested in **7** ① **8** Yuna will be taken to the party by Minho. **9** The car was stopped by the police officer.
10 ⑤ **11** did, was done **12** saw, seen **13** ②
14 Butter is made from milk **15** ③ **16** (1) should pay
(2) should be paid, by consumers

1 해석 · 두 마을은 다리로 연결된다.
· 전국체전에서 우리 학교 깃발은 Frank에 의해 들려졌다.
해설 (A) 주어인 The two towns는 동작의 대상이므로 수동태인 are connected가 알맞다. (B) 주어 Our school's flag가 뒤의 행위자 Frank에 의해 들리는 것이므로 수동태 was raised가 알맞다.
2 해석 · 나는 그의 초대에 매우 기뻤다.
· 레오나르도 다빈치는 '모나리자'로 유명하다.
해설 (A) '~에 기뻐하다'라는 의미의 표현은 be pleased with이다. (B) '~으로 유명하다'라는 뜻을 나타낼 때는 be known for로 쓴다.
3 해석 ① 네 가방은 어디서 발견되었니?
② 어제 많은 사람들이 그 사고로 다쳤다.
③ 네 손은 식사 전에 씻겨야 한다.
④ 약 30년 전에 휴대 전화는 사용되지 않았다.
⑤ 새 놀이공원이 다음 달에 문을 열 것이다.
해설 ① 수동태 의문문은 「의문사+be동사+주어+p.p.」의 순서이므로 your bag was는 was your bag으로 써야 한다. ② 사람들이 다치게 한 것이 아니라 다친 것이므로 수동태인 were hurt로 써야 한다. ③ 조동사가 쓰인 수동태이므로 wash는 과거분사(p.p.) 형태인 washed가 되어야 한다. ④ 수동태의 부정문은 were not used의 순서로 쓴다.
어휘 amusement park 놀이공원

4 해석 ① 그 테이블은 나무로 만들어졌다.
② Eddie는 신사로 알려져 있다.
③ 그 방은 쓸모없는 물건으로 가득 차 있었다.
④ Page 선생님은 내 보고서에 만족하지 않으실 것이다.
⑤ 그 산의 꼭대기는 항상 눈으로 덮여 있다.
해설 ① '~로 만들어지다'라는 의미이며 재료의 성질이 변하지 않으면 be made of로 나타낸다. ③ '~로 가득 차다'는 be filled with로 나타낸다. ④ '~에 만족하다'는 be satisfied with로 나타낸다. ⑤ '~로 덮여 있다'는 be covered with[in]로 나타낸다.
어휘 gentleman 신사   useless 쓸모없는

5 해석 아침 식사는 내일 오전 9시에 제공될 것이다.
해설 주어인 Breakfast는 제공하는 동작의 대상이 되므로 수동태를 써야 한다. 미래를 나타내는 부사 tomorrow가 있으므로 will be provided로 쓴다.

6 해석 내가 아이였을 때 나는 로봇에 관심이 있었다.
해설 '~에 관심이 있다'는 be interested in으로 나타낸다. 시제가 과거인 것에 유의한다.

7 해석 이 팬케이크들은 우리 누나에 의해 만들어졌다.
해설 수동태인 「be+p.p.」 형태가 쓰였고, 빈칸 뒤의 my sister는 문맥상 행위자를 의미하므로 빈칸에는 by가 알맞다.

8 해석 민호는 유나를 파티에 데려갈 것이다.
→ 유나는 민호에 의해 파티에 데려가질 것이다.
해설 주어진 문장에 미래를 표현하는 will이 있으므로 수동태도 「will be+p.p.」 형태로 써야 한다.

9 해석 경찰관이 그 차를 세웠다.
→ 그 차는 경찰관에 의해 세워졌다.
해설 주어진 동사가 과거형이므로 수동태의 동사도 과거형으로 쓴다

10 해석 ① A: 캐나다에서는 프랑스어가 말해지니?
B: 응, 맞아.
② A: 그 반지는 은으로 만들어졌니?
B: 아니, 그렇지 않아. 그것은 금으로 만들어졌어.
③ A: 그 창문은 어떻게 깨졌니?
B: 그것은 폭풍으로 인해 깨졌어.
④ A: 그 장미꽃들은 Tom에 의해 구매됐니?
B: 응, 맞아. Tom이 그것들을 이틀 전에 샀어.

⑤ A: 제1회 올림픽은 언제 개최되었니?
B: 1896년에 개최되었어.
해설 ⑤ B의 응답에서 They는 Olympic Games를 가리키며 개최된 동작의 대상이므로 held를 were held로 고쳐야 한다.

11 해석 어제, 집안일은 나에 의해 되었다.
해설 주어인 the housework는 동작의 대상이므로 수동태를 써야 한다. Yesterday가 있으므로 과거 시제인 was done을 써야 알맞다.
어휘 housework 집안일

12 해석 별들은 구름이 낀 밤에는 보이지 않는다.
해설 조동사가 있는 문장의 수동태는 「조동사+be+p.p.」가 되어야 하므로 see는 seen으로 써야 한다.

13 해석 ⓐ 그 열쇠는 누군가의 주머니에서 발견되었다.
ⓑ 많은 제품들이 중국에서 수입된다.
ⓒ 이 스마트폰은 한국에서 만들어진다.
ⓓ 그 돈은 가난한 사람들에 의해 사용될 것이다.
ⓔ 그 사고는 짙은 안개로 인해 일어났다.
해설 ⓓ 주어인 The money가 use의 대상이므로 수동태 will be used가 적절하다.
어휘 product 제품   import 수입하다   cause 일으키다   thick (안개 따위가) 짙은; 두꺼운

14 해설 재료의 성질이 변할 때는 be made from을 쓴다.

15 해석 ① 그 땅은 꽃으로 뒤덮여 있다.
② 그 상자는 오랫동안 숨겨졌다.
③ 그 울타리는 다음 주에 Tom에 의해 다시 칠해질 것이다.
④ 많은 물고기가 Jack에 의해 잡혔다.
⑤ 한국 제품들은 전 세계에서 팔린다.
해설 ③ 수동태 미래 표현이므로 will과 painted 사이에 be를 써야 한다.
어휘 hide 숨기다

16 해설 (1) 주어가 Consumers이므로 동사 pay를 사용해 주어진 의미를 표현하려면 능동태(should pay)를 써야 한다. (2) 주어가 A fair price이므로 수동태(should be paid)로 써야 하며 by를 사용해 행위자를 표현한다.
어휘 consumer 소비자

CHAPTER 10 접속사

Unit 1 and, or, but의 주의할 쓰임 p.74

A

1 Both, and	2 not, but	3 either, or
4 as well as	5 not only, but also	6 neither, nor

1 미국은 영어를 그곳의 언어로 사용한다. 영국 또한 영어를 사용한다.
= 미국과 영국 둘 다 영어를 그들의 언어로 사용한다.
2 George는 태국으로 여행을 가지 않았다. 그는 대만으로 여행을 갔다.
= George는 태국이 아니라 대만으로 여행을 갔다.
3 이 카드게임은 3명이 할 수 있거나, 또는 5명이 할 수 있다.
= 이 카드게임은 3명 또는 5명이 할 수 있다.
4 가수들이 그 음악 축제에 참여했다. 댄서들도 그 음악 축제에 참여했다. = 가수들뿐만 아니라 댄서들도 그 음악 축제에 참여했다.
5 우리 아빠는 우리 개집의 바깥쪽에 페인트칠하셨다. 그는 또한 그것의 안쪽에도 페인트칠하셨다. = 우리 아빠는 우리 개집의 바깥쪽뿐만 아니라 안쪽 또한 페인트칠하셨다.

6 우리 부모님은 내가 늦게 외출하는 것을 허락하지 않으신다. 그들은 내 여동생도 외출하는 것을 허락하지 않으신다. = 우리 부모님은 나와 여동생 둘 다 늦게 외출하는 것을 허락하지 않으신다.

B

1 ⓔ	2 ⓓ	3 ⓐ	4 ⓒ	5 ⓑ	6 ⓕ

1 공항 셔틀버스를 타라, 그러면 너는 시간과 돈을 절약할 수 있다.
2 선생님께 말대꾸하지 마라, 그렇지 않으면 선생님은 화내실 것이다.
3 첫 번째 모퉁이에서 왼쪽으로 돌아라, 그러면 너는 서점이 보일 것이다.
4 네 약속을 지켜라, 그렇지 않으면 사람들이 너를 신뢰하지 않을 것이다.
5 많은 책을 읽어라, 그러면 너는 많은 지식을 얻을 수 있다.
6 그 접시를 조심히 다뤄라, 그렇지 않으면 너는 그것을 깨뜨릴 것이다.

C

1 is	2 need	3 is	4 is
5 lives	6 knows	7 are	8 wants

1 나뿐만 아니라 Evan도 너를 기다리고 있다.
2 그녀와 나는 둘 다 새 블라우스가 필요하다.
3 테니스를 치거나 수영을 하는 것은 건강에 좋다.
4 그 빵뿐만 아니라 그 케이크도 맛있다.
5 남자가 아니라 여자가 저 집에 산다.
6 동수도 소미도 둘 다 그 뮤지컬을 모른다.
7 파리와 런던 두 곳 모두 관광객들로 유명하다.
8 나뿐만 아니라 Teddy도 독일어를 배우고 싶어 한다.

D

1 and you will be there early
2 Either I or my brother has to
3 Not only I but also my friend likes
4 or the baby will wake up   5 Both Jay and Christine like
6 Not red but blue looks   7 or you will miss the train

Unit 2 부사절을 이끄는 접속사   p.76

A

1 Because	2 while	3 before
4 When	5 Since	6 until
7 After	8 so, that	

1 나는 열이 있었기 때문에 어젯밤에 잘 자지 못했다.
2 우리 엄마는 저녁을 요리하시는 동안에 TV를 켜셨다.
3 한국에서는 방에 들어가기 전에 신발을 벗어야 한다.
4 미라가 어렸을 때, 그녀의 가족은 서울로 이사했다.
5 우리 부모님이 집에 안 계셨기 때문에 내가 여동생을 돌봤다.
6 우리 할머니는 우리 차가 보이지 않을 때까지 우리에게 손을 흔드셨다.
7 Ted는 그 컴퓨터에 대한 후기를 읽은 후 한 개를 온라인으로 구매했다.
8 버스가 너무 갑자기 출발해서 Harry는 거의 넘어질 뻔했다.

B

1 ⓓ	2 ⓐ	3 ⓖ	4 ⓗ	5 ⓑ	6 ⓕ	7 ⓒ	8 ⓔ

1 Grace는 그의 목소리가 아름답기 때문에 그 가수의 팬이다.
2 Emma가 샤워하는 동안에 그녀의 친구가 세 번 전화했다.
3 만약 네가 그 사이트에 가입한다면, 너는 할인 쿠폰을 받을 것이다.
4 그 음식은 너무 매웠기 때문에 나는 많이 먹을 수 없었다.
5 폭풍이 오고 있었기 때문에 그 항공편은 취소되었다.
6 비록 그 캠프는 짧긴 했지만 나는 거기서 많은 친구들을 사귀었다.
7 Monica는 너무 놀라서 말을 할 수 없었다.
8 만약 그 방에 머무르지 않는다면, 불을 꺼라.

C

1 ⓔ	2 ⓒ	3 ⓕ	4 ⓐ	5 ⓑ	6 ⓓ	7 ⓑ	8 ⓐ
9 ⓒ							

1 해변에 가까워질수록 우리는 신이 났다.
2 Phillip은 중학교에 들어간 이래로 10cm가 자랐다.
3 지수는 흰 바지를 좋아하는 반면, 나는 검은 바지를 좋아한다.
4 내 메일을 열었을 때, 나는 우리 삼촌에게서 온 이메일 한 통을 보았다.
5 세라는 복사기가 고장 났기 때문에 그것을 사용할 수 없었다.
6 나는 네가 말한 대로 쇼핑 목록을 만들었다.
7 Sue는 아무런 계획이 없었기 때문에 어제 집에 있었다.
8 Nick은 아침 식사를 하면서 책을 읽었다.
9 우리 할아버지가 돌아가신 이래로 2년이 지났다.

D

1 If you know
2 when[as] I cleaned my room
3 Unless you have a ticket
4 while we were in Spain
5 until[till] my parents came
6 so heavily that my dad drove
7 though[although] we lost the game

Unit 3 명사절을 이끄는 접속사   p.78

A

1 I think ∨ Robert is an honest person.
2 It is certain ∨ we should protect the earth.
3 The problem is ∨ all stores near here are closed now.
4 My teacher made sure ∨ every student wore a seat belt.
5 The tour guide said ∨ we could not bring our bags into the museum.
6 ∨ People make noise outside at night is very annoying.
7 The fact is ∨ we need to recycle paper to save trees.
8 I know ∨ my science teacher was an announcer in the past.
9 Tracy believes ∨ music can cure people.

1 나는 Robert가 정직한 사람이라고 생각한다.
2 우리가 지구를 보호해야 한다는 것은 확실하다.
3 문제는 이 근처의 모든 가게가 지금 닫았다는 것이다.
4 우리 선생님은 모든 학생들이 안전벨트를 맸는지 확인하셨다.
5 여행 가이드는 우리가 그 박물관 안으로 가방을 가져갈 수 없다고 말했다.
6 사람들이 밤에 밖에서 시끄럽게 하는 것은 매우 짜증이 난다.
7 사실은 우리가 나무를 구하기 위해 종이를 재활용해야 한다는 것이다.
8 나는 우리 과학 선생님이 과거에 아나운서이셨다는 것을 알고 있다.
9 Tracy는 음악이 사람을 치료할 수 있다고 믿는다.

B

1 how	2 that	3 who	4 if
5 whether	6 why	7 that	8 where

1 내가 그 무료 쿠폰을 어떻게 받을 수 있는지 말해줄래?
2 Jenny는 내년에 외국에서 공부할 수 있기를 바란다.
3 너는 소라 옆에 있는 그가 누구인지 아니?
4 나는 그가 제시간에 올 수 있는지 궁금하다.
5 나는 Ben이 그녀의 집 근처에 사는지 모르겠다.
6 너는 그들이 왜 그렇게 일찍 떠나는지 알고 있니?
7 나는 우리의 기말고사가 너무 어려웠다고 생각한다.
8 공항이 어디인지 알려주시겠어요?

C

1 why Yuri is so upset
2 when the event starts
3 what they are doing now
4 if you like Japanese food
5 how I can use this machine
6 who can fix this computer
7 whether he can speak French

D

1 I'd like to know what Sangho wants to study in England.
2 Do you know if[whether] Susan booked our train tickets?
3 What do you think the most famous Korean food is?
4 I don't know how he made this model airplane.
5 Can you tell me where you bought the sneakers?
6 When do you suppose the first snow will come this year?
7 I wonder if[whether] Harry will stay with us tonight.

1 나는 상호가 영국에서 무엇을 공부하고 싶은지 알고 싶다.
2 너는 Susan이 우리 기차표를 예매했는지 아니?
3 너는 가장 유명한 한국 음식이 무엇이라고 생각하니?
4 나는 그가 어떻게 이 모형 비행기를 만들었는지 모르겠다.
5 너는 그 운동화를 어디에서 샀는지 말해줄 수 있니?
6 너는 올해 첫눈이 언제 올 것으로 추측하니?
7 나는 Harry가 오늘 밤 우리와 함께 있을지 궁금하다.

Chapter Test

p.80

1 ⑤　　2 ③　　3 ②　　4 If there is[there's] something wrong
5 when he took the pictures　　6 ②　　7 ③
8 ④　　9 ③　　10 Not only you but also Andy wants
11 so thirsty that she woke up　　12 where the City Hall is
13 ④　　14 ③　　15 (1) when I was taking a shower
(2) Because he broke the window

1 **해석** Julie는 키메리를 마주 볼 때 종종 긴장한다.
해설 문맥상 '~할 때'라는 의미의 접속사가 필요하므로 when이 적절하다.
어휘 face 마주 보다; 직시하다

2 **해석** Paul과 Cindy 둘 다 그 사고에 대해 책임이 없다.
해설 neither는 nor와 짝을 이루어 접속사 역할을 한다.
어휘 be responsible for ~에 대해 책임이 있다

3 **해석** ① 지나는 많은 숙제가 있기 때문에 집에 일찍 갔다.
② Tom은 버스를 탄 후에 자신의 여자 친구에게 전화했다.
③ 비가 올 때 그는 보통 집에 있다.
④ 만약 날씨가 덥다면, 음식은 쉽게 상할 것이다.
⑤ 만약 당신이 바쁘지 않으시다면, 저를 도와주세요.
해설 ① '~하기 때문에'라는 의미의 접속사가 필요하므로 until을 because[since, as]로 고쳐야 한다. ③ '~할 때'라는 의미의 접속사가 필요하므로 Since를 When 또는 As로 바꿔야 한다. ④ '만약 ~한다면[라면]'이라는 의미의 접속사가 필요하므로 Before를 If로 고쳐야 알맞다. ⑤ Unless는 부정의 의미를 포함하고 있으므로 aren't를 are로 고치거나 Unless를 If로 고쳐야 한다.
어휘 go bad (음식이) 상하다　give a hand 돕다

4 **해석** 만약 뭔가 잘못된 게 있다면, 내가 고칠게.
해설 조건을 나타내는 접속사가 이끄는 절은 미래를 나타내더라도 현재시제를 쓴다.

5 **해석** 우리 삼촌은 자신이 언제 그 사진을 찍었는지 기억하지 못하신다.
해설 간접의문문에서 의문사가 이끄는 절의 어순은 「의문사+주어+동사」이다.

6 **해석** ① 나는 네가 어젯밤에 Tim을 만났다고 들었다.
② 우리는 횡단보도에 있는 저 소녀를 안다.
③ 그들은 그 남자가 자신들을 따라오고 있다고 생각했다.
④ 나는 올해에 우리가 좋은 시간을 보내길 바란다.
⑤ 그는 자신의 아들이 위대한 과학자가 될 수 있다고 믿는다.
해설 ②의 that은 지시형용사이므로 생략할 수 없다. 나머지는 모두 목적어절을 이끄는 접속사로 쓰였으므로 생략 가능하다.
어휘 crosswalk 횡단보도　follow 따라오다, 따라가다

7 **해석** · 최선을 다해라, 그렇지 않으면 시험에서 좋지 않은 결과를 얻을 것이다.
· 규칙적으로 먹어라, 그러면 너는 건강해질 것이다.
해설 (A) 문맥상 명령문 다음에 '그렇지 않으면 ~할 것이다'의 의미가 필요하므로 or가 적절하다. (B) 문맥상 명령문 다음에 '그러면 ~할 것이다'라는 의미가 필요하므로 and가 알맞다.
어휘 do A's best 최선을 다하다　regularly 규칙적으로

8 **해석** · 만약 네가 실수하지 않는다면, 너는 일등을 할 것이다.
· 시원한 물 좀 마셔라, 그러면 너는 기분이 나아질 것이다.
해설 (A) '만약 ~하지 않으면'의 의미가 필요하므로 unless가 알맞다. (B) 명령문 다음에 '그러면 ~할 것이다'라는 의미가 필요하므로 and가 알맞다.

9 **해석** ① 미나는 배탈이 났기 때문에 식사를 걸렀다.
② 안 좋은 냄새가 나기 때문에 나는 이 꽃을 좋아하지 않는다.
③ 너는 선생님이 말씀하신 대로 이 파일을 수정해야 한다.
④ Peter는 그녀의 이름을 잊어버렸기 때문에 그녀에게 다시 물어봤다.
⑤ 어두워지고 있었기 때문에 우리는 집에 가는 것을 서둘렀다.
해설 ③의 as는 '~처럼, ~ 대로'의 의미로 쓰였고, 나머지는 모두 '~하기 때문에'의 의미로 쓰였다.
어휘 stomachache 배탈, 복통　correct 수정하다, 바로잡다

10 **해설** 'A뿐만 아니라 B도'라는 의미의 접속사가 필요하고, 주어진 단어에 but also가 있으므로 「not only A but also B」를 사용하면 된다. 동사는 B(Andy)의 인칭과 수에 일치시키는 것에 유의한다.

11 **해설** '너무[매우] ~해서 …하다'는 「so+형용사[부사]+that」으로 나타낼 수 있다. 시제가 과거인 것에 유의한다.

12 **해설** 간접의문문에서 의문사가 이끄는 절의 어순은 「의문사+주어+동사」이다.

13 **해석** ① 그가 겨우 14살이라는 것은 매우 놀랍다.
② 그녀는 돈을 낭비하지 않겠다고 약속했다.
③ 좋은 소식은 내일 날씨가 맑을 거라는 것이다.
④ 그들이 내 생일을 잊어버렸다는 것은 실망스러웠다.
⑤ 나는 Joey가 거기에 없다는 것을 알아차렸다.
해설 ④ 주어 자리에 절이 쓰였으므로 명사절을 이끄는 접속사 that이 They 앞에 필요하다.
어휘 disappointing 실망스러운

14 **해석** ① 만약 네가 오늘 시간이 있다면, 우리를 방문해라.
② 나는 Nancy가 고전 음악을 좋아하는지 궁금하다.
③ 너는 그가 몇 살이라고 생각하니?
④ 만약 네가 10분 내로 오지 않는다면, 우리는 너 없이 출발할 것이다.
⑤ 우리 아버지는 작년에 우리가 어디를 여행했는지 기억하신다.
해설 ③ 의문사가 이끄는 절이 think처럼 생각이나 추측을 나타내는 동사의 목적어로 쓰일 때는 의문사를 문장 맨 앞에 써야 한다. 따라서 How old do you think he is?라고 써야 한다.
어휘 classical music 고전 음악

15 **해석** (1) 내가 샤워를 하고 있을 때 초인종이 울렸다.
(2) 그가 창문을 깨뜨렸기 때문에 그의 선생님은 화가 나셨다.
해설 (1) 그림으로 보아 샤워를 하고 있을 때 초인종이 울린 것이므로 '~할 때'라는 의미의 접속사 when을 쓰면 된다. 주어 I에 맞는 be동사 과거형은 was이다. (2) 그림으로 보아 그가 창문을 깬 것이 선생님이 화가 나신 이유이므로, '~ 때문에'라는 의미의 접속사 because를 사용하여 문장을 완성하면 된다.
어휘 doorbell 초인종

CHAPTER 11 비교 표현

Unit 1 원급, 비교급, 최상급   p.82

A

1 the greatest	2 earlier	3 pretty	4 the longest
5 fast	6 large	7 far	8 careful
9 more interesting		10 well	

1 그녀는 미국에서 가장 훌륭한 여배우이다.
2 수나는 유나보다 더 일찍 일어난다.
3 Jane은 장미만큼 예쁘다.
4 오늘은 일 년 중에 가장 긴 날이다.
5 Jerry는 Bill만큼 빠르게 수영한다.
6 이 접시는 내 얼굴만큼 크다.
7 나는 Bob보다 훨씬 더 힘이 세다.
8 진주는 소희만큼 조심스럽지 않다.
9 이 영화는 스파이더맨보다 더 재미있다.
10 Mary는 자신의 엄마만큼 요리를 잘한다.

B

1 ○	2 × → good	3 × → not as kind as
4 × → worse than	5 ○	6 × → hardest
7 × → quickly as	8 × → the most valuable	
9 × → as light as	10 ○	

1 인호의 가족은 우리 가족보다 더 많다.
2 그의 영어는 내 것만큼 좋다.
3 그녀는 너만큼 친절하지 않다.
4 내 볼링 점수는 우리 오빠의 것보다 더 안 좋았다.
5 그는 Steve만큼 용감하다.
6 용수는 자신의 반에서 공부를 가장 열심히 한다.
7 나는 John만큼 문제를 빨리 풀 수 있다.
8 친구들은 내 인생에서 가장 소중하다.
9 그 아기는 깃털만큼 가벼웠다.
10 치타는 토끼보다 훨씬 더 빠르게 달린다.

C

1 as much as	2 earlier than	3 the fastest
4 more often than	5 as old as	6 healthier than

1 어제 비가 15mm 내렸다. 오늘도 비가 15mm 내릴 것이다.
 → 오늘은 어제만큼 비가 많이 내릴 것이다.
2 나는 10시에 자러 간다. 내 남동생은 9시에 자러 간다.
 → 내 남동생은 나보다 더 일찍 자러 간다.
3 민수는 12초, 재호는 11초, 나는 13초 안에 경주를 뛴다.
 → 재호는 우리 중에서 가장 빠르게 달린다.
4 나는 주말마다 체육관에 간다. Chris는 평일마다 체육관에 간다.
 → Chris는 나보다 더 자주 체육관에 간다.
5 Betty는 13살이다. Rob도 역시 13살이다.
 → Rob은 Betty만큼 나이가 들었다.
6 민수는 어제 아파 보였다. 그는 오늘 건강해 보인다.
 → 오늘 민수는 어제보다 더 건강해 보인다.

D

1 as important as money	2 much colder than today
3 the nicest restaurant	4 as big as my dad's

5 even better than the old one   6 the worst news
7 the most delicious dish

Unit 2 원급, 비교급, 최상급을 이용한 표현   p.84

A

1 slowly as	2 the busiest	3 much
4 the angrier	5 the most useful	6 you can
7 languages	8 taller	9 the more careful
10 decisions		

1 그녀는 나를 위해 가능한 한 천천히 말했다.
2 오늘은 이번 주의 가장 바쁜 날 중 하나이다.
3 물을 가능한 한 많이 마셔라.
4 네가 거짓말을 더 자주 할수록 네 부모님은 더 화가 나실 것이다.
5 철은 가장 유용한 금속 중 하나이다.
6 저에게 가능한 한 빨리 문자를 보내주세요.
7 한국어는 세계에서 가장 훌륭한 언어 중 하나이다.
8 그 나무는 점점 더 키가 커지고 있다.
9 물이 더 깊을수록 너는 더 조심해야 한다.
10 그것은 가장 어려운 결정 중 하나였다.

B

1 × → the more	2 × → the most popular singers	3 ○
4 × → as fast as possible	5 ○	6 × → the slimmer
7 × → more and more interesting	8 × → the colder	
9 ○	10 ○	

1 네가 운동을 더 많이 할수록 더 많은 열량을 태운다.
2 그녀는 우리나라에서 가장 인기 있는 가수 한 명이다.
3 상하이는 세계에서 가장 큰 도시 중 하나이다.
4 너는 이 건물에서 가능한 한 빨리 나가야 한다.
5 낮이 점점 더 짧아지고 있다.
6 네가 더 적게 먹을수록 너는 더 날씬해질 것이다.
7 그 이야기는 점점 더 재미있어졌다.
8 해가 더 빨리 질수록 날씨는 더 추워진다.
9 에베레스트산은 세계에서 가장 높은 산 중 하나이다.
10 가능한 한 시원하게 음식을 보관해라.

C

1 hotter, hotter	2 deeper, darker
3 the tallest buildings	4 as long as possible
5 less, more	6 the saddest movies
7 the weaker	8 thirstier, thirstier

1 여름은 점점 더 더워지고 있다.
2 우리가 바닷속으로 더 깊이 내려갈수록 더 어두워진다.
3 저것은 이 도시에서 가장 높은 건물 중 하나이다.
4 나는 가능한 한 오래 쉬기를 원했다.
5 덜 잘수록 나는 더 피곤해진다.
6 그것은 가장 슬픈 영화 중 하나이다.
7 네가 탄산음료를 더 많이 마실수록 너의 뼈는 더 약해질 것이다.
8 운동하는 동안 나는 점점 더 목이 말랐다.

D

1 The higher, the colder
2 warmer and warmer
3 one of the best baseball players
4 worse and worse
5 The more, the more intelligent
6 as much as possible
7 one of the most popular TV programs

Chapter Test

1 ③   2 ④   3 ③   4 ⑤   5 ①   6 ②   7 A mouse is far smaller than an elephant   8 The more we travel, the more we learn   9 ②   10 ④   11 ④, ⑤   12 ①, ③   13 ②   14 The more, the healthier   15 more and more serious   16 (1) more members than (2) the smallest

1 **해석** 그 새끼 코알라는 너의 고양이만큼 크다.
　해설 as와 as 사이에는 원급이 들어간다.
2 **해석** 상진이는 민호보다 공을 더 멀리 찬다.
　해설 뒤에 than이 있으므로 비교급이 들어가야 하고, far의 비교급은 farther이다.
3 **해석** ① 그녀는 너만큼 인기 있지 않다.
　② Tom은 자신의 누나만큼 말랐다.
　③ 민수는 나만큼 중국어를 잘 말할 수 있다.
　④ 이 침대는 저 침대만큼 편안하지 않다.
　⑤ 너는 나만큼 역사에 대해 많이 알지 못한다.
　해설 ①의 more는 as로, ②의 thinner는 thin으로, ④의 as comfortable은 as comfortable as로, ⑤의 more는 much로 고쳐야 한다.
　어휘 comfortable 편안한
4 **해석** ① Tom은 자신의 반에서 가장 키가 크다.
　② 아무것도 가족보다 더 귀중하지 않다.
　③ 그들은 다른 아이들보다 더 일찍 여기에 있었다.
　④ 진호는 우리 반에서 가장 부지런한 학생이다.
　⑤ 그 도시는 마을보다 훨씬 더 붐볐다.
　해설 ①의 taller는 the tallest로, ②의 valuable은 more valuable로, ③의 more earlier는 earlier로, ④의 the diligentest는 the most diligent로 바꿔야 알맞다.
　어휘 valuable 귀중한
5 **해석** · 야구는 축구보다 훨씬 더 재미있다.

· 내 휴대폰은 미나의 것만큼 좋다.
　해설 (A) than 앞에는 비교급이 필요한데 exciting의 비교급은 more exciting이다. (B) as와 as 사이에는 원급이 들어간다.
6 **해석** 나는 Bill만큼 똑똑하지 않다.
　= Bill은 나보다 더 똑똑하다.
　해설 「A is not as+원급+as B」는 「B is+비교급+than A」로 바꿔 쓸 수 있다.
7 **해설** '~보다 더 …한[하게]'의 의미가 있으므로 「비교급+than」을 사용해서 나타내면 되고, '훨씬'이라는 의미의 비교급 강조 표현인 far를 비교급 앞에 쓰면 된다.
8 **해설** '더 ~할수록, 더 …하다'라는 의미는 「The 비교급+주어+동사, the 비교급+주어+동사」의 순서로 배열한다.
9 **해석** Tony는 Jackson보다 훨씬 더 배고프다.
　해설 ② more는 비교급을 강조할 때 쓸 수 없다.
10 **해석** Ann은 우리 마을에서 _____.
　① 가장 똑똑하다   ② 가장 귀엽다
　③ 가장 현명하다   ④ 더 행복하다
　⑤ 가장 정직하다
　해설 뒤에 「in+범위」가 있으므로 빈칸에는 최상급을 써야 한다.
11 **해석** ① 네가 그녀를 더 많이 알수록 너는 그녀를 더 좋아할 것이다.
　② 피노키오가 거짓말을 더 많이 할수록 그의 코는 더 길어질 것이다.
　③ TV쇼가 더 재미있을수록 사람들이 더 많이 그것을 좋아한다.
　④ 나는 탄산음료를 더 많이 마실수록 더 목이 말랐다.
　⑤ 소음이 더 커질수록 나는 기분이 더 나빠졌다.
　해설 ④의 the more thirstier는 the thirstier로, ⑤의 The more loud는 The louder로 고쳐야 알맞다.
　어휘 Pinocchio 피노키오
12 **해석** ① 그 남자는 우리 팀에서 가장 힘이 세다.
　② 그녀는 세계에서 가장 아름다운 여배우 중 한 명이다.
　③ 그는 우리 반에서 가장 많은 책을 가지고 있다.
　④ 그는 우리 중에서 가장 부유한 남자이다.
　⑤ Bill은 가장 창의적인 학생 중 한 명이다.
　해설 ①의 strongest는 the strongest로, ③의 more는 most로 바꿔야 한다.
　어휘 creative 창의적인
13 **해설** '가장 ~한 … 중 하나'라는 의미의 표현은 「one of the+최상급+복수명사」로 나타낼 수 있다.
14 **해설** '더 ~할수록, 더 …하다'라는 의미는 「The 비교급+주어+동사, the 비교급+주어+동사」로 쓰면 된다.
15 **해설** '점점 더 ~한[하게]'의 의미이므로 「비교급 and 비교급」 표현을 쓰고 비교급이 「more+원급」 형태이므로 「more and more+원급」으로 쓴다.
16 **해석** (1) 미술 동아리는 독서 동아리보다 더 많은 회원이 있다.
　(2) 로봇 동아리에는 올해 가장 적은 수의 회원이 있다.
　해설 (1) 두 동아리를 비교하고 있으므로 비교급을 사용하여 나타내면 된다. (2) 셋 이상의 대상 중에서 가장 회원 수가 적은 것에 대해 말하고 있으므로 최상급을 써야 한다.

CHAPTER 12 관계대명사

Unit 1   who, which, that

p.88

A

1 ○	2 × → which[that]	3 ○
4 × → who[that]	5 × → which[that]	
6 × → makes	7 × → who[that]	8 ○
9 × → who[that]	10 ○	

1 이 사람은 어제 너를 기다렸던 남자이다.
2 사냥꾼은 숲에서 나온 호랑이로부터 도망쳤다.
3 너는 나를 보고 있는 저 소년을 아니?
4 그 기자는 일본에서 온 많은 사람들을 만났다.
5 Glen, 리본으로 포장된 상자는 네 거야!
6 나는 항상 나를 행복하게 해 주는 딸이 있다.
7 이 책을 쓴 작가는 우리 이모다.
8 큰 소리로 짖고 있는 개를 봐.

9 Sam은 스페인어를 말할 수 있는 누군가를 찾고 있다.
10 언덕 위에 서 있는 건물은 우리 학교이다.

B

1 ⓐ, who	2 ⓒ, who	3 ⓒ, which	4 ⓒ, which
5 ⓑ, who	6 ⓐ, which	7 ⓒ, who	8 ⓒ, which
9 ⓒ, who	10 ⓐ, which		

1 나를 향해 미소 짓고 있는 소년은 Willie이다.
2 저 사람들은 음악 수업을 듣고 싶어 하는 학생들입니다.
3 나는 부드러운 털을 가진 동물을 좋아한다.
4 꽃병에 있는 꽃들을 보아라.
5 나는 대학에서 역사를 가르치는 친구가 있다.
6 서랍에 보관되어 있는 반지는 내 것이다.
7 Dave는 우리 학교를 위해 일하는 사람이다.
8 나는 높은 계단이 있는 건물들을 싫어한다.
9 굶주림으로 고통받는 아이들을 돕자.
10 Jake가 쓰고 있는 노트북은 내 것이다.

C

1 who[that] is crossing the street
2 which[that] are very valuable
3 who[that] came here with you
4 which[that] was made of wood
5 who[that] can speak three languages
6 which[that] has Mickey Mouse on it

1 너는 저 소년을 아니? 그는 길을 건너고 있어.
→ 너는 길을 건너고 있는 저 소년을 아니?
2 나는 오래된 동전 몇 개가 있다. 그것들은 아주 가치가 크다.
→ 나는 아주 가치가 큰 오래된 동전 몇 개가 있다.
3 그 소녀를 소개해 주겠니? 그녀는 너와 함께 여기에 왔다.
→ 너와 함께 여기에 온 소녀를 소개해 주겠니?
4 그 집은 불타고 있다. 그것은 나무로 만들어졌다.
→ 나무로 만들어진 그 집이 불타고 있다.
5 그 소녀는 겨우 열한 살이다. 그녀는 세 개의 언어를 말할 수 있다.
→ 세 개의 언어를 말할 수 있는 그 소녀는 겨우 열한 살이다.
6 나는 저 셔츠를 사겠습니다. 그것은 위에 미키 마우스가 있어요.
→ 나는 위에 미키 마우스가 있는 저 셔츠를 사겠습니다.

D

1 The man that discovered America is Columbus
2 I have a cat which likes fish very much
3 Our club is for the students who love nature
4 A book that has pictures looks easy
5 I have a friend that knows everything about me
6 We will buy a computer which saves energy

Unit 2 who(m), which, that   p.90

A

1 × → which[that]	2 × → who(m)[that]	3 ○
4 × → who(m)[that]	5 × → which[that]	6 ○
7 × → which[that]	8 × → which[that]	9 ○

1 나는 너에게 내가 만든 가방을 보여 주고 싶다.
2 나는 내가 지난주에 도와준 남자로부터 감사 카드를 받았다.
3 우리가 오늘 방문한 교회는 300년 이상 전에 지어졌다.
4 Carol은 그녀의 모든 친구들이 좋아하는 명랑한 소녀이다.
5 Parker 씨가 자신의 정원에서 키우는 저 꽃들을 봐!

6 Lawrence 선생님이 가르치시는 모든 학생들은 중국에서 왔다.
7 내가 오를 산은 그리 높지 않다.
8 Jack이 찾은 그 지갑은 주인에게 돌려져야 한다.
9 내가 Jay라고 부르는 내 친구는 다른 도시로 이사를 할 것이다.

B

1 ⓓ	2 ⓔ	3 ⓒ	4 ⓑ	5 ⓓ	6 ⓐ	7 ⓑ
8 ⓔ	9 ⓒ	10 ⓐ				

1 네가 나를 도와주면 내가 그 책을 너에게 줄게.
2 나는 네가 꿈을 이루기를 희망한다.
3 미안하지만, 그건 요점이 아니야.
4 우리가 방문한 성은 아름다웠다.
5 나는 그 영화를 보고 싶지 않다.
6 나는 한국 역사에 관한 책을 읽고 있다.
7 내가 어제 잃어버린 열쇠는 탁자 밑에서 발견되었다.
8 Helen은 자신이 혼자 힘으로 모든 것을 할 수 있다고 믿는다.
9 너는 내가 그 일을 마치기를 원하지만, 그건 내 일이 아니다.
10 그것이 어젯밤 너의 집으로 들어간 그 고양이다.

C

1 She borrowed the guitar which[that] I bought last week.
2 Some guests who(m)[that] I invited were late for dinner.
3 We memorized ten words which[that] Mr. Lee wrote on the board.
4 All the students who(m)[that] I met in the new school are kind.
5 Wendy liked the pasta which[that] I made for her.
6 The dancer who(m)[that] we met at dance class was great.

1 그녀는 기타를 빌렸다. 나는 그것을 지난주에 샀다.
→ 그녀는 내가 지난주에 산 기타를 빌렸다.
2 손님들 몇 명이 저녁 식사에 늦었다. 나는 그들을 초대했다.
→ 내가 초대한 손님들 몇 명이 저녁 식사에 늦었다.
3 우리는 열 개의 단어를 외웠다. 이 선생님께서 그것들을 칠판에 쓰셨다.
→ 우리는 이 선생님께서 칠판에 쓰신 열 개의 단어를 외웠다.
4 모든 학생들이 친절하다. 나는 그들을 새 학교에서 만났다.
→ 내가 새 학교에서 만난 모든 친구들은 친절하다.
5 Wendy는 파스타를 좋아했다. 내가 그녀에게 그것을 만들어 주었다.
→ Wendy는 내가 그녀에게 만들어 준 파스타를 좋아했다.
6 그 댄서는 굉장했다. 우리는 그녀를 댄스 수업에서 만났다.
→ 우리가 댄스 수업에서 만난 그 댄서는 굉장했다.

D

1 The computers we use at school
2 The man whom I respect most
3 The only food that I can cook
4 The topic which we discussed
5 the book which I borrowed from the library
6 an honest girl who we can trust
7 the bike my father bought for me

Unit 3 whose, what   p.92

A

1 what	2 whose	3 what	4 whose
5 What	6 whose	7 What	8 whose
9 what	10 whose		

1 그것이 바로 내가 말하는 것이다.
2 표지가 가죽인 그 책은 내 것이다.
3 네 손에 가지고 있는 것을 나에게 보여줘.
4 날개를 다친 그 새는 날 수 없다.
5 네가 방금 마신 것은 재스민 차이다.
6 나는 외투가 내 것과 똑같은 한 소녀를 보았다.
7 내가 숲에서 본 것은 곰이었다.
8 Rex는 색상이 갈색인 신발 한 켤레를 샀다.
9 너는 방금 하늘을 가로질러 간 것을 봤니?
10 이 사진에서 머리카락이 금발인 소년은 누구니?

B

1 × → what   2 × → whose   3 ○   4 × → What
5 × → whose   6 ○   7 × → whose   8 × → what
9 ○   10 × → What

1 저를 위해 해 주신 일에 대해 정말 감사드립니다.
2 잎이 빨갛고 노란 나무들을 보아라.
3 그는 뚜껑이 꽉 닫힌 병을 열었다.
4 네가 나에게 말한 것은 전혀 사실이 아니었다.
5 머리가 희끗한 저 여성분은 우리 교장 선생님인 Palmer 선생님이시다.
6 Maria는 어제 자신이 들은 것을 내게 말해주었다.
7 Eric은 화면이 아주 넓은 컴퓨터를 샀다.
8 너는 내가 너에게 말한 것을 따라야 한다.
9 나에게 모양이 L자인 자를 건네줘.
10 그녀가 나에게 제공한 것은 커피가 아니라 차였다.

C

1 a cat whose hair is dirty
2 an animal whose leg was broken
3 a book whose cover is hard
4 a friend whose parents are teachers
5 any beaches whose sand is white

D

1 Don't touch what I've just made.
2 What he is wearing looks nice.
3 Alice was very angry with what Gary said.
4 I found what my brother hid under the tree.
5 What I ordered hasn't arrived yet.
6 I'd like to share what I have with you.

〈보기〉 그는 그것을 좋아했다. 나는 그에게 그것을 주었다.
→ 그는 내가 그에게 준 것을 좋아했다.
1 그것을 만지지 마라. 내가 방금 그것을 만들었다.
→ 내가 방금 만든 것을 만지지 마라.
2 그것은 멋져 보인다. 그는 그것을 입고 있다.
→ 그가 입고 있는 것은 멋져 보인다.
3 Alice는 그것에 몹시 화가 났다. Gary가 그것을 말했다.
→ Alice는 Gary가 말한 것에 몹시 화가 났다.
4 나는 그것을 발견했다. 내 남동생이 그것을 나무 밑에 숨겼다.
→ 나는 내 남동생이 나무 밑에 숨긴 것을 발견했다.
5 그것은 아직 도착하지 않았다. 나는 그것을 주문했다.
→ 내가 주문한 것은 아직 도착하지 않았다.
6 나는 너와 그것을 나누고 싶다. 나는 그것을 가지고 있다.
→ 나는 내가 가진 것을 너와 나누고 싶다.

Chapter Test   p.94

1 ①, ③, ④   2 ③   3 ④   4 ②   5 ③, what
6 ③, whose mother   7 ②   8 The child drew a house whose windows were very small.   9 You can get the prize which[that] is for the winner if you try your best.   10 ②, ④, ⑤   11 that   12 ③   13 (1) She gave me the thing which I need for my homework. (2) She gave me what I need for my homework.   14 ③   15 ④
16 the mountain whose top was covered with snow

1 **해석** 조사에 따르면 학생들이 가장 존경하는 사람은 세종대왕이다.
해설 선행사가 사람인 the person이고 뒤에 이어지는 절에서 respect의 목적어 역할을 하므로, 목적격 관계대명사가 알맞다. 선행사가 사람일 때 목적격 관계대명사는 who, whom, that이 모두 가능하다.
어휘 survey 조사

2 **해석** ① 우선 네가 할 수 있는 일을 해라!
② 나는 러시아어를 말할 수 있는 소년을 안다.
③ 이것은 나의 지난 방학을 보여 주는 사진이다.
④ 네가 나에게 준 셔츠는 나에게 너무 크다.
⑤ 나는 도서 박람회에서 산 책을 읽고 있다.
해설 ③ 주격 관계대명사절에서 동사의 수는 선행사의 수에 일치시킨다. 선행사 a picture는 단수이므로, show는 shows가 되어야 한다.
어휘 fair 박람회

3 **해석** ① 그는 자신의 가방에 가지고 있던 것을 보여 주었다.
② 잃어버린 개는 찾았니?
③ 그것은 그녀가 쓴 마지막 시다.
④ 저기에 있는 남자가 보이니?
⑤ 우리는 관심사에 록 음악을 포함한 몇몇 사람을 만났다.
해설 ④ 선행사가 사람인 the man이고 is의 주어 역할을 하는 주격 관계대명사가 필요하므로 whom은 who로 써야 한다.
어휘 include 포함하다

4 **해석** ① 이것은 우리 아버지께서 지으신 도서관이다.
② 피아노를 치고 있는 소녀는 Sue이다.
③ 나는 네가 추천한 영화를 보았다.
④ 때로는 네가 좋아하지 않는 무언가를 먹어야 한다.
⑤ 경찰이 잡은 그 사람은 다시 도망쳤다.
해설 ② 목적격 관계대명사는 생략할 수 있지만, 주격 관계대명사 who는 생략할 수 없다.
어휘 recommend 추천하다

5 **해석** 나는 네가 말하는 게 안 들려!
해설 hear 뒤에 명사(선행사)가 없으므로, 선행사를 포함하는 관계대명사 what이 와야 한다.

6 **해석** 나는 어머니가 피아니스트인 소녀를 안다.
해설 the girl과 mother가 소유 관계이므로 소유격 관계대명사 whose가 알맞다.

7 **해석** ① Ben이 좋아한 많은 음식이 있었다.
② 나는 네가 자신이 원하는 것이 될 수 있다고 믿는다.
③ 그는 내가 본 가장 키가 큰 사람이다.
④ 그가 어제 나를 만나러 온 사람이니?
⑤ 우리 영어 선생님은 내가 어제 공원에서 만난 분이었다.
해설 모두 관계대명사인데, ②는 동사 believe의 목적어절을 이끄는 접속사이다.

8 **해석** 그 아이는 집을 그렸다. 그것의 창문들은 아주 작았다.
→ 그 아이는 창문들이 아주 작은 집을 그렸다.
해설 a house와 Its가 같은 대상이고, Its가 문장에서 소유격이므로, 소유격 관계대명사 whose를 이용하여 문장을 연결한다.

9 **해석** 너는 최선을 다하면 상을 받을 수 있다. 그것은 우승자에게 주는 것이다.
→ 너는 최선을 다하면 우승자에게 주는 상을 받을 수 있다.
해설 the prize와 It이 같은 대상이고, It이 문장에서 주격이므로, the prize를 선행사로 하는 주격 관계대명사 which나 that을 이용하여 문장을 연결한다.

10 해석 〈보기〉 Gary는 내가 아는 가장 친절한 사람이다.
① 원한다면 너는 저 책을 가질 수 있다.
② 그는 나에게 길을 알려 준 소년이다.
③ Kate는 내가 그들을 도와야 한다고 주장한다.
④ 그 낡은 상자는 그가 죽을 때 가지고 있었던 유일한 것이었다.
⑤ 나는 매주 금요일 5시에 시작하는 댄스 수업에 등록했다.
해설 〈보기〉와 ②, ④, ⑤는 관계대명사. ①은 지시형용사. ③은 접속사이다.
어휘 insist 주장하다 sign up (강좌에) 등록하다

11 해석 · 이것은 내가 가장 좋아하는 TV 쇼이다.
· 테니스를 치고 있는 저 소녀는 누구니?
해설 첫 번째 문장은 선행사가 the TV show이고 like의 목적어 역할을 하는 목적격 관계대명사가 필요하고, 두 번째 문장은 선행사가 that girl이고 is playing의 주어 역할을 하는 주격 관계대명사가 필요하다. 목적격과 주격으로 모두 쓸 수 있는 관계대명사는 that이다.

12 해석 이것은 단어이다. 그것은 두 가지의 서로 다른 의미를 가지고 있다.
→ 이것은 두 가지의 서로 다른 의미를 가진 단어이다.
해설 the word와 It이 같은 대상이고, It이 문장에서 주어 역할을 하므로, the word를 선행사로 하는 주격 관계대명사 which나 that을 이용하여 문장을 연결해야 한다.

13 해석 그녀는 나에게 그것을 주었다. 나는 그것이 숙제를 하는 데 필요하다.
→ 그녀는 내가 숙제를 하는 데 필요한 것을 주었다.
해설 (1) 두 문장에 공통적으로 있는 the thing을 이용해 관계대명사 문장으로 바꾸면 된다. the thing이 사물이고 need의 목적어 역할을 하므로, the thing which의 형태로 문장을 연결한다. (2) (1)번 문장의 the thing which를 선행사를 포함하는 관계대명사 what으로 바꿔 쓰면 된다.

14 해석 ⓐ 그는 네 자전거를 훔친 도둑이다.
ⓑ 너는 네가 말하는 것으로 판단될 수 있다.
ⓒ 그녀는 그 아이들을 도운 여성분이다.
ⓓ Susan은 내가 그녀에게 준 책을 좋아했다.
ⓔ 그것은 네가 직접 보는 것과 다를 수 있다.
해설 ⓒ는 선행사가 사람인 the lady이고 주격이므로 which는 who나 that이 되어야 하고, ⓔ는 선행사가 없으므로 that을 선행사를 포함한 관계대명사 what으로 고쳐야 한다.
어휘 judge 판단하다

15 해설 선행사가 The boys로 복수이므로, 관계대명사절의 동사는 are running이 되어야 하고 문장 전체의 동사도 are가 되어야 한다.

16 해설 소유격 관계대명사 whose가 있으므로, 「선행사(the mountain)+whose+명사(top)+동사(was) ~」의 순서로 단어를 배열한다.

CHAPTER 09~12
총괄평가 3회
p.96~99

1 ③　**2** ②　**3** ①　**4** ②　**5** ⑤　**6** ④　**7** toy, toys
8 did, was　**9** ④　**10** ④　**11** ①　**12** ⑤　**13** why the teacher called me　**14** not as hard as you said　**15** ②
16 ④　**17** ④　**18** ①　**19** The more positively you think, the brighter your life will be
20 Your computer can be fixed by me　**21** ③
22 ①　**23** ③　**24** (1) whose, younger than
(2) who[that], the oldest　(3) who[that], not as old as
25 (1) ⓐ, that　(2) ⓒ, the smartest　(3) ⓔ, be held

1 해석 · 민수는 그 경기의 새로운 규칙들에 만족하지 않았다.

· 그 선반들은 접시와 컵들로 가득 차 있다.
해설 '~에 만족하다'라는 의미를 나타낼 때는 be satisfied with를 써야 하고, '~로 가득 차 있다'라는 의미를 나타낼 때는 be filled with를 써야 한다.

2 해석 · Sharon은 월요일이나 수요일 둘 중 하루에 우리를 방문할 것이다.
· 더 열심히 노력해라. 그렇지 않으면 너는 그 시험에 떨어질지도 모른다.
해설 'A와 B 둘 중 하나'라는 의미를 나타낼 때는 either A or B를 써야 하고, '~해라. 그렇지 않으면 …할 것이다'라는 의미를 나타낼 때는 명령문 뒤에 or를 써야 한다.

3 해석 · 그 노래는 너무 유명해서 모든 사람들이 가사를 알고 있다.
· John은 갖고 싶어 했던 운동화를 샀다.
해설 첫 번째 문장은 '너무 ~해서 …하다'라는 의미를 나타낼 때는 「so+형용사[부사]+that」을 쓴다. 두 번째 문장에서 선행사는 the sneakers이고, 이어지는 절에서 have의 목적어 역할을 대신하는 목적격 관계대명사 that이 올 수 있다.
어휘 lyrics (노래의) 가사

4 해석 · Amy는 일어서면서 우유를 쏟았다.
· 날씨가 너무 더웠기 때문에, 그녀는 에어컨을 켰다.
해설 '~할 때, ~하면서'라는 뜻의 시간과, '~하기 때문에'라는 뜻의 이유[원인] 둘 다를 나타내는 접속사 as[As]가 들어가야 적절하다.
어휘 spill 쏟다, 흘리다

5 해석 〈보기〉 나는 오늘 내가 가져왔던 그 물병을 잃어버렸다.
① Mike가 상을 탔다는 것은 사실이다.
② 나는 서랍에서 그 일기장을 찾았다.
③ 나는 그것이 무엇을 의미하는지를 이해하지 못했다.
④ Jimmy는 자신이 열심히 공부했다고 생각했다.
⑤ Bill은 우리가 포기했던 그 문제를 풀었다.
해설 〈보기〉와 ⑤는 목적격 관계대명사. ①, ④는 명사절을 이끄는 접속사. ②는 지시형용사. ③은 지시대명사이다.

6 해석 〈보기〉 우리는 네가 이것을 할 수 있다고 믿는다.
① 나는 우리가 어젯밤에 본 그 남자를 안다.
② 나는 우리 집 근처에 있는 중국 식당에 갔다.
③ 그것은 내 인생에서 가장 행복한 순간이었다.
④ 우리 아빠는 금연하겠다고 약속하셨다.
⑤ 우리 이모가 좋아하는 그 남자는 선생님이다.
해설 〈보기〉와 ④는 접속사. ①은 지시형용사. ②는 주격 관계대명사. ③은 지시대명사. ⑤는 목적격 관계대명사이다.

7 해석 레고는 세계에서 가장 인기 있는 장난감 중 하나이다.
해설 '가장 ~한 … 중 하나'라는 의미를 나타내는 표현은 「one of the+최상급+복수명사」이므로 toy를 복수명사인 toys로 고쳐야 한다.

8 해석 그 건물은 언제 설계되었나요?
해설 수동태 의문문은 「의문사+be동사+주어+p.p. ~?」의 형태이므로 did를 be동사의 과거형인 was로 고쳐야 알맞다.

9 해설 수동태의 미래 표현은 「will be+p.p.」의 형태로 써야 하고 행위자는 전치사 by를 사용하여 나타낸다.

10 해설 about 뒤에 명사(선행사)가 없으므로, 선행사를 포함하는 관계대명사 what이 알맞다.

11 해석 · 그 영화는 충격적인 결말로 유명하다.
· 나는 지금 떠나지 않으면 제시간에 그곳에 도착할 수 없다.
해설 (A) '~으로 유명하다'라는 의미를 나타낼 때는 be known for를 쓰므로 for가 적절하다. (B) 문맥상 '만약 ~하지 않으면'을 나타내는 접속사 unless가 적절하다.

12 해석 · 닭고기 수프의 요리법은 내가 예상했던 것보다 훨씬 더 간단했다.
· 그는 이름이 Jennifer인 한 소녀를 찾고 있었다.
해설 (A) 비교급을 강조하거나 수식하는 부사는 much, even, still, a lot, (a) little, far 등이 있고, very는 원급을 강조하는 부사로서 비교급 앞에 쓸 수 없다. (B) 선행사 a girl과 뒤에 나오는 명사 name이 소유 관계이므로, 소유격 관계대명사 whose가 알맞다.
어휘 recipe 요리법

13 해설 간접의문문에서 의문사가 이끄는 명사절의 어순은 「의문사+주어+동사」이다.

14 해설 두 대상의 정도가 같지 않음을 나타낼 때는 원급 비교의 부정형을 쓰며, 어순은 「not as+형용사[부사]의 원급+as」이다.

15 **해석** ① Rachel과 나는 둘 다 애완동물을 가지고 있지 않다.
② 그 새는 내 손만큼 작았다.
③ 푸들은 가장 사랑받는 개들 중 하나이다.
④ 나는 그녀가 내 선물을 좋아하길 바란다.
⑤ 그는 어제 만들어진 케이크 한 조각을 먹었다.
해설 「as+형용사[부사]의 원급+as」의 형태를 쓸 때, 원급은 형용사나 부사의 원래 형태를 그대로 쓰므로 smaller를 small로 고쳐야 알맞다.
어휘 beloved 사랑받는

16 **해석** ① 이 숙제는 내일까지 되어야 한다.
② 그 말하기 대회는 취소되지 않았다.
③ 음량을 가능한 한 작게 틀어라.
④ James는 우리 팀에서 가장 빠른 달리기 주자이다.
⑤ 그는 버스를 놓쳤음에도 불구하고, 학교에 지각하지 않았다.
해설 「the+최상급(+명사)+in 범위」 표현으로 정도가 가장 심한 것을 나타내므로 the most faster를 the fastest로 고쳐야 알맞다.
어휘 cancel 취소하다 volume 음량

17 **해석** ① 가능한 한 빨리 집으로 와.
② 그녀가 거짓말을 했다는 것은 사실이 아니다.
③ 마크 트웨인은 이 소설을 쓰지 않았다. = 이 소설은 마크 트웨인에 의해 쓰이지 않았다.
④ 너는 네 고양이를 돌봐야 한다.
= 너의 고양이는 너에 의해 돌보아져야 한다.
⑤ 너희 언니가 그 파티에 Brian을 초대했니?
= Brian이 너희 언니에 의해 그 파티에 초대되었니?
해설 조동사가 있는 문장의 수동태는 「조동사+be+p.p.」 형태이므로 must taken을 must be taken으로 고쳐야 알맞다.

18 **해석** ① 우리에게 손을 흔들고 있는 저 남자는 누구니?
② 그는 누군가가 자신을 쳐다보고 있다는 것을 알아차렸다.
③ 우리가 주문했던 피자가 배달되었다.
④ 나갈 때 문 잠그는 것을 확인하라.
⑤ Kate는 내가 추천했던 요가 수업을 듣는다.
해설 ①의 that은 주격 관계대명사이므로 생략할 수 없다. ②, ④의 that은 목적어 역할의 명사절 접속사이고 ③, ⑤는 목적격 관계대명사이므로 생략할 수 있다.

19 **해설** '더 ~할수록, 더 …하다'라는 의미는 「The 비교급+주어+동사, the 비교급+주어+동사」로 나타낸다.

20 **해설** 조동사가 있는 문장의 수동태는 「조동사+be+p.p.」 형태로 쓴다.

21 **해석** A: 실례합니다. 이 동네에서 가장 큰 시장이 어디에 있는지 알려주시겠어요?
B: 물론이죠. 직진하다가 두 번째 모퉁이에서 왼쪽으로 도세요.
해설 빈칸 뒤에 비교 범위를 나타내는 in this town이 있으므로 최상급 the biggest가 들어가야 적절하다. ⑤는 복수명사와 함께 쓰여야 하므로 정답이 될 수 없다.

22 **해석** A: Paul, 너희 아버지는 작가시니?
B: 아니, 그렇지 않아. 아버지는 작가가 아니라 의사셔. 하지만 글쓰기에도 관심이 있으시지.
해설 Paul은 아버지가 작가냐는 물음에 아니라고 대답하였으므로, 'A가 아니라 B인'의 의미를 나타내는 not A but B가 쓰인 ①이 답이다.

23 **해석** ⓐ Amy와 Harry는 둘 다 그 TV 쇼를 좋아한다.
ⓑ 만약 다음 주말에 눈이 온다면, 우리는 여행 계획을 바꿔야 한다.
ⓒ 그 반지는 금으로 만들어졌기 때문에 비쌌다.
ⓓ 너뿐만 아니라 Bill도 매일 테니스를 친다.
ⓔ 그는 내가 어제 본 그 남자이다.
해설 ⓓ 「not only A but also B」가 주어일 때 동사는 B의 인칭과 수에 일치시킨다. B에 해당하는 Bill이 3인칭 단수이므로 play를 plays로 고쳐야 한다.
ⓔ 목적격 관계대명사절 안에서 목적어가 되는 대상은 삭제해야 한다. 따라서 him을 삭제해야 알맞다.

24 **해석**

	Laura	Sam	Kevin
나이	15	17	16
취미	책 읽기	사진 찍기	수영하기
사는 곳	도쿄	서울	런던

(1) Laura는 취미가 책 읽기인 소녀이다. 그녀는 Kevin보다 어리다.
(2) Sam은 서울에 사는 소년이다. 그는 세 명 중에 가장 나이가 많은 학생이다.
(3) Kevin은 수영하러 가는 것을 좋아하는 소년이다. 그는 Sam만큼 나이가 많지 않다.
해설 (1) 선행사 a girl과 명사 hobby가 소유 관계이므로, 소유격 관계대명사 whose가 알맞다. Laura가 Kevin보다 1살 더 어리므로 younger than을 써야 알맞다.
(2) 선행사가 사람인 a boy이고 뒤에 이어지는 절에서 lives의 주어 역할을 하므로, 주격 관계대명사 who[that]가 알맞다. 범위를 나타내는 of the three가 있으므로 「the+최상급(+명사)+of~」 표현을 활용하여 the oldest로 써야 한다.
(3) 선행사가 사람인 a boy이고 뒤에 이어지는 절에서 likes의 주어 역할을 하므로, 주격 관계대명사 who[that]가 알맞다. Kevin은 Sam보다 1살 더 어리므로 Sam만큼 나이 들지 않았다고 표현해야 한다. 원급 비교의 부정형 「not as+형용사[부사]의 원급+as」를 활용하여 not as old as로 써야 한다.

25 **해석** A: Mark, 나는 네가 퀴즈 대회에서 1등 했다는 것을 들었어. 축하해!
B: 고마워, Henry. 나는 많이 준비했고, 운도 좋았어. 나는 내 높은 점수에 놀랐어.
A: 너는 우리 반에서 가장 똑똑한 소년임이 틀림없어. 도전하고 싶은 또 다른 대회가 있니?
B: 응, 있어. 그건 겨울에 열릴 거야. 나는 내가 그 대회에서도 우승하길 바라.
해설 (1) ⓐ 앞에 heard가 있고 뒤에는 절이 나오므로 '~하다고 듣다'라는 의미로 해석된다. hear는 that절을 목적어로 취하는 동사이므로 which를 that으로 고치거나 that이 생략됐다고 보고 which를 지워야 알맞다. (2) 최상급 표현은 「the+최상급(+명사)」로 나타내므로, ⓒ smartest를 the smartest로 고쳐야 적절하다. (3) ⓔ 주어인 It(대회)이 열릴 것이라는 의미로 동작을 받는 수동태를 써야 하며 앞에 will이 있으므로 hold를 be held로 고쳐야 알맞다.
어휘 win first place 1등을 하다